• 교육철학개론 II •

교육사상, 전통과 현재의 대화

-플라톤, 루소, 듀이, 푸코, 랑시에르-

김상섭 · 곽덕주 · 김회용 · 박주병 · 정경화 공저

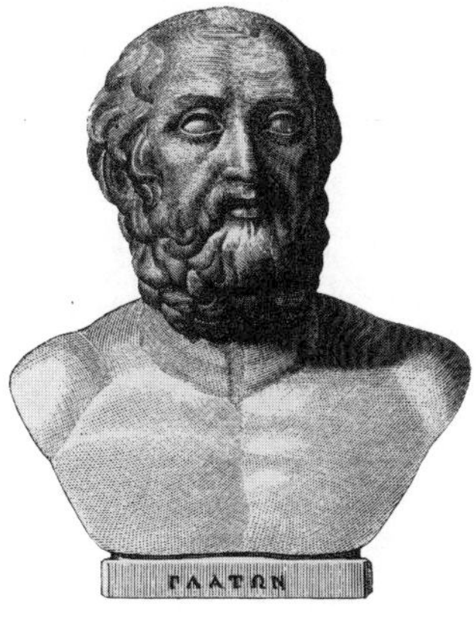

학지사

서문

이 책에 대하여

이 책은 교육학도들에게 교육고전이나 교육사상을 공부한다는 것이 무엇을 의미하는지, 그리고 교육사상을 공부한다는 것이 교육에 대해 사유하고 교육실천을 이해하는 데 어떤 의미가 있는지를 구체적으로 보여 주고자, '교육철학개론 II'의 형태로 기획되었다.

2년여 전에 처음 이 책을 쓰기로 합의했을 때 각 장의 저자들은 각 사상의 정수를 압축하고 요약하기보다는, 우리가 현재 그것을 탐구하는 방식과 모습을 가급적이면 있는 그대로 친절하게 드러내기로 했다. 막상 글을 모아서 하나의 책으로 엮어 내는 지금, 우리의 글들은 5인 5색이 된 것 같다. 그것은 한편으로 각 사상가가 서 있는 자리와 문제의식, 그리고 사상을 전개하는 체제와 철학하기 스타일 때문일 것이다. 다른 한편으로, 그것은 각 사상가를 소개하는 다섯 명의 교육철학자가 철학하기에 대해 이해하는 방식과 정도가 서로 달라서 그런 것 같기도 하다. 이처럼 다양한 형태와 수준으로 소개되는 다섯 편의 글을 큰 손질 없이 약간의 수정과 조정만을 더한 채 출판하기로 한 이유는, 교육철학의 다양한 양상과 논의 방식을 적나라하게 보여 주는 한편, 체계 및 통일성에 관한 숙고는 독자의 기호와 선택에 맡기고자 하기 때문이다. 여기서 시도된 교육사상 연구는 분명히 범례(모범적인 사례)에 미치지 못할 것이다. 최대한으로 보더라도, 교육사상을 연구하는 상이한 시도나 예시 정도로 그칠 것이다.

교육사상은 교육활동과 교육에 대한 생각들이 머물고 펼쳐지는 건축물이라고 할 수 있다. 구조가 있고 뼈대가 있으며 고유한 모양과 특성이 있다. 고유한 건축물이라고 해서 모든 재료와 건축 방법이 전적으로 고유하고 독창적인 것은 아니다. 더러는 다른 사람이 발굴해 놓은 소재와 자재를 새로운 방식으로 활용하고, 더러는 다른 사람이 시도한 건축물을 모방하거나 개선하는 방식으로 건물을 지어 나갈 것이다. 그런데도 고유한 건축물이라고 평가되는 데는 나름의 특색과 가치가 있기 때문일 것이다. 교육활동에 종사하는 모든 사람이 고유한 교육사상을 구축하려고 애쓰는 것은 아니다. 그렇다고 해서 교육사상이 대가들의 전유물인 것도 아니다. 우리 모두는 사실 각자 나름대로 특별한 교육활동을 전개하고 특별한 주제에 국한해서 교육을 염려하고 연구한다. 그러는 중에 우리는 항상 우리가 시도하는 실천과 이론이 전체적으로 어떤 큰 그림의 일부인지에 대해 관심을 갖곤 한다. 이런 점에서 교육사상은 언제나 교육실천을 하는 우리의 관심사에 포함된다. 다만 전체적인 그림을 체계적으로 그려 보고 검토하는 일을 유예할 뿐이다. 따라서 대가들의 교육사상을 공부하는 일은 교육을 실천하는 우리 스스로의 교육사상을 구상하고 검토하는 일에 자극이 될 수 있고 유용한 모델과 지침이 된다고 할 수 있다.

이 책의 목차를 살펴볼 때 가장 먼저 이런 의문이 들 것이다. 도대체 어떤 원칙과 근거로 플라톤, 루소, 듀이, 푸코, 랑시에르를 교육사상가라는 하나의 이름으로 묶으려고 했는가? 당연히 품을 만한 의문이다. 사실 그들을 하나로 묶을 기준과 원칙은 없는 것이나 다름없다. 기획 단계에서는 일차적으로 교육철학 또는 교육학에서 전통적으로 탐구되어 온 사상가를 포함하자는 생각이 컸다. 교육사상가로 이미 정립되어 있고, 교육철학 수업이나 교육학 이론에서 자주 논의하며 배우게 되는 철학자를 반드시 포함하자는 의도로 플라톤, 루소, 듀이를 포함하기로 했다. 그렇다고 해서 그들의 교육사상이 교육사상사에서뿐만 아니라, 현재의 교육철학적 논의에서 근본이자 중추로 인정된다고 판단한 것은 아니다. 다만 그들의 사상이 역사적 흐름에 따라 면밀히 이어져 내려오고 있고, 아직도 많은 경우 연구와 학습의 대상으로 활용되고 있다는 분명한 사실을 존중하고자 했을 뿐이다. 물론 그런 이유 때문으로만 플라톤, 루소, 듀이를 포함한 것은 아니다. 그보다는 사상가로서 아직도 연구되고 있고 연구할 만한 가치가 있을 뿐만 아니라 오늘날에도 새롭게 해석될 여지가 많다고 정평이 나 있기 때문이다. 교육사상을 연구하는 이유로 이것보다 더 타당한 근거가 있을 수 있을까?

이에 반해 푸코와 랑시에르를 포함하는 것은 문제나 의문의 여지가 있다. 구상하는 단계부터 우리는 전통적인 교육사상가 외에 현대 교육사상가로서 특색과 새로움을 보여 줄 만한 사상가를 찾고자 했다. 더러 매력적인 후보가 떠올랐지만 그들의 교육사상을 제대로 풀어내기 어려운 경우도 있었고, 더러는 교육학적 담론에서 어느 정도 오르내리는 정도, 즉 친밀성에서 너무 멀리 떨어져 있어서 교육학도들이 공감하기 어려운 경우도 있었다. 그런 후보들은 제외하면서, 현대적인 논의의 지평에 가깝고 우리가 친숙하게 다가설 수 있는 사상가, 그러면서도 교육철학 탐구에 직간접적인 영향과 자극을 줄 수 있는 사상가를 찾아 나갔다. 그런 사상가로 떠오른 인물이 푸코와 랑시에르였다. 그렇다고 해서 이들이 우리가 염두에 두는 조건들을 모두 만족시키기에 적합한 인물이라는 의미는 아니다. 푸코는 소위 말하는 정통적인 교육철학자 '바깥'의 철학자다. 방대한 저작과 신선한 관점으로 이미 유명할 뿐만 아니라, 사회학, 정치학, 인류학 등 많은 영역에 큰 발자취를 남긴 철학자다. 그런 유명세 때문에 푸코를 선정한 것은 아니다. 그보다는 교육이라는 주제에 천착한 것이 아니더라도, 보다 넓은 의미의 교육 문제를 마음에 품고 철학하기를 선보이는 학자의 사례로 선택한 셈이다. 교육철학이라는 학문의 관점에서 볼 때 아웃사이더라고 할 수 있는 사상가의 저작을 통해서도 교육철학하기를 시도할 수 있다는 가능성을 타진해 보고자 하는 야심이 작동했다.

푸코에 비하면 랑시에르는 조금 더 유리한 입장에 서 있다. 그는 우리말로 번역된 『무지한 스승(Le maître ignorant)』과 같은 문제적 저작을 남겼다. 그뿐만 아니라, 교육내적인 주제와 문제에 밀착된 글을 쓰는 철학자다. 이런 점에서 상대적으로 교육철학이라는 주제와 문제를 품고 철학하기를 시도한 학자라고 할 수 있다. 게다가 랑시에르의 철학은 교육학의 전통적인 문제, 예컨대 학습자관 또는 학습관 및 교수법 등의 주제를 깊고 예리하게 파헤침으로써 현대교육 문제의 근간에 놓인 현상에 대한 사유를 환기하고 있다. 보기에 따라서는 비판철학적 입장을 대변한다고 할 수 있고, 다른 측면으로 보면, 심층 해석학을 시도한다고 할 수도 있을 것 같다. 어쨌든 랑시에르는 교육에 들어 있는 몇몇 측면에 대한 심도 있는 논의를 선보이면서 그러한 사유의 세계로 초대한다는 점에서 현대적인 지평에서 펼쳐지는 교육사상의 사례로 선택되었다.

굳이 다섯 명의 사상가를 하나로 묶는 의미를 찾자면, '전통과 현대의 조화'라고 할 수 있을지 모른다. 이 말은 전통적인 사상가 셋과 현대적인 사상가 둘을 동시에 소개한다는 의미만은 아니다. 현대의 학문적 지평은 전통의 지평과 부분적으로 또는 상당히 다르다. 관심과 주제도 그렇고, 탐구 방식이나 제안하는 이념과 가치 측면에서도 그렇다. 당연히 예민하고 심각하게 대하는 현상과 사태도 크게 차이가 난다. 예컨대, 생태주의나 여성주의와 같은 관점은 고대와 현대의 차이를 선명하게 드러낸다. 그뿐만 아니라 철학하기의 방법과 태도에서도 매우 상반된다. 전통적인 의미의 철학은 다분히 모든 학문의 제왕이라는 의식을 깔고 있다. 이 말은 다른 학문에 대해 군림하거나 우쭐대는 태도를 취한다는 의미가 아니다. 그보다는 근본적인 문제제기와 근본적인 해법 제공이라는 측면에서 유일하고 독보적인 책무와 역량을 가지고 있다는 의미에서 그러하다. 하지만 오늘날의 철학하기는 그런 반(反)시대적인 의식이나 태도를 취할 수 없고 취하지도 않는다. 지금의 철학하기는 여전히 사변적이고 개념적인 탐구에 치중하고 있지만, 겸손하고 솔직한 편이다. 연역이나 논증 또는 정당화 등을 완성할 수 있다고 자처하지 않는다. 그보다는 우리의 사고와 실천 및 의식에 들어 있는 논리적 기초와 모순 및 합리적인 귀결에 대해 엄정하게 추론함으로써 보다 합당한 인식에 도달하려고 애쓸 뿐이다.

이처럼 전통 철학과 현대 철학의 지향점과 방법, 태도와 역할이 크게 변한 상황에서 교육철학을 배우고 전문적으로 탐구하는 교육학도들에게 어떤 영역의 사상을 어떤 식으로 제시할 것이냐 하는 점은 어려운 도전이 된다. 전통 철학이 수업에서 자주 다뤄진다고 해서 그것을 위주로 공부하다 보면, 교육철학을 배우고 나서도 정작 현재 우리의 문제를 현대적인 탐구 방법으로 연구하는 것을 새롭게 배워야 하거나 현대적 지평에 맞게 재조정해야 하는 어려움을 고스란히 혼자 떠맡게 된다. 그렇다고 해서 현대 철학만을 소개하려고 드는 것도 해법이 될 수 없다. 현대 철학은 불행히도 전통 철학의 주제와 탐구 결과 및 방법론을 면밀히 계승하면서 변용하고 있다. 그렇기 때문에 철학탐구의 역사적 흐름을 외면하고 현대 철학만을 잘라서 단절적으로 공부하는 것은 위험하다. 현대 철학이 탐구주제로 삼고 있는 것도 상당 부분 전통 철학이 해결하지 못했거나 잘못 해결한 것인 경우가 많기 때문이다. 게다가 탐구 방법이나 글쓰기에서도 전통 철학의 일부분을 계승하거나 전통 철학의 한계와 모순을 회피하는 방식으로 전개되고 있다. 특히 글쓰기 방식의 경우는 더욱 그러하다. 많은 경우 전통적인 표현법이나 논리, 개념, 아이디어를 풍부하게 활용하면서 현재의 문제를 기술하고 있다. 이런 상황에서 전통 철학의 개념과 논의 구조를 함께 학습하지 않고서는 현대 철학의 현대성을 제대로 읽어 낼 수 없다.

고대의 플라톤과 근대의 루소, 그리고 현대 초입의 듀이를 몇 십 쪽으로 소개하고 논의하는 것은 큰 도전이다. 기존의 해석이나 연구의 흐름을 순전히 요약하게 된다면 다양한 해석의 가능성과 현재적 의미를 놓치게 될 것이고, 기존의 해석과 연구 동향과 동떨어진 방식으로 고유하고 독자적인 해석의 가능성을 타진하게 되면 공유하는 이해의 지평을 구축하는 데 실패하게 될 것이기 때문이다. 그래서 교육학적 논의에서 종종 활용되는 교육사상가의 경우는 기본적이고 핵심적인 개념과 사상을 포함하면서도 하나의 특징적인 주제를 중심으로 해석하려고 시도했다. 예컨대, 플라톤의 경우는 교육철학적 논의에서 개입되는 형이상학적 사유의 쓰임과 위치에 주목하고자 했고, 루소의 경우는 자연이라는 개념 및 이념이 교육철학적 논의에서 어느 정도까지 그리고 어떻게 활용되는가에 초점을 맞추고자 했다. 듀이의 경우는 증강현실 또는 가상현실과 같은 새로운 현상을 들고 나와서 그것에 대한 답변 가능성이라는 방식으로 그의 교육철학을 검토하고자 했다.

반면에 푸코와 랑시에르처럼 교육철학적 전통에 서 있지 않은 학자들의 경우는 다소 성격이 다른 문제에 직면하게 된다. 그들의 철학적 탐구 자체에 밀착해서 따라가면서 논의하게 되면 교육철학의 논의에 접맥시키기 어렵게 되고, 반대로 그들의 철학을 교육철학적 담론의 기본 틀에 맞춰 적극적으로 재구성하게 되면 그들 고유의 철학과 사상을 아전인수식으로 해석할 위험에 처하게 된다. 그래서 이런 경우엔, 되도록 그들 고유의 철학적 관심사와 사상 체제를 크게 손상시키지 않으면서 교육철학적 담론의 기본 틀에 따라 재진술하는 방식을 택하였다. 이들에 대한 기술은 보기에 따라서는 철학사상으로도 교육철학으로도 적합하지 않을 수 있을 것이다. 그런데도 희망하는 바가 있다면, 현대 철학자의 다양한 철학적 작업을 참조하면서도 교육철학 고유의 문제의식과 주제를 논의할 수 있다는 것을 예시적으로 보여 줄 수 있을 것이라는 기대다.

여기에 한 가지 덧보태자면, 고대와 근대의 교육사상을 탐구한다고 해서 당시의 세계관이나 철학적 방법론을 답습한다는 의미가 아니듯이, 현대의 교육사상을 탐구한다고 해서 전통적인 관심사나 논의 결과에 무관심하게 진행된다는 의미도 아니다. 플라톤과 루소, 심지어 듀이를 논의하더라도 현대 철학이 겪은 수많은 극복과 단절을 의식하면서 논의하고자 했고, 현대의 푸코와 랑시에르를 논의하더라도 전통적인 교육철학의 관심과 주제를 의식하면서 논의하고자 했다. 이러한 시도를 통해 전통과 현대의 조화를 넘어 교육사상을 탐구하는 고유한 관심사와 방법론을 어느 정도 공통적으로 드러내고자 했다.

이러저러한 생각과 이유를 종합해서 이 책은 전통 철학자 3명과 현대 철학자 2명이라는 특이한 조합을 탄생시킨 셈이다. 따라서 이러한 구성의 이유에 대해서는 꼭 들어맞는 정당한 근거가 없다고 말하는 것이 정확하다. 약간의 전통과 약간의 현대가 모두 소개될 때 현재적인 의미로 교육철학을 탐구하거나 교육철학으로 입문하는 것에 용이하고 보다 생산적일 것이라는 직감을 따랐을 뿐이다. 그런데도 이 책에 함께 묶인 플라톤으로부터 랑시에르에 이르는 사상사적 흐름 및 철학하기의 관심과 방법의 변화를 효과적으로 읽고 성찰할 경우, 전통적인 문제와 방법이 현대적인 지평에서 어떻게 계승되고 변용되며 변혁되는지를 읽어 낼 수 있으리라 믿는다.

짧은 지면에 각 사상가를 요약적으로 제시하는 위험에도 불구하고, 최선의 모습으로 큰 사상의 틀을 소개해 준 모든 저자에게 감사드린다. 아울러 이 책이 출판되기까지 번거로운 수고를 도맡아 해 준 학지사의 편집진과 사장님께 깊이 감사드린다.

2024년 9월

저자들을 대신하여

김상섭, 곽덕주

차례

제1장

형이상학적 사유와 극복으로서의 근대교육: 플라톤의 교육론을 중심으로

김회용

도입

근대 이전의 사고는 근대적인 사고에 비해 대체로 형이상학적이다. 형이상학적 세계는 인간이 추구해야 할 당위의 세계이며, 형이상학 이론은 인간이 따라야 할 당위의 법칙이 되기도 한다. 따라서 형이상학은 인간이 지향해야 할 이상이나 목표로 기능한다. 반면, 형이상학적 세계는 경험과 관찰을 초월한 선험적 세계이자, 현실성이 부족한 세계다. 그리고 절대적 · 보편적 · 객관적 진리를 주장하는 형이상학 이론은 독단적인 성격을 띠게 될 가능성이 높고, 이로 인해 지배자의 논리나 독재자의 논리로 작용할 가능성도 높다. 큰 틀에서 보면 인류 사회는 이러한 형이상학적 사유와 세계를 극복해 왔으며, '형이상학의 극복'을 시도한 철학과 사상은 민주주의의 발전과 함께 서로 영향을 주고받으면서 성장해 왔다고 볼 수 있다.

플라톤(Plato)의 이데아론은 형이상학 이론의 대표적인 사례다. 플라톤은 변화무쌍하고 불완전한 이 세계 '너머' 저편에 완전무결하고 불변하는 진리의 세계가 존재한다고 생각했다. 그리고 이 세상의 것들은 그 불변의 세계에 존재하는 것들을 모방했다고 주장한다. 이 글에서는 플라톤의 이데아론으로 대표되는 형이상학 이론의 극복과정을 고찰하고, 플라톤의 교육론을 논의하고자 한다. 이를 위해 ① 형이상학적 사유와 기원, ② 철학사적 관점에서의 형이상학적 사유의 극복과정, ③ 플라톤 이론의 핵심 개념인 이데아론과 비판적 논의, ④ 플라톤의 형이상학적 교육론의 의미와 논의, 그리고 ⑤ 플라톤의 사유와 교육이론의 전개를 교육사적 관점에서 살펴보고자 한다.

1. 형이상학적 사유와 기원

플라톤의 이데아론은 형이상학 이론의 대표적 사례다. '이데아'라는 단어는 1990년대에 젊은 시절을 보낸 이들에게는 어쩌면 서태지와 아이들의 〈교실 이데아〉로 인해 더 친숙하게 느껴질지도 모르겠다. 대한민국 대중가요계의 역사는 서태지와 아이들의 등장 이전과 이후로 나뉜다는 평가를 받을 만큼, 서태지와 아이들은 1990년대 초반, 젊은이들 취향에 맞는 힙합 댄스그룹을 내세우며, 한국 가요계에 지각변동을 일으킨 팀으로 평가받고 있다.

> 됐어(됐어) 이제 됐어(됐어)/이제 그런 가르침은 됐어.
> 매일 아침 일곱 시 삼십 분까지/우릴 조그만 교실로 몰아넣고
> 전국 구백만의 아이들의 머릿속에/모두 똑같은 것만 집어넣고 있어.
> 이 시꺼먼 교실에서만/내 젊음을 보내기는 너무 아까워.

그런데 서태지와 아이들이 꿈꾼 교실의 이데아는 힘든 학창 시절을 보낸 이들이 진심으로 꿈꾸던 바람일지는 모르지만, 실제로는 존재하기 힘든 이상의 세계일 가능성이 높다.

영어로 '메타피직스(metaphysics)'라고 부르는 '형이상학'의 그리스어 원어는 '메타-피시카(meta-physika)'다. 아리스토텔레스(Aristotle)의 대표 저술의 제목인 『메타-피시카』는 아리스토텔레스 자신이 직접 붙인 것이 아니라, 기원전 1세기 후반 아리스토텔레스의 저술을 최초로 편집한 안드로니코스에 의한 것으로 알려져 있다. 페리파토스학파의 수장이었던 안드로니코스는 술라가 아테네를 정복할 때 아펠리콘으로부터 입수하여 로마로 가져온 아리스토텔레스의 학파 내부용 강의 자료들을 처음

으로 정돈하고 편집하게 되었다. 이때 그는 논리학적인 저술 군(群)인 오르가논에도, 자연학적인 저술들에도, 윤리학이나 창작 예술에 관련된 저술들에도 분류시킬 수 없었던 일련의 저술들을 자연학적인 저술 군인 '피시카(물리학)' 뒤에(meta) 두고 '메타 피시카(자연학적인 저술 또는 문제들 뒤의 것들)'라는 명칭을 붙였다.

아리스토텔레스는 자신의 저서『형이상학』에서 이론 철학의 가장 근본적인 문제를 다루면서 정점에 이른 자신의 사상을 보여 준다. 그가 '형이상학(메타 피시카)'에서 제기하는 근본적인 질문은 '있다'는 것은 무엇인가다. 이 '있음'의 의미를 파헤치면서 그는 '있는 것'들의 으뜸가는 원인(또는 원리)들을 찾아 나선다. 이런 탐구과정에서 있는 것들 중에서도 실체가 양, 질, 관계 등의 다른 모든 범주들의 원인으로, 실체들 중에서도 으뜸 실체인 '꼴(형상)'이 다른 모든 실체들의 원인으로, 으뜸 실체 중에서도 영원불변의 신(神)이, 천구들을 움직이는 이성(nous)들과 더불어 있는 것들 모두의 궁극적인 원인으로 드러난다. 신(神)은 '자신은 움직이지(변하지) 않으면서 다른 모든 것들을 움직이는 으뜸가는 것(부동의 원동자)'으로서 모든 존재와 변화의 시작점에 서 있다(Aristoteles, 2007: 13-16). 이처럼 변화의 근본 원인이 되는 '형이상학'은 아리스토텔레스의 다른 저술들에서는 '지혜(sophia)', '으뜸 철학(prote philosophia)' 또는 '신학(theologike)'이란 이름으로 불리면서 현실 세계 '너머'의 보편타당한 원리를 의미하게 되었다.

한문의 '형이상'도 이와 유사한 의미를 가진다. 형이상학이 유래된 것으로 알려져 있는『주역(周易)』「계사전(繫辭傳)」에는 "형이상이란 도를 이름이요, 형이하란 기구(器具)를 이름이다(形而上者謂之道 形而下者謂之器)"라고 하였다. 이것은 동양에서 철학을 형이상학이라고 부르게 된 기원이기도 하다(채필든, 1964: 349).

당송팔대가(唐宋八大家)의 한 사람인 당나라의 한유(韓愈)가 쓴 시 〈원인(原人)〉에도 형이상학에 관한 내용이 나타나 있다.

> 위에서 형상으로 이루어진 것을 하늘이라 하고, 아래에서 형상으로 나타난 것을 땅이라 하며, 그 둘 사이에서 생명을 가지고 생겨난 것을 사람이라고 한다. 위에서 형상 지어진 해 · 달 · 별은 모두 하늘의 것이다. 아래에서 형상 지어진 풀 · 나무 · 산과 냇물 등은 모두 땅의 것이다. 그 둘 사이에서 생명을 가지고 있는 오랑캐와 새 · 짐승은 모두 사람의 것이다(黃堅 編纂, 2005: 266-267).

(形於上者 謂之天 形於下者 謂之地 命於其兩間者 謂之人 形於上 日月星辰皆天也 形於下 草木山川皆地也 命於其兩間 夷狄禽獸皆人也)

『주역』과 〈원인〉에서는 형이상을 도(道)와 하늘(天)로, 형이하를 기(器)와 땅(地)이라고 일컫는다. 〈원인〉에서는 보다 구체적으로 형이상을 해와 달과 별을, 형이하를 산천초목을 가리키고 있다. 이렇게 볼 때,『주역』과 〈원인〉의 서술은 현실 세계 '너머'의 것을 형이상학으로 칭한 아리스토텔레스와 그 관점이 동일함을 알 수 있다. 즉, 서양과 동양의 고전을 통해 우리는 형이상학이란 물리적 세계 '너머'에 존재하고, 인간의 감각 경험으로 확인할 수 없지만 물리적 세계의 변화를 일으키는 근본 원인임을 확인할 수 있다.

서양 철학사에서 형이상학적 사유는 엘레아 출신인 파르메니데스(Parmenides)에서 시작되었다고 볼 수 있다. 파르메니데스는 '눈에 보이는 것'과 '실제로 존재하는 것'을 구분한다. 그의 주장은 "존재하는 것은 있고, 존재하지 않는 것은 있지 않다"(De Crescenzo, 1988/1997a: 131)는 명제로부터 출발한다. 하지만 이 단순한 명제로부터 놀랍게도 '세상의 모든 것은 연결되어 있고, 변화와 운동이란 존재하지 않는다'라는 전혀 믿을 수 없는 결론이 도출된다. 파르메니데스의 결론은 이후 철학사의 보편적 믿음으로 존재하는 다음의 두 가지 논리 추론을 가능하게 한다. 첫째, 우리 대부분은 본능적이고 감각적인 것보다는 이성적이고 합리적인 판단을 따라야 한다고 생각한다. 둘째, 이 세상 너머의 어딘가에 영원불변한 진리의 세계가 있다고 믿는다(김민철, 2007: 30-32). 정신의 활동이 감각의 활동보다 더 훌륭하다는 파르메니데스의 주장은 플라톤의 사상에 커다란 영향을 미쳤다(De Crescenzo, 1988/1997a: 134).

플라톤의 이데아론(또는 형상이론)에 따르면, 이 세상에는 두 종류의 물질이 있다. 하나는 사람이 경험이나 감각으로 알 수 있는 것이고, 다른 하나는 생각은 할 수 있지만 감각이나 경험으로는 알 수 없는 것이다. 플라톤은 후자를 '이데아' 또는 '형상'이라고 부른다. 플라톤의 이데아는 절대로 변하지 않는 것과 이상형의 두 가지를 의미한다. 꽃을 예로 들면, 꽃의 이데아란 이 세상에 있는 꽃 중에서 가장 완벽하고 완전하며, 절대로 변하지 않는 영원한 꽃을 의미한다. 우리가 선물하고 보는 꽃은 단지 이 꽃의 이데아에서 생긴 개개의 꽃에 불과한 것이다. 이러한 꽃의 이데아는 우리의 마음이나 생각 속에 있는 가장 이상적인 모습이기도 하다.

절대적이고 영원하며 불변하는 이데아라는 개념은 플라톤에게 당시 그의 동시대인들이 그토록 찾아 헤맸던 확실성을 담보해 주는 것이었다. 5세기 말경의 아테네는 도덕적으로나 정치적으로나 극도로 혼란스러운 시기였다. 선동 정치가들이나 소피스트들은 한결같이 눈에 보이는 모든 것을 비판하고 나섰고, '선'이며 '정의'에 대해 그 누구도 이렇다고 확신을 하는 사람이 없었다. 모든 것이 뿌리로부터 뒤흔들리는 동요의 시기가 바로 그때였다. 이런 상황에서 플라톤은 이데아론을 통해 도덕적 · 정치적 혼란에 확실하고도 분명한 질서를 부여할 수 있었다(De Crescenzo, 1989/1997b: 124-125).

그렇다면 이러한 이데아가 있다는 것을 어떻게 알 수 있는가? 먼저, 플라톤은 우리가 감각 지각을 통해 알 수 있는 물리적 세계는 다음과 같은 두 가지 이유에서 지식의 대상으로 적합하지 않다고 보았다. 첫째, 그 세계는 변화한다. 대상은 한때는 어떤 속성을 지녔다가도 나중에는 그와 대립하는 속성을 지니게 된다. 가령, 젊은이가 노인으로 변화하며, 작은 것이 큰 것으로 변했다가 다시 작은 것이 된다. 또한 그 위치와 배열도 바뀐다. 결과적으로, 이러한 특성을 지닌 대상에 대해서 우리가 어떤 결론을 내리든 간에 나중에는 철회할 수밖에 없을 것이다. 둘째, 그 세계는 현상(appearance)의 영역에 속한다. 사물들은 거리에 따라, 빛에 따라, 또 관찰자의 시각에 따라 다르게 보인다. 결과적으로, 물리적 대상에 대한 모든 증거는 아마도 무한히 많은 관점들 중의 한 관점에 의해 보고된 것으로 간주될 수밖에 없는, 잠정적인 것들에 불과하다고 해야 할 것이다.

우리가 세계에 대한 경험을 통해 지식을 얻을 수 없다면, 도대체 어떻게 지식을 얻을 수 있단 말인가? 플라톤은 '사유'를 통해서 지식을 얻을 수 있다고 보았다. 그러나 '사유한다는 것'은 곧 무언가에 '관해' 생각한다는 것이고, 그렇다면 형상(이데아)에 대해서는 이러한 '지향적 관계(about relation)'를 어떻게 성취해 낼 수 있는가? 만약 마음이나 영혼이 단지 변화의 세계에 늘 함께 존재하는 어떤 것이라면, 그것이 지식을 결코 가질 수 없다는 것은 플라톤에게 분명해 보인다. 따라서 영혼이 형상에 '관해' 사유하기 위해서는 영혼은 반드시 육체와 구분되어야 한다. 육체는 변화하는 물리적 세계의 일부이지만, 영혼은 형상과 좀 더 유사하며 그렇기 때문에 형상과 상호작용할 수 있는 것이다. 실제로 영혼은 실재만큼 복합적이다. 영혼에는 불변하는 형상과 유사한 측면이 있으며, 따라서 영혼은 형상에 대한 지식을 가질 수 있다. 그리고 영혼에는 또한 변화하는 환영의 세계 및 육체와 유사한 측면도 있으며, 따라서 감각 지각의 세계에서 나온 영상이나 환영의 연극에도 참여할 수 있는 것이다.

플라톤은 이 영상과 환영에 매우 큰 흥미를 가졌다. 그는 형상과 지각 가능한 것들 간의 관계를 묘사하는 데 이러한 영상 만들기의 비유를 종종 사용하곤 했다(Papineau, 2008: 257-262). 플라톤이 『Politeia』 7권에서 사용한 '동굴의 비유(the allegory of the cave)'는 그 대표적 사례다.

플라톤은 '동굴의 비유'를 통해 동굴 밖에 존재하는 태양(이데아, 형상)을 동굴 속의 변화무쌍한 그림자들의 원인이 되는 유일한 실재의 세계로 묘사했다. 그리고 이것은 동굴 속 사람들이 추구해야 할 당위의 세계이기도 하다. 플라톤의 이러한 논리는 오늘날에도 그대로 이어져 태양이 동굴 속 죄수가 추구해야 할 당위의 세계로 기능하는 것처럼, 오늘의 인간에게도 현실은 언제나 불완전한 것이며, 따라서 그것을 극복하고 개선하기 위해서는 기준이 될 만한 목표가 필요하게 되었다. 그 결과, 현실 세계가 불합리하다고 생각하고 변화와 개혁을 꾀하는 사람에게는 언제나 변화의 기준이 될 만한 이상 세계의 모습이 필요하게 되었고, 이데아(형상)의 세계를 의미하는 형이상학은 이상 세계를 반영한 것으로 인간에게 이상과 목표의 기능을 담당하게 되었다.

그러나 동굴 속 그림자만 보는 죄수들, 즉 형이하의 세계에 얽매여 있는 사람들은 태양의 존재를 인지하는, 즉 이데아 세계로의 상상을 경험한 철학자의 가르침을 받아야 한다는 주장처럼 플라톤의 이데아론은 지배 집단의 지배권력 정당화의 이론적 근거로 악용될 소지가 다분하다.

근대 이전의 사고는 '형이상학적 사유'를 특성으로 하며, 이는 근대 이전의 사고와 근대적인 사고를 구분하는 가장 뚜렷한 특징 중 하나다. 즉, 근대 이전의 사고는 대체로 형이상학적이었다. 철학의 역사를 보면, 절대적 진리나 선을 전제한 형이상학적 사유가 시간의 경과에 따라 극복되어 감을 확인할 수 있다. 다음 절에서는 형이상학적 사유의 극복과정을 철학사적 관점에서 살펴보기로 한다.

2. 형이상학적 사유의 극복과정-철학사적 관점에서[1)]

아리스토텔레스의 저술 명에서 유래한 형이상학은 현실 세계 너머의 보편타당한 원리를 의미한다. 형이상학은 고대에는 이데아의 세계로, 중세에는 목적론적 세계관으로 지배 집단의 권력 활용을 정당화하는 근거로 활용되었다. 정치적 목적에 이용될 가능성이 높은 형이상학적 사고는 중세를 지탱하는 지적 토대의 역할을 하게 된다. 중세의 사고를 지배한 것은 아리스토텔레스적인 목적론과 자연관이었기 때문에 중세의 세계관을 흔히 목적론적 세계관이라고 한다.

종교는 절대자에 의존하기 때문에 필연적으로 목적론적일 수밖에 없다. 「창세기」의 신은 세계를 창조하고 자기만족에 빠진 신의 모습으로 그려진다. 이런 사상에 따르면, 세계에는 하나의 '완전한 목적인'이 있고, 이 세계는 그에 의해 훌륭하게 만들어진 것이기 때문에 세계의 진행 방향은 하나의 길만을 갖게 된다. 기독교에 있어서는 이것이 좀 더 자세하게 드러나는데, 「요한복음」에서 "태초에 말씀(logos)이 있었다"고 선언하고 있는 부분에서 볼 수 있다. 기독교는 교부철학과 스콜라 철학을 거치면서 플라톤과 아리스토텔레스를 받아들여 그들의 목적론적 설명을 좀 더 강화하게 된다.

그런데 종교 개혁으로 교회가 신의 대리자로서의 권위를 상실하게 되고, 더불어 왕과 귀족이 평민들을 지배할 수 있는 이론적 근거 자체도 사라져 버린다. 중세의 사회 구조는 자연관과 불가분의 관계에 있었기 때문에 사회 구조의 붕괴는 중세적 자연관의 위기와 붕괴를 수반하게 된다.

중세를 지탱하고 있던 지적 토대가 붕괴되고 기존의 권위가 철저히 해체되자, 지적 혼란의 시기가 도래하게 된다. 그 혼란의 시기에 갈릴레이와 뉴턴 등의 자연과학자들은 천문학과 역학 등의 분야에서 아리스토텔레스주의를 극복할 새로운 방법론을 모색하게 된다. 그들의 연구는 큰 성공을 거두어 목적론을 거부하고 기계론에 기반을 둔 근대 과학이 등장하게 된다. 이른바 '패러다임의 전환'이 이루어진 것이다.

기계론이란 세상 모든 것을 기계, 즉 필연적 인과관계의 산물로 보는 입장이다. 기계론자들은 신의 섭리나 이데아와 같은 신비스럽고 형이상학적인 요소를 배제하고, 모든 현상을 물질과 운동에 의해 설명한다. 관찰 가능하고 수학적인 방법으로 측정 및 탐구할 수 있는 내용만을 고려하는 것이다.

1) '형이상학적 사유와 극복과정'은 저자의 「형이상학적 지식관과 극복과정의 철학사적 고찰」(교육사상연구, 2009)의 내용을 본 글의 흐름에 맞게 요약 및 수정하였다.

근대의 자연과학자들은 자연을 수량화하고 기계적 인과성 안에서 설명하려 하였다. 16세기 중엽 코페르니쿠스로부터 17세기 말 뉴턴에 이르는 과학 혁명의 세기 동안에 자연은 실험과 측정과 관찰의 대상으로만 간주되었다. 이러한 사상은 새로운 세계 체계로 대부분의 정신적인 그리고 인간적인 특징들을 자연으로부터 해석해 내는 것이었다. 자연은 이제 점차로 유기체로서가 아니라 기계, 엔진 혹은 시계로 묘사되었다.

정신, 영혼, 목적은 더 이상 자연이 아니었다. 이제 자연은 생명 없는 물질로 구성되고, 기본적으로 수학적인 특징을 소유하며, 목적론적이 아니라 기계적으로 기능하며, 변함없는 자연법칙에 따라 움직이는 거대한 기계 혹은 시계처럼 보였다(박필배, 2006: 165). 이로 인해 홉스(Hobbes)와 라 메트리(La-Mettrie)가 인간을 당시 가장 정밀한 기계인 시계에 비유한 기계론적인 세계관이 근대의 세계관으로 기능하게 되었다.

목적론적 사고는 필연적으로 형이상학적 사고에 기초할 수밖에 없고, 형이상학적 주장은 검증이 불가능하기 때문에 정치적 목적에 이용될 가능성이 높다는 위험이 있었다. 기계론적 사고로 인해 인간은 이러한 위험을 극복할 수 있게 되었다. 그러나 기계론적 인간관에 입각한 교육은 학습자를 수동적인 존재로 간주하여 교사의 지식을 일방적으로 전달하는 교사 주도의 주입식 수업으로 변화될 위험에 직면하게 되었다. 기계론적 인간관에 입각한 교육에 있어서 교사는 인간이라는 기계가 고장 없이 최고의 성능을 잘 발휘할 수 있도록, 인간이라는 기계를 잘 통제할 수 있는 능력을 가진 전문가이며, 인간이라는 기계에 투입하여야 할 지식, 덕목, 기능을 보유하고 있는 권위자이기 때문이다.

형이상학과 목적론적 세계의 위험인 정치적 목적에 이용될 가능성을 극복할 수 있는 가장 명료한 방법은 형이상학적 절대론의 인식론적 문제를 분명히 드러내는 것이다. 즉, 우리가 세계와 진리를 어떻게 인식할 수 있는가, 그리고 우리의 인식은 정당한가에 관한 논의가 이루어져야 한다. 인식과 관련된 모든 것에 의문을 제기하고 해결책을 모색해 보아야 한다. 이러한 인식론적 회의주의의 결과물이 데카르트(Descartes)의 "나는 생각한다. 그러므로 나는 존재한다"이다.

데카르트는 자신의 객관적인 지식 체계를 세울 수 있는 절대적 확실성을 가진 확고한 토대를 찾아내기 위해 '철저한 회의'라는 방법을 선택했다. 그 방법의 모토는 '모든 것을 회의의 대상으로 삼자'는 것이었다. '철저한 회의'의 결과, 데카르트는 오직 하나, 절대적으로 확실한 것은 자신이 존재하고 있다는 사실뿐이라고 결론 내린다. "나는 생각한다. 그러므로 나는 존재한다"는 그의 주장은 그가 꿈을 꾸고 있든, 감각에게 기만을 당하고 있든, 사악한 악마가 존재하든 상관없이 진리다. 사실 이것은 필연적으로 참이다. 다시 말해, 그것을 부정하거나 의심하면 곧 자기모순에 빠지고 만다(Palmer, 1988/1997: 177).

자아에서 확실성을 발견하고, 자신의 자아가 곧 자신의 의식이라는 사실을 정립한 후 데카르트는 이제 주관성의 한계를 벗어나 외부 세계의 존재를 정립하는 길을 찾아내야만 했다. 이를 위해 그는 정신의 내용을 분석하고 인간의 정신은 본유관념(本有觀念)을 가지고 있다는 것을 찾아내었다. 데카르트는 본유관념(생득적인 관념)과 인위관념(人爲觀念; 자신이 만들어 낸 관념), 외래관념(外來觀念; 바깥에서 만들어진 관념)을 구분하였다(中山元, 2007/2009: 132). 데카르트와 같이 확실한 제1원리 또는 본유관념으로부터 필연적으로 추론되어 나오는 것만을 인정하는 입장을 합리론이라고 한다. 합리론에서 사용하는 방법을 연역법이라고 부른다. 합리론에서는 불확실한 감각 경험을 불신하고, 오직 이성의 힘에 의해서 진리를 구하고자 한다.

이에 반해 로크(Locke)는 우리 인식의 한계를 인식하고 그것을 포괄적으로 다룬 최초의 근대 철학자다. 지식에 관한 로크의 핵심적인 주장은 본유관념 같은 것은 없다는 것이다. 로크는 '백지설'을 주장한 『인간오성론』(1690) 1장에서 본유관념을 부인하고 있다.

태어날 때부터 우리가 갖고 있는 본유관념이 없다면, 그러한 관념은 어디에서 생겨나는 것일까? 로크는 마음은 외부 세계에 대한 지각을 통해서, 그리고 마음 자체와 그 안의 내용에 대한 반성을 통해서 관념을 획득할 수 있는 본유적인 능력을 가지고 태어난다고 설명한다. 따라서 어린이는 세상에 태어난 지 얼마 지나지 않아 로크가 인상(impression)이라고 부른 것을 가지게 되는데, 인상은 감각과 반성을 통해 만들어진 가장 단순한 관념들이다(Papineau, 2008: 278–279). 여기서 감각이란 우리의 감관을 통해 들어올 수 있는 모든 것들이다. 예를 들어, 백묵의 '희다'라는 관념이 감각을 통해 우리에게 생기는 것이다. 이는 우리 뜻대로 느끼고 싶지 않다고 해서 지나칠 수 있는 것이 아니기 때문에 수동적이다. 반성은 내적인 감관이라고 생각할 수 있는데, 이는 감관(시각)이 직접적으로 백묵을 보고 희다는 것을 알지만, 반성은 우리 마음속에서 백묵과 똑같은 관념을 만들어 내기 때문이다. 그리고 반성에서 오는 관념들은 더 늦게 얻어진다. 우리는 감각과 반성을 통해 만들어지는 인상들을 조합함으로써 물리적 대상이나 그것의 속성 등과 같은 복합 관념을 형성하게 된다.

이러한 입장에 따르면, 우리는 경험에 의해서 비로소 인식을 갖게 되며, "모든 것은 경험으로부터 나온다"라는 경험론의 구호를 만족시킨다(Schacht, 1984/1993: 140). 따라서 로크에 의하면 경험이 모든 관념과 지식의 근원이며 경험적 지식만이 유일하게 가능한 지식이다.

이러한 경험에 입각한 논리 전개를 시도한 학문 방법이 귀납법이고, 베이컨(Bacon)은 귀납법을 정리하고 체계화했다. 귀납법이란 관찰된 구체적인 사실들로부터 공통점을 도출함으로써 일반적인 원리를 이끌어 내는 논증방법이다. 귀납법은 개별적인 사실들을 근거로 일반적인 원리를 밝혀냄으로써 우리의 지식을 확장시켜 주는 역할을 한다. 그러나 귀납추리에 의해 도출된 결론은 그와 모순되는 새로운 사실이 발견되면 언제라도 무효화될 수 있다는 점에서 '그것이 참일 수 있는 상당히 높은 가능성', 즉 '개연성'만을 가질 뿐이다(김민철, 2007: 175).

합리론자들은 이성의 능력에 의해 파악된 의심할 수 없는 직관으로부터 절대적이고 궁극적인 진리를 도출해 내고자 한다. 반면 경험론자들은 선입견을 버리고 보이는 것만을 믿자는 소박하고 현실적인 주장에서 출발한다. 그러나 인식론적인 탐구의 결과, 경험론에서는 주체 밖에 실제로 존재하는 대상을 파악할 수 있다는 믿음을 버려야 했다. 예를 들어, '이것은 초록색 자동차다'라고 말할 때 인간은 자신의 망막에 비친 자동차의 이미지만을 설명할 수 있을 뿐이다. 즉, 모든 사람이 망막에 비친 이미지를 말하기 때문에 누구도 자동차 그 자체에 대해 알 수는 없다. 우리에게 존재하는 것은 자동차에 대한 시각적 이미지일 뿐이다. 따라서 경험론은 결국 객관적이고 보편적인 진리에 대한 희망을 버리고, 진리의 절대성과 객관성을 의심하면서, 흄(Hume)이 물질의 존재여부에 대해 회의론에 빠진 것처럼, 궁극적인 판단을 내리지 않으려는 경향인 회의주의로 기울고 만다(Warburton, 1998/2000: 136). 그런데 그것은 오늘날 세계 모든 국가가 추구하는 평등주의와 민주주의의 사상적 기반이 된다.

객관적이고 보편적인 진리에 대한 회의주의는 형이상학적 진리를 탐색하기보다는 현존하는 개인들의 계약과 합의를 중시하는 자유주의 사상으로 발전한다. 계약과 합의의 존중은 인간의 자유의지를 전제할 때 가능하다. 인간의 자유의지는 중세와 근대를 구분하는 핵심 사상이다. 자유주의의 가장 기본적인 특징은 고대나 중세와 달리 평등한 인간관계에 있다. 자유주의에서는 사회가 평등한 개인들로 이루어져 있음을 전제한다. 르네상스와 종교 개혁으로 크게 고조된 개인주의가 자유주의 신조의 중요한 내용이 되었다. 평등한 개인들의 계약과 합의를 토대로 출발한 자유주의에서 사회는 개인에게 수단적 존재가 된다. 반면, 형이상학적 세계관이 지배할 때는 사람마다 추구해야 할 목적이 이미 정해져 있었다.

자유주의는 다양한 형태로 전개되었지만, 중심되는 사상은 개체의 잠재력과 개성을 최대한으로 발휘하는 일에 장애가 되는 임의의 외적 제재로부터 인간을 보호하려는 정신으로서 서양의 오랜 역사 속에서 결성된 것이다. "초기의 자유주의자들은 사회의 관습과 제도에 의해서 행사되는 임의적 권위의 억압으로부터 인간을 자유롭게 할 것을 주장하는, 다소 소극적인 의미의 자유를 추구하는 데에 노력을 바치고 있었다"(이돈희, 1999: 68). 즉, 초기 자유주의자들에게 있어 근대의 핵심 사상인 자유는 벌린(I. Berlin)의 구분에 따라 표현하면 '소극적 자유'를 의미하였다.

자유주의는 형이상학적 위계질서를 극복하고 평등주의와 다원주의에 입각한 새로운 장을 열었다. 자유주의자들은 모든 사람에게 능력을 발휘할 기회만 균등하게 주어진다면 그리고 과정상에 반칙만 없다면, 어떤 결과가 나오든 그것은 정의로운 것임을 주장하면서 국가나 사회의 개입을 반대한다. 그러나 '자유주의'는 정치적 · 문화적 엘리트 집단을 양성하기 위한 목적하에 제도적 교육의 기회를 특히 이지적으로 탁월한 집단에게 제공하였던 '귀족주의'와 비교할 때 개방성을 띠기는 하였으나, 교육의 대상과 제도의 측면에서는 자유주의적 정신이 시사하는 만큼의 진보적 업적을 성취했다고 보기 어렵다. 그것은 자유주의를 지배한 일차적 이념이 마음의 자유, 즉 임의적 권위나 관습적 타성으로부터 벗어나서 이성의 권위와 역할에 호소하는 것이 인간을 자유롭게 하는 것이라는 신념에 충실하였을 뿐, 사회의 구조적 상황이나 제도적 체제가 주는 제약성에 관해서는 크게 관심을 두지 않았기 때문이다.

그 결과 자유–방임을 내세운 초기 자유주의는 시장 경제체제로 인해 사회 풍토의 익명화 현상을 낳았고, 사회의 제반 문제해결에서 이성보다는 관습 · 충동 · 습관 등의 비합리적 성향의 지배를 받는 인간성의 한계를 노출시켰다. 그리고 자유주의 경제체제는 부익부–빈익빈의 현상을 가져왔으며, 생산 수단 소유자들의 악덕 행위를 유발하였고, 무엇보다 자유주의의 실질적 혜택이 귀족계층이나 중산계층에 집중되는 문제가 발생했다. 결과적으로, 자유주의 경제체제의 발전 이후에도 노동자와 농민들은 여전히 스스로를 보호할 수 있는 제도적 힘을 소유하지 못한 상태에 놓이게 되었다(김민철, 2007: 203-204).

또한 능력에 따른 평등을 정의롭고 진정한 평등으로 간주한 자유주의자들의 평등관은 결과적으로 불평등을 심화시키는 결과를 초래하였다. 초기 자유주의자들에게 있어 평등의 진정한 의미는 기회의 평등이다. 그러나 기회의 평등은 현대 사회의 평등관으로는 부적합하다. 현대 사회는 자본과 문화의 불평등이 심화되고 있고, 이로 인해 출발선의 불평등이 더 심화되기 때문이다.

초기 자유주의자들은 만민 평등사상에 그들 이론의 토대를 둠으로써 차별적 선민사상을 극복한 것으로 평가받기도 하나, 여전히 전통적인 인간관을 견지하고 있다. 근대의 핵심 사상인 '자유의지론(자유론)'이 전통적 인간관의 형이상학적 전제를 공유하고 있기 때문이다. '자유의지론'에 따르면 인간은 이성적 존재이며, 본능적이고 충동적인 욕구에 매몰되지 않고 스스로 선택하는 도덕적인 존재가 될 수 있다. 즉, 인간은 자신의 행위를 스스로 결정할 수 있는 자유로운 존재인 것이다. 그리고 그런 면에서 인간의 이성은 신(神)적이다. 그런데 인간은 어떻게 그런 신적인 이성을 가지게 되었는가? 이 질문에 답하기 위하여 '자유의지론'은 결국 전통적 인간관의 형이상학적 전제에 의존할 수밖에 없다.

자유주의자들은 형이상학적 사유에서 완전히 벗어나지는 못했다. 자유주의가 종래의 인습적 사고에서 자유롭지 못했던 가장 큰 이유는 과거의 이원론적이고 이분법적인 세계관을 극복하지 못했기 때문이다. 지배권력과 독재권력의 정당화 근거로 활용되어 온 전통적 인간관에 대한 반성은 필연적으로 이원론에 대한 비판으로 이어지게 된다. (환경 · 생물학적) 결정론에 따르면, 인간의 이성은 환경과 생물학적 요소에 의해 지배된다. 이러한 가정을 토대로 등장한 이론이 유물론이다. 목적론적 세계관이 기계론적 세계관으로 바뀐 것은 일종의 패러다임의 전환이었으며, 그 논리적 귀결이 바로 유물론이다. 세상의 모든 것이 기계의 작동 방식에 의해 설명된다면, 정신적인 것도 예외여서는 안 된다. 유물론자들의 주장에 따르면 인간의 행위는 물질적 환경이라는 요소와 생물학적 요소 간의 함수 관계에 의해 결정된다.

패러다임 변화의 산물이며, 이원론에 대한 비판의 산물인 결정론과 유물론은 자유주의에 대한 반발이다. 결정론과 유물론에 기초하여 탄생한 것이 사회주의다. 사회주의자들은 자유주의자들의 기본 전제 자체를 부인한다. 자유주의자들은 사회가 개인들 간의 계약에 의해 생긴 것이므로, 사회란 개인이 행복을 추구하기 위한 수단이나 도구에 불과하다고 주장한다. 반면, 사회주의자들은 개인보다 사회가 먼저라고 주장한다. 이른바 '자연인'이란 존재하지도 않고, 존재할 수도 없다는 것이다. 사회주의자들의 논리에 따르면 인간은 사회를 벗어나서는 어떤 정체성도 가질 수 없다.

사회주의자들은 교육에 대한 '인간의 권리' 실현이 초기 자유주의자들의 '소극적 자유'만으로는 달성하기 쉽지 않다고 보고, 자신이 원하는 것을 할 수 있는 자유인 '적극적 자유'를 주장하였다. 벌린(Berlin, 1969: 122)은 '○○에의 자유'로 단지 구속이나 제재가 없는 상태가 아니라 선택한 것을 성취할 수 있는 능력을 가지고 있다는 것을 뜻하는 "적극적 자유를 '어떤 일을 결정하거나 선택할 때 간섭이나 통제의 원천이 누구 또는 무엇인가' 하는 문제에 답하는 것"으로 정의하였다.

그러나 사회주의는 오랫동안 존속하지 못했다. 사회주의 몰락의 원인은 이윤 동기 부여의 실패에 따른 가난과 불행, 사회주의 국가들의 이념과는 다른 불평등한 운영, 그리고 마르크스에 대한 신격화 등 지배 집단의 형이상학적 독단 등에서 찾을 수 있다. 그러나 이러한 폐단이 발생한 근본적인 원인은 그들의 인간관에서 찾을 수 있다. 사회주의의 유물론에 기반한 결정론적 인간관에 따르면 인간은 기계와 다를 바 없는 존재로 전락하게 된다. 유물론적이고 결정론적인 설명에는 세상의 모든 일들이 이미 필연적으로 정해져 있다는 숙명론이 내포되어 있기 때문이다. 이러한 이론에 따르면 우리 모두는 세계라는 커다란 기계의 부속품에 불과하며, 자신과 사회의 삶을 개척하기 위한 노력은 물거품이 되고 만다(김민철, 2007: 318).

사상사의 발전이라는 맥락에서 볼 때, 사회주의는 몰락했지만, 사회주의의 지향점인 구성원 모두의 행복과 복지에 대한 관심, 평등, 소외 계층에 대한 배려, 평생교육, 적극적 자유관 등은 자유주의의 진화에 의미 있는 기여를 하게 되었다. 사회주의의 장점을 변증법으로 통일한 진화된 자유주의는 복지적 성격을 띠게 되었다. 즉, 자유주의의 '각자에게 각자의 몫을 주는 것'을 의미하는 전통적 정의는 '모든 욕구를 충족시킬 수 없다면 차선책은 일단 기본적인 욕구 충족에 주력하는 것'을 의미하는 복지적 성격의 정의로 변모하게 되었다.

존 롤즈(John Rawls, 1971/1985)의 정의관은 자유주의자들의 진화된 정의관을 가장 잘 보여 주는 것으로 판단된다. 사람들의 행동 동기와 관계없이 롤즈의 정의관은 결과적으로 합리적인 사람이라면 '무지의 장막' 뒤에서 사회적 약자를 배려하는 규칙을 정하는 데 동의할 수밖에 없을 것이다. 이것은 자유주의가 진화하여 평등에 대한 요구를 수용하고 복지적 성격을 강화하게 된 것을 잘 보여 주고 있다.

철학사를 통한 형이상학적 전개와 극복과정을 간략히 규명한 내용은 다음과 같이 요약할 수 있다. 아리스토텔레스의 저술 명에서 유래한 형이상학은 '현실 세계 너머의 보편타당한 원리'를 의미하며, 형이상학의 철학적 기원은 파르메니데스의 "존재하는 것은 있고, 존재하지 않는 것은 없다"에서 찾을 수 있고, 플라톤의 이데아론은 형이상학 이론의 대표적 사례로 볼 수 있다. 플라톤『Politeia』의 '동굴의 비유'와 '금속의 신화'는 지배 집단이 자신들의 권력을 정당화하기 위한 근거로 형이상학을 활용하고 있음을 잘 보여 주고 있었다.

형이상학적 사고는 중세를 지탱하는 지적 토대 역할을 하였고, 나아가 중세의 목적론적 세계관 형성에 기여하였다. 그러나 종교 개혁 등으로 목적론적 세계관은 기계론적 세계관으로 전환되었다. 근대 합리론과 연역법의 기반이 된 데카르트의 본유관념은 플라톤의 잔영에 불과하다는 비판을 받았고, 경험에 바탕을 둔 경험론과 귀납법이 새로이 등장하였다. 그러나 경험론은 보편적 진리에 대한 믿음을 버리고 회의주의로 흐르게 되었다.

회의론에 기초한 자유주의는 자유의지론에 근거하고 있으며, 자유의지론은 인간의 이성 능력에 입각한 자율적 선택을 강조하였다. 그러나 인간이 신(神)적인 인간 이성을 어떻게 소유하게 되었는지는 여전히 형이상학적 전제에 의존할 수밖에 없었다. 그리고 이성에 입각한 자율적 선택에 의한 교육은 '경쟁'을 촉발시키고 결국 부모의 자본 능력이 아동의 학습을 결정하는 문제를 노정시켰다. 이러한 비판에 노정된 자유주의는 이후 적극적 평등관을 강조하는 사회주의의 장점을 가미하여 복지적 성격의 자유주의로 진화하게 되었다.

1절과 2절을 통해 우리는 형이상학적 사유의 기원과 극복과정을 철학사적 관점에서 고찰하였다. 그렇다면 형이상학적 사유는 교육에 어떻게 기능하는가? 형이상학의 대표적 사례로 간주되는 플라톤의 이데아론과 교육론을 통해 이 문제를 논의하고자 한다.

3. 플라톤 이론의 핵심 개념인 이데아론과 비판적 논의

근대 이전 서구의 전통적 형이상학은 세계의 참된 모습으로서 영원불변하는 본질의 존재를 전제하였다. 전통적인 형이상학에서는 본질의 세계에 속한 것을 그 자체로 참되고 절대적인 진리로 간주한다. 세계의 참된 모습으로서 영원불변하는 진리가 존재한다는 생각은 플라톤 철학에 잘 나타나 있고, 플라톤은 이를 '이데아'라고 칭했다. '이데아(형상)'는 "언제나 그 자체로서 단일성 내지는 꼭 같은 방식으로 한결 같은 상태로 있을 뿐, 결코 어느 때든 어떤 점에서든 또 어떤 방식으로든 아무런 변화를 받아들이지 않는다"(Pha, 78d). 이처럼 플라톤은 현실적인 것들과는 완전히 분리된 좋은 것 또는 좋음이라는 것이 존재하며 그것은 이데아의 세계에 있다고 보았다.

플라톤은 『Politeia』 6권과 7권에서 '태양의 비유(the analogy of the sun)', '선분의 비유(the analogy of the divided line)', '동굴의 비유(the allegory of the cave)' 등을 통해 이데아론을 설명하고 있다. 그는 '태양의 비유'에서 앎의 기본 구조를 설명하고, '선분의 비유'에서 저차원적인 앎과 고차원적인 앎이 어떻게 나뉘고 상승하는지를 살핀 다음, '동굴의 비유'에서 우리가 사는 세계(현상계)와 이데아 세계(실제계)의 차이를 잘 드러내었다.

플라톤은 '좋음(善)의 이데아'를 설명하기 위해 '태양의 비유'를 사용한다. 플라톤은 '좋음의 이데아'가 지닌 내용이 무엇인지 직접적으로 말할 수 없기 때문에 태양과 좋음의 이데아를 유비관계에 두고 설명한다(〈표 1-1〉 참조).

> 그러니까 태양을 '좋음(善)'의 소산(소생)으로, 즉 '좋음'이 이것을 자기와 '유비관계에 있는 것'으로서 생기게 했다고 내가 말하고 있는 것으로 보게나. 다시 말해, '좋음'이 '지성에 의해서[라야] 알 수 있는 (지성에나 알려질 수 있는) 영역'에 있어서 지성(정신: nous)과 지성에 알려지는 것들에 대해서 갖는 바로 그런 관계를 태양은 '가시적 영역'에 있어서 '시각'과 '보이는 것들'에 대해서 갖는다고 말일세……(Plato, 1997: 508b-c).

태양은 가시적 세계의 보이는 것들(빛, 색깔)과 보는 힘(시각)을 제공할 뿐만 아니라 이러한 가시적 실체들의 생성과 성장의 원인이 된다. 마찬가지로 좋음의 이데아는 가지적 세계에서 인식되는 것들(진리, 실체)과 이를 보는 힘인 지성을 통한 인식을 제공할 뿐만 아니라 이러한 가지적 실체들의 생성과 성장의 원인이 된다.

플라톤은 '태양의 비유'를 통해 우리가 시각이라는 감각을 통해 물체를 인식하려면 시각과 물체뿐만 아니라 '태양(빛)'이 필요함을 이야기하려고 한다. 즉, 우리는 우리가 가지고 있는 시각 능력으로 가시적인 것들을 볼 수 있지만, 이것이 가능하기 위해서는 태양이 반드시 필요하다는 것이다. 그렇다면 태양은 무엇인가? 개개인의 시각이 주체의 주관적 조건인 반면, 태양은 보는 행위를 가능하게 하는 조건이며 동시에 태양은 실재하는 외적 대상이다.

> 태양은 보이는 것들에 '보임'의 '힘'을 제공해 줄 뿐만 아니라, 또한 그것들에 생성과 성장 그리고 영양을 제공해 준다고 자네가 말할 것으로 나는 생각하네. 그것 자체는 생성(생성되는 것)이 아니면서 말일세(Plato, 1997: 509b).

플라톤은 태양이 생성과 성장 그리고 영양을 제공해 주지만 그것 자체는 생성이 아니라고 서술하는데, 이는 그리스 시대 과학의 관점에서 태양은 생성하고 소멸되는 것이 아니라 불사의 존재이기 때문이다. 즉, 태양을 '보는 것'의 전제조건이자, 사유의 전제조건에 대한 비유로 사용하고 있다. 플라톤은 실재하는 것(태양)이 있기 때문에 사유(보는 것)가 가능하다고 생각했다. 단순화하면, 태양은 사유의 전제조건으로서 이데아를 비유하고 있다.

표 1-1 태양의 비유

태양(가시계)		좋음의 이데아(가지계)	
밤의 어두운 빛 속에서 보기	낮의 빛 속에서 보기	어둠과 섞이고 생성하고 소멸하는 것에 주목함	진리와 있음이 비추는 곳에 주목함

출처: Plato (1997: 508b-509b).

전술한 바와 같이 플라톤은 '태양의 비유'를 통해 좋음의 이데아를 유비적으로 드러내고, '선분의 비유'를 통해 인식의 분할과 존재의 분할에 대해 설명한다. 플라톤은 '선분의 비유'를 통해 이데아의 인식에 이르는 여러 단계의 앎의 대상들을 구분하고,

각각의 대상들에 상응하는 인식 주관의 지적인 상태들을 설명한다.

> 이들 둘이 있어서, 하나는 '지성에 의해서(라야) 알 수 있는 부분'…… 다른 하나는 '가시적 부류'……(Plato, 1997: 509c).
>
> 더 나아가, 같지 않은 두 부분으로 나뉜 하나의 선분을 취한 것처럼 하고서…… '보이는 부류'의 부분과 '지성에 알려지는 부류'의 부분을 다시 같은 비율로 나누게나(Plato, 1997: 509d).
>
> ……이것이 진리와 진리 아님으로 인해서 나뉜다고, 그래서 마치 '의견의 대상인 것'이 '인식 가능한 것'에 대해서 갖는 관계처럼 '닮은 것'은 그 닮음의 대상으로 된 것에 대해서 이런 관계에 있다고 말하고 싶겠지?…… 그러면 이번에는 '지성에 의해서(라야) 알 수 있는 것'의 두 부분을 어떻게 잘라야 할 것인지 생각해 보게(Plato, 1997: 510a).

플라톤은 '선분의 비유'를 활용하여 '어느 단계에서 무엇을 배워야 하는가'를 설명하기 위해 사고의 발달과정을 몇 개의 부분으로 일정하게 분할하였다(cf. Plato, 1997: 509c, d, 510a). 왼쪽은 대상의 세계, 구체적 · 감각적인 세계이며, 오른쪽은 사고의 세계, 추상적 · 지적인 세계를 나타낸다. 그리고 두 개의 부분을 같은 비율(Plato, 1997: 509d)로 2등분(총 4등분)하는데, 각 부분의 왼쪽은 오른쪽보다는 표피적인 이해를 나타낸다(〈표 1-2〉 참조).

표 1-2 **선분의 비유와 인식의 발달단계**

	1단계	2단계	3단계	4단계
사고의 종류	EIKASIA (상상, 짐작)	PISTIS (확신, 믿음)	DIANOIA (추론적 사고)	NOESIS (지식, 인식)
교육과정 [4절 2)항에서 설명]	시가(詩歌) · 문학/체육 · 춤		수론, 기하학, 천문학, 화성학 등	변증법(철학) (dialektike)
	doxa(의견, 판단) 가시계		noesis(지성에 의한 앎) 가지계	

눈에 보이는 감각적 대상, 즉 가시계 영역의 최하위 단계인 상상(eikasia)의 단계에서는 그림자나 물에 비친 상(像)과 같은 지식을 바라본다(Plato, 1997: 510a). 두 번째 단계인 신념(pistis)은 우리 주변의 동물, 식물, 그리고 인간이 만든 모든 사물을 감각의 눈으로 직접 보고 인식하는 단계를 의미한다(Plato, 1997: 510a). 세 번째 단계는 지성으로 파악할 수 있는 가지계의 첫 번째 수준인 추론적 사고(dianoia)의 단계이다. 이 단계에서 영혼은 이미 알고 있다고 전제한 가설들로부터 출발해, 자신이 찾고자 하는 절대적 근원을 향해서 나아가며 그 근원에 도달하려는 탐구를 수행한다(Plato, 1997: 510b). 이 단계는 아직 이데아에 대한 완전한 인식에는 이르지 못하지만, 사고하는 능력을 통해 의견(doxa)의 단계보다는 실재에 더 가까운 인식 수준에 도달한다. 마지막 단계는 가설이나 감각의 혼합이 배제된, 순수한 존재로서의 이데아가 그 인식 대상이 되는 단계이다. 이는 순수한 이성에 의한 인식 단계, 곧 지성(noesis)의 영역으로, 진리를 학습하거나 이해함에 있어 감각에 의존하지 않고 변증법(dialektike)을 통해 진리에 접근하는 단계이다(Plato, 1997: 511b). 이때 변증법은 가설을 전제로 하지 않으며, 오직 문답의 힘을 통해 사고를 전개해 가는 이성적 대화의 방법으로 이해된다.

'선분의 비유'에서 잘 드러나듯, 플라톤은 감각을 통해 얻어지는 지식을 늘 의심의 눈으로 바라보았다. 그는 감각 지각으로 얻은 내용과 상상을 진리라기보다 의견(doxa)에 가깝다고 보았다. 그러나 동시에, 감각 지각에 의해 형성되는 지식이 상상에 의한 지식보다는 진리에 조금 더 가까운 것임을 인정하였다. 플라톤은 진리를 전달하는 수단으로서 시적 언어의 사용을 반대하지는 않았지만, 그러한 언어가 메시지의 진정한 의미를 왜곡할 가능성을 내포하고 있음을 지적하였다.

감각 지식은 타인의 경험을 통해 확인될 수 있다는 점에서 상상에 의한 지식보다 덜 주관적이다. 그러나 플라톤에 따르면, 물리적 세계의 대상은 '진정한 사물'이 아니다. 따라서 이러한 지식은 절대적인 진리로 받아들여질 수 없으며, 신체적 기능이 지닌 근본적 한계에 노출된 상대적 지식에 불과하다. 예를 들어, 우리는 수많은 '원'을 감각적으로 볼 수 있다. 그것들은 크기가 다르고, 어떤 것은 정교하게 그려졌으며, 어떤 것은 그렇지 않다. 그러나 그 어떤 것도 '원형성'의 진정한 의미를 전달하지는 못한다. 완벽한 원은 오직 마음속에만 존재하기 때문이다. 그것은 경험되는 사실이 아니라, 이데아이며, 개별적인 경험의 합이 아니라 전체로서 직관되는 형상이다. 절대적이고 불변하는 진리는 오직 이데아 혹은 수학적 개념 속에서만 발견된다. 이는 지적이며 이성적인 힘의 직접적인 작용을 통해 드러나는 것으로, 본질적으로 감각의 차원을 초월한 인식 행위다(cf. Dupuis & Gordon, 2010: 34-35).

진리가 불변한다는 믿음은 플라톤 철학의 핵심이다. 그는 '나쁜 것에서 좋은 것으로의 변화'를 제외하고, 일반적으로 변화란 위험한 것이라 주장했다. 전통적 관습과 규칙의 붕괴는 사회의 쇠퇴를 초래한다고 보았으며, 심지어 운동 경기의 규칙 변화조차 도덕적 타락의 반영이라고 여겼다. 그는 규칙에서의 일탈이 '변화가 바람직하다'는 인상을 줄 수 있다고 두려워했다. 따라서 시민을 변화로부터 보호하는 것은 국가의 신성한 의무라고 보았다. 그에게 '선한 진리'는 결코 변화될 수 없는 것이었다(Plato, 2009: 797-798).

플라톤은 『Politeia』 6권에서 '태양의 비유'와 '선분의 비유'를 통해 '선의 이데아'와 앎의 대상, 그리고 앎의 단계들을 도식적으로 설명하였다. 그리고 『Politeia』 7권에서는 '동굴의 비유'를 통해 보다 입체적인 설명을 제시한다. 그에게 있어 철학을 한다는 것은 동굴 밖의 실재 세계를 인식하는 것을 의미하며, 그 인식에 이르는 길은 결코 쉽지 않다.

'동굴의 비유'에서 플라톤은 인간이 어릴 적부터 손과 발, 목이 속박되어 움직이지도 못하고, 뒤돌아보는 것도 불가능한 사슬에 묶여 지하 동굴 바닥에 모여 있는 수감자들과 유사하다는 상상을 하도록 한다([그림 1-1] 참조). 수감자들([그림 1-1] AB)은 동굴 벽([그림 1-1] CD)만을 바라볼 뿐 뒤를 돌아볼 수도 없다. 그들 뒤에는 GH라는 담이 있고, 담 뒤에는 EF라는 길이 있다. 입구에서는 불빛이 비치며, 사람들이 길을 지나 물건을 들 때마다 그 불빛에 의해 벽면에 그림자가 생긴다. 수감자들은 이 사람들이 지나가면서 내는 소리를 보고, 벽면에 투영된 그림자가 소리를 내는 것이라 생각하며, 그 그림자 자체를 실재라고 믿게 된다. 그들은 오로지 벽만을 보고 살아왔기 때문에, 그림자 이외의 것은 진짜라고 생각하지 못한다. 동굴 밖으로 처음 나와 실재를 마주했을 때, 수감자는 처음에는 이를 믿으려 하지 않을 것이다(cf. Plato, 1997: 514a-515b). 동굴 벽면의 그림자에서 동굴 밖 실재로 나와 익숙해지는 과정은, 선분의 비유에서 eikasia → pistis → dianoia → noesis로 이어지는 사고의 발달 과정과 상응한다. 즉, 감각적 대상의 세계에서 이데아의 세계로 인식 대상이 변화하는 과정과 동일하다.[2]

플라톤은 인간이 진리의 그림자를 참된 진리로 믿는 동굴 속 사람들과 유사하다고 주장하며, 궁극적으로 교육의 목적은 개인이 동굴을 벗어나 '선(이데아)'을 볼 수 있도록 돕는 데 있다고 보았다. 이때 교육은 단순히 진리가 무엇인지 알려 주는 것이 아니라, 그들이 참된 실재를 스스로 경험하도록 하는 것에 초점을 맞춘다. 대부분의 교사는 '보지 못하는 눈에 시각을 넣어 주듯' 지식을 주입할 수 있다고 생각하지만, 플라톤은 인간의 인식 능력이 이미 내부에 존재한다고 보았다. 따라서 교육은 앞을 보지 못하는 사람의 눈에 광경을 집어넣는 것이 아니라, 그들이 '선'을 볼 수 있도록 인도하는

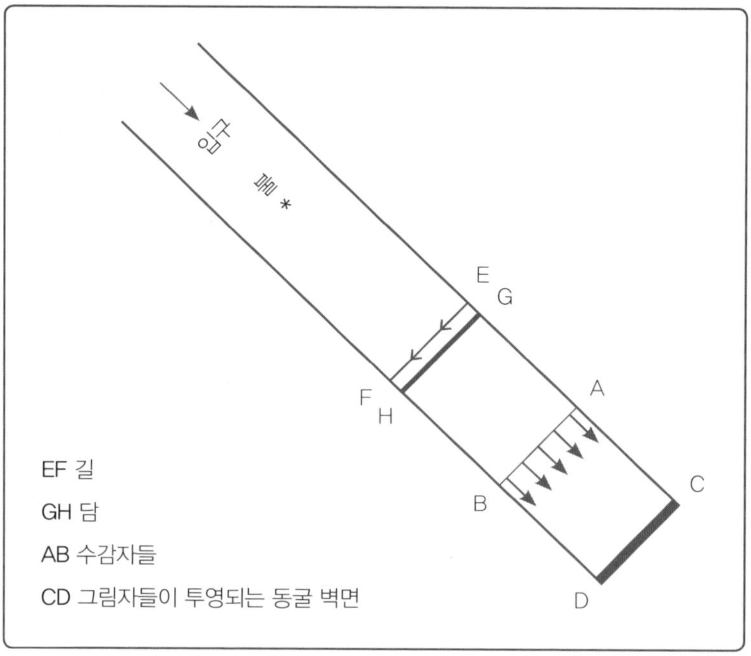

[그림 1-1] 동굴의 비유

2) 전통적인 철학 해석에 따르면, 선분의 네 단계와 동굴 비유 속 수감자의 네 단계는 일대일 대응 관계를 가진다. 선분의 비유 1단계인 '상상(eikasia)'은 수감자가 동굴에 갇혀 그림자만 보는 단계와 대응한다. 2단계 '확신(pistis)'은 수감자 중 한 명이 풀려나 몸을 돌려 인형과 불을 보는 단계에 해당한다. 3단계 '추론적 사고(dianoia)'는 수감자가 동굴 밖으로 나가지만, 눈이 부셔 사물을 직접 보지 못하고 그림자나 물에 비친 영상을 보는 단계와 맞닿는다. 4단계 '지성적 앎(noesis)'은 빛에 익숙해진 후 수감자가 진짜 사물을 볼 수 있으며, 최종적으로 태양까지 보게 되는 단계와 대응한다. 이러한 전통적 해석은 20세기 중반 이후 다양한 방식으로 도전과 옹호를 받으며, 철학 분야에서 여전히 활발한 논쟁의 대상이 되고 있다.

역할을 해야 한다.

전술한 바와 같이 지배 집단은 권력을 정당화함에 있어 형이상학을 이론적 근거로 악용할 수 있다. 스프링(Spring, 1994: 5-10)은 그 사례로 『Politeia』의 '동굴의 비유'와 '금속의 신화(the myth of the metals)'를 제시하고 있다.

플라톤은 인류를 '동굴의 비유'에 등장하는 묶여 있는 사람들과 유사하다고 주장한다. 왜냐하면 그는 동굴 속의 사람들이 진리의 그림자를 참된 진리로 믿고 있는 것처럼, 현실 속의 개인들도 참된 진리를 갈망하기보다는 자신의 경험이나 주변의 현상을 실재하는 것으로 믿고 있다고 보기 때문이다.

『Politeia』에서는 통치자만이 진리 산출 능력과 진리 인식 능력을 결합한 용어인 '선'을 안다고 간주한다. 플라톤의 이상국가는 선택된 철인왕에 의해 통치된다. 왜냐하면 그들은 교육을 통해 '선'을 알 수 있는 지적 능력을 가지고 태어났기 때문이다. 이러한 논리는 통치자에게 중요한 권력을 부여한다. 통치자만이 진리를 알 수 있다는 주장은 전체주의 국가에 정당성을 부여하게 된다. 예컨대, 공산당의 독재를 정당화할 때, 레닌(Lenin)은 공산당이 노동자 계급의 선봉이 되고, 노동자들의 계급의식을 대표한다고 주장했다. 따라서 노동자 계급 속에 존재하는 것으로 여겨지는 진리를 표방한다는 이유로 공산당 독재는 정당화된다. 독일의 히틀러는 나치당이 독일 국민의 참된 정신을 대표한다고 주장했다. 진리 접근에 대한 이러한 주장은 결과적으로 독재와 대량 학살을 야기하였다.

『Politeia』에서 통치자만이 '선'에 도달할 수 있다는 주장은 철인왕(philosopher king)이 대중에게 하는 거짓말을 정당화하기 위해 사용되고, 또한 사회질서의 정당화를 위한 신화를 퍼뜨리기 위해 사용되기도 한다. 플라톤은 통치자들이 진리가 무엇인지, 또 사람들에게 최상이 무엇인지를 알기 때문에 거짓말이 허용된다고 했다. 플라톤은 "도시의 통치자들은 거짓말을 할 수 있고, 도시의 이익을 위해 적이나 심지어는 시민까지도 처리할 수 있다"(Plato, 1997: 389b)고 말한다. 물론 플라톤은 통치자 외에는 그 어떠한 사람의 거짓말도 허용되지 않는다고 말한다.

통치자들이 퍼뜨린 중요한 신화에는 사람들이 자신의 사회적 지위를 받아들이도록 의도된 것도 있다. 이러한 유형의 신화는 사회 불만을 감소시키고, 통치자의 권력을 정당화하는 기능을 수행하기도 한다. '금속의 신화'에서, 플라톤은 인간은 태어날 때부터 금, 은, 동(구리)이 섞인 영혼을 갖게 되며 그 차이에 따라 영혼의 성격도 구분된다고 보았다.

> 이 나라에 있는 여러분은 실은 모두가 형제들입니다. 그러나 신은 여러분을 만들면서, 여러분 중에서도 능히 다스릴 수 있는 이들에겐 탄생 시에 황금을 섞었는데, 이들이 가장 존경받는 것은 이 때문입니다. 반면에 보조자들에게는 은을 섞었습니다. 하지만 농부들이나 다른 장인들에게는 쇠와 청동(구리)을 섞었습니다(Plato, 1997: 415a-b).

그런데 대개 자식들은 부모를 닮게 되지만, 때로는 황금의 자손에서 은의 자손이, 그리고 은의 자손에서 황금의 자손이, 그리고 그 밖의 모든 자손이 서로의 자손에서 탄생되는 때가 있다. 그러므로 통치자들에게 자손들의 혼에 어떠한 성분이 혼합되어 있는지부터 지켜볼 것과 성향에 적합한 지위를 주어야 한다(Plato, 1997: 415b-c)고 하면서 평등한 기회를 강조하였다. 이러한 생각을 바탕으로 플라톤은 공동생활과 교육을 통해 통치자(금), 수호자(은), 생산자(동)를 선발할 것을 제안하였다.

> 이 나라에서 열 살 이상 된 사람들을 모두 시골로 보내되, 그들의 아이들은 오늘날 그 부모들의 것을 이들 자신도 지니게 되는, 그 성격들에서 벗어난 상태로 넘겨받아서는, 이들을 이들 자신들의 '생활방식'과 법률 안에서 양육할 것이네(Plato, 1997: 540e-541a).

인간이 정신적이고 이성적인 요소와 물질적이고 비이성적인 요소로 구성되어 있다는 견해는 플라톤의 사회 계급에 대한 생각과 밀접히 관련되어 있다. 최상의 계급(통치자)은 가장 높은 수준의 이성적인 힘을 가지고 있는 사람들로 구성되고, 가장 낮은 계급(생산자)은 그러한 힘이 가장 작은 사람들로 구성된다. 플라톤은 귀족주의적인 성향을 가진 사람으로서 최상위 지적 능력을 가진 사람들만이 통치자에 적합하며, 그보다 덜한 능력을 가진 사람들(수호자)은 국가의 방위자가 되어서 그 제한된 지적 능력을 전사로서 사용할 수 있어야 하고, 가장 낮은 정신 능력을 가진 사람들은 그들이 소유한 작은 능력이나마 생산자로서 활동함으로써 두 개의 상위 계급과 그들 자신을 위하여 물품을 제공해야 한다고 주장하였다. 최상위 계급의 철인왕은 우수한 지적 능력을 소유하고 있는 소수의 선발된 자들로 구성되는데, 이러한 능력으로 인하여 그들은 최상의 선에 대한 포괄적인 지식을 가질 수 있게 된다. 그들은 오직 뛰어난 지적 능력의 소유를 통해 통치에 필요한 미덕과, 선을 얻음에 있어 요구되는 지식을 획득할 수 있다. 이러한 이성과 지식을 획득하지 못한다면, 이데아의 세계에 존재하는 진리와 선, 그리고 아름다움에 대한 변함없는 관념을 얻을 수 없게 된다. 대중은 이러한 지식인들의 통치를 환영하는데, 이는 그들 스스로는 지적 능력의 부족으로 국가의 문제를 해결하지 못할 것이라고 믿기 때문이다. 이러한 계급 간의 커다란 차이를 강조하기 위하여 플라톤은 금, 은, 동의 비유를 사용하였던 것이다.

이러한 신화에서 중요한 것은, 만약 사람들이 신화를 믿는다면, 그들은 자신의 사회적 지위를 고유한 자질의 결과로 믿게 된다는 것이다. 즉, 통치자가 더 상위의 금속으로 만들어졌기 때문에 이들이 통치하는 것이 옳다고 믿을 것이다. 20세기 초기에 시행되었던 지능검사가 동일한 역할을 했을지도 모른다. 지능검사의 수치가 높은 사람이 더 우수하다고 평가되었다. 자신의 낮은 지능 수치 때문에 자신의 낮은 사회적 지위를 수용하는 사람도 있었을 것이다.

'동굴의 비유'와 '금속의 신화'를 통해 플라톤이 의도한 바는 결국 국가의 이익(공동선)을 위해 시민들이 스스로를 기꺼이 희생할 수 있도록 이들을 교육시키는 데 있었던 것이다. 공동선을 위해 희생하도록 개인을 훈련시키기 위해 교육을 이용하는 것은 공동선이 국가 구성원 일부(철인왕)에 의해 규정될 수 있다는 신념을 전제로 하고 있다. 이런 형태의 교육을 통해 사람들은 자신의 개인적 이익을 국가가 규정한 공동선을 위해 기꺼이 희생해야 함을 배우게 된다. 철인왕이 공동선의 결정 권한을 갖게 되는 것은 플라톤의 논리에 따르면 철인왕만이 그림자의 동굴에서 벗어나 이데아라는 실재를 보았기 때문이다. 그는 세계의 참모습이자 이상적인 모습을 보아서 알고 있다. 따라서 그는 어떤 방향으로 국가를 이끌어 가야 하는지를 가장 잘 알고 있다는 것이다.

그런데 그는 불변의 진리를 어떻게 알게 되었는가? 동굴의 비유에서는 그는 각고의 노력 끝에 사슬을 끊고 동굴에서 벗어나 이데아의 세계를 본다. 하지만 그것은 눈으로 보는 것이 아니다. 플라톤은 그것을 '상기'라고 설명하지만, 일반인들이 보기에는 예지 능력을 발휘하여 직관적으로 이데아를 포착한 것이다. 또한 그가 이데아를 포착했음을 누가 어떻게 검증할 수 있는가? 철인왕은 어떤 방법으로 다른 사람들을 다스리고 인도할 수 있을까? 자신은 포기할 수 없는 절대적인 진리를 알고 있으나, 설명할 수는 없다. 상대방의 무지를 질타하면서 강압적인 방법으로 자신의 주장을 관철시키는 것 외에 다른 방법은 없다.

또한 특정한 집단이 대다수 사람들에게 무엇이 선한 것인지를 알 수 있는 능력과 권위를 가진다는 주장은 비난받아 마땅하다. 왜냐하면 그들 특정 집단은 실제로는 자신들에게 이익이 되는 것을 공동선으로 정의할 가능성이 높기 때문이다. 예컨대, 나치와 20세기의 공산당이 선언한 '공동선'에 관한 자신들의 개념 역시 공산당의 계속적인 통치를 지지하기 위한 토대가 되었다. 만일 부유한 개인들의 집단이 국가를 지배한다면, 그들은 자신들의 부를 지속시켜 주는 방식으로 공동선을 정의할 것이다. 이러한 상황에서 사람들은 부유한 계급의 부와 권력의 지속을 보장하는 체제를 위해 자신을 기꺼이 희생하도록 가르침을 받는다.

이상의 서술에서 확인할 수 있는 것처럼, 플라톤의 『Politeia』는 철인왕에게 '선'을 인지하는 능력과 절대적 권위를 부여하고, 또 대중들이 그것을 믿도록 하고 있다. 스프링(1994: 15)은 이러한 믿음을 통해 대중들이 자신들에게 노예와 착취의 삶을 운명 지어 주는 바로 그 국가와 사회제도를 지키기 위해 기꺼이 자신의 목숨을 바치도록 교육받게 된다고 보았다. 이러한 논리는 우리가 비판했던 우리의 감각으로는 확인 불가능한 현실의 너머에 존재하는 절대 진리, 즉 형이상학적 지식이 존재하고, 또한 플라톤의 철인왕과 같은 일부 소수 집단만이 이와 같은 형이상학적 지식을 인식할 수 있다는 논리가 전제되어 있다. 이러한 전제는 독재자의 논리를 가능하게 한다. 결국 이 세상 '너머'에 있는 완벽하고 절대적이며 객관적인 진리의 세계를 상정하는 형이상학은 대중과 사회에 대한 폭력으로 귀결될 가능성이 농후하다. 앞서 설명한 레닌의 공산당과 히틀러의 나치당을 통해 그 사례를 확인할 수 있다.

4. 플라톤의 형이상학적 교육론의 의미와 논의

인간 경험의 영역을 넘어선 초인간적인 영역에 참된 것이 있다는 전통 철학의 주장에 따르면 우리가 해야 할 가장 중요한 일은 우리의 경험으로는 알 수 없는 영원불변하는 진리를 탐구하는 것이다. 그렇다면 이데아는 어떻게 지각할 수 있는가? 플라톤도 앎이란 감각 경험으로 시작한다는 것을 인정하고는 있지만, 그는 그러한 감각으로는 추상적이고 보편적인 이데아를 지각할 수 없기 때문에 진정한 지식을 얻을 수는 없다고 말한다. 오직 마음만이 이러한 이데아를 지각할 수 있으니, 그 마음이 출생 시부터 소유하고 있는 이데아를 회상하도록 하는 데 감각의 지원이 필요하다. 따라서 개인은 마음의 이성적인 힘을 통해서만 가장 완벽하게 앎에 이를 수 있다. 올바른 지식은 '진정한 실재'를 구성하는 사물의 본질을 아는 것에 있는 것이지, 그것의 그림자에 불과한 것을 아는 것에 있는 것이 아니다. 예컨대, 기하학에서 '원'의 의미는 오직 원형성의 이데아가 파악됨으로써 제대로 알려질 수 있다. 인간은 이데아에 포함되어 있는 모든 관련성을 마음의 눈을 통하여 지각해 왔다는 것이다. 따라서 플라톤에게 교육이란 인간이 영원불변하는 진리를 인지하고, 파악하거나 깨닫도록 하는 것이다. 영원불변하는 진리의 습득을 목적으로 하는 교육, 즉 학습자와 무관하게 이미 '고정되어 있는 목적'을 추구하는 교육을 가능하게 하는 이는 '절대적 진리'를 파악하거나 알고 있는 존재다. 따라서 그러한 교육의 첫 번째 과제는 '절대적 진리'를 알고 있는 존재를 찾아내거나, '절대적 진리'를 깨달을 가능성이 농후한 이들에게 충분한 교육을 제공하는 것이 된다. '절대적 진리'를 알게 된 이들은 학습자들에게 그 진리를 가르치거나 학습자들이 진리를 깨우치도록 돕는 일을 하게 될 것이다.

플라톤은 '금속의 신화'를 통해 진리를 파악할 수 있는 뛰어난 존재인 '금의 인간'을 찾아내어 교육시키는 동시에 인간들로 하여금 자신의 지위를 기꺼이 받아들이도록 가르치고 있다. 그리고 '선분의 비유'와 '동굴의 비유'를 통해 적절한 교육의 시기와 교육내용을,『메논』에서의 '노예소년과의 대화' 등을 통해 학습자들에게 진리를 가르치거나 깨닫도록 하는 교육방법을 설명하고 있다. 이하에서는 이와 같은 플라톤의 교육론을 교육목적, 교육과정, 교육방법 등을 중심으로 살펴보고, 그것의 교육학적 의미를 논의하고자 한다.

1) 교육목적론

(1) 형이상학적 교육목적관

플라톤의 형이상학적 교육목적관에는 비전 제시라는 긍정적 관점과 고정된 목적의 주입이라는 비판이 공존하고 있다. 플라톤이 주장하는 이데아의 세계는 변화무쌍한 그림자들의 원인이 되는 유일한 실재의 세계이자, 우리가 추구하는 당위의 세계이기도 하다. 당위의 세계는 불완전한 현실을 살아가는 인간들에게는 필요불가결한 것으로, 불완전한 현실을 극복하고 개선하기 위한 기준이나 목표가 되기도 한다. 존경하는 스승 소크라테스(Socrates)에게 독배를 안긴 아테네는 플라톤에게 이상적인 세계일 수 없었다. 이상 세계는 완전무결하고 불변하는 진리의 세계를 반영해야 한다. 그 세계야말로 세계의 참 모습이다. 플라톤은 현실의 부조리와 불완전성을 극복하고, 참 모습을 되찾아야 한다. 그러기에 통치자 교육에서 플라톤이 강조한 절제, 용기, 지혜의 균형과 조화를 이루는 교육을 위해서는 그 진리의 세계를 알고 본받는 것이 필수적이다. 따라서 플라톤에게 이데아와 철인왕은 필요한 것이었다. 당시의 아테네를 불합리하다고 생각하고 변화와 개혁을 꾀해야 한다고 생각한 플라톤에게는 변화의 기준이 될 만한 이상 세계의 모습, 즉 이데아가 필요했고, 그 이데아를 인식하고 교육을 담당할 철인왕이 필요했다. 이렇게 볼 때, 형이상학적 교육, 즉 교육의 목적이 고정되어 있는 플라톤의 교육에서 형이상학적 세계는 이상 세계를 반영한 것으로서 이상적인 교육목적을 위한 기준이나 목표로 기능하게 된다. 또한 사회 구성원이 형이상학적 질서에 대한 믿음을 가지게 될 때, 사회 구성원은 사회를 조화롭게 유지하고, 구성원들이 서로를 존중하면서 행복하게 지내게 될 가능성이 높아진다고 볼 수 있다.

플라톤의 이데아 이론은 실제 교육의 관습에도 영향을 미쳐 교육적으로도 중요한 의미를 갖는다. 이러한 관습은 이데아가 교육의 중요한 내용을 구성한다는 것, 인간의 우수한 능력은 정신(마음과 이성)에 기인하며 열등한 능력은 신체(악, 변화, 부패 등)에 기인하는 것 등과 같은 전제에 기초해 있다. 그래서 마음의 문제가 교육의 관심거리이며, 다른 활동은 인간의 저급한 본성에 속하는 것이어서 교육이라는 개념에 의하여 신성시되어서는 안 된다는 것이다. 오히려 그것은 우리가 동물을 훈련시킨다고 할 때와 같은 의미로, 훈련이라고 불리어야 할 것이다. 교육에 대한 이러한 생각은 『Nomoi』에 잘 나타나 있다.

> 교육이란…… 아이 적부터 사람으로서의 훌륭함(arete)과 관련된 교육, 곧 올바르게 다스릴 줄도 그리고 다스림을 받을 줄도 아는 완벽한 시민으로 되는 것에 대한 욕구와 사랑을 갖는 자로 만드는 교육에 대한 것인 것 같으니까요……. 돈벌이나 체력과 관련된 어떤 분야 또는 그 밖의 것으로서, 지성(nous)과 정의(dikes)와는 상관없는, 어떤 재주를 목표로 하는 양육은 저속하고 자유민에 어울리는 것이 아니며 전혀 교육이라 불릴 가치가 없는 것이라 말하려는 것 같습니다(Plato, 2009: 643e-644a).

플라톤이 이성적인 영혼을 인간에게 생명을 주는 것으로 정했기 때문에, 이 영혼은 죽을 수가 없는 것으로서, 항상 생명을 가지는 것으로 여겨져야만 한다. 영혼이라는 개념 그 자체에, 생명의 반대가 되는 죽음이 배제되어 있는 것이다. 따라서 영혼은 영원해야 하지만, 그것의 합리적인 요소만이 신체에 깃들일 수 있도록 유지될 것이다.

반면, 3절에서 자세히 서술한 것처럼, 플라톤의 교육은 절대 진리로서 형이상학적 지식이 존재하고, 철인왕과 같은 일부 소수 집단만이 그 형이상학적 지식을 인식할 수 있다는 것을 전제함으로써 독재자의 논리를 가능하게 한다. 결국 이 세상 '너머'에 있는 완벽하고 절대적이며 객관적인 진리의 세계를 상정하고 있는 형이상학은 폭력으로 귀결될 가능성이 크다. '고정된 교육목적'과 통치자만이 '진리'를 인식할 수 있다는 '금속의 신화'에는 자칫 시민들을 국가의 이익을 위해 희생하도록 교육시킬 가능성도 내포되어 있다. 또한 통치자(철인왕)만이 공동선을 규정할 수 있고, 규정된 공동선을 위해 개인을 희생하도록 훈련시킬 수도 있다. 이로써 개인은 자신의 개인적 이익을 국가가 규정한 공동선을 위해 기꺼이 희생해야 함을 배울 수도 있다.

스프링(1994: 15)이 자신을 지배하는 국가와 사회제도를 위해 기꺼이 목숨을 바치도록 개인이 교육받을 수 있다고 한 우려는 형이상학의 독단적 성격을 고려할 때 충분히 타당하다고 볼 수 있다. 이데아 세계로의 상승을 경험한 철인왕이 형이하의 세계에 얽매여 있는 사람들을 지배해야 한다는 플라톤의 주장이 이를 뒷받침한다. 스프링의 비판 외에도 철인왕이 이데아의 세계를 경험했다는 플라톤의 주장에 대해서는 지속적으로 문제가 제기되고 있다. 가령, '철인왕이 불변의 진리를 어떻게 알게 되었는가?', '그가 알아낸 것은 과연 진리인가?', 나아가 '철인왕이 이데아를 포착하였다면 이는 누구에 의해, 혹은 어떠한 방식으로 검증되어야 하는가?' 등의 문제가 제기된다.

햇빛으로 인해 우리가 물체를 볼 수 있는 것처럼, '선'의 이데아로 인해 우리의 이성은 이데아를 알 수 있다고 한 '태양의 비유'에서 플라톤은 모든 이데아처럼 '선'의 이데아를 닮아 가려는 인간의 삶을 가장 가치 있는 것으로 여겼다. 물론, '선'의 이데아, 즉 영원불변하는 진리를 추구하는 플라톤의 교육은 이상적인 교육을 위한 추진 동력으로 작동할 가능성이 있다. 그러나 플라톤의 이러한 교육방식은 고정불변하는 세계와 그 세계를 인지하고자 하는 고정된 목적을 설정함으로써, 학습자의 성장과는 무관한 마치 굳어 버린 화석과 같은 목적을 추구하는 교육을 만들 수 있고, 형이상학적 진리를 주장하기 위한 독단적이고 폭력적인 교육으로 전락할 가능성도 있다.

반면, 고정된 목적의 성격을 잘 활용한다면 '금속 신화'의 의도처럼 인간에게 합당한 교육을 제공하고, 능력에 따라 개인의 영혼을 최대한 발달시키려고 했다는 점에서 현대 사회에서 강조하는 능력주의(meritocracy)를 지지했다는 평가에 부합하는 교육과정 설계에 도움을 제공할 수도 있을 것이다.

(2) 도덕과 예술교육론

통상적으로 사람들은 삶의 목적을 '행복'에서 찾으며, 행복의 핵심 구성 요소로 '자유', '즐거움' 등을 제시하곤 한다. 이에 반해 플라톤은 인간은 지식을 추구함으로써 행복해질 수 있으며, 행복 개념의 기준 요소는 즐거움이 아니라 지식임을 천명한다.[3)] 플라톤은 개인의 행복을 최상의 선으로 간주하였고, "진정한 행복은 인간 신체의 열망과 욕망으로부터 스스로 벗어나 자신을 유덕한 삶으로 이끌 지혜를 얻게 될 때 이루어질 수 있으며, 오직 그 때만이 인간은 신과 같이 되며, 신과 같은 존재 속에서만 인간은 진정한 행복을 얻을 수 있다"(Plato, 2017: 176)고 하였다.

플라톤은 인간에게 진정한 행복을 가져다줄 핵심 요소를 '건강한, 즉 내적인 질서와 조화를 이룬 영혼의 소유'(Plato, 1997: 443)라고 하였다. 어떤 사람이 덕이 있으며 건강한 영혼을 가진다는 것은 개인의 내부에 완벽한 조화가 있거나 불일치의 완전한 부재가 있는 경우이고, 이것은 지혜, 용기, 절제 그리고 정의의 덕을 갖추고 있을 때 가능하다(Plato, 1997: 441). 이러한 덕 중에서 지혜가 가장 높은 자리에 위치하는데, 지혜를 덕의 위계에서 가장 높은 자리에 두는 것은 교육적으로 큰 의미가 있다. 우리는 이로부터 지성과 이성 능력의 발달과 덕의 완성 사이에 매우 밀접한 관련성이 있음을 알 수 있다.

지혜, 용기, 절제, 정의가 인간 행동의 바람직한 목표일 수는 있지만, 인간의 선택은 주관적이라는 사실도 인정해야 한다. 이에 대해 플라톤은 개개 인간의 선택은 너무 실리적이고 주관적이어서 그러한 개인성과 개별성을 넘어서는 어떤 준거가 있어

3) 플라톤도 행복의 기준 요소로 '즐거움'을 제시하기도 하였다. 그는 대화편 『Philebus』에서 인간의 좋은 삶이 무엇인지를 검토하면서, 좋은 삶에 필요한 요소 중 하나로서 어떤 '즐거움'이 필요한지를 탐색하였다(cf. Plato, 2004).

야 한다고 했다. 이에 절대적이며 불변하는 선은 오직 선 혹은 지혜에 대한 추상적인 이데아에서만 찾을 수 있는데 이성만이 우리를 절대적인 선에 대한 지식으로 이끌며, 가장 높은 수준의 이성적인 힘을 소지하고 있는 철인왕이 다른 사람들의 선이 무엇인지를 결정해야 한다. 따라서 각자에게 합당한 덕을 확실히 주입하는 방식으로 시민을 가르치는 것이 국가의 의무와 책무라는 것이다. 즉, 현명한 통치자들은 무엇이 옳고 그른지에 대해서 알고 있고, 사람들이 악으로부터 멀어지도록 해야 하기 때문에 나쁜 글과 무대 공연 및 가르침에서 발생하는 악으로부터 연령에 관계없이 모든 사람을 보호하기 위하여 검열을 실시해야 한다(Plato, 1997: 377).

교육이 청년들에게 선의 모범을 보여 주고 그들을 과오와 악에 노출시키지 않아야 한다는 관점은, 수 세기에 걸쳐 보수주의 교육관의 특징이 되어 왔다. 이러한 관점을 견지하는 자들은 무엇이 '선'인지에 대해서는 의견을 달리할 수 있지만, 권위자들이 결정한 선에 근거한 좋은 문학 및 좋은 음악과 같은 것들이 교육의 내용이 되어야 한다는 점에서는 의견을 같이 하였다. 이에 대해 뒤피스와 고든(Dupuis & Gordon, 2010: 37)은 만일 종교적 이상에 입각한 권위자라면 신학적 기준에 따라, 혹은 르네상스 시대의 인문주의자라면 문학적 스타일과 같은 기준에 따라 가르쳐야 할 것과 금지해야 할 것을 결정했을 것이라고 했다.

플라톤의 미학에 대한 설명에서 가장 일반적으로 수용되는 입장은 그가 미학을 윤리학 이론의 일부분으로 보았다는 점이다. 따라서 어떤 것이 아름답다고 인정되기 전에 그것은 먼저 '선'해야 한다. 선한 것만이 아름다울 수 있다. 반대로 아름다운 것 그 자체가 선하다는 것은 반드시 옳은 명제는 아니다. 아마도 이것이 플라톤으로 하여금 예술이 검열을 받아야 한다는 믿음을 갖도록 하였을 것이다. 악을 묘사하는 그 어떠한 예술도 용인될 수 없으며, 다양한 형태의 예술 중 악을 묘사하는 그 어떠한 작품도 예술이 아닌 것이다. 그러나 선보다 예술이 인간의 마음에 더 쉽게 포착되는데, 플라톤에 따르면 이는 인간의 마음이 순수하게 이성적인 준거인 예술 속의 조화와 균형 및 질서를 쉽게 인식하기 때문이다. 따라서 아름다움은 선에 도달하기 위한 수단으로 사용되어야 한다.

예컨대, 플라톤은 나무, 일몰, 산 그리고 인간의 몸 등 자연적인 것에서 발견되는 아름다움을 가장 저급한 '미'의 형태로 보았다. 감각의 대상으로부터 멀어질수록 절대미에 더 가까워지게 된다. 예컨대, 시(poetry)가 일몰의 그림보다 더 아름다울 수 있는데, 이는 시가 감각에 의한 묘사보다 더 추상적이기 때문이다. 같은 이유로 수학은 시보다 더 높은 위치에 있게 된다. 음악 또한 시보다 더 높은 수준의 예술인데, 음악이 시보다 사물의 세계로부터 더 멀리 떨어져 있기 때문이다.

플라톤은 자신의 미에 대한 개념을 예술에만 한정하여 적용하지는 않았다. 예술은 변증법(사고)이나 통치행위와 같은 인간의 본질적인 활동에 속하는 것이 아닌 인간 활동의 부수적인 것에 불과하지만, 피곤에 지친 마음에 즐거움과 여흥을 주는 기능을 하기 때문에 대단히 중요한 것으로 볼 수 있다고 했다. 이러한 이유로 예술은 그러한 통제의 범위에서 벗어나지 않도록 당국에 의하여 관리되어야만 한다. 예술이 악을 퍼트리는 수단이 되는 것을 허락해서는 결코 안 된다(Plato, 1997: 377).

보수주의 교육의 많은 부분에서 플라톤의 예술에 대한 관점을 발견할 수 있는데, 이 경우 예술작품이 어떤 독자적이고 예술적인 기준에 의하였다기보다는 사회의 도덕적인 기준에 근거하여 판단되는 경우가 많다. 학생에게 도덕적 교훈을 가르치는 예술작품이 제시되며, 그것이 문학이든 드라마든 회화든 조각이든 음악이든 간에 비도덕적인 것은 읽거나 심지어 단순히 보는 것조차 허락되지 않는다. 즉, 순수예술은 도덕적 선을 이성적으로 파악해 내기 위한 도구로서 작용해야 하는 것이다.

(3) 기초교육과 전문교육

플라톤은 신과의 궁극적 합의를 통하여 완성될 수 있는 행복의 달성을 모든 인간 행동의 목표로 보고, 교육의 궁극적 목표는 인간이 자신의 그러한 고결한 목표를 달성하도록 돕는 것이라고 하였다.

> 교육은 젊은이들을 법에 의해서 옳다고 천명되고, 가장 원숙하고 정의로운 자들의 경험에 의하여 진정으로 옳다고 확인된 원칙으로 안내해야 한다(Plato, 2009: 659).

플라톤은 추상적인 교육목표뿐만 아니라 각 시기의 교육이 실천해야 할 교육목표를 구체적으로 설정하였다. 기초교육은 모든 아이들의 지적인 능력을 확인하고, 우수한 능력을 가진 자들을 결정하는 일을 해야 한다. 이러한 목표를 수행하는 동안에 국가는 모든 아이들에게 최소한의 기능훈련, 전통적인 핵심 지식, 그리고 국가의 훌륭한 구성원이 되는 데 필요한 인성교육을 실시해야 한다. 공동체의 가치 있는 구성원이 되기 위한 준비는 기초교육에서 대단히 중요한 목표다.

플라톤의 교육에서 선발의 가장 중요한 기준은 추상적인 자료를 다루는 능력이기 때문에, 교육내용은 교사들이 개개 아동의 잠재적인 재능을 발굴해 낼 수 있도록 충분히 학문적인 내용으로 구성되어야 한다. 기초교육을 받는 아이들이 교육활동에 흥미를 보이지 않을 수 있기 때문에 플라톤은 의무교육에 찬성하지는 않았다. 사실 그는 어린아이들에게 공부하라고 많은 압력을 가해야 한다고 믿지 않았다. 재능을 타고난 청년들이라면 진지한 연구에 흥미를 느끼고, 이끌릴 것이다. 이러한 청년들이 고등교육을 받도록 추천되어야 한다.

기초교육에 대한 플라톤의 교육목표는 보수주의 교육에 의미 있는 시사점을 제공하고 있다. 싹트고 있는 지적 능력을 발견하고 개발하는 데 일차적인 우선순위가 주어져야 한다는 것이다. 또한 문화유산의 전수, 기초 기능의 숙달, 애국주의의 강조가 중요한데, 이와 동일한 목표를 20세기 다수의 보수주의자들이 초등학교와 관련하여 설정해 왔다(Dupuis & Gordon, 2010: 39).

기초교육이 완료된 후에 고등 수준의 교육에 적합하지 않은 사람들은 군사 훈련 프로그램이나 기술 분야의 도제로 안내받게 된다. 이러한 프로그램의 목표는 분명히 지적으로 지향된 것이 아니고 직업과 관련된 것이다.

지적인 분야에서 뛰어난 성공을 거둔 청년들은 전문(고등)교육으로 향하게 된다. 보수주의자들이 견지하는 고등교육의 지적인 기초는 플라톤의 전문교육 목표에 대한 언급에서 발견할 수 있다. 그는 전문교육의 교육과정에서 일차적으로 다루어야 하는 과목으로 수론, 기하학, 천문학, 화성학을 추천했는데, 플라톤은 이러한 학문을 배워야 하는 이유를 해당 학문이 갖는 자체적 유용성보다는, 이를 통해 얻을 수 있는 추상적 사고 능력 함양에서 찾아야 함을 분명히 하였다.

일부 과목의 마음 도야와 관련된 가치에 대한 플라톤의 생각은 보수주의 교육의 모든 전통에 기반을 제공하는 것으로 보이는데, 그것은 교육의 가장 중요한 목표(특히 기초교육 수준 이상에서)가 마음이나 지적 능력을 훈련시키는 일이라는 관점이다. 이 이론은 형식도야, 주지주의 혹은 자유교육의 이상(마음을 과오로부터 자유롭게 한다는 의미에서) 등으로 다양하게 불리어 왔다(Dupuis & Gordon, 2010: 39).

플라톤의 선의 개념에 대한 논의와 관련하여 덕이 최상의 선으로 강조되어야 한다는 점이 지적되어 왔다. 플라톤은 덕의 위계 속에서 지혜를 으뜸으로 삼았다. 그에 따라 (미래의 지도자를 양성하기 위한) 전문(고등)교육은 지혜의 습득을 일차적인 관심사로 두었다. 인간은 용감하거나 절제하거나 혹은 정의롭기 이전에 먼저 지혜로워야만 하는 것이며, 지혜는 오직 철저한 지적 훈련을 통해서만 얻어질 수 있다. 다른 덕도 전문(고등)교육의 목표로서 포함되어 있지만, 그러한 가치는 개개인의 지적 능력을 발달시키는 정도만큼만 습득된다는 가정을 기초로 하고 있다. 훌륭한 지혜와 지식을 가지는 사람이 공정한 결정을 할 수 있으며, 옳고 그름에 대한 지적인 파악을 하지 못하는 사람은 올바른 결정을 할 수 없고, 또한 각각의 덕에 대해서도 그럴 수 없을 것이다.

2) 교육과정

(1) 플라톤의 인식론과 교육과정에 대한 논쟁

플라톤에 따르면 진리는 경험적인 것이 아니고 이성적이며, 변화하고 상대적인 것이 아니라 불변하며 절대적인 것이다. 그리고 진리는 개별적인 경험이 아닌 전체로서 파악해야 하며, 진리의 기준은 감각 경험이 아닌 이데아와의 일관성이나 정합성에 따라야 한다. 진리는 신성하고 불가침적인 것으로 보호되어야 한다는 플라톤의 견해는 보수적인 학교의 교육과정에서 쉽게 발견할 수 있다. 가령 인간 정신이 이룩한 최고의 산물을 반영하는 고전이 교과과정의 핵심을 구성하고 있다. 직접적인 직업(직업 관련)과 감각 지각을 포함하는 과목은 진정한 교육의 요소로서 존중받지 못하고 있다. 반면에 수학은 그것의 이성적인 본성으로 인하여 좋은 교육의 요소로 인정받는 것이 일반적이다. 과학도 추상적이고 이론적인 상태로 구성되어 있을 경우에 한하여 중요한 교과목 군에 포함되도록 허용되었다.

플라톤의 진리와 교육내용은 오늘날의 교육 현장에서 쉽게 발견된다. 선분의 비유와 동굴의 비유 등을 통해 플라톤이 언급한 인식론과 교육내용에 대해 키렌 이건(Kieran Egan)은 피아제(Piaget)의 인지발달단계를 넘어선 것으로 평가하였다. 이건(Egan, 1981)은 「Plato's theory of educational development」에서 교육은 오랜 실천의 역사가 있음에도 불구하고 그 독자적인 이론을 거의 가지고 있지 못하다고 평가한 바 있다. 이건은 교육이론의 본질적인 기능은 '교육된 인간의 양성을 위한 가장 적절한 관념을 제시'하는 데 있기 때문에 교육된 인간 형성을 위해 적합한 교육내용과 그 배열 그리고 교육 현장의 실제상 지표를 제시해야 함에도 불구하고 교육은 아직까지 이러한 역할을 하지 못하고 있다고 보았다. 오히려 불행하게도 오늘날 대부분의 교육 이론이라는 것들은 심리학, 특히 피아제의 허구성이 가득한 이론을 교육의 실제에 적용하는 것에 만족해하고 있다고 하면서, 심리학 이론을 교육에 적용한 것은 전혀 무익할 뿐만 아니라 오히려 교육에 손상을 주고, 끝내는 교육을 파국으로 이끌지 모른다고 우려하였다.

이건은 교육이론이 직면한 이러한 문제점을 해결하기 위한 하나의 대안으로 플라톤의 교육이론을 제안한다. 그는 비록 플라톤의 인식론이 현대 과학의 입장이 아닌 고대 원형과학(ancient proto-science)의 입장에 기대고 있지만, 현대화의 가능성을 강하게 내포하고 있는 것으로 보았다. 이건은 eikasia, pistis, dianoia, noesis의 각 단계에 적합한 교육내용과 교육과정의 기본원리를 현대교육에 적용할 것을 제안하였다. 예를 들어, 수론, 기하학, 천문학, 화성학이 중심이 되는 dianoia 단계에서의 학습은 구체적인 사물을 제시하기도 하지만, 추상적인 사고를 향해 점차적으로 이행해 가는 데 중점을 두고 있다. 과학을 학습하는 목적은 과학 지식의 심화나 실천적 능력의 획득보다는 학생들로 하여금 감각에 의존하는 경향을 극복하도록 하는 것, 즉 특수적인 것으로부터 추상적인 것으로 정신을 전환하도록 함으로써 추상적 사고를 하도록 하는 데 있다고 보았다. 이건은 dianoia 단계에서 강조되는 추상화와 추론하는 능력의 발달을 오늘날의 용어로 표현하면 '전이 가능성'이라고 하는데, 이것을 염두에 둔 것으로 간주했다.

플라톤의 선분의 비유와 교육과정에 대한 이건의 호평에 대해 시켈(Sichel, 1982)은 세 가지 이유를 들어 반박하고 있다. 첫째, 시켈은 플라톤의 이론은 기본적으로 수직적 구조인데, 이건은 플라톤 이론을 수평적 관점에서 해석한다고 보았다. 『Politeia』에서 ano의 최상급과 비교급인 'anotato(highest)'(Plato, 1997: 511d8)와 'anotero(higher)'(Plato, 1997: 511a6)라는 용어가 사용된 것으로부터 플라톤의 선분의 비유와 동굴의 비유 등이 수직적 개념이라는 점이 명확히 드러난다고 보았다. 때문에 시켈에 따르면 플라톤 이론을 수평적으로 해석한 이건의 관점은 플라톤 이론에 대한 명백한 오해다. 둘째, 아동을 대상으로 한 피아제 이론과 동굴의 비유에서 죄수(어른)를 대상으로 한 플라톤의 이론을 비교하는 것은 타당하지 못하다. 플라톤의 교육에서도 어린 시절의 교육이 존재하지만, 대부분의 교육은 청소년기나 어른을 대상으로 하고 있다. 셋째, 플라톤의 이론에 따르면, 과학자나 기술자는 noesis에 다다르지 못한다. 가설적 사고에서 dianoia를 사용하지 않기 때문에 오히려 eikasia나 pistis 단계에 더 가깝다. 현대 과학은 실증적인 관찰, 데이터 등을 강조하는 반면, 플라톤은 그렇지 않다. 따라서 그는 플라톤의 이론을 기반으로 한 이건의 제안을 받아들이기는 어렵다고 주장한다.

(2) 기초교육과 전문교육의 구체적인 내용(3절 〈표 1-2〉 참조)

플라톤은 모든 청년들에게 그들의 지적 능력을 발휘할 수 있는 충분한 기회를 제공해야 한다고 주장하였다. 사실 그는 이 문제를 매우 중요하게 여겨서, 아이들이 20세가 될 때까지는 기초교육을 지속해야 한다고 보았다. 이러한 측면을 본다면, 지적 능력의 모색기간을 10대 초반으로 간주한 현대 보수주의자들보다 플라톤이 더 민주적이라 할 수도 있다(Dupuis & Gordon, 2010: 40).

기초교육의 교과과정은 크게 두 부분, 첫 부분은 시가(詩歌)와 문학, 두 번째 부분은 체육과 춤으로 구성되었다. 청년들을 위하여 시가와 문학, 춤이라는 활동내용을 선택할 때 교육자들이 전통의 안내를 받을 것을 충고하였다. 지혜, 용기, 절제, 정의의 덕을 실현할 수 있는 활동만이 시행되어야 한다. 또한 청년들의 마음은 음악과 문학 및 춤의 분야에서 접할 수 있는 현대적이고 퇴폐적인 내용으로부터 보호받아야 한다. 나아가 전통적인 생각과 행동의 표준을 따르지 못하는 그 어떠한 내용도 청년들로부터 멀리 유지되어야만 한다. 플라톤은 호머의 시처럼 세련된 양식의 문학 걸작이라 할지라도 그것의 불건전한 내용은 걸러 내어야 한다고 생각하였다.

플라톤이 기초교육과정에서 직업적 능력보다 체육과 춤을 강조한 이유를 뒤피스와 고든(2010: 41)은 다음의 세 가지로 제시하였다. 첫째, 플라톤은 뛰어난 마음은 건강한 신체에만 깃들 수 있다고 믿었다. 플라톤은 정신과 신체가 진정으로 유기체적인 단위를 육성한다고 믿었기 때문에, 아름다운 지성(영혼)이 추하고 허약한 신체 속에 머물러 있을 것이라고 생각하려 하지 않았다. 이러한 개념은 그리스인 사이에서도 일반적이었는데, 이는 그들이 신의 모습을 가장 아름답고 완벽한 인간의 표본으로 묘사했던 걸작의 조각작품 속에 잘 나타나 있다. 둘째, 인간 행동에 대한 훈육의 가치에 주목할 필요가 있다. 엄격한 신체 단련 프로그램은 젊은이들에게 절제의 덕을 가르칠 것이다. 잘 훈련된 그리스 운동 선수의 모델은 학생들에게 모든 면에서 스스로를 훈련시키기 위한 좋은 틀을 제공할 것이다. 중용과 자기 통제는 좋은 신체 단련 프로그램의 최종 결과가 되어야 한다. 춤 또한 대체로 같은 목표를 달성하게 될 것이다. 춤은 학생들이 저속하고 상스러운 매너를 가지지 못하도록 막게 될 것이다. 춤은 잘 훈련되지 못한 마음에 수반되는 서투름을 극복하는 데 도움을 줄 것이다. 절제가 이러한 춤 활동의 목표가 된다. 그렇다면 절제가 왜 이토록 중요한 것인가? 절제가 없다면 국가는 시민들의 무절제한 욕망을 모두 만족시킬 수 없을 것이다. 그 결과로 국가 내의 유기적인 질서와 조화가 파괴될 것이다. 셋째, 플라톤은 오늘날 심리학자들이 말하는 조건화라 할 수 있는 일을 올바른 방식으로 올바른 시간에 행하기를 원했다. 게임과 춤은 매우 제한된 규칙에 의하여 통제받게 되는데, 특정한 신체 동작이 특정한 방식으로 특정한 시간에 정확히 이루어져야만 한다. 여기서는 아동들이 전통에 따른 그 어떠한 규칙이나 동작도 변화시키도록 허락받을 수 없으며, 잘 해내기 위하여 올바른 습관을 형성해야만 한다.

기초교육의 교과과정을 완성하게 되면(20세에), 능력이 떨어지는 젊은이들은 형식교육을 끝내고 노동자와 기술자의 세계에 편입된다. 그리고 그들이 받게 되는 추가적인 훈련은 모두 도제의 형태를 통해 이루어진다. 군사 훈련을 받아들일 수 있을 정도로 충분히 높은 지적 능력을 가지고 있는 사람들은 군대와 같은 기관에 보내진다. 지적으로 우월한 집단만이 교육을 계속 받도록 허락된다. 플라톤은 이 집단에 10년 동안의 추가적인 지적 훈련을 권하였는데, 여기서 그들이 통치자를 위한 교육 프로그램에 투입될 수 있는지를 결정하게 된다. 이 중간 단계의 교과과정은 그 성격상 순수하게 이성적인 것이어야 한다. 수론, 기하학, 음악이론(화성학), 천문학 등이 여기에서 가르쳐야 할 과목이다. 이러한 과목이 사업이나 정치에 활용되기 위하여 포함되어 있는 것은 아니다. 플라톤 시대의 정치가는 현대적 의미에서의 통계학을 알 필요도 없었으며, 통치자로서 음악이론이나 천문학을 활용할 수도 없었다. 이러한 과목은 오로지 학생의 이성적 추리 능력을 개발하거나 사고 방법을 훈련시키기 위한 목적으로만 받아들여졌다. 뒤피스와 고든(2010: 42)은 교육의 역사를 통하여 보수적인 중등학교에서 채택하였던 교과과정 속에서 이러한 특성을 쉽게 발견할 수 있다고 말한다. 시대에 따라 구체적인 과목들이 다르게 적용되긴 하였지만, 가르치는 내용은 언제나 그 본질상 추상적이고 이성적인 것이었으며 학생의 이성적 능력을 훈련시키도록 설계된 것들이었다.

기초 수준의 경우와 마찬가지로 중간 수준의 교육은 이미 선발된 집단으로부터 가장 유능한 지력을 갖춘 자들을 걸러 내기 위한 평가과정으로 작용하였다. 수론, 기하학, 천문학, 화성학의 학습을 거치면서 자신들의 덕을 입증해 낸 자들은 이제 철인왕이 되기 위한 5년의 과정을 거치도록 허락받았다. 플라톤은 이 시기에는 변증법의 탐구에 몰두해야 한다고 말한다. 그런데 변증법은 흔히 사고의 한 방법으로 간주되는 것이고, 학생들은 이러한 최고 수준의 교육을 받도록 허락되기 이전에 그러한 사고 훈련을 10년 동안 이미 해 왔다. 아마도 플라톤은 이 대목에서 최고 수준의 교육은 이 이성적인 사고의 방법을 삶의 문제 혹은 정치 문제에 적용하는 데 집중하여야 한다고 제안했을 것이다. 그에 따라 플라톤 자신의 작품이 미래의 통치자들을 위한 이상적인 교육과정의 예로서 제시되었을 것이다. 혹은 이 시기는 하나의 단일 학문으로서 철학의 탐구에 집중하였을 것이며, 그것은 중세 대학에서 이루어졌던 것과 같은 방식이었을 것으로 생각할 수도 있다. 어떤 경우에도 교육과정은 지혜롭고, 절제 있으며, 용감하고, 정의로운 통치자를 길러 내는 데 맞추어져 있다. 불변하고 절대적인 이데아에 대한 지적인 파악을 할 수 있는 사람만이 이상적인 통치자가 될 수 있을 것이다.

(3) 교육내용에 대한 평가

플라톤에게 엄격한 시험은 대단히 중요했다. 기초교육의 일차적인 의무는 청년들을 다음 단계의 고등교육 수준에 입학시키기 위하여 그들을 지적 능력에 따라 걸러 내는 일이었다. 학생이 교육 사다리의 꼭대기에 오를 때까지 여러 기준에 따라 끊임없는 평가가 실시되었다.

플라톤의 구상에 따르면, 표준적인 기초교육을 받은 전체 시민 중에서 지적으로 뛰어난 사람들을 선발하기 위한 적절한 수단이 필요했다. 시가와 문학, 체육과 춤 과목에서 이러한 선발이 필요했다. 플라톤은 지도자가 되기 위한 첫 번째 조건이 '지적 능력과 통찰(식별)력'임을 분명히 제시했다(Plato, 1997: 375e, 376b). 따라서 교사와 평가자는 학생이 이러한 과목들의 추상적인 내용을 잘 알고 있는지를 파악해야만 한다. 플라톤은 우수한 학생을 선발하기 위한 기준으로 '천성적으로 지혜를 사랑하며, 격정적이고, 날래며, 굳셀 것'을 제안하였다(Plato, 1997: 376c). 이러한 정신의 특성은 중간단계의 교육에서 요청되는 수학적 탐구에서 필수적인 것이다. 이는 또한 학생이 믿을 수 없는 감각 지식을 뒤로 하고 항상 추상적 세계에 있는 진정한 존재에 관한 지식을 추구해야만 하는 철학 연구에 있어서 필수적인 것이다.

교사들은 학생의 지적인 총명함뿐만 아니라 자기 통제의 수준 또한 확인해야 한다. 플라톤은 지적으로는 대단하지만 훌륭한 인간의 특성을 결여하고 있는 지도자를 원하지는 않았다. 그는 학생들이 수행하는 체육활동과 춤을 관찰하면서 그들의 자기 통제 수준을 파악할 수 있다고 보았다. 체육과 춤 등을 성숙하게 수행하는 학생들은 용기와 정의감 및 절제를 시험하는 여러 종류의 검사과정을 거치도록 해야 한다(Plato, 2009: 648b-c). 뒤피스와 고든(2010: 45)은 용기, 비겁함 등의 자기 통제 수준에 대한 평가를 지적 검사와 대비되는 '인성검사'로 보았다. 이를 통해 플라톤이 절제, 용기, 정의, 지혜 등을 검증하는 평가를 우수한 지도자를 선발하기 위한 대단히 중요한 장치로 활용하고 있음을 알 수 있다.

또한 청년이 상황에 적합한 지식을 가지고 있는지를 파악하려 한 플라톤의 평가는 유사한 상황이 실제로 발생했을 때 청년이 어떻게 행동할 것인지를 예측하기도 하였다. 이론과 실제 적용의 가능성을 고려한 플라톤의 평가는 현대의 평가와 근본적으로는 별다른 차이가 없음을 확인할 수 있다.

3) 교육방법

(1) 플라톤의 대화법

플라톤은 '절대적 진리'를 교육하는 방법으로 주입식이 아닌 대화를 통한 진리의 발견을 다음과 같이 제안한다.

> 그런데 만일에 이게 진실이라면, 우리는 이것들에 관해서 이렇게 생각해야만 하네. 즉, 교육이란 어떤 사람들이 공언하여 말하는 그런 것이 아니라고 말일세. 그들은 주장하길, 혼 안에 지식(인식, episteme)이 있지 않을 때, 마치 보지 못하는 눈에 시각을 넣어 주듯, 자신들이 지식을 넣어 준다고 하네(Plato, 1997: 518b-c).

『Politeia』를 번역한 박종현(1997: 455-456 각주)은 여기서 '지식을 넣어 준다'는 것은 곧 '지식을 주입시킨다'는 의미로 해석해야 하며, 이에 반해 플라톤의 인식론은 소크라테스의 산파술적 성격을 갖는 것으로서, 이른바 상기설에 근거하고 있다고 보았다. 이러한 주장은 '동굴의 비유'와 『메논』을 통해서도 확인할 수 있다.

'동굴의 비유'에서 플라톤은 교육은 궁극적으로 개인이 동굴을 나와 '선(이데아)'을 보도록 하는 것이라고 했다. 그리고 이때 교육의 목적은 동굴 속의 사람들에게 진리가 무엇인지를 알려 주는 것이 아니라, 그들이 참된 실재를 보도록 돕는 것이 된다. 대부분의 교사들은 '마치 보지 못하는 눈에 시각을 넣어 주듯' 지식을 개개인에게 주입할 수 있다고 생각하지만, 플라톤은 인간의 인식 능력이 이미 인간 내부에 존재하고 있기 때문에, 앞을 보지 못하는 그들의 눈에 광경을 집어넣을 것이 아니라, '선(이데아)'을 볼 수 있도록 도와야 한다고 보았다.

덕(arete)의 교수 가능성을 주제로 한 대화편『메논』은 "그것이 무엇인지를 도무지 모르고 있으면서 이것을 무슨 방법으로 찾는다는 것인지? 말하자면 알지도 못하는 것들 중에서 어떤 것을 내세우면서 찾다가 혹시 그것과 맞닥뜨린다 할지라도, 그것이 찾던 것인 줄 어떻게 알겠느냐"(Plato, 2010: 80d)라는 '메논의 역설(학습자의 역설)'과 이 물음에 대한 대답인 소크라테스의 영혼불멸설과 상기설(recollection, anamnesis)로 널리 알려져 있다.

소크라테스(플라톤)는 '진리란 이미 우리 안에 내재하는 것을 상기하는 것'이라는 주장을 펼치고 이를 뒷받침하기 위해 노예 소년과의 대화를 전개한다. 소크라테스는 어린 노예 소년에게 일련의 질문을 통해 정사각형의 대각선 길이를 알아내는 법을 이해하도록 이끌고 있다. 소년은 대각선의 길이를 알아내는 법을 이전에 배운 적이 없었지만, 소크라테스의 질문에 의해 올바른 답을 발견할 수 있었다.

『메논』의 소크라테스, '금속 신화'의 통치자, 그리고 '동굴의 비유'에서 동굴 밖의 진리를 인식한 사람들은 모두 절대적으로 존재하는 진리(이데아)를 깨달은 사람이며, 이들은 진리를 모르는 나머지 인간들이 진리를 인식하도록 돕는 역할을 하게 된다. 즉, 플라톤의 교육은 절대적으로 존재하는 진리를 전제로 하고, 이때 교육의 목적은 이 진리를 학습자들이 깨닫도록 돕는 데 있다. 즉, 대화법, 상기설 등으로 알려져 있는 플라톤 교육방법의 핵심은 교사가 지식을 주입하는 것이 아니라 교사와의 대화를 통해 학습자가 진리를 깨닫도록 하는 것이다. 그런데 이러한 대화법에 대하여 다양한 논쟁이 있었다. 가령, 대화의 목적이 무지의 깨달음인지 혹은 진리에 대한 발견인지에 관한 논쟁이 있었으며, 다른 한편, 학습자와의 대화를 진행해 나가는 소크라테스(플라톤) 대화 방식이 갖는 정당성과 효과에 대해서도 논쟁이 촉발된 바 있다.

첫 번째 논쟁은 소크라테스와 플라톤의 구분에서 비롯된다. 소크라테스와 플라톤의 방법론에 관한 연구는 플라톤의 초기 대화편이 역사적 소크라테스에 대한 기록이라는 관점에서 이루어져 왔다. 이러한 관점에 따르면 소크라테스의 대화에는 '질문만 있고, 결론은 없다', 플라톤의 대화는 '대화를 통해 진리에 도달'하는 것으로 간단히 설명할 수 있다. 플라톤 초기 대화편의 대화(소크라테스식 방법)는 안부를 묻는 인사로 시작해 철학적 논의들을 벌인 후 별다른 결론 없이 헤어지는 사람들의 모습이 나타나는데, 소크라테스에게 대화의 의미는 그것으로 충분했다. 그저 함께 이야기하고 그 속에서 삶에 대한 사유를 조금 더 진전시키는 것이 그의 목적이었다.

소크라테스식의 대화를 조금 더 분석해 보면, 대화는 소크라테스의 무지의 고백으로 시작되어, 소크라테스와 상대방 사이의 질문과 답변이 반복되는 엘렌쿠스(elenchus, 좁은 의미의 '논박'으로 흔히 번역됨)를 거치게 된다. 소크라테스식 대화의 가장 큰 특징인 엘렌쿠스는 넓은 의미에서 한 인간이 진술한 내용에 대해 그 사람을 검증하는 것이다. 이는 후속하는 진술들을 요구하는 질문을 던져서 그의 처음 진술의 의미와 진리치를 밝히려는 목적에서 수행된다. 대부분의 경우에 이러한 과정에서 예상되었던 진리치는 거짓으로 판명 난다. 때문에 좁은 의미에서의 엘렌쿠스는 반문이나 논박의 한 형태이다(Robinson, 1980).

중 · 후기 대화편에 주로 나타난 플라톤식 대화에는 소크라테스의 무지의 고백이 잘 나타나 있지 않고, 엘렌쿠스를 통해 합리적 지식이나 진리에 이르게 된다. 두 가지 교수 모두에 엘렌쿠스가 사용되지만 그 목적은 다르다. 소크라테스식 대화에서는 대화 상대방이 무지를 깨닫도록 하는 데 목적이 있음에 반해, 플라톤식 대화에서는 엘렌쿠스 외에 '영혼을 인도'한다는 프쉬케고기아(psychagogia)(Teloh, 1986)도 사용되어 진리 발견에 더 큰 목적을 두기 때문이다.

로빈슨(Robinson, 1980)은 중 · 후기 대화편에서 발견되는 초기 대화편과의 차이점을 다음과 같이 들고 있다. 첫째, 아이러니(eironeia)가 상실되었다. 둘째, 대화의 본질은 여전히 부정적 · 파괴적이지만 건설적(창조적)인 면도 있다. 대화의 목적은 도덕성보다는 과학적인 면이 중시되기 시작한다. 셋째, 엘렌쿠스의 양이 줄어들었고, 엘렌쿠스가 이루어지더라도 형태가 덜 명확해졌으며, 독립된 전제를 발견하는 것과 각각의 전제들이 획득되는 방식 및 소크라테스가 전제들을 결합시켜서 결론을 끄집어내는 위치를 지적하는 것이 더 이상 쉽지 않았다. 초기에는 하나의 반박만이 존재했지만, 중 · 후기 작품에는 여러 개의 반박이 등장하게 된다. 그래서 소크라테스의 엘렌쿠스는 다이어레틱(dialektike)으로, 엘렌쿠스의 파괴적 · 교수적 · 도덕적인 면은 건설적 · 발견적 · 과학적인 면으로 바뀌었다.

초기 대화편의 소크라테스를 실제 소크라테스와 동일시하는 전통적 주장에 대한 비판적 견해가 대두되면서 역사적 소크라테스의 삶과 철학을 새롭게 재구성하기 위한 시도도 이루어지고 있다. 대표적인 학자가 칸(Kahn)이다. 칸(1992)에 따르면, 플라톤은 소크라테스를 등장시키는 문학적 허구의 형식을 이용하여 플라톤 자신의 철학적 주장을 전개하고 있다. 소크라테스와의 만남이 플라톤의 삶의 경로를 전환시키는 결정적인 계기를 제공한 것은 사실이지만, 플라톤은 대화편에서 역사적 소크라테스를 기념하고 기록으로 남기려는 역사가의 역할보다는 탁월한 문학적 재능을 가지고 여전히 자신만의 철학적 프로젝트를 진행하고 있다는 것이다. 문학적 형식은 그 속성상 등장인물의 성격이 강하게 부각되는 반면, 저자는 자신의 생각을 표면적으로 잘 드러내지는 않으나 결과적으로는 치밀하게 자신의 의도를 관철시킨다는 것이다. 초기 대화편으로 알려진 작품들은 소크라테스의 철학에 대한 기억이 회상이라기보다는 플라톤이 맹아적으로 가지고 있던, 하지만 당시로서는 새롭고 낯선 중기 대화편의 구상을 실현하기 위해 청중을 준비시키는 주도면밀한 과정으로 이해되어야 한다는 것이다(Kahn, 1996).

두 번째 논쟁은 소크라테스(플라톤) 대화방식의 정당성과 효과에 대한 논쟁이다. 대화법에 대한 논쟁은 초기 대화편에 등장하는 소크라테스의 대화에 집중되어 있다. 예를 들어, 대화의 도입부에 등장하는 '무지의 고백'은 "무지의 자각은 인간이 도달할 수 있는 최고의 상태다"(Plato, *Apologia*, 2003: 23b)처럼 학습의 출발점이 될 수 있고, 학습참관자들의 학습 욕구를 고취시킬 수 있으며, 지적 파괴를 통해 지적 · 도덕적 성장을 유도할 수 있다는 평가를 받는다. 반면, "저게 바로 소크라테스의 상투적인 그 '시치미 떼기 술법(eironeia)'이죠"(Plato, 1997: 337a)라는 비난처럼 아이러니는 소크라테스가 비난을 받게 되는 가장 큰 이유가 된다. 교육에서 기본이 되는 것은 교수자와 학습자 사이의 신뢰다. 그러나 소크라테스는 완벽에 가까운 논박을 하면서도 자신은 알지 못한다고 가장(고백)한다. 페카르스키(Pekarsky, 1994)는 소크라테스의 이런 태도를 상대방에 대한 속임수나 거짓말로 간주하고, 거짓말을 사용해서 학생을 진리로 데려간다는 것은 우스운 일이라고 했다. 레비나스(Levinas, 1961)도 무지를 가장하여 정답을 이끌어 내려는 소크라테스의 산파술을 비판하였다.

소크라테스의 대화는 뚜렷한 결론 없이 대화 상대방(학습자)의 무지 자각으로 끝이 난다. 자신의 신념이 틀렸음을 깨달은 학습자는 지적 혼란에 빠지게 된다. 이런 혼란을 통해 학습자가 지적 겸손을 느끼고 지적·도덕적으로 성장하게 된다는 것이 소크라테스식 대화법의 강점으로 주장되어 왔다. 페카르스키(1994)는 혼란이나 지적 겸손이 본질적으로 가치를 지니는 것은 아니지만, 인간을 향상시킬 진리 추구에 중요한 역할을 할 것으로 보았다. 반면, 소크라테스식 대화에 의한 학습자의 지적 혼란이 비록 오류이긴 하나 오래된 자신의 신념보다 반드시 바람직한가 그리고 그러한 지적혼란을 통해 학습자가 궁극적으로 진리에 도달할 수 있는가에 대해서는 다양한 견해가 제시되었다.

소크라테스와 플라톤의 대화 모두에 등장하는 엘렌쿠스에 대한 논쟁도 초기 대화편의 엘렌쿠스를 중심으로 이루어져 왔다. 오래된 두 친구가 엘렌쿠스의 결과, 결국 싸움을 하게 되고(Laches), 대화에서 질문만 하는 소크라테스를 비난하는(cf. Plato, 1997: 336c) 내용들처럼 초기의 엘렌쿠스는 목적인 무지의 자각보다는 오히려 상대방의 반발을 야기할 가능성이 높다. 소크라테스도 나중에는 이런 엘렌쿠스가 주가 되는 철학을 젊은이들에게 가르쳐서는 안 된다고 했다. 젊은이가 철학을 배우게 되면, 아무나 논변에 끌어들여 찢어발기기를 즐길 것이기 때문에, 이들이 논변의 맛을 보게 해서는 안 된다(cf. Plato, 1997: 539b)고 경계하였다.

소크라테스의 엘렌쿠스는 그 특징상 다소간 우연적이고 개인적인 성격을 띠게 되며, 상대방의 견해를 논박할 때 틀렸음을 지적할 뿐, 인식의 참된 전환을 가능하게 할 수 있는 이유를 제시하지 못한다고 비난받는다(Robinson, 1980). 참된 이유를 제시하지 못하는 논박은 상대방의 각성을 유도할 수 없으며, 오히려 상대방을 어리석게 만들거나, 진리의 발견을 목적으로 하기보다는, 영리하고 눈치만 빠른 사람을 만들 우려가 있다(Pekarsky, 1994). 엘렌쿠스의 또 다른 문제점은 대화를 통한 상대방의 신념 변화가 지속적인가 하는 것이다. 그리고 소크라테스와 상대방의 대화를 지켜보면서, 주변에 있는 사람들이 그런 심각한 대화를 피할 우려가 있고, 대화의 결과로서 겪게 될지도 모를 수치나 당혹의 두려움 때문에 침묵을 지킬 가능성도 있다.

(2) 가르치는 사람과 배우는 사람의 밀접한 유대

플라톤과 그리스 교육자들의 교육에서 아마 가장 중요한 문제는 학생과 교사의 관계였을 것이다. 이러한 관계를 묘사하기 위해 사용되었던 에로스(eros)는 학습자와 교수자가 상호 간에 사랑하는 마음을 가지고 있을 때 학습이 보다 잘 일어날 수 있음을 시사하고 있다. 앙리 마루(Henri Marrou)는 교수자와 학습자의 관계를 애자와 애소년 사이의 사랑을 의미하는 'Paiderasteia'로 설명하였다.

희랍어인 Paiderasteia는 남성동성애를 의미하며, 가장 완벽하고 아름다운 교육의 형태였다. 희랍사회의 근간을 유지시킨 Paiderasteia는 교사와 학생 사이의 관계가 가장 밀접했던 전형적인 사례로 알려져 있다. Paiderasteia는 소년을 의미하는 Pais와 사랑하는 사람(愛子)을 의미하는 Erastes의 합성어로 소년과 성인 사이의 밀접한 사랑을 의미한다(Marrou, 1956: 26-32). 현대 학교교육의 관점에서 보자면 소년은 학생을, 사랑하는 사람은 교사를 의미한다.

> 알겠네. 자네한테 그런 '총애하는 소년(사랑하는 소년, pais)'이 있거나 있었다는 걸 말일세. 또한 동감일세(Plato, 1997: 402e).

희랍에서 남성동성애가 주요 교육방법일 수 있었던 것은 고대 문화가 철저히 남성 중심의 문화였기 때문이다. 여성은 단순히 아이들의 어머니이자 가사를 돌보는 관리자에 불과했고, 여성들이 받는 교육도 생활에 필요한 정도의 것에 지나지 않았다. 국가의 일을 포함한 중요한 일을 논할 때 여성은 참여자가 될 수 없었고, 이들이 참된 정신적 교감을 주고받거나 지혜의 생성을 위한 토론의 대상이 되는 경우도 드물었다.

사랑의 문제에 있어서도 이성 간의 사랑보다는 아름다운 소년이나 청년들과의 사랑을 더 고귀한 것으로 보았다. 소년들은 당시의 여성들에 비해 심지어는 현재의 우리들이 받는 일상적인 교육보다 훨씬 더 많은 교육을 계속적으로 받았다. 남성들은 친밀한 일상생활을 통해 소년이나 청년들을 유혹하여 자신에게 끌어들여야 했으며, 그들의 상담자이자 안내자 그리고 친구로서 행동해야 했고, 그들에게 남성다운 모든 덕성을 제시해 주어야 했다. 여기서 사랑의 대상이 되는 소년은 유약한 나이의 어린아이들을 뜻하는 것이 아니라 성적으로 성숙한 사춘기에 다다른 소년들을 뜻한다. 아침부터 밤늦게까지 밀착된 공동체 생활에서 젊은이와 성인 남자가 일상적인 접촉을 하는 것은 희랍 전역에서 비일비재하게 이루어졌다. 남성들은 소년과 청년들의 영혼과 육체를 이해하고, 보기 드문 열정으로 젊은이들의 수용적인 마음에 고귀하고 선량한 모든 씨앗들을 뿌려 그들을 뛰어난 시민의 이상형에 가능한 한 근접시키면서 스스로도 발전해 갔다.

소크라테스는 소년 시절에 그의 스승인 아르켈라오스의 애인이었는데, 자신이 17세 때 받은 스승의 사랑을 거부하지 않았다고 한다. 그러나 성장한 소크라테스는 소년에 대해 자신의 애정을 나타낼 만한 그 어떤 육체적 증거를 실제적으로 행하는 일은 극구 사양하였다. 그는 육체적으로는 금욕적인 생활을 했으나, 젊은이들의 영혼을 조련하고 그들을 가장 완벽한 세계로 인도하는 일에는 모든 힘을 쏟았다.

플라톤은 『Symposion』에서 아리스토파네스(Aristophanes)의 연설을 통해 남성동성애의 정당성을 다루었다.

> (인간은) 처음에는 성이 세 가지 있었지요. 지금은 남성과 여성의 두 가지 성이 있지만, 이 둘을 다 가지고 있는 제3의 성이 있었던 것입니다(189d).
>
> 나(제우스 신)는 모든 사람을 두 동강이로 쪼개려 하오(190d).
>
> 누구나 사랑하는 이와 하나가 되고 용접하여 두 몸이 한 몸으로 되고 싶다는 것을 다시 한번 생각할 거예요. 그 이유인 즉 이것이 우리의 옛날의 본래의 모습이요. 그때는 우리가 하나의 온전한 것이 되었던 때문이지요. 이래서 온전한 것에 대한 욕망과 그것에 대한 추구가 에로스라고 불리는 것입니다(192e).

아리스토파네스의 에로스는 그들 자신의 나머지 반쪽을 찾는 완전성으로의 욕구를 의미한다. 에로스적 충동이 인간에게 있어서 불가항력적인 생리라는 것을 그리고 그것이 얼마나 강력한 것인가를 비유적으로 말해 주고 있다. 플라톤은 아리스토파네스의 입을 빌려 나머지 반쪽에 대한 그리움을 에로스로 표현하고, 이를 통해 육체에 대한 사랑보다 영혼에 대한 사랑이 더 높은 단계임을 밝히고 있다. 진정한 의미의 남성동성애는 성애(性愛)의 승화를 통해 진리를 추구하여 '아름다움'을 창출하는 것을 목적으로 하고 있음을 알 수 있다.

뒤피스와 고든(2010: 44)은 교사와 학생 사이에 존재해야 하는 이러한 상호 간의 사랑에 대한 강조를 부모와 자식의 사랑에 상응하는 것으로 볼 수 있다고 했다. 아버지를 싫어하는 아들은 아버지를 모방하려 하지 않을 것이고 아버지의 충고에 주의를 기울이지도 않을 것이다. 그리고 자식을 사랑하지 않는 아버지는 자녀교육에서 거의 성공하지 못할 것이다. 뒤피스와 고든은 플라톤의 에로스는 여교사와 그녀에게 맡겨지는 여학생들 사이에도 유지되어야 하며, 진정한 교사는 자신이 학생들이 교육을 마치고 결혼이나 학교 밖의 다른 업무를 위하여 떠나게 될 때 슬퍼해야 한다고 했다. 그는 교사와 학생의 깊은 유대를 강조하고, 이러한 유대가 플라톤과 그리스의 근본적인 교육방법임을 강조했다.

(3) 자유와 훈육 간의 조화

교육과정을 다루면서 부분적으로 밝힌 것처럼, 플라톤은 모든 학습자료에 대한 엄격한 검열을 지지하면서 학생들의 읽을 자유를 당국이 승인한 내용으로 한정하였다고 할 수 있다. 교육에서 사용되는 음악, 춤 및 게임 자료들은 아이들이 바람직하지 못한 행동 양식에 노출되지 않도록 점검되어야 한다. 따라서 엄격한 사고의 통제와 행동의 순응이 좋은 교육 프로그램의 필수적인 요소다. 이러한 방식으로 모든 젊은이들을 훈육시키는 일은 사회의 질서를 유지하는 데 핵심적인 것인데, 이는 오직 잘 훈육받은 개인만이 사회에서 자신의 온당한 직분을 완수할 수 있기 때문이다. 훈육 받지 못한 특히 낮은 계급의 사회 구성원들은 높은 계급으로의 상승을 시도할 것이고, 그에 따라 질서정연한 국가를 이루는 데 핵심적인 요소인 조화를 파괴할 수 있을 것이다. 가령 훈육받지 못한 기능공과 노동자들은 자신의 계급과 더 높은 계급에서 요구하는 물자를 제공하는 데 온 힘을 다하지 않을 것이다. 엄격한 훈육을 받지 못한 군인들은 국가 방위의 업무를 효율적으로 수행할 수 없을 것이다. 또한 통치자들도 적절하게 훈육받지 않는다면 사회에 대한 자신들의 의무를 제대로 수행하지 못할 것이다. 플라톤은 아동에 대한 훈육이 3세의 어린 나이에 시작되어야 한다고 믿었다. 스스로 일으키는 악을 없애기 위하여 아동에게는 처벌이 주어질 수 있다. 기초교육 수준에서는 체벌에 의하여 유지되는 엄격한 훈육이 학생이 순치될 때까지 주어질 필요가 있다. 군인과 노동자 계급의 구성원들에 대한 훈련에는 통치자의 명령에 기꺼이 복종하도록 하는 방식의 훈육이 포함된다.

> 세 살과 네 살, 다섯 살 그리고 더 나아가 여섯 살까지도 아이들의 혼의 성향에는 놀이들이 필요할 것이다. 그러나 이제는 벌을 주어서라도 사치에서 떨어져 나오게 할 것이나…… 벌을 주지 않음으로써 사치를 방조해서도 안 됩니다. 자유민들에게도 이와 똑같

은 방식으로 대해야만 합니다(Plato, 2009: 793e-794a).

세살에서 여섯 살까지의 아이들은 마을마다의 신전들에 모여야만 합니다(Plato, 2009: 794a).

뒤피스와 고든(2010: 47)은 플라톤의 훈육에 긍정적인 측면이 있다고 보았다. 아동기가 '이성이 잠자는 시기'라는 플라톤의 믿음에 따르면, 초등학교 아동을 상대로 올바른 신념과 타당한 태도의 습득을 위한 특정한 이성적 준거를 제시하는 것은 적절하지 못하다. 그보다 교사들은 아동이 단순히 즐겁다고 여기기 때문에 특정한 행동 유형을 따르고 특정한 신념과 태도를 수용하도록, 교육활동이 충분히 즐거운 것이 되도록 노력해야 한다.

셈들과 관련해서는 아주 어린 아이들을 위해서 놀이와 함께 즐겁게 배우는 교과들이 고안되었다(Plato, 2009: 819b).

필요한 수들의 이용들을 놀이에 적용함으로써 배우는 사람들로 하여금 진영들의 배치와 행군 및 원정에 있어서 또한 가정 경영에 있어서도 도움을 줄 것이며, 그리고 또 이들로 하여금 스스로에 대해서도 단연코 더 유용하도록 만들게 될 것이고, 또한 인간들을 더욱 깨어 있게 만들게 될 것입니다. 그다음으로는 측정들에 있어서…… 무지에서 벗어나게 합니다(Plato, 2009: 819c-d).

5. 플라톤의 사유와 교육이론의 전개: 보수주의와 자유주의의 맥락에서

목사: 선생은 규칙을 시행하고 질서가 유지되도록 해야 합니다. 복종과 믿음을 가르치고, 어른을 공경하게 하고, 도덕을 가르쳐야 하죠. 이것이 교육의 기초입니다. 아이들은 조용해야 하며, 겸손하고 진솔하고 청결해야 합니다. 교육의 목표는 선행에 중점을 두는 더 나은 노동력을 창출하는 것이며, 지시에 잘 따르고, 암기를 활용하는 능력을 기르는 것입니다. 쓸데없는 놀이나 활동을 할 시간은 없습니다. 암기와 암송이 가장 확실한 교육방법입니다.

교사(스테이시): 아이들 교육에 가장 중요한 건 뭘까요? 우리 스스로 해 봐야 할 중요한 질문은…… 아이들이 배우는가입니다. 변화는 불편합니다. 미래는 불확실하니까요. 하지만 미래는 급속히 다가옵니다. 기차처럼요. …… 제 방식이 다르다는 건 압니다. 하지만 적극적으로 참여하는 교육방식이 암기술보다 효과적임이 증명됐습니다. 왜 스스로 생각하도록 장려하지 않나요? 왜 예전 것만 가르치나요? …… 꿈꾸는 사람이 세상을 바꿉니다. 호기심 많은 사람이 우릴 앞으로 나아가게 합니다. 저의 목표는 장래가 밝은 강한 학생을 키우는 것입니다.

루시 모드 몽고메리(Lucy Maud Montgomery)의 소설(1908)을 원작으로 한 Netflix 시리즈 〈빨간 머리 앤〉(2017)에서 전통적이고 보수적인 교육을 주장하는 목사와 '아이들의 배움'을 강조하는 스테이시 선생이 주고받은 대화 내용이다. 교육의 개념, 교사의 역할, 교육방법 등에 대한 목사의 보수적인 교육관은 현재의 젊은 세대들에게는 낯설게 보일지 모르지만, 얼마 전까지만 하더라도 우리 사회의 지배적인 교육관이었고, 용어나 표현을 세련되게 바꾸어 가면서 현대에도 여전히 많은 사람의 지지를 받고 있다. '배움, 참여, 경험'을 강조하는 스테이시 선생의 교육관은 근대 이후 아동중심 교육을 주창한 교육이론가들의 생각과 그 결을 같이하고 있다.

교육철학의 여러 이슈를 교육적 보수주의(conservatism)와 자유주의(liberalism)의 맥락에서 다룬다면, 앞서 언급한 목사의 교육적 견해는 교육적 보수주의를, 스테이시 선생의 견해는 교육적 자유주의를 잘 드러낸 것으로 볼 수 있다. 보수주의와 자유주의는 인간의 본질이나 인식론, 지식론 등에 있어서 기본적으로 견해를 달리한다. 보수주의는 인간이 몸과 영혼 혹은 마음으로 구성된다는 인간의 이원적 본성을 가정하는 반면, 자유주의는 마음과 몸의 이분법을 부정하며 아동을 진화하는 유기체로 간주한다. 인식의 측면에 있어서 보수주의는 인간 이성의 역할을 강조하는 반면, 자유주의는 경험과 과학을 신뢰한다. 보수주의는 지식이나 진리의 항구적인 본질을 강조하는 반면, 자유주의는 진리의 역동적인 개념을 강조한다. 즉, 보수주의에 기반한 전통적인 학교는 아이들에게 영원하며 불변하는 것으로 간주되는 진리를 배우고 통달하도록 가르치는 반면, 자유주의는 진리에 대해 불확실성의 입장을 취하며 제시된 문제에 대한 해결책은 절대적인 것이 아니라 잠정적인 것임을 강조한다.

자유주의와의 비교를 통해 확인할 수 있는 보수주의적 관점은 기본적으로 플라톤의 이원론이나 이데아론에 근거하고 있음을 알 수 있다. 플라톤은 교육적 보수주의자 중 역사상 가장 위대한 인물로 간주될 수 있으며, 현대의 보수주의자들은 철학적으로 철저한 플라톤주의자는 아닐지라도, 이들 중 상당수는 부지불식간에 플라톤 이론의 대체적인 윤곽을 지지하는 것으로 볼 수 있다(Dupuis & Gordon, 2010: 29). 플라톤을 보수주의자로 간주하는 것은 그의 인간 본성에 대한 신념에서 출발한다. 인간 본성에 관해 가장 오래 지속되어 온 신념 중 하나는 인간의 이원적 본성에 대한 가정이다. 대부분의 전통 철학자들과 교육자들은 인간이 몸과 정신(영혼 혹은 마음)으로 구성된다고 믿고 있다. 마음은 인간 본성 중 인식하고 이해하는 측면이며, 몸은 그 본성 중 감지하고 느끼는 측면이다. 몸과 마음의 상호작용에 대한 설명에 다소의 차이는 있지만, 정신이 그 본성에 있어서나 작용하는 기능에 있어서 몸(물질)의 우위에 있다는 믿음을 모두 공유하고 있다. 이러한 관점에서는 오직 학문적인 과목만이 교육의 이름에 걸맞는 것이며, 수공 기능이나 공예 및 직업 준비 등과 같이 몸으로 하는 모든 활동은 교육이 아니라 훈련이라고 단언한다. 몸과 마음이 복합된 존재의 이성적인 부분을 개발하도록 설계되어 있는 마음의 활동만이 진정으로 교육적인 것이다.

인간의 본성에 대한 또 하나의 중요한 교육적 믿음은, 인간 본성이 모든 곳에서 어느 시대에나 본질적으로 동일하다는 전제에 기반을 두고 있다는 것이다. 정도의 차이는 있을지언정, 모든 인간은 공통적으로 이성을 가지고 있다. 따라서 교육의 주된 목표는 동일해야 한다. 인간 본성에 관한 이러한 신념은 인간의 이성적인 능력을 개발해야 한다는 주장의 바탕이 된다. 이러한 주장은 플라톤, 아리스토텔레스로부터 토마스 아퀴나스(Thomas Aquinas), 아들러(Mortimer Adler), 키츠(John Keats) 등과 같은 시대적으로 매우 멀리 떨어져 있는 여러 사상가들에 의해 공유되어 왔다. 오직 이성만이 인간과 동물을 구분하는 기준이며 교육의 근본적 근거는 바로 이러한 이성의 힘을 개발하는 데 있다는 것이다(Dupuis & Gordon, 2010: 9-11).

교육사적으로 볼 때, 인간과 지식, 진리 및 가치에 대한 플라톤적 신념은 루소(Rousseau)의 등장 이전까지는 심각한 도전을 받지 않았다. 보수주의자들이 플라톤의 철학사상 모두를 수용한 것은 아니지만, 플라톤의 사상은 로마와 초기 기독교 교육, 르네상스와 그 이후 교육의 근간이 되었다고 볼 수 있다. 플라톤의 영향은 전통적이고 학문적인 교과를 강조하는 등 교육에서의 지적이고 정신적인 목표를 중시한 것에 잘 나타나 있다. 이 무렵의 보수주의자들은 미래 지도자가 될 뛰어난 능력의 학생들을 위한 특별한 교육과정을 설계했고, 실용적인 기술과 직업에 관련된 과목들은 비교육적인 활동으로 분류하였다. 이들은 학생들의 정서적인 요인에는 관심이 없었고, 교과 내용의 암기를 중시하였고, 엄격한 훈육을 실시하였다. 인문주의 시대의 교육자들도 이전의 보수주의 교육자들과 철학적 신념이나 교육적 견해에서 큰 차이를 보이지는 않았다. 그들도 인간을 정신적 · 물질적인 이원적 본성을 가진 존재로 보았고, 인간의 우수한 기능을 정신적 요소인 영혼에서 찾으려고 하였다. 인간을 야수로부터 분리하고 인간의 자유와 불멸성을 주장하기 위해 지력과 이성을 강조하였다.

17세기와 18세기는 교육이론과 실제에서 급격한 변화가 일어났던 시기다. 2절에서 다루었던 자연과학자들의 등장과 기계론적 사고가 형이상학적 사유를 극복한 것처럼, 이 시기의 자유주의자들은 엘리트주의를 반대하고 정치적 평등주의를 주장하였으며 순수한 이성이나 진리가 아닌 경험과 과학을 지식과 진리의 일차적 원천으로 보는 등 보수주의자들의 교육관을 근본적으로 비판하였다. 이들은 진리는 상대적이며, 인간의 행복이나 최상의 선은 자연과 조화를 유지하며 사는 것이고, 진정한 아름다움은 자연 그 자체에서 발견된다고 했다. 또한 학교의 목적은 '전인'의 발달이며, 교육과정의 내용과 활동은 유용성과 개개 아동의 흥미와 필요에 기반해야 하고, 또한 학생 중심의 교육이 이루어져야 한다고 보았다.

듀이(Dewey)와 그의 추종자들이 교육 분야에서 큰 성과를 거둔 19세기와 20세기에 이르러 자유주의는 정점에 달한다. 자유주의는 개인의 자유를 강조하고 외부의 권위를 부정하는 개인적 자유주의와 듀이의 사회적 자유주의로 구분되기도 한다. 이들 자유주의자들이 활동하던 시기에는 인간의 기원에 대한 진화론이 많은 지지를 받았고, 이는 교육이론에도 적용되었다. 보수주의자들의 마음과 몸의 이원론은 거부되었고, 마음은 유기체의 기능 중 하나로 간주되었다. 교육이론은 교육 역사상 가장 큰 발전을 이루게 되며, 문제해결법이나 구안법 등 새로운 교수법이나 학습법이 도입되었다. 『빨간 머리 앤』의 스테이시 선생님의 교육적 견해와 유사한 교육이 이루어지던 시기다. 실제『빨간 머리 앤』이라는 소설도 이 시기에 저술되었다.

20세기에는 듀이와 진보주의 교육을 비판하는 교육적 보수주의(신보수주의)도 공존하였다. 신보수주의자들은 인간의 활동이 몸과 마음 혹은 정서 등 완전히 서로 다른 기능으로 구분될 수 있는 것은 아니지만, 교육활동은 정신적 혹은 지적 기능에 집중할 수 있으며, 또 그렇게 해야 한다고 보았다. 인간은 정신 기능을 소유하고 있으며, 정신

기능을 인간 본성의 가장 높은 수준의 기능으로 간주하였다. 인간의 이성적인 능력을 인간과 동물을 구분 짓는 가장 중요한 특징으로 보았다. 정신과 이성을 강조한 신보수주의자들은 학교는 인류의 누적된 지식을 통해 인간의 지적 능력을 개발해야 하며, 교육과정은 학생의 지적 및 정신적 능력의 도전을 요구하는 내용들로 구성되어야 하고, 교수법은 많은 양의 지식을 효과적으로 전할 수 있어야 한다고 주장했다.

이 글은 형이상학적 사유의 문제를 철학사적으로 고찰하고, 형이상학 이론의 대표적 사례인 플라톤의 이데아와 그의 교육론을 고찰하였다. 형이상학이 지배하던 세계에서는 지각할 수 없는 세상 '너머'에 보편적이고 절대적인 진리가 존재하는 것으로 간주되었다. 보편적 진리의 존재에 대한 주장은 필연적으로 진리에 대한 인식을 독점하고 있다고 주장하는 소수의 지배 계급에 대한 정당화와 맞물려 있었다. 플라톤이 그려 내는 교육의 역할은 그가 그리는 이상 세계인 이데아와 통치자만이 이러한 이데아의 진리를 인식할 수 있다는 것을 전제로 하고 있다. 고정 불변하는 지식의 학습을 목적으로 설정한 플라톤에 따르면 동굴 속의 죄수(일반시민)들, 대화편『메논』의 노예 소년, 금속 신화의 은이나 동의 인간들은 진리를 알고 있는 통치자의 지배를 받아야 한다. 이러한 지배를 통해 교육은 교육받는 개인으로 하여금 자신이 통치자보다 열등하다는 것을 믿도록 만들 가능성이 높다. 사람들은 자신이 열등함을 인정한 뒤에는 기꺼이 감사하는 마음으로 국가로 하여금 그들의 행위와 사상을 지시하는 것을 허용할 가능성이 높다. 이 세상을 다국적 기업들이 좌지우지한다는 맥락에서 보자면, 노동자들은 자신의 지위를 수용하고, 회사의 이익을 위해 기꺼이 희생할 것이다. 기업의 이익을 믿고, 경영자보다 자신이 열등함을 믿기 때문에, 노동자들은 경영자들이 자신들의 행동과 사상을 지시하도록 허용할 것이다.

플라톤에 대한 후대의 평가는 다양하다. 미국 시인인 에머슨(Emerson)은 "철학은 플라톤이요, 플라톤은 철학이다"라고 말했고, 영국 철학자인 화이트헤드(Whitehead)는 "서양 철학은 플라톤 철학에 달린 주석에 불과하다"라고 평했다. 반면, 버트런드 러셀(Bertrand Russell)은 그의『서양철학사』에서 플라톤의『Politeia』는 플라톤 자신의 역사적 현실에 대한 해석이 반영된 편견임을 지적한 바 있다. "플라톤의『Politeia』가 성취하려 한 것은 결국 무엇인가? 갖가지의 훌륭한 말로 찬양되어 있지만 결국은 전쟁에 있어서의 기술, 그리고 먹을 것의 풍족함, 이것이 그의 이상국가가 성취한 전제인 것이다. 플라톤은 아테네의 기근과 패배(펠로폰네소스 전쟁에서 스파르타에게 패배)의 시기에 살았다. 이로 인해 어쩌면 거의 무의식적으로 이런 악을 피하는 것이 정의의 최고 성과라고 생각했을 것이다."

플라톤으로 대표되는 형이상학적이고 목적론적인 세계관이 기계론적인 근세의 세계관으로 바뀌면서 철학의 주된 관심은 존재에 대한 질문에서 '진리가 존재한다면, 누가 어떻게 그 진리를 인식할 수 있는가?'라는 인식론적 문제로 전환하게 된다. 이러한 시대의 전환, 즉 형이상학의 극복과정에서 우리는 또 다른 (『빨간 머리 앤』의) 목사들과 교사들의 충돌을 목격하게 된다. 그리고 시간이 흐름에 따라 형이상학적 사유가 극복되어 가는 것처럼, 고착화된 목사의 견해가 아닌 성장해 가는 교사의 견해가 더 많은 관심을 받게 됨을 확인하게 된다.

생각해 보기

1. 본 글은 형이상학의 부정적인 측면을 부각하였다. 그런데 만일 형이상학이 없어진다면 우리의 희망과 꿈도 사라질 가능성이 높다. 형이상학의 기능을 다양한 각도에서 검토해 보자.
2. 플라톤의 교육론에는 현대 교육학 이론의 토대가 된다고 할 만큼 교육목적, 교육내용, 교육방법, 교육평가 등이 체계적으로 묘사되어 있다. 플라톤 교육론의 교육적 의의를 검토해 보자.
3. 2,400년 전의 플라톤 철학을 학습해야 하는 이유는 무엇인가? 또한 그의 대화편을 읽어야 하는 이유는 무엇인가? 플라톤 철학의 현대적 의미와 활용 방안을 모색해 보자.

읽을거리

Spring, J. (2007). *Wheels in the head-educational philosophies of authority, freedom, and culture from confucianism to human rights* (3rd ed.). New York: Routledge.

▶ 플라톤부터 프레이리까지의 교육사상과 교육철학을 다룬 저서다. 다양한 주제를 다루었지만, 플라톤의 이데아론에 대한 비판적 시각을 바탕으로 서술되었다. 플라톤 철학에 대한 비판적 해석뿐만 아니라 플라톤 철학의 영향을 새로운 관점에서 살펴보는 좋은 기회가 될 것이다.

Lodge, R. C. (1947). *Plato's theory of education.* London: Kegan, Trench, Truhner.

▶ 20세기 교육에 적용된 플라톤의 교육이론들에 대한 집중적인 논의를 확인할 수 있다. 플라톤 교육론에 대한 설명을 넘어 다양한 해석을 확인하는 좋은 기회가 될 것이다.

Plato. 대화편.

▶ 플라톤을 깊이 그리고 제대로 이해하는 가장 좋은 방법은 그의 대화편을 꼼꼼히 읽는 것이다. 플라톤의 엄밀한 철학적 사유의 궤적으로 직접 따라가는 글 읽기는 플라톤과 그의 사상을 만날 수 있는 좋은 기회가 될 것이다.

참고문헌

김민철(2007). **철학 땅으로 내려오다**. 서울: 그린비.

김석완(2010). 소크라테스의 논박술(elenchus)과 플라톤의 방법론. **교육철학, 48**, 23-47. 한국교육철학학회.

김회용(1999). 소크라테스식 교수법에 관한 논의. **교육학연구**, 1-18. 한국교육학회.

김회용(2009). 형이상학적 지식관과 극복과정의 철학사적 고찰. **교육사상연구, 23**(3), 209-235.

박필배(2006). 자연과 문화 사이의 갈등. **『칸트연구』 한국칸트학회 논문집, 17**, 157-184.

이돈희(1999). **교육정의론**. 서울: 교육과학사.

채필든(1964). **철학과 종교의 대화**. 서울: 대한기독교서회.

中山元 (2007). **思考の用語辭典**. 박양순 역(2009). **사고의 용어사전**. 서울: 북바이북.

黃堅 編纂. **古文眞寶 後集**. 김학주 번역(2005). **고문진보 후집**. 서울: 明文堂.

Aristoteles. *Metaphysica*. 김진성 역주(2007). **형이상학**. 서울: 이제이북스.

Berlin, I. (1969). *Four essays on liberty*. Oxford: Oxford University Press.

De Crescenzo, L. (1988). *Grands philosophes grece 1*. 현준만 역(1997a). **이야기 그리스 철학사 1**. 서울: 문학동네.

De Crescenzo, L. (1989). *Grands philosophes grece 2*. 현준만 역(1997b). **이야기 그리스 철학사 2**. 서울: 문학동네.

Dorion, L. -A. (2006). *Socrates*. 김유석 역(2008). **소크라테스**. 서울: 이학사.

Dupuis, A. M., & Gordon, R. L. (2010). *Philosophy of education in historical perspective*. Lanham: University Press of America.

Egan, K. (1981). Plato's theory of education development: On the inappropriateness of applied psychology. *Curriculum Inquiry, 11*(2), 123-141.

Egan, K. (2008). *The future of education: Reimaging our schools from the ground up*. 김회용, 곽덕주 역(2014). **상상력 교육: 미래의 학교를 디자인하다**. 서울: 학지사.

Fenstermacher, G. D., & Soltis, J. F. (2009). *Approachers to teaching*. 이지헌 역(2011). **가르침이란 무엇인가?** 경기: 교육과학사.

Guthrie, W. K. C. (1979). *Socrates*. Cambridge: Cambridge University Press.

Kahn, C. H. (1992). Did Plato write Socratic dialogues? In H. H. Benson (Ed.), *Essays on the philosophy of Socrates* (pp. 35-52). Oxford: Oxford University Press.

Kahn, C. H. (1996). *Plato and the Socratic dialogue*. Cambridge: CPU.

Lamm, Z. (1976). *Conflicting theories of instruction: Conceptual dimensions*. Berkeley, CA: McCutchan.

Levinas, E. (1961). *Totality and infinity: An essay on outsideity*. 김도형, 문성원, 손영창 역(2018). **전체성과 무한**. 서울: 그린비.

Locke, J. (1690). *An essay concerning human understanding*. 조병희 외 역(1981). **세계의 대사상 6-인간오성론**. 서울: 덕문출판사.

Marrou, H. (1956). *A history of education in antiquity* (G. Lamb trans.). New York: Sheed and Ward Inc.

Palmer, D. (1988). *Looking at philosophy*. 이한우 역(1997). **서양철학사 1**. 서울: 자작나무.

Papineau, D. (Ed.) (2008). *Philosophy*. 강유원, 김영건, 석기용 역(2008). **철학**. 서울: 유토피아.

Pekarsky, D. (1994). Socratic teaching: A critical assessment. *Journal of Moral Education, 23*(2), 119-134.

Plato. *Meno*. 박종현 역주(2010). **프로타고라스, 라케스, 메논**. 경기: 서광사.

Plato. *Nomoi*. 박종현 역주(2009). **법률**. 경기: 서광사.

Plato. *Euthyphron, Apologia, Kriton, Phaidon*. 박종현 역주(2003). **에우티프론, 소크라테스의 변론, 크리톤, 파이돈.** 경기: 서광사.

Plato. *Philebos*. 박종현 역주(2004). **필레보스.** 경기: 서광사.

Plato. *Politeia*. 박종현 역주(1997). **국가 · 정체.** 경기: 서광사.

Plato. *Symposion*. 박종현 역주(2016). **플라톤의 향연, 파이드로스, 리시스.** 경기: 서광사.

Plato. *Theaitetos*. 천병희 역(2017). **테아이테토스.** 경기: 숲.

Rawls, J. (1971). *A theory of justice.* 황경식 역(1985). **사회 정의론.** 서울: 서광사.

Robinson, R. (1980). Elenchus. In G. Vlastos (Ed.), *The philosophy of Socrates* (pp. 78-93). Notre Dame: University of Notre Dame Press.

Russell, B. (1926). *On education.* London: Unwin.

Schacht, R. (1984). *Classical modern philosophers.* 정영기, 최희봉 역(1993). **근대철학사.** 서울: 서광사.

Sichel, B. A. (1982). Plato's divided line and Piaget: A response to Kieran Egan. *Curriculum Inquiry, 12*(3), 317-326.

Spring, J. (1994). *Wheels in the head.* Columbus, OH: McGraw-Hill Inc.

Teloh, H. (1986). *Socratic education in Plato's early dialogues.* Notre Dame: University of Notre Dame Press.

Warburton, N. (1998). *Philosophy the classics.* 최희봉 역(2000). **스무권의 철학.** 서울: 知와 사랑.

제2장

교육철학의 질문과 함께 루소의『에밀』읽기

박주병

도입

이 장에서 소개할 18세기 프랑스의 계몽주의 사회철학자이자 아동중심 교육사상가인 장 자크 루소(Jean Jacque Rousseau, 1712~1778)는, 굳이 소개가 더 필요하지 않을 정도로 유명한 인물이다. 마찬가지로 '교육에 관하여'라는 부제가 붙은『에밀 또는 교육론(Émile, ou De l'éducation)』(1762)은 너무나도 잘 알려진 문학작품이자 교육학 저서로서, 그의 대표작이라고 할 만한 책이다. 그러나 이 장에서 다루는 루소의 모습은 한마디로 역설과 수수께끼의 사상가다. 2절에서는 '자연을 따르는 교육'의 의미가 무엇인가라는 질문을 통해서, 그리고 '사회 속의 자연'이라는 역설적인 개념을 통해서, 교육적 존재로서 인간이 어떤 삶을 살고 있는가를 묻게 될 것이다. 3절에서는 진정한 아동중심의 의미는 어떤 것인가라는 질문을 통해서, 그리고 '소극적 교육'이라는 역설적인 개념을 통해서, 교사는 다음 세대를 위해서 어떤 경험으로 가득 찬 세상을 보여 주어야 할지 묻게 될 것이다. 그리고『에밀』이 어떤 성격의 책인가라는 액자에 해당하는 질문을 통해서, 교육이라는 활동이야말로 인간이 스스로 어떤 존재인지를 알아 가는 가장 근본적인 인간 활동이라는 점도 생각하게 될 것이다.

이 장에서 다루는 수수께끼 외에도 루소의 『에밀』은 곳곳에서 생각해 볼 만한 많은 질문을 던지는 좋은 책이다. 아니, 질문을 던지면서 읽을수록 재미를 느낄 수 있는 책이다. 물론 곳곳에 차고 넘치는 수수께끼 같은 구절과 역설 덕분에, 이 책을 읽는 데에는 전체의 구성과 체계를 한눈에 꿰는 '기하학적 정신'과, 행간의 의미를 따라 상상력을 발휘하는 '문학적 정신'이 동시에 요구될 만큼 쉽지 않은 책이기도 하다(Bloom, 1979/2017: 101). 그런 까닭인지 루소의 『에밀』은 교육에 종사하든 아니든 모르는 사람이 없을 정도로 유명하면서도 실은 수고하여 손수 읽기보다는 다른 사람의 요약이나 해석에 의존하는 편이다.

그러나 철학은 앞선 철학자들의 지식을 머릿속에 저장하는 일이 아니다. 철학은 무엇보다도 마음의 적극적이고 생동하는 활동이다. 그렇기에 교육철학 책을 읽고, '플라톤은 관념론 철학자다', '존 듀이는 경험의 재구성을 교육이라고 봤다' 이런 식으로 마치 다른 사람이 들려준 철학 이야기를 다시 전하는 것만으로 교육철학을 배웠다고 말할 수 없을 것이다. 설사 관념론이 무엇인지 모르고 듀이가 누구인지 몰라도 자신의 아는 것과 모르는 것을 이해하려는 자세를 가지고 있다면, 오히려 진정으로 교육철학을 '할 수' 있다. 교육철학의 의미가 이렇다고 하면, 수많은 질문과 함께 읽어야 하는 『에밀』은 교육철학을 하기에 좋은 길잡이가 되리라 확신한다.

1. 루소에게 끌리는 이유

'교육'이라는 단어를 떠올리면 마음이 대체로 무겁다. 의무교육이 시작되는 예닐곱 살부터 학교에 입학한 후 정해진 규칙을 따라 왜 배워야 하는지 모르는 과목을 머릿속에 집어넣느라 온갖 고생을 다해야 한다. 교과서의 글로, 교사의 말로 전해지는 추상적인 개념들이 도대체 실생활과 어떤 관련이 있는지 알 수 없다. 그러한 지식들이 왜 중요하냐고 물으면, 시험에 나오기 때문이라는 대답이 되돌아올 뿐이다. 학생들은 거의 매일 자신이 공부한 것에 성적을 매기는 시험을 치러야 하고, 다른 친구들과 끊임없이 경쟁을 한다. 규칙을 어길 때에도, 성적이 제대로 나오지 않을 때에도, 학생에게 기다리는 것은 유무형의 벌과 압박이다. 또래보다 더 좋은 성적을 얻어 남들이 선망하는 좋은 대학에 들어가고, 그다음에 전도유망한 직장을 얻어 출세를 할 때까지

이 긴긴 '공부'라는 터널을 참고 견뎌야 한다.

학교에 종일 매여 있고 그것도 모자라 학교가 파하고 나면 밤늦게 학원에서 공부에 매진해야 하는 학생이라면 누구나 해 볼 법한 한탄이다. 이럴 때에 다음 구절들은 강한 울림으로 다가온다.

> 아동기를 사랑하라. 그들의 놀이, 그들의 즐거움, 그들의 사랑스러운 본능을 장려하라. 웃음이 항상 입가를 떠나지 않으며, 영혼이 언제나 평화로운 그 시기를 그리워하지 않는 이 누가 있겠는가? 너무도 빨리 지나가는 순수함, 환희, 남용할 줄 모르는 아이들에게 주어진 저 소중한 은총을 당신은 어찌하여 빼앗지 못해 안달인가?(E, II-11)[1]

> 지금 가고 있는 방향과 정반대의 길을 가라. 그러면 당신은 늘 옳은 일을 할 것이다. 아이들을 아이로 만들려 하지 않고 박사로 만들려 하기 때문에, 아버지나 교사들은 꾸짖고, 교정하고, 잔소리하고, 달래고, 협박하고, 약속하고, 지시하고, 설득하는 등의 일은 아무리 빨리 해도 괜찮다고 생각하는 것이다(E, II-69).

> 나는 책을 싫어한다. 책은 우리가 알지도 못하는 것에 대해서 가르칠 뿐이다. …… 우리에게 절대적으로 필요한 책이 단 한 권이 있는데…… 그것은『로빈슨 크루소』이다(E, III-86, 88).

1) 이하 루소 저작의 표시는 다음과 같은 약어를 사용하며 표기한다.
- DI:『인간불평등기원론(Un Discours sur l'Origine et les Fondements de l'Inegalite parmi les Hommes)』(1755). 인용한 문단을 표기하였다(예: II-7는 제2부 문단 7).
- SC:『사회계약론(Du Contrat Social)』(1762). 인용된 장(章)을 표기하였다(예: II-7는 제2부 7장).
- E:『에밀(Émile, ou De l'éducation)』(1762). 이용철, 문경자(2007)의 번역을 사용하며 인용된 문단을 표기하였다.
- NH:『신엘로이즈(Julie ou la nouvelle Héloïse)』(1762). 서익원(2008)의 번역을 사용하며 인용된 권과 장을 표기하였다.
- 그 밖의 다른 저작들은 다음 책의 권수와 페이지를 표기하였다. Rousseau, J.-J. (1990). *The collected writings of Rousseau* (Vol. 1~10). Edited by R. D. Masters, & C. Kelly. Translated by J. R. Bush, C. Kelley, & R. D. Masters. Lebanon: University Press of New England.

이 구절들은 모두 근대 교육사상가 루소의 『에밀』에 들어 있다. 『에밀』은 제1장에서 다룬 플라톤의 『국가(The Republic)』와 함께 서양에서 꼭 읽어야 할 교육고전으로 꼽힌다. 전자가 본격적인 교육이론을 연 기원에 해당한다면, 후자는 근대 이후 교육이론의 중심을 교사와 교육내용에서 학생으로 옮긴 계기에 해당하기 때문이다. 이를 가리켜 '교육의 코페르니쿠스적 전환'이라고 부르기도 한다(정훈, 2020: 178). 실제로 루소 이후 페스탈로치, 프뢰벨, 헤르바르트, 몬테소리, 존 듀이 등 그의 후계자를 자처하는 많은 교육사상가들이 뒤를 이었고, 전통적인 교육체제에 저항하는 '신교육운동'이 펼쳐진다. 그리하여 근대교육의 이론과 실제는, 외적인 형식으로서의 교과보다 인간의 본성을 중요하게 여기며, 교사에 의해서 강조되는 훈련과 도야의 가치보다 아동의 흥미와 자발성을 강조하게 되었다. 학교와 사회, 교과와 삶 사이의 거리를 좁히려는 새로운 교육의 이념들이 주요한 자리를 차지하게 된다.

루소의 『에밀』이 교육의 역사에서 강력한 영향력을 갖게 된 것은, 그가 등장하기 이전의 교육이론과 실제가 그만큼 오늘날에는 상상할 수 없을 정도의 권위주의와 경직성을 갖고 있기 때문이기도 하다. 15세기에서 16세기 무렵, 심지어 18세기까지도 태어난 아이 중 절반 가까이가 어른이 되기 전에 세상을 떠났고 그나마 살아 있는 동안에는 쓸모없는 구속과 매질로 망가졌다(Damroach, 2005/2011: 480). 다음 구절은 15~16세기 교육이론서 맨 앞에 쓰여 있었던 진지한 구절로서, "회초리를 들지 못하는 자는 자기 아들을 미워하는 자"(「잠언」 13장 24절)라는 성경의 구절을 그대로 적용한 것이다.

> 한 살 때부터 아이가 매를 겁내고 소리 죽여 울도록 가르쳐라. 이때부터 열 번 매질하여 효과를 거둘 수 있다면 아이가 그것을 헤아릴 수 있도록 하라. 회초리를 아낀다면, 아이를 버리게 될 것이다. 복종시키지 못한다면, 아이를 타락시키는 것이 된다. 당장 방자함을 꺾어야 영혼이 살아나서 아이가 영원토록 당신을 축복할 것이다(Cleverley & Phillips, 1986/1994: 61).

기성세대가 가혹한 체벌을 통해서 아이들을 다룬 데에는 아동에 대한 전통적인 관념도 한몫을 하였다. 그들은 아이를 아이로서 보지 않고 '성인의 축소판'으로 보았던 것이다. 그래서 체벌은 물론이거니와, 아동에게 성인과 유사한 정도의 노동 강도를 요구했고, 아이들에게 성인의 바람직하지 못한 풍습을 그대로 노출시켰다. 삶의 모든 영역에서 별도의 배려, 별도의 조치가 없었으니 학교 공부에서 아동의 발달단계에 대한 고려가 없는 것은 당연한 것이었다. 아이들은 어른들에게나 어울리는 불편한 복장으로 앉아 어른들에게도 버거운 문헌들을 머릿속에 욱여넣어야만 했다.

> 그러므로 어린 시절은 모든 아이들에게 가장 슬픈 시기였다. 수업은 어려웠고 너무도 가혹했다. 아이들은 머릿속에 문법을 욱여넣어야 했다. 고대의 문헌도 마찬가지였고, 시도 마찬가지였다. 모든 학교에서는 하나같이 「시편」 119편을 암기시키기 위해서 체벌을 사용했다. 교실은 언제나 침울한 분위기로 어두웠다. 아이들이 공부에 재미를 느껴야 한다든지, 읽기나 쓰기 말고도 아이들이 눈길 돌릴 만한 것이 있다든지 하는 생각을 아무도 하지 않았다. 루이 14세의 흥청망청한 시대는, 불쌍한 아이들에게, 이발사가 말아 올린 상류층의 곱슬머리를 강요하고, 파우더와 포마드로 덧칠하고, 레이스 달린 코트와 무릎까지 내려오는 반바지와 비단 스타킹을 입히고, 허리춤에 단도(短刀)를 차도록 했다. 그렇게 함으로써, 활발하고 활동적인 아이들을 처절하게 고문했다(Painter, History of Education, Boyd, 1911/2013: 301에서 재인용).

이런 상황에서 루소의 사상은 당시의 다른 사상가보다도 더 혁명적이었다. 그는 민주주의 토대, 즉 '인간은 단순히 다른 사람을 위한 도구로 사용되도록 강요당하기에는 너무 고귀한 존재다'라는 인권선언에서, 당대의 통념을 벗어나 아동을 예외로 두지 않는다.

> 자기 자식들을 양도하는 일은 불가능하다. 이들은 인간으로, 그리고 자유인으로 태어났기 때문이다. 그들의 자유는 그들의 것이며, 그들 이외에 그 누구도 그것을 임의대로 처분할 권리가 없다(SC, I-4).

당시 '노예 이상의 노예', 부모가 마음대로 처분할 재산처럼 취급받았던 아동에게도 어른과 동일한 자유와 인간으로서의 권리가 있다는 루소의 주장은, 그 후 30년이 지난 1793년, 프랑스 국민의회에 제출된 민법에 반영된다. "양친은 아동에 대해 의무만을 가지며 아동을 보호할 책무를 진다.", "모든 인간이 똑같은 권리를 가진 이상 아동이 부모의 사유물로서 권리의 객체가 되어서는 안 된다."

루소를 '아동의 발견자'라고 추켜세우게 된 이유는 이것뿐만이 아니다. 우메네 사토루(梅根悟)에 의하면, 루소가 길을 연 '아동의 발견'은, 도덕적・정치적 국면에서 아동의 인권에 대한 자각일 뿐만 아니라, 그 시기의 중요한 발달과업인 학습을 수행하는 학습자로서 아동의 주체성을 존중해야 한다는 선언이기도 했다.

> 그것은 아동을 부모의 소유물로 보고 노예 이상의 노예로 보는 사상으로부터 아동을 인권의 주체로 보고 그 인격의 불가침성과 존엄함을 인정하려는 사상으로의 전환이며, 그를 기초로 하여 거기에서부터 생겨난 인권으로서의 아동의 학습권, 교육받을 권리라는 사상, 아동의 심리에 대한 애정과 과학적인 이해, 그것을 기본으로 한 인간적이고 합리적인 교육방법의 발견이었다(梅根悟, 1967/1988: 21).

따라서 '아동의 발견'이라는 일련의 교육사상이나 정책은 어른과 다른 아동기 자체가 가진 특성에 주목하는 관점의 전환을 통해서, 교육내용의 가치만을 강조할 때에 놓치기 쉬운, 아동에 알맞은 교육방법을 찾아내고자 하는 교육실천상의 전환으로 이어졌다. 교육방법에서 아동에 대한 배려가 아동을 인간으로서 존중하는 도덕적 배려와 뗄 수 없는 관계에 있었기 때문이다. 루소가 『에밀』 제II권 서두에서 전개하는 논리는, 인간으로서의 권리에서 아동의 권리로, 그리고 다시 아동의 권리를 바탕으로 아동기에 대한 과학적 관심과 교육방법적 배려로 옮겨 가는 근대 교육사상의 노정을 압축해서 보여 주고 있다.

> 자연은 아이가 어른이 될 때까지 아이로 있기를 원한다. …… 아이에게는 아이 특유의 사물을 보는 법, 생각하는 법, 느끼는 법이 있다. 그런데 그들의 방법 대신 어른들의 보는 법, 생각하는 법, 느끼는 법을 주려고 하는 것처럼 분별없는 짓은 없다(E, II-56).

이렇게 근대교육을 여는 데 큰 공헌을 한 루소와 그의 대표작 『에밀』은 오늘날에도 많은 사람에게 교육에 관한 영감을 주고 있다. 그러나 책이나 사상가의 명성 뒤에는, 꼭 그 책을 읽지 않아도 다 알고 있는 것 같은, 착각의 위험이 도사리고 있다. 명성에는 피상적 이해가 뒤따르기 마련이고, 이때의 피상적 이해는 진실에 다가가기보다 오해와 편견, 그리고 무지에 가깝다. 그러므로 그 내용이 잘 알려진 책일수록, 자신의 지력으로 이해하려는 수고가 필요한 것이다. 이 장에서는 루소의 『에밀』을 읽으면서 함께 고민해 볼 세 가지 수수께끼를 다루고자 한다. 물론 이 세 가지 외에도 수수께끼는 넘쳐난다. 보이드(Boyd)가 말한 대로 루소가 후대에 남긴 선물은 문제를 푸는 방법이 아니라 문제 그 자체였기 때문이다(Boyd, 1911/2013: 306). 이 장의 2절에서는 '루소' 하면 가장 먼저 떠오르는 '자연을 따르는 교육'이라는 아이디어를 다루고, 3절에서는 소위 '아동중심 교육'과 이를 뒷받침하는 '소극적 교육(negative education)'이라는 루소의 독특한 개념을 중심으로 루소를 이해하고자 한다. 그리고 4절에서는, 거의 500페이지에 육박하는 『에밀』을 읽어 나가면서 길을 잃지 않기 위해 『에밀』의 성격이 무엇인지를 간략히 살펴보고자 한다.[2)]

2. 교육이 따라야 할 자연은 어떤 의미인가?

1) 루소 자연 개념의 이중성

> 창조주께서 만물을 창조하실 때에는 모든 것이 선하다. 그러나 인간의 손에 들어오기만 하면 모든 것은 타락하고 만다(E, I-1).

『에밀』을 시작하는 첫 문장이다. 이 문장에 이어서 인간이 식물과 동물들을 자기 마음대로 재단하고 뒤틀어 놓는 것을 비판하면서, '자연이 만들어 놓은 그대로'를 원하지 않는다고 꼬집는다. 사회나 문명이 인간을 타락시키기 때문에 자연을 최대한 보존하는 것이 교육의 과제인 것처럼 논의가 전개된다. 루소를 가리켜 자연주의라든가, 인간 본성의 선함을 주장하는 사람으로 이해하게끔 하는 대표적인 대목이기도 하

2) 이하 내용은 저자가 그간 루소를 연구하여 발표한 내용을 저서의 특성에 맞추어 축약하고 편집한 것이다. 「루소의 '소극적 교육'의 의미」(도덕교육연구, 2008), 「『에밀』에 나타난 목적론적 자연개념의 교육학적 시사」(교육철학연구, 2011), 「인간의 본성과 아동의 발견」(초등교육연구, 2012), 「자기지식의 형성과정으로 해석한 루소 『에밀』의 체계」(교육사상연구, 2015)

다. 그러나 같은 시기에 쓰인『사회계약론』서두에서 우리는 상반된 구절을 발견한다. 사회, 문명이야말로 인간을 지적 · 도덕적 존재로 만드는 축복의 조건이라는 것이다.

> 자연상태(the state of nature)에서 문명상태(the civil state)로의 이행은, 인간에게 주목할 만한 변화를 가져온다. 즉, 인간 행위에 있어서 본능을 정의로 대치시키고 자연상태에는 없었던 도덕성을 부여하는 것이다. 의무의 소리가 육체적 충동을 대신하고, 법이 욕망을 대신함으로써 그때까지는 자신만 생각하던 존재가 이전과는 다른 원리에 따라 행동한다. 또 자기의 요구에 귀를 기울이기 전에 자기의 이성(理性)과 의논하지 않을 수 없음을 알게 된다. 비록 이 상태(문명상태)에서 그가 자연으로부터 얻는 여러 가지 이점을 상실한다 해도 그는 큰 이점을 새로 얻는다. 그의 능력은 단련되고 개발되며, 그의 생각은 폭넓어지고, 그의 감정은 고상해지며, 또 그의 영혼은 고양되므로, 만약 이 새로운 신분을 오용하여 인간이 벗어난 이전의 상태(자연상태) 이하로 그를 타락시키지만 않는다면, 그는 자기를 자연상태에서 영원히 해방시켜 준 이 순간, 어리석고 무지한 일개 동물을 지적인 존재 그리고 한 인간으로 만들어 준 이 행복한 순간을 길이 축복해야 할 것이다(SC, I-8).

같은 시기에 쓰인『에밀』과『사회계약론』이 이렇게 인간의 문명을 놓고, 더 중요하게는 자연의 의미를 놓고 상반된 입장을 보이는 이유는 무엇인가?

이렇게 충돌하는 두 입장이 서로 다른 저서에 담겨 있기 때문이라고 생각하는 순간 우리는『에밀』안에서도 전반부와 후반부에 각각 상반된 관점이 나타남을 보게 된다.『에밀』앞부분을 보면 어린 에밀은 사회적 관계에 단 한 발도 들여놓지 않는다. "자기 시계를 소중히 하듯 누이동생을 귀여워하며, 개를 귀여워하듯 친구를 사랑하는"(E, IV-35) 순수한 비사회적(非社會的) 존재로서 어린 시절을 보내고 있다. 그리고 에밀은 도덕적 개념이나 의무를 배우지 않고 천부적 성향에 충실해야 한다. 이렇게 철저히 사회로부터 격리된 채 아동기를 보내도록 하는 일련의 교육적 조치가 3절에서 살펴볼 '소극적 교육(negative education)'이다. 소극적 교육을 충실히 받은 에밀은 어떤 나라에도 속하지 않고 조그만 오두막집에 숨어 살겠다고 말하는데, 에밀의 이러한 소망에 대해서 교사 장 자크는 다음과 같은 뜻밖의 충고를 한다.

> 자기가 살고 있는 나라의 은혜를 조금도 입지 않은 사람이 어디 있겠느냐? 그 나라가 어떤 나라이든 인간으로서 얻은 가장 소중한 것, 즉 너의 행동에 담긴 도덕성과 미덕에 대한 사랑은 네가 살고 있는 나라의 덕택으로 얻어진 것이다. …… 그리고 너는 너의 고국 사람들과 즐겁게 교제하고 우정을 나누며 그들 사이에서 살아야 한다. 너는 그들에게 은혜를 베풀어야 하며 그들의 모범이 되어야 한다(E, V-465, 466).

훌륭한 시민은 차치하더라도 우선 사회적 존재가 되기 위해서는 다른 사람과 어울리는 공동체적 삶을 살아야 하고, 또 그런 상태로 교육을 받아야 하는 것이 아닌가? 더군다나 사회로부터 격리된 채로 성장한 에밀에게 교사 장 자크는 어떤 근거로 도덕성과 미덕에 대한 사랑이 조국의 덕택으로서 주어진 것이라고 말하는가? 자연과 사회, 자연인과 시민의 대립, 본성과 인위의 대립은 이와 같이 루소의『에밀』과 그의 저작 전체를 꿰뚫는 근본적인 수수께끼다.

2) 자연 개념의 변천사

이 수수께끼에 접근하는 열쇠는 자연 개념이 고대로부터 이어져 내려온 역사를 가진 개념이라는 데에 있다. 루소 하면 '자연'이라는 개념이 같이 떠오를 만큼 그의 대표적인 개념이지만, 이것은 고대 그리스 시대까지 거슬러 올라가는 항구적인 질문, 즉 인간이 따라야 할 올바른 기준은 무엇인가에 답을 하는 과정에서 나온 것이다(Rusk & Scotland, 1979: 109-111).

고대 그리스 시대에 소피스트들, 그리고 소크라테스와 플라톤, 아리스토텔레스로 이어지는 철학자들은 '노모스-퓌시스(nomos-physis) 논쟁'을 통해서 자연 개념을 철학에서 중요한 개념으로 끌어올렸다. 인간에 그 기원을 두고 있는 관습(nomos)은 모두 옳은 것인가, 아니면 관습의 다양성과 상대성에도 불구하고, 자연적으로 옳은 것이 있는가? 올바름이라는 것은 그저 특정 사회 속에서 살아가는 데에 필요한 조건인가, 아니면 인간과 인간 사이에는 어떠한 인위적 협정으로부터도 나오지 않는 정의가 존재하는가? 그들은 '자연적인 올바름(physei dikaion, natural right)', 즉 자연적으로 옳은 것 또는 정당한 것은 무엇인가를 따져 물었다. 트라시마코스나 칼리클레스와 같이 극단적 자연주의자들이 있기는 하였으나 소크라테스와 플라톤, 아리스토텔레스로 이어지는 고대 그리스의 철학은 소피스트들의 도전에 맞서 사회의 질서와 개인의 자유, 관례와 인간 본성을 조화시키려는 시도를 한다. 이 철학자들에게 있어서 '노모스-퓌시스 논쟁'은, 관례나 규범을 무너뜨리는 자연의 추구가 아니라, 관례나 규범의 다양성과 상대성에도 불구하고 그것의 기준이나 목적이 되는 자연의 확립을 위한 시도였다(Boyd, 1952/1996: 58-62).

근대에 접어들면서 자연법이론 사상가들은 자연과 관례 사이의 관련을 새롭게 설정한다. 사회를 주어진 것으로 받아들였던 고대의 접근과는 달리, '자연상태(natural state)'에서 사회의 기원을 이끌어 내는 방식을 택한다. 다시 말해서, 근대 사상가들은 사회 이전의 자연상태를 '가설적으로 상정'하고, 그 조건 아래서 발생하는 공동체 구성의 필요성을 들어서 국가와 사회적 삶의 본질을 규명하려고 하였다. 그러므로 자연상태는 최초로 발생하는 사회적 유대가 어떤 필요성에 입각한 것인가, 그리고 그로부터 파생되는 사회의 운영원리, 사회의 여러 가지 질서와 규칙들은 어떤 점에서 정당화되는가 하는 질문에 답하기 위한 개념적 장치였다. 따라서 자연상태를 어떤 상태로 규정하는가, 자연상태를 지배하는 법칙(자연법)을 어떤 것으로 파악하는가, 그리고 자연상태라는 가설적 조건 아래에서 삶을 영위했을 법한 인간형(자연인)을 어떻게 묘사하는가 하는 것은, 실은 사상가 자신이 사회의 토대와 의미를 어떤 것으로 간주하는지가 반영된 거울이었다.

그렇다면 근대의 자연법이론이 주어진 것으로 받아들인 상수(常數)는 무엇인가? 그것은 바로 개인, 자연권을 가지고 태어나는 개인이었다. 고대의 자연법이론의 출발점이라고 할 수 있는 '노모스-퓌시스 논쟁'에서 자연법은 관습, 전통, 사회제도, 인간적 권위와 대비되는 개념으로서, 이러한 관례적인 것들의 다양성에도 불구하고 그 기반이 될 수 있는 자연적 올바름(natural right), 사물이나 인간의 본성에 비추어 볼 때 정당한 것을 가리킨다. 반면 근대의 자연법이론에서 자연법은 자연권(또는 천부인권, natural right)을 옹호하기 위한 지상명령을 가리킨다. 물론 권리가 정당한 요구를 가리킨다는 점에서 올바름과 무관한 것이라고 보기는 어렵다. 그러나 권리가 대체로 '개인의' 권리를 가리킨다고 보면, 고대의 자연법과 근대의 자연법 사이에는 의미상의 심각한 전환이 있었다고 할 수 있다(Strauss, 1950).

이 의미상의 전환으로 말미암아 근대의 사회철학은 인간 행위의 도덕적 토대를 사회라는 공적 기준에서 개인적 기준으로 바꾸게 된다. 즉, 고대에서는 개인의 이해(利

害)를 넘어서는 도덕적 기준이 올바름의 의미였다면, 이제 근대에서는 개체의 자기보존이라는 이해타산이 곧 모든 올바름의 기준으로 전환되었다는 뜻이다. 그러므로 전통적인 자연법이론에서는 삶의 목적들에 모종의 위계가 있다고 보았던 반면, 근대의 자연법이론은 그 위계에서 가장 아래에 있는 목적, 즉 자기보존을 출발점으로 삼아 논의를 시작한 것이다. 근대 사상가들의 눈에 자기보존이라는 목적에 근거를 두고 있는 인간의 천부적 권리는, 가장 원초적이면서도 가장 강력한 것이므로, 이로부터 파생된 도덕적 의무, 사회적 질서 역시 그만큼 절대적인 것이 될 수 있었다. 예를 들어, "만인의 만인에 대한 전쟁상태"로 자연상태를 가정한 홉스(T. Hobbes)가 보기에 '자연권'은 "자신의 생명을 보존하기 위해 자신이 원하는 대로 자신의 힘을 사용하기 위해 갖는 자유"로, 자연법을 "이성에 의해 발견된 계율로서, 자신의 생명을 파괴하거나 그 보존 수단을 빼앗아 가는 것을 금지하는 법, 아울러 자신의 생명을 가장 잘 보존할 수 있다고 생각하는 것을 회피하지 않도록 하는 법"(Hobbes, 1651/2007: I부 14장)으로 규정된다. 동시대의 로크(J. Locke)의 경우에도 자연상태를 전쟁상태와 구분하면서도, "공포가 가득 차고 끊임없는 위험에 처해 있는" 상태로 규정하고. "이성법으로부터 벗어난 다수자의 성향 때문에 자연상태는 살기에 적절하지 않다"고 말한다(Locke, 1689/2018: 제2논고, 123절).

루소의 자연 개념은 이런 식의 홉스나 로크와 같은 개인주의적 자연상태론을 뒤집는 것을 넘어서서, 아예 자연법이론 자체를 전복시키려고 한다. 사실 따지고 보면 근대 자연법이론가들의 문제의식이었던 사회의 기원으로서 자연은 넌센스에 가깝다. 언뜻 보기에 이 말은 역사상 발견되는 가장 초보적인 인간 조건을 가리키는 것처럼 보인다. 그러나 루소가 자연상태를 언급하면서 우리에게 전달하고 싶었던 의미는, "이제는 더 이상 존재하지 않는 상태, 이전에도 없었고, 아마 이후로도 없을 상태이지만, 그럼에도 불구하고 우리가 처한 현재의 조건을 올바로 판단하기 위해서는 가질 필요가 있는 바로 그 아이디어"(DI, preface-5)다. 최초의 인간이, 아리스토텔레스가 가정한 것처럼, 맹금류의 발톱처럼 긴 손발톱을 가지고 있었는지, 아니면 곰처럼 온몸에 털이 뒤덮여 있었는지, 네발로 걸었는지 등, 인류의 원시에 관한 역사적 사실과 루소의 자연상태와는 아무 관련이 없다(Plamenatz, 1963/1986; Einaudi, 1959/2009: 16). 루소가 명백히 공언하듯이 자연상태는 하나의 가설로서 "사물의 진짜 기원이 무엇인지를 보여 주기 위한 것이라기보다는 사물의 본성을 들여다보기 위한 의도로 설정된 것이다”(DI, I-5). 마치 자연과학자가 우주의 구조를 논의하기 위해서 끊임없이 설정하는 가설처럼 말이다. 이 점은 중요하다. 루소가 보기에 자연상태는 사회가 없었던 그 상태를 먼저 떠올린 다음 그로부터 사회의 정당성은 무엇인지 논의를 전개하는 출발점이 아니라, 사회의 본질이 무엇인지 생각한 다음 그 본질을 소거한 부적 상태일 뿐이다.

그렇다면 루소의 자연상태는 구체적으로 어떻게 묘사되는가? 루소는 “자연이 무엇인지도 분명하지 않고, 게다가 법이 무엇인지에 대해서도 사람들마다 일치하지 않지만, 확실한 것은 인류가 자연상태를 벗어난 뒤에 가지게 되는 특성이나 필요성을 가지고 사람들은 자연법이니 본성이니 자연인의 특성이니 한다”고 하면서 『인간불평등 기원론』을 시작한다(DI, preface-7). 사회적 관계와 사회적 삶을 가정하는 일체의 개념들—정의 또는 불의의 개념, 자기소유, 권위라든가 정부, 필요, 탐욕, 압제, 욕구, 자존심 등—을 자연상태에서 배제해야 마땅하다. 그러므로 루소의 자연인(적어도 근대 사상가들의 자연법이론에서의 자연인)은 다음과 같다.

첫째, 사회의 영향으로부터 완전히 벗어난 가설적 인간형으로 묘사된다. 자연인은 결코 이성적 존재나 도덕적 존재가 될 수 없다. 이성과 도덕성은 오직 사회가 성립되고 난 후의 인간 특성이다(SC, II-7). 자연인의 일차적 관심은 자기보존에 있지만, 자연법이론가들이 주장하듯이 그것은 이성의 명령이 아니라 본능일 뿐이다. 물론 루소는 자연인을 이기적이거나 남을 해치고자 하는 존재가 아니라 선한 존재라고 보았다는 점에서 홉스와 다르다(DI, I-42). 단, 루소가 말하는 자연인의 선함은, 인위적이고 적극적인 노력을 통해서 달성할 수 있는 도덕적 선함이 아니다. 그것은 유기체가 본능에 충실해서 자신의 존재를 유지할 때에 보여 주는 선함, 따라서 아예 인간적 의미에서 도덕적 잣대를 들이댈 수 없는, 그런 소극적인 의미의 선함이다.

> 우선, 자연상태의 인간에게는 인간 상호 간의 도덕적 관계나 결정된 의무가 없으므로, 그들에게 선하다거나 악하다거나, 미덕을 갖추었다거나 악덕에 물들었다거나 하는 말을 적용할 수 없다. 물론 선과 악, 미덕과 악덕 등의 용어를 순전히 육체적 의미로 사용하는 경우, 그래서 자기보존에 해가 되는 성질을 가리켜서 악덕이라고 부르고, 자기보존에 기여하는 성질을 가리켜서 미덕이라고 부른다면, 자연인에게도 선과 악, 미덕과 악덕 같은 도덕적 관념이 존재해야 한다고 해야 할지 모른다. 이렇게 용어를 쓴다면, 자연

의 순수한 충동에 가장 잘 적응하는 사람이 덕을 가장 훌륭하게 갖춘 존재라고 해야 할 것이다(DI, I-41).

둘째, 이렇게 철저히 자연인으로부터 이성과 도덕성이라는 사회적 특성을 배제하고 나면, 자연인은 "다른 인간들, 심지어 자기 자식조차 개별적으로 인식하지 못한다." 노동, 언어, 전쟁, 가족, 인간관계, 그리고 교육과 같은 사회 고유의 활동과 현상이 자연상태에 존재하지 않음은 물론이다. 따라서 "세대는 의미 없이 되풀이되고, 각 세대는 늘 똑같은 자리에서 출발하기 때문에, 수 세기가 흘러도 늘 처음 그대로 조야한 채로 머물러 있는 존재"가 바로 루소가 묘사하는 자연인이다(DI, I-53).

셋째, 이런 순수한 의미의 자연인에게는 사회 속 존재가 겪을 법한 갈등과 분열이 존재하지 않는다. 만약 사회가 없었더라면, 인간은 이러한 원자론적 개체로 머물러 있었을 것이며, 이 상태는 나름대로 행복한 상태였을 것이다. 왜냐하면 다른 인간 존재에 의존할 필요 없이 자연의 인과적 필연법칙에 복종하기만 하면 되는, 갈등과 분열이 없는 상태('사물에의 의존상태')이기 때문이다. 루소가 자연상태와 자연인에 보내는 예찬은 이 이상도 이하도 아니다.

요컨대, 루소는 자연상태론의 기본가정을 명확히 드러내기 위해서 자연인을 철저하게 원자론적 개체상태로서 묘사한다. 그럼으로써 자연상태로부터 사회의 기원을 이끌어 내는 근대 사상가들의 논의가 실은 자가당착이라는 점을 보여 준다. 근대 사상가들의 자연상태는 사회를 개인이라는 요소로 분해한 것이다. 달리 말해, 그들은 인간의 사회적 삶 속에서 개인이라는 요소를 완전히 추상해 낸 것을 자연인으로 묘사하고 있다(Strauss, 1950: 266). 그러므로 근대 사상가들의 가설에 따르자면, 자연상태와 자연인에는 사회, 정부, 국가라는 관념도, 다른 인간과의 도덕적인 유대, 의무감, 통치, 권리 같은 것도 없어야 하고, 지배욕이나 이기심, 경쟁심과 같은 사회 속의 인간에게서만 찾아볼 수 있는 왜곡된 정념도 없어야 한다. 자연인은 각자 자신만을 위해 살 뿐이며 목숨을 부지한다는 의미에서의 자기보존을 추구하는 동물적 상태일 뿐이다.

이성조차 갖추지 않은 완전한 추상으로서의 원자론적 개체, "원숭이나 늑대가 동류(同類)들을 필요로 하는 것 이상으로 다른 인간을 필요로 하지 않는 존재"(DI, I-45)가 어떻게 도덕적 사회를 성립시키기 위해 합의나 계약 같은 것을 하고 공동체생활을 위해서 법과 제도를 수립하게 되는가? 이미 합의나 계약 같은 것을 알고 있고 할 수 있는 능력을 가진 존재라면, 자연인이 아니라 사회인이라고 보아야 하지 않는가? 『인간불평등기원론』에 들어 있는 모든 사회비판과 풍자는 근대 사회사상가들에 대한 비판, 즉 이 자가당착으로 말미암아, 자연과 구분되는 사회의 토대를 오히려 자연적 충동인 자기보존의 관심으로 환원하게 된 사상가들에 대한 비판이다.

3) '탈자연'의 역설

루소는 "인간이 내뿜는 입김은 다른 사람에게 치명적이고 인간은 모이면 모일수록 더 타락한다"(E, I-120)면서 에밀을 사람이 없는 한적한 시골로 데려간다. 그래서 루소의 자연교육론이 정말 자연상태로 되돌아가자는 주장을 한 것처럼 오독할 가능성이 없지는 않다. 그러나 루소 자신은 인류가 이미 돌아올 수 없는 강을 건넜음을, 다시 자연상태로의 회귀가 불가능함을 잘 알고 있었다. 스타니슬라우스 폴란드 왕에게 보낸 '학문예술론'을 위한 답변서에서 루소는 "만약 우리가 자연상태로 되돌아간다면, 야만과 파괴의 끔찍한 세계로 추락하고 말 것입니다. 타락한 사회의 악덕은 무지를 가장한다고 해서 퇴치되는 것이 아닙니다"라고 확언하고 있다. 또 『인간불평등기원론』에서는 자신의 결론을 자연상태로의 회귀로 오도하는 일이 없도록 경고하고 있다.

> 그렇다면 무엇을 할 것인가? 거의 모든 사회를 없애야 하는 것일까? 내 것, 네 것 할 것 없이 모두 없애 버리고, 다시 숲속으로 돌아가서 곰과 함께 살아야 하는가? 이것은 나를 비판하는 자의 결론으로서, 이런 결론에 이르는 수치는 그들의 몫으로 남겨 두겠다 (DI, I-25 note).

오히려 루소 자연상태론은, 사회의 질서와 도덕이 선천적 본성이나 자연상태를 떠나 새로운 출발점을 찾도록 만든다. 사회 속에서 개인은 자기의 욕망을 우선시하기보다는 타인을 배려하고, 자의적 판단보다는 사회가 제시하는 합리적 기준에 따라서 행동하도록 규제된다. 따라서 천부적 성향과 사회적 의무는 범주상 다른 것이다. 그럼에도 불구하고 홉스나 로크의 논의를 따라가다 보면, 결국 자기집착(amour-propre)[3]의 삶, 즉 남들과 단 한시도 떨어져 있지 못하고 늘 그들에게 의존하며 그들에게 어떻게 보일까 노심초사하면서도, 뒤돌아서면 남들을 자기이익의 희생양으로 삼고자 꾀를 쓰고 짓누르는 비참한 자기분열의 삶이 이성의 명령으로서 정당한 것이 되고 자연의 법칙에 부합하는 것이 된다. 이것은 이성과 인간 본성에 대한 오해이자 인간 자신의 도덕적 삶에 대한 오해다(E, IV-295; SC, I-7).

사회, 문명은 결코 그 길을 되돌릴 수 없다. 사회라는 환경 속에서는 타고난 그대로의 자아, 육체적 욕망을 제외하면 선천적으로 아무것도 부여받은 것이 없는 자아에 충실하게 산다는 것은 더 이상 자연적인 삶도 아니고, 자유로운 삶도 아니다. 더 정확히 말하자면, 그런 삶은 사회상태의 자연과 자유의 의미에 역행하는 것으로 볼 수 있을 만큼, 사회는 자연상태와 차원이 다르다. 그 차이는, 앞서 인용했듯이 동물적 상태와 인간적 상태의 차이에 해당할 만큼 결정적인 것이다(SC, I-8). 루소는 일반의지에 의해 제한 받는 사회적 자유가 인간이 자신의 참된 주인이 될 수 있는 정신적 자유이며, 단지 욕망만을 따른다면 그것은 노예적 굴종에 지나지 않는다고 말한다. 그렇기 때문에 '자연상태 속에서보다 사회계약하에 있을 때 훨씬 자유롭다는 것을 알아야 함에도' 불구하고(SC, I-8; E, IV-400), "사회적 삶 속에서 자연적 감정의 우위를 고집하는 사람은 자기가 무엇을 바라고 있는지 알지 못하고, 언제나 자기 자신과 모순될 뿐이다"(E, I-18). 어떤 사람이 자기이익에 연연하여 자신을 중심에 놓고, 자기 말고는 도무지 사랑할 수 없다면, 그는 천한 육체적 정념 때문에 영혼의 아름다움을 왜소한 마음속에 짓누르는 셈이며, 루소가 보기에, "이런 사람은 살아 있다고 해도 이미 죽은 것이다"(E, IV-289).

그렇기 때문에 '자연으로 돌아가라'는 유명한 구호는 루소의 사상을 단 한 문장으로 압축할 수 있을지 모르지만, 그만큼 상당한 오해의 빌미가 되었던 것도 사실이다.

3) 루소가 사회 속 인간의 자기분열의 양상을 설명하는 개념이다. 생존을 위한 본능에 가까운 '자기애(amour de soi)'의 정념은, 사회 속에서 타인의 인정을 얻고 타인을 좀 더 유리한 위치에서 활용하기 위해서 기만적인 자기집착으로 변질된다. 그 양상은 두 가지다. 위대한 인물일 경우 자기집착은 '자존심(pride)'으로, 평범한 인간이나 소인배일 경우에는 '허영심(vanity)'으로 작동한다. 자존심은 다른 사람과 자신을 비교해 보면서 더 고상하고 더 우월한 위치에 있는 자기 자신에 대해서 갖는 긍지와 만족감을 말한다. 반면 허영심은 다른 사람과 자신을 비교해 보면서, 더 고상하고 더 우월한 위치로 자신을 포장하고 싶어 하는 심리상태다.

이 유명한 말을 통해 루소가 전달하고자 하는 의미는 법과 제도 없이 사는 무정부적 자연상태, 또는 천부적 성향대로 단순히 살아가는 미개상태로 복귀해야 한다는 것이 아니다. 앞에서 살펴본 것처럼, 자연상태에는 사회의 실마리, 도덕의 단초가 될 만한 것이 하나도 존재하지 않는다. 인간은 태어날 때에 사회생활에 필요한 것을 어느 것 하나 본성으로서 갖추고 태어나지 않는다. 따라서 인간 앞에 놓인 과제는 사회라는 새로운 환경, 도덕이라는 새로운 질서에 맞추어 자신의 존재 양식과 특질을 탈바꿈하는 일이다. 이 변화는 선천적인 욕구의 변형이 아니라, 물리적 세계를 지배하는 자연의 법칙처럼 국가의 법률을 필연적인 것으로 만들고, 법률을 따르는 것을 마치 욕망을 추구하는 것처럼 자연스러운 일로 받아들여야 하는, 인간 본성의 변화를 말한다.

사회로 말미암아 일어나는 인간 본성의 극적인 변화를 루소는『에밀』첫 머리에서 다음과 같은 역설로 제시한다. "사회제도는 인간을 자연스럽지 않게 만들수록 더 훌륭한 것이다(Good social institution are those that best know how to denature man)"(E, I-15; SC, II-7;『정치경제론』참조). 이 역설의 의미는 앞뒤의 문장들과 함께 루소의 사회사상 전체를 보지 않을 경우, '자연으로 돌아가라'는 말과 마찬가지로, 루소의 의도와는 정반대로 해석할 위험이 크다. 예컨대, 존 듀이(John Dewey)는 이 문장을 인용하면서, "제도화된 사회생활이 인위적이고 유해하다는 생각이야말로, 자연이 성장을 일으키는 으뜸가는 동인일 뿐 아니라, 그 성장의 계획과 종착점이 된다는 생각을 하도록 한 계기가 되었다"고 말한다(1991: 184-5). 이러한 해석은 자연상태와 사회상태가 대립된다는 점을 들어 사회를 반자연적인 것, 따라서 해로운 것이라고 단정하는 것이다. 그러나 루소가 정말로 사회제도를 인위적이고 유해한 것이라고만 생각했다면, '사회악을 치유하기 위해서는 국가의 법률이 자연의 법칙처럼 어떤 개인의 힘에 의해서도 파괴되지 않아야 한다'고 그렇게 단호히 주장할 수 없었을 것이다.

위의 문장에서 '자연스럽지 않게 만든다'라고 번역된 프랑스어 'denaturer'는 일상적인 어법으로는 '왜곡이나 변질이 일어난 상태', 즉 자연스러운 것이 아닌 상태를 가리키는 개념이다. 그러나 루소가 이 개념을 사회제도와 관련하여 쓸 때에는 천부적 성향이 아닌 사회의 도덕적 기준을 행동의 기준으로 삼는 '탈자연(脫自然)', 즉 자연상태로부터의 탈피나 도약을 의미한다. 사회제도가 탈자연을 통해서 개인의 자아를 변화시킨 덕택으로, 개인은 자기 육체가 곧 자아의 전부인 자연상태에서 벗어나 사회 전체에, 나아가 인류 전체에 자아를 넓힐 수 있다. 그리하여 이 확장의 결과로 우리는

'공동체 속에 옮겨진 자아'를 소유하게 된다. '공동체 속으로 자아가 옮겨진다'는 말은 천부적 성향을 절대적 기준으로 삼는 것이 아니라, 이제 사회의 합리적 · 도덕적 기준을 절대적 기준으로 삼아서 인간이 행동할 수 있게 되었다는 뜻이다.

4) 다시 질문: 문명화된 존재에게 자연스러운 것은 무엇인가?

많은 사람들이 교육에서 아동의 자연, 본성(nature)을 중요하게 여겨야 한다고 말한다. 흔히 자연주의(naturalism)이라고 불리는 이 교육사조는 주의해서 받아들여야 한다. 단적으로, 인간에게 본성은 선천적인 것인가? 후천적인 것인가? 우리에게는 태어날 때부터 주어진 특성도 있고, 태어나서 획득하는 특성도 있고, 양쪽에 다 본성이라는 말을 쓰기도 한다. 그러나 '교육에서 중요하게 여겨야 할' 본성은 어느 쪽인가? 예를 들어, 지하철에 어린 학생이 피곤한 몸으로 앉아 있는데 그 앞에 백발이 성성한 노인분이 서 계신다. 앉아 있는 것이 자연스러운 일인가? 일어서서 자리를 양보하는 것이 자연스러운 일인가? 둘 다 '자연'에 해당하지만, 전자의 자연을 중시하는 것을 교육에서의 자연주의라고 말할 사람은 없을 것이다. 인간에게, 그리고 교육이라는 활동에서 중심에 놓아야 할 자연은 '마땅히 인간으로서 자신의 품격을 드러낼 때'의 자연이다. 이 후자 쪽의 자연이 주어지는 곳은 어디인가? 바로 사회 안에서다. 많은 사람들이 루소가 사회제도의 해악을 비판한 사람이라고 알고 있지만, 루소는 그 누구보다도 사회제도의 미덕을 찬양하고 존중한 사람이다.

사회적 조건 아래서 태어난 인간에게 꼭 필요한 특성들은 무엇인가? 이성이라든지 양심과 같은 인간의 능력들이 루소의 전기 저작들에서 폄하되기는 하지만, 사회가 자연적인 것과 마찬가지로 이 능력 역시 자연적인 것으로 간주하지 않을 수 없다. 그래서 루소는 에밀을 가리켜서 '사회 속의 자연인'이라고 말하고, 다음과 같이 규정한다.

> 내가 자연인을 만들고 싶다고 해서 그를 미개인으로 만들어 숲 한가운데로 되돌려 보내려 하는 것은 아니다. 그는 사회생활의 소용돌이 속에서도, 자신의 정념에 의해서든 다른 사람의 의견에 의해서든, 끌려 다니지 않고, 오직 자신의 눈으로 보고, 자신의 마음으로 느끼며, 자신의 이성 외에 어떠한 권위에도 지배받지 않으면 되는 것이다. 물론 그를 자극하는 대상들의 덩어리, 그에게 감지되는 시시각각 변하는 정서들, 현실적 필요를 채

> 우기 위한 수많은 방식들이, 그에게 많은 관념들을 가져다주지 않을 수 없을 것이다. 다른 상태였다면, 전혀 가질 수 없었거나, 가졌더라도 매우 긴 시간을 두고 가졌을 그런 관념들을 말이다. 마음의 자연적 발달과정은 속도를 더하게 할 수는 있어도 그 방향을 되돌릴 수는 없는 것이다. 숲속에서는 여전히 우둔한 채로 남아 있을 인간도, 도시 속에서 산다면, 그저 다른 사람들이 사는 모습을 지켜보기만 하여도, 날카로운 판단력과 합리성의 소유자가 될 것이다(E, IV-164).

『에밀』의 후반부에서 루소는 인간을 명백히 사회적 존재로 상정하고 논의를 전개한다. 인간은 사회 속에서만 발생하는 선악의 정서나 관념을 소유할 때에 비로소 진정한 인간이 될 수 있다고 말한다(E, IV-39). 독거하는 것이 자연적인 것이 아니라, 거꾸로 "인간은 본성상 사회적 존재이거나 또는 사회적 존재로 될 운명에 처해 있다"(E, IV-293). 따라서 교육은 참다운 사회적 존재로서의 "제2의 본성"(E, V-52, V-109, III-56)을 위한 기술이며, 본성(자연)의 작동을 계속해서 진척시켜 나감으로써 "되고자 할 능력대로 무엇이든 될 수 있게끔 인간을 만드는 것"(NH, V-3), "인간을 형성하는 기술"(E, preface-2)이다. 이와 같은 새로운 의미의 자연, 즉 '사회 속의 자연'이라는 개념은 우리에게 다음과 같은 질문을 던진다. 타고난 그대로의 자연이 아니라 교육을 통해서 성취하게 되는 자연, 성취해야 할 자연은 무엇인가?

3. 소극적 교육의 의미는 무엇인가?

1) 소극적 교육의 수수께끼

장 자크 루소는 『에밀』에서 도덕 교육에 관해서 주목할 만한 한 가지 아이디어를 제시한다. 그가 보기에 태어나서 열두 살이 되기 전까지의 아동은 영혼의 최상위의 능력인 이성(理性)을 갖추고 있지 않다. 그렇기 때문에 이 시기의 아동에게는 도덕적 지식 또는 인간 의무에 관한 지식을 가르칠 수도 없고 가르쳐서도 안 된다. 그러므로 아동이 마치 이성의 능력을 갖추고 있는 존재처럼 간주하는 통상적인 교육과는 정반대의 교육이 아동기에 필요하다는 것이다. 즉, "아동에게 미덕이나 진리를 가르치는 것이 아니라, 악덕이나 오류로부터 아동의 마음을 보호하는 교육"을 해야 한다(E, II-67, 68; cf. 파리 대주교께 드리는 서신, Vol. 9, 35). 이것이 바로 '소극적 교육(negative education)'이라는 아이디어다.

> 가장 위대하고, 가장 중요하며, 가장 유용한 교육의 규칙을 말해 보겠다. 그것은 시간을 아끼지 말고, 버리라는 것이다. 일반 독자들이여, 나의 역설을 용서하라. 이 역설들은 조금만 생각해 보면 필연적인 것이다. …… 인간의 삶에서 가장 위험한 시기는 태어나서 열두 살이 되기 전까지다. 이 시기는 오류와 악덕이, 그것을 파괴할 수단을 갖추기도 전에, 싹트는 시기다. 그리고 그 수단을 갖추게 되면, 이미 악덕과 오류의 뿌리가 너무 깊어져서 뽑아 낼 수 없게 된다. 만약 아이가 유아에서 단번에 이성의 시기까지 도약할 수 있다면, 통상적으로 하는 교육이 적절할 수 있을 것이다. 그러나 본성의 과정에 따르면, 정반대의 교육의 필요하다.
>
> 그러므로 처음 교육은 철저히 소극적이어야 한다. 이 교육은 미덕이나 진리를 가르치는 것이 아니라 마음을 악덕으로부터, 정신을 오류로부터 보호하는 교육이다. 아무것도 하지 않고, 어떤 일을 벌이지 않아도, 설사 오른손 왼손도 구별하지 못한 채 열두 살이 되도록 건강하고 힘 있게 길러 낼 수 있다면, 당신의 최초의 가르침은, 그의 오성의 눈이 이성을 향해서 열릴 수 있도록 만들 것이다(E, II-67, 68).

루소를 해설하는 대부분의 해설자들은 이 '소극적 교육'을 그의 교육사상의 핵심으로 언급하고 있다. 소극적 교육은, 한편으로 사회의 악덕에 물들지 않도록 아동의 타고난 선한 본성을 지키려는 조치이며, 다른 한편으로 아동이 실물을 자발적이고도 직접적으로 경험할 수 있게끔, 일종의 발견학습의 장으로서 자연환경을 조성해 주는 조치다(안인희, 정희숙, 임현식, 1992: 63-66; 주영흠, 2003: 125-153).

그러나 소극적 교육에 대비되는 '적극적 교육(positive education)'이란 어떤 교육을 가리키는가? 짐작컨대 '적극적-소극적'이라는 대비가 성립하려면, 적극적 교육에는 무엇인가 특별한 것, 특히 루소가 보기에 바람직하지 않은 것이 더해져 있는 반면, 소극적 교육에는 바로 그것이 배제되어 있어야 할 것이다. 소극적 교육의 입장에서 바라보았을 때, 적극적 교육에는 어떤 문제가 들어 있는가?

이 질문에 대해서 기존의 해설서는 주로 소박한 성선설을 출발점으로 삼는 대답을 내놓는다. 그들은 『에밀』을 여는 유명한 문구, 즉 "만물이 창조되었을 때에는 모든 것이 선하지만, 인간의 손에 들어오기만 하면 모든 것이 타락한다"(E, I-1)는 말을 문자 그대로 받아들인 후, 산천초목이 인간의 손때가 묻기 전에는 '선한' 것처럼 아동의 타고난 본성 역시 인간의 강요나 이끌림을 받기 전에는(또는 받지 않아서) 선한 것이라고 주장할 것이다. 특히 '사회'로 대표되는 어른들의 강압과 구속은 아동의 선한 본성을 타락시킬 위험 요소이므로, 가급적 한적한 시골 마을로 떠나서 자연만을 마주할 때에야 비로소 아동은 타고난 본성의 선함을 지킬 수 있다. 이렇게 보면 앞의 질문에 대한 대답은 이미 주어진 셈이다. 적극적 교육에는 아동의 본성이 발현하는 데에 불필요하거나 심지어 해악이 되는 교사의 인위적 노력—교사의 의도나 계획, 형식적 수업과 같은 가르치는 행위, 교사의 권위 등—이 들어 있는 것이다. 소극적 교육은 바로 그 불필요한 교사의 인위적 노력을, 전부는 아니라 하더라도, 최대한 배제하는 것이다. 물론 이렇게 해석하는 사람들이, 아동을 방치하거나 교육 자체를 포기하는 것으로서 소극적 교육을 받아들이는 것은 아니다. 그들은 교사가 배제된 자리를 '자연'이 대신해야 한다고 주장한다. 그리고 이때의 자연은 분명히, 자연과학자들이 연구 대상으로 삼는 '자연현상' 같은 것, 우리가 바라보는 산천초목처럼 사물들로 이루어진 세계를 연상시킨다. 교사는 학생들의 성장에 필요한 경험적 대상들을 미리 준비하는 존재, 자연의 인과법칙에 순응하도록 옆에서 보살펴 주는 존재로서 머물러야 한다. 루소의 교육사상을 평가할 때 '아동중심 교육사상'이라든가 '자연주의 교육사상'과 같은 표현들이 빠짐없이 등장하는 것은 소극적 교육을 이와 같이 해석하기 때문이다.

그러나 루소의 아동중심적 표현을 문자 그대로 받아들인 이와 같은 해석은 『에밀』 안에서 심각한 이론적 문제에 직면한다. 만약 아동의 본성을 보호하기 위해서 교사의 인위적 노력을 배제하고 자연을 직접 경험하는 것이 소극적 교육의 전부라면, 『에밀』 후반부(제IV, V권)에서 묘사되고 있는 청년기 교육은 소극적 교육이라는 아이디어로 비판하고 있는 바로 그 '적극적 교육'의 모습을 띠고 있기 때문이다. 열다섯 살 이후 에밀이 배우는 내용은 자연에 대한 경험이 아니다. 에밀은 역사로부터 시작해서 도덕, 종교, 예술, 가정사, 정치에 이르기까지 인간사에 관한 지식들을, 에밀이 책에 너무 빠져들까 교사가 걱정할 정도로(E, IV-469), 책을 통한 간접경험으로써 습득한다. 게다가 에밀은 가정을 이루고 나서도 교사의 지도와 조언을 스스로 원할 만큼 교사의 권위에 의존하고 있다(E, V-498). 실지로 청년기 교육을 묘사하는 대목들을 읽어 보면, 에밀은 배우는 내용에 있어서든 방법에 있어서든 교사와의 관계에 있어서든, 통상적인 교육과 전혀 다를 것 없이 배우고 있다. 그렇다면 우리는 루소의 소극적 교육을 어떤 의미로서, 그리고 어느 정도의 중요성을 가지고 받아들여야 하는가?

2) 아동기의 특성에 부합하는 교육적 조치

『에밀』을 그저 아동중심 교육사상의 표현으로만 받아들이지 않는다면, 그리고 2절에서 살펴본 대로 사회로부터의 격리나 전원 예찬, 아동기에 대한 낭만적 찬양에 너무 매달리지만 않는다면, 이 책의 후반부에 묘사되어 있는 청년기 교육은 통상적인 교육과 크게 다르지 않다. 이 점에 주목한 일군의 루소 연구자들(Boyd, 1911/2013: 320-328; O'Hagan, 1999: 59-86; 김용민, 2004: 211-214)은 소극적 교육이란, 아동기의 특징에 부합하는 교육이라는 관점에서 통상적인 교육을 비판하는 것이며, 실제로 루소가 염두에 둔 최종적인 교육목적은 에밀이 사회에 진입해서 올바른 시민으로서 살아가는 적극적 교육에 있었다고 해석한다. 즉, 그들은 "초기의 교육은 순전히 소극적이어야 한다"는 루소의 표현에서, '초기의 교육(the first education)'이라는 말에 특별히 주목해서, 청년기 이후의 교육을 적극적 교육으로 해석하는 것이다.

대표적으로 보이드(William Boyd)의 해석을 따라가 보자. 그가 보기에 루소가 꿈꾸었던 교육적 이상은, 『에밀』에 담겨 있는 것과 같은 개인교수도 아니고, 『신엘로이즈』에 그려져 있는 가정교육도 아니며, 『폴란드정부론』에서 그려지고 있는 국민교육체제도 아니었다. 루소는 『에밀』 서문에서 새로운 교육방법을 제시하겠다고 하고는 아동에 관한 연구를 교사에게 제안하고 있다. 이 점에 비추어 보면, 루소의 교육적 이상은 아동기와 청년기[4]의 신체적 · 정신적 특성에 각각 상응하는 교육이다. 그렇다면 교육이 기준으로 삼아야 할 아동기와 청년기의 특성은 무엇인가? 루소가 이해한 바로는—또는 오해한 바로는—, (출생에서 열두 살까지의) 아동은 성(性)적인 문제에서

4) 표면상 루소가 『에밀』에서 구분하고 있는 시기는 0~2세의 유아기, 2~12세의 아동기, 12~15세의 과도기(사춘기), 15세 이후의 청년기, 이렇게 네 시기로 세분화되어 있지만, 보이드가 보기에 실제로 중요한 구분은 사춘기 이전(즉, 넓은 의미의 아동기)과 사춘기 이후(즉, 청년기)라는 두 가지 구분뿐이다.

뿐만 아니라, 진정으로 인간적이라고 할 만한 모든 문제에 대해서 중립적 존재이며, 이성, 양심 등 성인이 가지고 있는 정신 능력들은 모두 결여하고 있는 존재다. 따라서 루소는 아동기에 대해서는 다음과 같은 가설들을 설정한다.

첫째, 만약 옳고 그름에 대한 의식이 이성이나 양심이 출현하는 열두 살 이후에 발달하는 것이라면, 아동기에는 도덕적인 행위를 하라고 훈계하는 일을 피해야 한다. 선악의 구분에 진정한 의미를 부여할 수 있도록 하는 것들은 아동의 정신적 특성에 부합하지 않는 것이다(E, II-50). 둘째, 미에 대한 감상이 감성 능력에 의존하고 있다면, 미의 세계는 자연의 영역이든 예술의 영역이든 간에, 아동기에는 허락되지 않는 세계다. 아이들이 멋진 광경을 보고 감탄하거나 훌륭한 문학 작품을 감상할 수 있으리라고 기대하는 것은 헛수고다. 아이는 자기 육안에 즉각적으로 비친 사실 말고는 그 어떤 것도 보거나 이해할 수 없다(E, III-18, 19). 셋째, 추상이라는 정신활동에 의해서 사물들의 총체를 의식하며 각각의 사물들을 관련지을 수 있기 전까지, 신은 단지 이름이거나 아니면 신에 관한 진정한 지식을 제공하지 못하는 모종의 감각적 형식을 상상한 것에 지나지 않는다. 그러므로 아이에게는 그 어떤 종류의 종교적 경험도 불가능하다(E, IV-161). 마지막으로, 아이의 마음은 감각의 테두리 안에 머물러 있기 때문에, 일체의 추상적 용어들, 특히 인간의 의무라든가 정치적 행위들을 이해하기 위한 추상적 용어들은 아이들에게 이해 불가능한 것이다. 역사를 통해서 제시되든 아니면 사변적 형태로 제시되든 간에, 아이들은 삶의 의미 같은 것을 전혀 이해할 수 없다. 요컨대, 인간의 경험을 풍부하게 하며, 인간을 미개인의 수준을 넘어 문명화된 존재로 만들어 주는 세계, 즉 도덕, 예술, 종교, 철학 등의 정신 세계 전체는 사춘기가 기지개를 펴기 전까지 아이의 이해 범위를 넘어서 있는 세계다(Boyd, 1911/2013: 324).

그러므로 "인생의 참된 시작, 그리고 교육의 참된 시작"(E, IV-6)은 인간적인 감정, 이성, 양심 등 어른이 가지고 있는 정신 능력이 태동한 이후에야 비로소 가능하다. 루소가 명시적으로 밝히고 있지는 않지만, 궁극적으로는 아동이 사회의 구성원이 되도록 하는 적극적 교육이 중요하다고 본 것이다. 그러나 마치 장님으로 태어난 사람에게 색깔이 눈에 들어오지 않듯이, 아직 "이성이 잠들어 있는" 아이에게 도덕적 질서는 무의미하다. 따라서 아이가 할 수 있는 일은 개인적인 경험을 통해서 자신의 행동이 사물들의 세계에 어떤 결과를 가져오는지 이해하는 일이다. 이 시기에 교사는 에밀을 사회적 조건으로부터 격리한 채 자연적 환경만을 조성해 주는 일을 한다. 그리고 루소는 이러한 교육을 가리켜서 "사물로부터 오는 교육"이라고 부른다. 반면 청년기에 진입하면서, 즉 에밀이 다른 인간과 본격적으로 조우하면서 시작되는 적극적 교육은 "사물로부터 오는 교육"과 여러 가지 측면에서 대조를 나타낸다. 사회라는 세계는 물리적 세계보다 훨씬 복잡한 세계이며, (루소가 보기에) 그 안에 질서가 있기는 한 것인지 늘 의심스러운 세계다. 그 어떤 경우라도 아이를 사회에 홀로 방치하는 일이 있어서는 안 된다. 그래서 청년기 교육에는 아동기 교육보다도 훨씬 더 교사의 존재가 필요하다. 그도 그럴 것이, 아이와 사회를 중재하며, 아이가 이해 가능한 수준으로 사회를 하강시켜서 보여 줄 사람이 필요하기 때문이다. 아동기 교육에서 교사의 활동은 환경을 통제하고 아이에게 주어져서는 안 되는 간섭을 사전에 예방하는 정도에 그쳤었다. 이제 청년기 교육에서 교사의 가르침은, 모든 가능성이 열린 상태에서 아이들을 명확한 방향으로 안내해야 한다는 점에서, 아동기의 교육보다 훨씬 중요한 의미를 지니게 된다.

요컨대, 루소의 발달이론에 주목한 해석에서 소극적 교육이란 루소가 "사물로부터 오는 교육"이라고 부른 일, 즉 자연에 관한 경험을 위주로 하되 아동기에 한해서 실시되는 교육을 말한다. 이렇게 도덕을 가르치지 않고 자연에 관한 경험을 위주로 가르쳐야 하는 까닭은 아동의 이성이 아직 준비되지 않았기 때문이다. 이 해석에 따르면 인간의 본성은, 타고난 그대로의 본성과 사회적 존재에 어울리는 도덕적 본성이라는 이중적 요소로 구성되어 있고, 후자는 전자보다 뒤늦게 출현한다. 그러므로 소극적 교육이 자연에 대한 경험만으로 구성되는 것은 성급한 도덕교육의 폐해로부터 아동의 본성을 보호하기 위한 불가피한 조치다. 교사가 하는 일은 인간 본성의 두 측면이 가진 시차를 존중하는 일, 그래서 아동의 마음이 준비된 정도에 맞추어 단계적으로 그에게 필요한 내용을 제시하는 일이다. 따라서 도덕을 가르쳐서 사회에 입문하도록 돕는 적극적 교육은, 도덕적 행위의 의미를 분간할 이성이 없는 아동기에만 바람직하지 않은 것일 뿐, 이성이 깨어나고 사회적 질서에 편입되어야 하는 청년기에 이르러서는 중요한 과업이 된다.

3) 또 다른 초점: 교사라는 모범을 통해 만나는 세계

소극적 교육을 『에밀』 전반부에서 기술되고 있는 아동기 교육에 중점을 두고 보고, 『에밀』 IV권 이하에서 묘사되는 청년기 교육을 적극적 교육으로 해석하는 관점들이 많다. 앞에서 대표자로 언급했던 보이드는, 약간 주저하면서도, 전기 교육은 소극적 교육인 데 반해, 후기 교육을 적극적 교육이라고 부르며(1911/2013: 328-329), 김용민(2004)도 『에밀』의 교육을 소극적 교육과 형성적 교육의 대비로 구분한다. 러스크와 스코틀랜드(Rusk & Scotland, 1979: 110)도 자연교육을 도덕교육의 예비적 차원으로 보고, 후기 교육을 아예 적극적 교육으로 지칭하고 있다. 김상섭은 소극적 교육의 원칙이 아동기에 그치지 않고 교육 전체를 관통하는 원칙이라고 하면서도(2009: 132), 소극적 교육을 예비교육(2009: 129)이나 자연적 질서에 한정된 교육으로 보고 있는 듯하다(2009: 146). 대부분의 학자가 이와 같이 소극적 교육을, 이성이 잠들어 있는 아동기에 적합한 교육적 조치로 해석하는 데에는 그 나름의 이유가 있다. II권에서 '소극적 교육'의 개념을 길게 설명한 다음, 『에밀』의 나머지 부분에서 루소는 이 말을 거의 쓰지 않고 있다. 그리하여 '이성의 수면기인 아동의 상태/이성과 분별력을 갖춘 어른의 상태', '사물에의 의존상태/인간에의 의존상태'라는 이분법을 바탕으로, 청년기 이후에 가르쳐지는 내용과 방침들이 그 이전의 것들과 강력한 대비를 이룬다. 그래서 『에밀』은 IV권 이전과 이후로 극명하게 갈라져 보이는 것이다.

그러나 필자의 해석은 조금 다르다. '소극적 교육=사물의 교육=전기 교육', '적극적 교육=인간의 교육=후기 교육'이라는 지나치게 단순화된 등식으로 루소에 접근하는 것이 과연 타당한가 하는 의문이 있다. 아동기 교육이라고 해서 인간적 · 도덕적 요소가 완전히 배제되는 것이 아닌데다가, 후기 교육이라고 해서 통상적인 교육과 같은 적극적인 사회 진입이 이루어지지 않는다. 가정교사 장 자크를 제외하고 인격체와의 직접적인 조우는 V권에서 소피를 만나면서 이루어진다. 오히려 필자는 이 점에 주목해야 한다고 생각한다. 아동기의 특성에 따라 사회적으로 격리되어 있고 문명의 요소들이 차단되어 있는 겉모습이 눈에 띄기는 하지만, 『에밀』 전체를 펼쳐 읽는다면 루소가 중요시 여겼던 소극적 교육의 핵심에는 교사의 모범을 통해 만나는 세계가 있다.

『에밀』이 발표된 이후 '자연으로 돌아가라'는 구호를 정말로 원시상태로 되돌아가라는 뜻으로 오해한 사람—그래서 분개한 사람—도 더러 있었고, 완곡하게 해석해서 도회지를 떠나 한적한 대자연 속에서 자유롭게 아동을 키우라는 실제적 지침으로 받아들인 독자들이 많았다. 아닌 게 아니라 소년과 그의 가정교사는, 마치 인간적인 것이면 무엇이든지 피하려는 듯이, 작은 전원 마을로 떠나서 미개인처럼 생활한다. 아이는 오로지 자신만을 위해서 생활하며 다른 동료가 필요하지 않은 것처럼 가르치고 배운다. 『에밀』이 출판된 이래로 독자들은 이와 같은 전원교육의 목가적 풍경에 매료되었고 실지로 그렇게 하는 일이 유행처럼 퍼지기도 했다(Boyd, 1911/2013: 276). 요즘과 같이 복잡한 도시 사회 속에 이런 목가 풍의 교육을 더욱 의미 있는 것으로 받아들이든, 아니면 정반대로 비현실적인 것으로 비판하든, 양자 모두 루소의 『에밀』에 나타난 '사회로부터의 격리'를 모종의 실제적 지침으로 해석하는 것이다.

그러나 사회로부터의 격리를 실제적 조치로 단정하는 것은 『에밀』의 전체 취지에 부합하지 않는다. 첫째, 사회로부터 단절된 개인주의적 방법이 개인주의적 목적을 함의하는 것은 아니다. 중요한 질문은, 에밀이 '어떻게' 훈련받는가 하는 것이 아니라 에밀이 받는 훈련이 무엇을 목적으로 삼는가 하는 것이다. 미개인의 삶처럼 고독한 생활의 미덕을 곳곳에서 강조함에도 불구하고, 루소는 결코 아동기의 특징인 자기충족적인 삶 그 자체를 결코 교육의 목적으로 간주하지 않는다. 아동의 자기충족적 삶은 단지 목적에 이르기 위한 방법에 불과할 뿐이며, 2절에서 살펴본 것처럼 청년기에 이르러서 사회 속의 자연을 위해서 새로운 자아, 더 크고 우월한 자아로의 확장을 추구하기 때문이다(Boyd, 1911/2013: 230).

둘째, 장 자크가 에밀을 시골로 데려가는 데에는 사회의 부조리를 피하려는 소극적인 의도뿐만이 아니라, 교사에 의해서 조성되는 새로운 도덕적 질서로 에밀을 진입시키고자 하는 적극적인 의도가 들어 있다. 이 의도를 이해하기 위해서는 존 로크로 거슬러 올라가는 이론적 문제를 살펴볼 필요가 있다(Boyd, 1952/1996, 9장 참조). 로크는 『인간오성론』에서 두 가지 원천으로 지식의 기원을 설명한다. 하나는 감각을 통하여 수동적으로 받아들인 자료이고, 다른 하나는 그가 '사고'라는 용어로 뭉뚱그려 표현하는 마음 자체의 정신적 활동이다. 이 둘 중 어느 것이 경험에서 더 중요한가를 놓고 로크 이후의 이론적 논의는 두 가지 대립되는 학파로 나뉜다. 마음의 능동적 작용에 주목한 학파와 달리, 다른 한 학파는 마음이 경험과의 관계에 있어 수동적 위치에 있음을 강조하고, 마음에 인식되는 것은 감각에 절대적으로 의존한다는 유물론적 견해를 연역해 낸다. 계몽주의를 이끈 감각주의자들, 또는 백과전서파들이 이 후자의 학파에 해당한다. 따라서 이들은 개인이 바깥으로부터의 영향, 곧 교육에 의해서 형성되는 그대로의 존재이며, 사회의 개혁 역시 국가에 의해서 시민의 교육을 얼마나 철저하게 실행에 옮기느냐에 달린 것으로 받아들였다.

사실 루소도 초기에는 감각주의적 유물론과 공공교육의 아이디어를 전적으로 받아들였다. 그는 『에밀』을 쓰기 전에 기획했던 책 『감각적 도덕, 또는 현자의 유물론』에서 "기후, 계절, 소리, 색깔, 어두움, 빛, 환경, 음식, 소음, 정적, 운동, 휴식 등 모든 것이 우리의 육체에 작용하고, 그에 따라서 우리의 영혼에 작용한다"고 말하고 있다. 그러므로 좋은 습관을 촉진하고 나쁜 습관을 최소화할 수 있도록 아동을 둘러싼 일체의 환경을 정돈하는 것이 교육에서 가장 중요한 과제가 된다. 개인의 성품은 사회 전체의 습속이 반영된 것이므로, 개인을 올바로 교육하는 일은 결국 사회를 자연적인 이상사회로 만드는 것에서 출발해야 하기 때문이다. 그리고 이런 의미의 교육은, 형식적인 교육에 국한되지 않고 넓은 의미로 "자연적 조건과 사회적 조건에 적응하게 하는 모든 작용의 총체"를 가리킨다(Boyd, 1911/2013: 47).

루소의 자연교육론은 국가교육체제를 제시하는 『정치경제론』, 『폴란드정부론』은 물론이고, 개인주의 교육방법을 주장하는 것처럼 보이는 『에밀』과 가정교육을 무대로 하는 『신엘로이즈』까지 모두 도덕적인 공동체를 그 배경으로 삼고 있다(Boyd, 1911/2013: 52). 형식적 교육이라면 사회를 대변하는 교사에 의해서, 비형식적 교육이라면 사회적 풍습과 제도 그 자체에 의해서, 국민들의 마음과 인격을 발달시키기 때문이다. 그러므로 루소가 『에밀』 서두에서 플라톤의 『국가』를 가리켜 "이제까지 나온 것 중에 가장 훌륭한 교육이론"(E, I-21)이라고 칭송한 것은 결코 허언이 아니다. 플라톤의 이 책은 도덕교육이 가능한 자연적 사회의 모습을 보여 주기 때문이다. 리쿠르고스가 제도개혁을 통해서 바꾸어 놓은 스파르타, 자신이 성장한 제네바도, 그 사회의 기성세대들의 행실이 아이들이 그대로 따라 해도 좋을 만한 모범이 되고, "국민으로서 마땅히 가져야 할 지식과 정서, 전통과 교훈"(Boyd, 1911/2013: 54)을 담고 있는 것이었다. 이런 사회 안에서 자라는 아동은, 루소 자신이 제네바에서 성장한 것과 마찬가지로 "타당하고 합리적인"(C, I권 참조) 교육을 받는 것이다.

그러나 아동을 둘러싼 사회를 통해서, 그리고 아동이 참여하는 사회적 활동을 통해서 자연스럽게 그 내면을 형성하는 공공교육의 이상이 제대로 작동하려면, 아동을 둘러싸고 있는 환경(또는 '사회')이 도덕적이고 교육적인가, 즉 현존하는 사회의 도덕적 수준에 대해서 강한 신념이 반드시 뒤따라야 한다. 우리가 잘 알다시피 루소에게는 그런 확신이 없었다. 그래서 루소는 사회의 나쁜 영향을 피하기 위해서, 나아가서 "학생이 사회 구성원으로서 올바른 발전을 할 수 있도록 가정교사가 통제할 수 있는 매우 단순한 질서를 가진 공동체를 찾기 위해서" 아이를 시골로 데려가는 것이다(Boyd, 1911/2013: 95). 이 공동체는 도덕적인 교사에 의해서, 그리고 그를 존경하는 마을 주민들에 의해서, 교사가 아이에게 보여 주고 싶은 것(선행, 관용, 약자를 향한 정의와 이웃 사랑 등)을 훨씬 더 뜻대로 보여 줄 수 있기 때문이다.

> 그렇다면 그런 식으로 아이를 마치 무감각한 존재처럼, 또는 자동인형처럼 기르기 위해서는 도대체 어디에 두어야 한단 말인가? 달나라에? 사람이 살지 않는 무인도에? 모든 인간으로부터 떨어뜨려 놓아야 할까? 이 세상에서는 아무래도 다른 사람의 여러 가지 정념이나 그 실례를 보게 될 텐데, 아이와 같은 또래의 아이들도, 그의 부모도, 그의 이웃도, 그의 보모도, 그의 하인도, 심지어 그의 교사들도 결코 보아서는 안 될까? 아무리 교사라 해도 결국 천사는 아니니까 말이다. ……
>
> 이 반론은 정말 무너뜨리기 어려운 견고한 반론이다. 그러나 내가 언제 자연을 따르는 교육이 쉬운 과업이라고 말한 적이 있던가? 오 인간들이여. 당신들이 모든 선한 것들을 어려운 일로 만들어 놓고서, 이제 와서 그것이 나의 잘못이란 말인가? 나도 그러한 난점을 모르는 바는 아니다. ……
>
> 한 사람을 인간으로 만들겠다고 감히 계획하기 전에, 당신 자신이 먼저 인간이 되어야 한다는 사실, 이 점을 명심하라. 당신의 학생이 모범으로 삼고 싶은 사례를 당신 속에서 찾을 수 있어야 한다. 아이가 아직 지식을 갖추기 이전에는 아이가 처음 시선을 두기에 적합한 대상만을 아이 옆에 준비해 둘 수 있는 시간이 남아 있다. 당신 자신이 모든 사람에게 존경을 받도록 하라. 당신 자신을 사랑받을 수 있도록, 모든 사람들이 당신을 기쁘게 하기를 원하도록 만드는 일부터 시작하라. 아이를 둘러싸고 있는 모든 사람들의 스승이 되지 않고는, 아이의 스승이 될 수 없는 일이다(E, II-73).

4) 다시 질문: 아동을 위해서 교사는 어떤 세계를 만들어야 하는가?

이상 살펴본 것처럼 루소의 소극적 교육은 아동의 준비도와 발달단계에 맞춰 교육적 조치를 취해야 한다는, 당시로서는 획기적이고, 오늘날의 상식에 비추어 보면 너무나 당연한 아이디어를 천명한 것이다. 그렇다고 해서 루소의 소극적 교육이 교사의 개입을 배제하고 철저히 아동중심의 교육을 실천하는 것은 아니다.

이제 다시 시작하는 질문으로 돌아가 보자. 소극적 교육에서 배제되는 것은 무엇인가? 그것은 정말 교사의 인위적 노력인가? 『에밀』에서 아동은 정말 사회가 아닌 자연, 또는 사회를 대변하는 교사가 '아닌' 자연에 맡겨진 것인가? 『에밀』을 읽어 보면 금방 눈에 띄는 것이지만, 『에밀』에서 교사의 인위적 노력은 거의 신적인 경지로까지 끌어올려져 있다. 『에밀』에 들어 있는 교육방법에 문제가 있다면 과도한 자유를 허용하는 것이 아니라 오히려 아이의 삶을 결정하는 불변의 조건에 교사를 추가해야 할 정도로 과도한 제약을 가하는 것이다. 그만큼 『에밀』에서 교사 장 자크의 권위는 절대적이다(Boyd, 1911/2013: 51). 심지어 에밀이 성장하고 발달하는 모든 과정은 전지전능한 가정교사의 예견력과 모범을 통해서 조종되고 강요되고 있다고 할 정도다(Peters, 1981 참조).

이러한 교사의 절대적 권위를, 그저 루소가 저지른 단순한 모순이나 실수로 볼 수 있고(Peters, 1981: 19-20), 화자가 부모를 대신해서 등장하기 위한 소설적 장치로 받아들일 수도 있다(Boyd, 1911/2013: 278). 그러나 우리는 소극적 교육의 아이디어에 감추어진 교사의 절대적 권위로 말미암아 중요한 질문을 품게 된다. 우리는 다음 세대에게 어떤 세상을 보여 줄 것인가? 교사라는 이름을 걸고 학교에서 근무를 하며 가르치는 일을 업으로 삼든, 아니면 부모, 어른, 선배 등등의 사회적 역할을 하면서 가르치는 일을 부수적으로 하든, 가르치는 자가 하는 일은, 학생의 개별적 경험과 즉각적 관심사가 단편적인 반응 또는 즉각적인 목적의 달성에 멈추지 않고, 우리가 누리고 있는 문명의 질서 안에서 자리를 잡고 의미를 얻을 수 있도록 하는 것이다. 그러기 위해서 질문을 던지고 교정하고 안내하며, 그 경험이 학생 자신의 마음의 성장에 오롯이 재투자될 수 있도록 노력한다. 그러므로 우리가 다음 세대를 위해 어떤 세상을 보여 줄 것인가 하는 질문은, 교사가 절대적 권위를 가지고 학생 위에 군림해야 한다는 뜻이 아니라, 교사의 존재 이유를 묻는 반성적 질문이 되는 것이다.

이 질문을 중요시하지 않는다면 교육을 연구하는 교육학 자체도 피해자가 된다. 랑게펠트(M. J. Langeveld)가 말하는 것처럼, 사실 서구의 경우 교육학 자체가 사범대 교직과목에서 출발하는 불행한 역사를 가지고 있다. 이 때문에 사람들은 교육학이라고 하면 으레 특정한 교과목을 학생들에게 전달하는 '방법'을 가르치는 것으로 오해하는 편이다. 그러나 교육방법은 결국 어떤 내용을 가르치는가에 결부되어 있는 것이며, 어떤 내용을 가르칠 것인가 하는 질문은 "한 사람의 일생을 두고 그를 훌륭한 사람으로 만드는 데에 어떤 공부와 경험이 요청되는가?" 하는 심오한 질문과 맞닿아 있다. 오늘날 '교사는 단순한 지식전달자가 아니라 한 인간을 훌륭한 인간으로 기르는 은사여야 한다'는 요구를 하지 않는 사람이 없으면서도, 그 교사가 대학교육을 통해서 갖추어야 할 전문성이 그저 특정한 교과를 잘 '전달하는 방법'에 관한 것이라고 여긴다면, 그것은 앞뒤가 맞지 않는 주장인 셈이다.

이제 4절을 통해서 우리는 장 자크가 학생 에밀에게 보여 주는 세상이 어떤 것인가를 살펴볼 것이다. 교육이라는 인간 활동은, 그저 '일어나는 것'이 아니라 인간이 '하는' 것이며, 땀과 고통 없이는 달성하기 힘든 것이다. 배움은 단순히 우리 마음에 '걸려드는 것', 어쩌다 '줍는 것'이 아니라 깊이 생각해서 자신의 이해를 정련하는 활동이다. 그렇지 않고 혹여 지식, 습관, 신념 등이 우리 마음에 어쩌다가 얻어걸리는 것을 학습이라고 한다면, 교사라든가 스승, 또는 은사라는 말은 모두 무의미해지고, 나아가서 학교라든가 교육이라든가 하는 개념들도 왜곡되고 말 것이다.

4. 『에밀』은 어떻게 읽어야 하는가?

1) 교육론으로서의 『에밀』의 성격

"두서도 없고 일관성도 거의 없이 반성과 관찰을 기록한 이 글은 사려 깊은 훌륭한 한 분의 어머니를 기쁘게 하기 위해서 쓰기 시작한 것이다"(E, preface-1). 여기서 그 어머니는 루소의 후원자였던 뒤팽 부인의 며느리 슈농소(Chenonceaux) 부인을 가리키는 것으로 알려져 있다. 루소는 1747년 슈농소 성에서 몇 달 동안 머무르면서 귀족 부인들과 여러 담소를 나누었고 그 안에는 어머니들의 주된 관심사였던 자녀교육에 대해 주제도 들어 있었을 것이다(Boyd, 1911/2013: 130-131).

이 서문 첫 구절에서 "기쁘게 하기 위해서"라는 문구의 해석에는 주의를 기울일 필요가 있다. 자칫 『에밀』이라는 책이 교육지침을 제시하는 책이라고 오해할 가능성이 있기 때문이다. 아닌 게 아니라 『에밀』의 출판 이후 지금까지 많은 사람들이 『에밀』을 그러한 지침서로 받아들였고, 실제로 이 책에 쓰여 있는 내용을 문자 그대로 따라 하려고 애를 썼다. 귀족과 부자들도 높은 신분에서 추락할 경우를 대비하여 기술 하나씩을 배워야 한다는 루소의 충고가 상류층 사이에서 널리 받아들여졌고 프랑스 왕세자는 자신의 아들을 열쇠공으로 훈련시켰다. 유모에게 맡기는 대신 어머니가 직접 수유를 해야 한다는 주장은 그 이전에도 있었으나, 루소로 말미암아 비로소 많은 사람들이 그의 말에 따랐다(Damroash, 2005/2011: 490-496). 독일의 비템베르크 공작은 자신의 갓 태어난 딸 이름을 소피로 짓고 루소에게 그 아이를 어떻게 길러야 할지 편지로써 조언을 구했으며(Boyd, 1911/2013: 293), 바제도는 데사우에 범애학교라고 이름 붙인 실험학교를, 러시아 예카테리나 2세는 여학생들을 위한 기숙학교를 세워, 루소의 원리에 따라 교육하고자 했다(Bowen, 1981: 275).

그러나 『에밀』은 과연 교육지침이나 교육실제를 위한 책인가? 1765년 영국인 앵거라는 사람이 스트라스부르크에서 루소를 찾아온다. 그는 "당신의 저서 『에밀』을 읽고 운 좋게도 교육의 원리를 발견할 수 있었고, 그 원리에 따라서 제 아들을 교육했습니다"라고 말한다. 그러자 루소의 대답은 다음과 같았다.

> 그 원리에 따라서 당신의 아드님을 교육했다면 그것은 당신과 당신 아드님에게 그만큼 좋지 않은 결과를 가져다주었을 것입니다. 나는 교육방법을 처방해 주고자 한 것이 아니라 단지 교육이 주는 해악을 방지하려고 했을 뿐이었습니다(Boyd, 1911/2013: 299).

『에밀』을 교육지침서로 읽는 독법에 대한 루소 자신의 반론은 곳곳에서 나타난다. 특히 이 책이 출간되자마자 가톨릭과 개신교 모두에서 금서처분이 내려지고, 당시 백과전서파를 이끌던 볼테르가 익명으로 악의적인 비난을 쏟아붓자, 루소는 『에밀』을 변호하면서 다음과 같이 이 책의 주제를 밝히고 있다. 이 책은 교육방법이 아닌 새로운 교육체제를 위한 원리를 찾기 위한 노력이었다는 것이다.

> 『에밀』의 주제는 새로운 교육체제를 수립하는 것이었습니다. 이 체제가 타당한지를 검토하는 일은 철학자들의 일이지, 부모의 교육방법으로 검사되는 것은 아닙니다. 나는 부모의 교육방법으로 『에밀』을 쓸 생각을 단 한 번도 가진 적이 없습니다(산에서 보낸 편지, III, 783).

『에밀』을 교육지침을 제시하는 책으로 읽고자 함은 교육이라는 활동이 실천적 활동인 만큼, 실천에는 유명하고 뛰어난 사람의 지침 같은 것이 필요하다는 생각에서 비롯될 수 있다. 그래서 『에밀』이 출간되자마자 당대의 많은 사람들, 특히 부모들은 큰 감동을 얻고 자녀교육을 바꿔 보려고 했다. 그리고 긴 세월이 흐르는 동안 수많은 교육자들과 교육사상가들도 비슷한 반응으로 『에밀』을 대했다.

그러나 조금 과장해서 말하면, 이 책은 (통상적인 의미에서의) '교육에 관한' 책이 아니다. 이 책이 교육과 아무 관련이 없다는 뜻이 아니다. "교육에 관하여"라는 부제가 붙었음에도 불구하고, 이 책이 어린이의 교육방법이나 교육목표들을 제시하는 책이라고 단정하거나, 그런 것들을 얻기 위해서 이 책을 읽기 시작한다면 얻는 것보다 잃는 것이 더 많을지 모른다. 앞에서 살펴본 '사회 속의 자연'이나 '소극적 교육'이라는 역설적 개념은 물론이거니와, "에밀은 부모의 손을 떠나 오로지 한 명의 교사 아래서만, 그것도 사회로부터 격리된 채 키워져야 한다"거나 "『로빈슨 크루소』 이외의 일체의 책을 버려야 한다"는 등 오히려 이 책은 구체적이고 적용 가능한 교육원리나 지침을 제공해 주기는커녕, 수수께끼나 파라독스와 같은 진술들로 가득 차 있다. 왜 그런가? 그것은 루소의 관심이 교육사태의 개선과 같은 실천적 관심과는 다른 방향에 있었기 때문이다. 이 절에서는 교육소설 『에밀』이 감추고 있는 더 큰 그림을 찾아보려고 한다. 『에밀』은 루소 자신의 말대로 실천에 옮길 만한 교육방법을 제시하는 데 관심을 두고 있는 것이 아니라, 교육적 존재로서 인간은 어떤 존재인가를 탐구하는 데 관심이 있다. 이 관심이야말로 『에밀』에서 가장 중요한 주제라고 할 수 있다. 그리고 이 점이 『에밀』을 더욱더 위대한 책으로 만드는 까닭이요, 교육에 관심을 가진 사람들뿐만 아니라, '인간이란 무엇인가'라는 질문을 피할 수 없는 모든 사람이 읽어야 할 이유에 해당한다.

2) 『에밀』을 읽는 방식: 다양한 관계에서 자기지식의 형성

『에밀』은 간단히 말해서 에밀이라는 개인의 전형이 교사 장 자크(루소 자신)의 지도 아래 성장하는 과정을 묘사하고 있다. 아주 어린 유아기부터 청소년기와 사춘기를 거쳐, 혼자 힘으로 판단을 할 수 있는 성인으로서 사회에 자리매김을 하는 시기까지 에밀의 능력과 성향은 점진적으로 개발되고 개화된다. 이 책은 다섯 권으로 이루어져 있는데, 특징적인 현상들이 하나의 묶음으로 일어나는 인생의 다섯 시기를 각각 다루고 있다. 대략적으로 말해, 제I권과 제II권은 출생부터 12세까지, 제III권은 12세부터 15세까지, 제IV권은 15세부터 20세까지, 그리고 제V권은 20세부터 25세까지를 다룬다.

이렇게 편집된 5권을 각각 요약하고 해설하는 것은 주로 『에밀』의 번역본에 많이 실려 있는 해석방식이다[예: 민희식(2002) 및 김중현(2002)의 역자 해설]. 이러한 해석은 입문자에게 책의 내용을 소개하는 데에는 도움이 될 수 있을지 몰라도 교육이론의 질문을 가지고 씨름하기에는 한계가 있다. 우리에게 필요한 것은, 루소가 『에밀』에서 이렇게 말했다는 식의 액면상의 요약이 아니라, 왜 그렇게 말할 수밖에 없었는지 이론적 질문을 던지는 해석이다. 그러므로 『에밀』 해석을 위한 질문은 서사적 구조나 인물의 성격 및 갈등으로 확인할 수 있는 문학적 질문이 아니다. 『에밀』이 한 인간의 성장을 다루고 있는 만큼, 더 정확히 말해서 에밀과 장 자크의 교육적 상호교섭에 관한 묘사를 하고 있는 만큼, 교육학에서 다루어야 하는 질문은, 그 안에 들어 있는 교수-학습 행위들의 방향과 체계는 무엇이며 그 교육적 의의는 무엇인가 하는 것이다.

한 걸음 더 나아가, 『에밀』 해석을 위한 질문은 교육방법이나 발달심리학의 질문도 넘어선다. 한 인간이 인간으로 되기 위해서 어떤 배려와 영향이 필요한가 하는 것은, 결국 '인간이란 무엇인가'라는 인간의 자기지식을 요청하기 때문이다. 이러한 '자기지식(self-knowledge)'은 반성적 의식을 가지고 있는 인간의 고유성이자, 인류가 사고와 행위로써 성취한 모든 것들에 암시되어 있는 문명의 정수(精髓)다. 사실 지금까지 『에밀』의 해석은 주로 연령단계를 따라서 교육적 지침을 뽑아내거나 소극적 교육/적극적 교육의 체제로 나누는 접근방식이었다. 그러나 연령이나 성장단계를 규정하는 것은 명확한 경계선을 나누는 일이라기보다 대략적인 윤곽선을 그리는 일에 가깝다. 대강 보아서 그와 비슷한 연령대에 특정 단계에 진입하는 것이 경험적 사실이기는 하지만, 그것은 어디까지나 연속선상에서의 임의적인 구분일 뿐이어서 왜 꼭 그 시기에 그 내용을 가르쳐야 하는가에 대한 필연성을 찾아내기 어렵다(Brumbaugh & Lawrence, 1963/2017: 78-79). 소극적/적극적 교육의 구분도 루소가 제시하는 방법적 처방을 드러내는 데에는 중요한 구분이지만, 이 두 처방 사이의 극적인 전환이 왜 필요한지, 이 두 처방을 포괄적으로 해석할 근거는 무엇인지에 대해서는 좀 더 치밀한 논의가 요구된다.

『에밀』을 어떻게 읽을 것인가에 대해서 한 가지 중요한 힌트는 루소 자신의 말에서 찾을 수 있다. 루소는 『에밀』 말미에서 지금까지 학생을 안내한 과정이 자기지식의 형성과정이었다면서 다음과 같이 말하고 있다.

> 그런데 그가 다른 존재들에 대한 물리적 관계 속에서, 그리고 다른 사람들과의 윤리적 관계 속에서 자기 자신을 고찰한 후, 그에게 남는 것은 동료 시민들에 대한 그의 사회적 관계를 고찰하는 일이다(E, V-367).

그리고 이와 유사한 취지의 구절은 곳곳에서 발견된다.

> 철들 나이가 되기 전에는 도덕적 존재나 사회적 관계에 대해서 아무런 생각도 할 수가 없을 것이다. …… 단지 감각적인 사물에서만 자극을 받는 동안은 아이의 관념이 감각에 집중하도록 하라. 아이가 자기 주변의 어느 곳에서나 물질적인 세계만을 지각하게 하는 것이 좋다(E, II-50).

> 에밀은 자연의 지식, 그것도 순전히 물리적인 지식만 가지고 있다. …… 인간이 사물에 대해 맺는 본질적인 관계는 알고 있지만 인간이 인간에 대해 맺고 있는 도덕적 관계는 전혀 알지 못한다(E, III-185).

> 인간에게 적합한 연구는 그가 맺고 있는 관계들에 대한 연구다. 그가 자신을 육체적인 존재로 아는 동안은 자신이 사물들과 맺고 있는 관계를 통해 자신을 연구해야 하는데, 이것이 어린아이 시절의 일이다. 그러나 그가 정신적인 존재로서의 자기를 느끼게 되면, 그는 자신이 인간들과 맺고 있는 관계를 통해 자신을 연구해야 한다. 이것이 우리가 도달한 이 시점부터 평생을 통해 할 일이다(E, IV-15).

그러므로 『에밀』을 읽을 때에 루소가 제안하는 질문을 중심으로 읽어 보기를 바란다. 『에밀』을 자기지식의 형성과정에 비추어 크게 세 가지 질문에 대한 대답(김상섭, 2009; 박주병, 2015 참조)으로 읽는 것이다. 『에밀』의 구성과 체계는 '사물과의 관계', '사람들과의 관계', 그리고 '동료 시민들과의 관계' 아래 인간이 자기지식을 형성하는 과정에 있다. 그리고 각 관계 안에는 루소가 생각했던 중요한 지식의 형식들, 그리고 그 지식의 형식들이 인간의 자기지식에 어떻게 기여하는지가 암시되어 있다.

3) 『에밀』에 나타난 인간의 자기지식의 발달

(1) 사물과의 관계에서 인간의 지적 발달

인간은 감각적 존재로 태어나면서 자신을 둘러싼 사물들로부터 여러 가지 영향을 받는다(E, I-16). 그러므로 사물과의 관계가 인간의 삶과 교육에서 시간상 먼저 등장하는 것은 이상한 일이 아니다. 그러나 인간의 감관에 포착되는 자연적 사건들과 사물들이 어떻게 인간 자신의 이해를 촉발하는지, 이론적 해명이 필요하다. 게다가 자의식조차 없는 상태로 삶을 시작하는 유아(E, I-128)가 어떻게 사물을 경험하면서 그 속에서 자신을 이해하는 반성적 사고를 할 수 있는 존재로 성장하는가? 이 질문이 중요한 이유는 반성적 사고가 없다면 인간은 동식물 같은 유기체와 별로 다를 것 없게 되며, 교육은 유기체로서의 자신을 보존하기 위해서 감각을 이용하여 반응하는 것에 그칠 뿐이기 때문이다. 물론 루소는 자연법칙으로부터 영향을 받는 것에도 '교육'이라는 말을 쓴다(E, I-134, 또는 '사물로부터 오는 교육', E, I-6 참조). 그러나 이러한 수동적인 감각에 교육이라는 이름을 붙일 수 있을지 의문이다. 오히려 단순해 보이는 인간의 감각작용에도 언제나 마음의 능동적인 작용이 들어 있고, 나아가서는 인간의 자기이해를 형성할 만한 단초가 들어 있다고 보아야 할 것이다.

이렇게 사물과의 관계에서 인간이 어떤 존재인가 하는 점은 『에밀』 4권에 삽입된 "사부아 보좌신부의 신앙고백"에서 자연철학의 내용으로 다루어진다. 보좌신부(즉, 루소)는 의심에 의심을 거듭한 끝에, '모든 탐구의 출발점은 자기존재에 대한 확신'이라는 결론(이자 새로운 출발점)에 다다르게 된다. 사물을 판단하고 비교하는 능동적인 힘이 없이 그저 인상이 판단을 결정한다면, 탐구는 아예 이루어지지 않거나 탐구하려는 마음도 품기 전에 저절로 이루어질 것이기 때문이다. 물론 사물을 판단하는 정신은 능동적이기도 하지만, 바로 그 점 때문에 오류에 빠질 위험도 있다. 그러므로 우리는 감각을 더 주의 깊게 성찰할 필요가 있는 것이다(E, IV-234). 감각을 주의 깊게 성찰한 보좌신부는 인간이라는 지적 존재는 '분리되고 고립된 것으로 나타난 감각의 대상들을 움직이고 포개고 그 차이와 유사성, 상호 간의 관련성을 파악하고, 그것에 '~이다'라는 의미를 부여하는 판단 능력'(E, IV-227)을 가지고 있다고 말한다. 이 판단 능력을 가지고 있기 때문에 인간은 사물과의 관계에 있어서 사물과 같은 차원의 존재로 전락하지 않고 새로운 지위를 얻게 되는 것이다. '단순히 감각 능력이 있는 수동적인 존재가 아니라 능동적이고 지적인 존재', 게다가 이와 같은 '생각하는 명예를 권리로서 서슴없이 요구할 수 있는 존재'(E, IV-234)가 바로 인간인 것이다.

그렇다면 이렇게 고차원적인 능력을 발달시키기 위해서 어떻게 해야 하는가? 생애 초기 유아는 자의식조차 없는 감각적 존재, 심지어 자신에게 육체가 있다는 사실조차 알지 못하는 상태(E, I-129)다. 이러한 상황에서도 루소는 단순히 자극을 제공하여 감각기관을 발달시키는 것 이상으로, 사고의 정확성과 자유를 위해서 고정관념을 방지하고 두려움을 극복하는 훈련을 준비한다(E, I-122~139). 차례로 촉각-시각-청각-후각을 발달시키기 위해서 가장 적합한 '사물을 선택'하는 것(E, I-138)이다.

그러고 나서 아이가 활발하게 스스로 움직일 수 있게 되어 사물의 존재와 공간을 인지할 수 있게 되면, '활동을 통해서 자신의 힘에 맞는 분별력을 획득'(E, II-155)하게 한다. 이것은 신체의 훈련으로서 정신의 작용을 위한 것(II-156, 159)이다. 유아기의 감각 훈련부터 자유를 가르치는 것, 또한 자유에 방해가 되는 두려움을 제거하는 것이 중요한 원칙이 된다. 자의식이 생긴 인간에게 가장 큰 공포는 죽음이므로(E, II-210), 교사 장 자크는 음식과 영양의 섭취, 수면, 질병의 예방 등을 통해 죽음이 특별한 사건이 아니라 생명체의 소멸이라는 자연의 필연성임을 담담하게 받아들이도록 한다. 다른 인간과의 관계에서는 인격의 존엄성을 인정하고 주체성을 상호 존중하는 것이 가장 중요한 미덕이라면, 사물과의 관계에서 가장 중요한 덕목은 자신의 신체와 관련하여 죽음을 연습하는 것이기 때문이다(E, III-186, 187).

루소가 보기에, 인간에게는 시각, 청각, 촉각, 미각, 후각 등의 오감뿐만 아니라 나아가, 육감이라고 하는 '공통감각(common sense)', '감각적 이성(sensual reason)'이 있다(E, II-299). 이 능력은 사춘기 이후에 발달하는 이성인 관념들을 종합하여 더 복잡한 관념들을 만들어 가는 사고 능력 또는 타인과의 관계에서 발휘되는 능력에는 미치지 못한다. 다만, 감각에 의존하되 감각을 조율하고 통제하는, 사물과의 관계에서 발휘되는 정신 능력이다. 이 능력은『에밀』제II권에서 에밀이 받는 감각 훈련에서 매우 중요하게 취급된다. 감각적 이성의 발달은 다른 동물들도 터득하는 감수성의 발달이나 신체기능의 증진이 아니라, 자연의 대상을 계기로 삼아 인간의 지적 능력을 발달시키는 것이기 때문이다.

이 점은 감각적 이성이 본격적으로 발달하는 과정인 제III권 소년 후기 교육에 잘 나타나 있다. 루소에 의하면, 이 시기는 힘이 욕망을 넘어설 수 있는 시기, 그리고 상상력과 세상 평판이 그를 좌우하지 않는 시기이므로(E, III-3), 완성된 이해력, 인간관계에 대한 지식을 전제로 하는 역사, 형이상학, 윤리학, 취향 등(E, III-185)은 아직 이르고, '세상이라는 책'(E, III-14)만을 가르쳐야 한다. 아이는 이 세상이라는 책을 통해서 사물들을 연결하는 관계를 보고 나아가 보편적인 진리들을 연결하는 사슬(E, III-36)을 볼 줄 알게 된다. 제III권에서 에밀은 태양과 지구의 움직임에 대한 관찰에서 시작하여 장 자크와 함께 우주학, 물리학, 화학 등의 자연과학적 연구를 수행한다. 이로써 에밀은 동일한 대상에 대한 지속적인 주의집중을 통해서 명백한 관념을 형성하고, 고립되지 않고 상호 연결된 관념의 체계를 갖출 수 있게 된다(E, III-32, 57).

요컨대, 사물과의 관계에서 에밀은 그것을 이해하고 활용하면서 성장하고 발달한다. '사물로서의 대상을 지각할수록 나 자신이 대상으로 나타나며'(E, IV-235), 이 대상으로서의 나 자신은 내가 인식하는 여타의 사물과는 특성과 차원이 다른 정신적 존재라는 점을 점차 깨달아 나간다. 따라서 유아기와 아동기의 자연교육은, 사물의 세계에 유기체로서 적응하고 자기보전을 하는 본능적 기제처럼 보이지만, 실은 '자연'이라는 관념적 세계를 형성하는 인간만이 할 수 있는 지적인 활동이다.

(2) 사람과의 관계에서 인간의 자기지식

사물을 대상으로 이해하고 활용하면서 간접적으로 자신을 이해하고 성찰하던 에밀은『에밀』제IV권부터 직접적으로 인간이라는 대상을 만나 인간을 배우게 된다. 이 주제를 다룸에 있어서도 가장 중요한 방침은 행위상으로도 인식상으로도 왜곡된 정념인 '자기집착(amour-propre)'을 방지하고 사회 속에서 건전한 마음의 상태인 동정심을 갖추도록 하는 데 있다. 루소가 보기에 '정의와 일치된 인류 전체로 확장된 동정심'(E, IV-154)이야말로 인간이 동류의 인간을 마주하면서 갖추게 되는 자연스러운 감정이었던 것이다. 그래서 블룸은 동정심을 이렇게 평가한다. 동정심은, 로크의 이론에서 '게으름뱅이, 말썽꾼들 외에는 규정될 게 없었던 불우한 사람들'마저 공동체로 끌어안을 수 있는 아교풀이며, 홉스의 이론이 상정한 죽음의 공포를 대체할 수 있는 평등의 기초다(Bloom, 1979/2017: 14).

동정심을 형성하기 위해 루소가 처음으로 내세우는 교과는 '역사'다. 대개 위인을 칭송하고 모방하는 방식으로 도덕교육에서 역사를 활용하지만, 루소는 '자신과 동류인 인간들의 비참함을 알기' 위한 용도로 사용한다. 역사상의 인물을 관찰하면서 학생은 이해관계를 떠나 인간의 조건을, 특히 너나없이 불행한 인간조건을 이해하게 된다는 것이다(E, IV-144).

역사가 동류의 인간에 대한 수평적 관찰이라면, 종교는 수직적인 조망에 해당한다. 세계 전체에 비추어 보면, 인간은 아주 미약한 존재에 지나지 않는 것이고, 결국 자신을 뛰어넘는 세계의 질서가 있음을 깨닫게 된다는 것이다. 게다가 '선인은 전체와의 관계 속에서 자기에게 질서를 부여하는 데 비해, 악인은 자기와 관련해서 모든 것에 질서를 부여한다'(E, IV-301). 근대 교육학자 헤르바르트(Herbart)는 공감에 관한 흥미가 개인 간의 윤리적 흥미에서 공동체에 적용되는 사회적 흥미로, 더 나아가 인류를 품는 종교적 흥미로 점진적으로 발전되는 것으로 구조화한 바 있다. 이를 예견하듯, 루소는 '신앙고백'에서 이와 같은 마음의 발달과정을 따라 에밀을 이끌어 간다. 역사를 통한 개인적 · 윤리적 흥미에서, 이제 타인과의 관계를 일반화함으로써 전체 우주의 질서 안에서 자신의 위치를 조망하는 것이다. 그러므로 '신앙고백'은 앞서 사물과의 관계에서 인간 인식 능력의 정점을 보여 주었던 것처럼, 인간과의 관계에서 도덕적 실천 능력의 핵심을 보여 주는 셈이다. '신앙고백'이 끝나는 바로 그 지점에서 루소는 지금까지 자신이 묘사한 교육의 과정을 다음과 같이 정리한다.

> 여기까지 온 지금, 우리는 우리 학생에 대해 얼마나 새로운 영향력을 갖게 되었는가? 그의 마음을 움직이는 새로운 방법을 얼마나 많이 가지고 있는가? 바로 이제야 비로소 그는 착한 마음을 갖는 것, 사람들의 눈길이 미치지 않더라도, 그리고 법에 의해 강요되지 않더라도 선행을 행하는 것, 신과 자신 사이의 관계에 올바르다는 것, 심지어 자신의 생명을 희생해서라도 자기의 의무를 다하는 것, 그리고 자기 마음에 미덕을 지니는 것에 자신의 진정한 이익이 있음을 알게 되었다. 사람이라면 대개 질서에 대한 사랑보다는 자

> 기애를 앞세우지만, 미덕을 지니는 것은 질서에 대한 사랑을 위해서일 뿐이 아니라, 그의 존재를 만든 신에 대한 사랑을 위해서인데, 그 사랑은 바로 자기애와 하나로 합쳐진다. 왜냐하면 결국 그것은 세상의 삶을 훌륭히 보낸 후 내세에서 바른 양심이 주는 평화와 그 지고한 존재에 대한 관조가 그에게 허락하는 영속적인 행복을 향유하기 위한 것이기 때문이다(E, IV-315).

이러한 수평적 · 수직적 거리두기와 관찰을 통해서 인간 일반의 조건을 확인한 다음, 에밀은 사교계 근처로 한 발짝 다가선다. 비록 보편적인 인간 연구에서 개인적인 연구로 전환할 지점이라고 말하지만(E, IV-405), 파리 사교계 안에서도 직접적인 인간관계는 유예된 채 인간의 특성을 이해하기 위한 관찰이 계속된다. 이 부분에서 에밀이 배우는 내용은 예술과 문학의 영역에 속하는 '취향'이다. 루소는 취향이란 자연적인 것이면서도(가지고 태어난다는 뜻이 아니라 인간이 공통적으로 가지고 있다는 뜻), 지역이나 풍습에 따라 저마다 다르고, 개인 간에도 공통 부분이 거의 없을 정도로 개별적인, 즐거움과 선호에 관한 문제(E, IV-449~457), 한마디로 '사소한 일을 잘 아는 기술'(E, IV-470)이라고 규정된다. 그렇다면 각자 자기 취향을 가지고 살아가면 그뿐, 굳이 그것을 이해하거나 성찰할 필요가 없지 않겠는가? 그러나 취향이 가진 바로 이 개별성과 사소함으로부터 지적 · 도덕적 도야의 가치가 따라 나온다. 루소가 보기에 취향과 예술, 문학의 가치는 이익추구의 경향성을 누그러뜨리고 다수의 견해(소위 유행)라는 압박으로부터 벗어날 때 나타난다. 따라서 그것은 합치점이 없기 때문에 선호에 관한 논쟁을 불러일으켜 철학과 지식을 확장하고 사고하는 법을 배우게끔 하며(E, IV-458), 도덕적으로는 타인의 다름에 대한 관용을 바탕으로 상대방을 유쾌하게 배려하게 해 준다(E, IV-457). 그래서 '가장 나쁜 취향을 가진 도시이지만 가장 훌륭한 취향이 육성되기도 하는' 파리에서 '그곳 사교계의 사람들과 같은 생각을 하지 않으면서도 인간의 갖가지 취향을 의식하고 비교할 수 있을 만큼 충분히 섬세한 직관과 판단력'을 가지게 된 다음, 에밀은 그곳을 벗어나게 된다(E, IV-459).

(3) 동료 시민과의 관계에서 인간의 자기지식

이제 마지막으로, '동료 시민과의 관계'가 인간이 자신을 이해하는 데에 어떤 역할을 하는지 살펴볼 차례다. 지금까지 루소에 관한 연구에서 V권의 내용은 관심 밖으로

밀려나거나 주로 여성교육론의 시각에서 비판적으로 취급되었다. 그러나 자기지식의 추구라는 관점에서 보면, 오히려 제V권의 내용은 지금까지 준비해 온 인간세계의 진입이 실현되는『에밀』의 정점이며, 개인교육론을 포함하고 있는『에밀』을,『폴란드 정부론』이나『정치경제론』에서 제시된 공공교육론과 연결하는 교량이 되는 셈이다. 아닌 게 아니라『에밀』서두에서 루소가 내건 자연교육의 과제는 '자기만을 위해서 길러진 인간이 어떻게 다른 사람을 위한 존재가 될 것인가'(E, I-26)이었다. 물론 강성훈(2010: 3)이 지적하고 있듯이,『에밀』의 후속편인『에밀과 소피』가 결국 사회 속에서의 삶에서 실패하고 자신만의 은신처로 도피하는 결론을 보면,『에밀』을 곧바로 공공교육의 이상과 연결시키거나,『에밀』제V권이『사회계약론』과 같은 정치교육론과 연결고리가 있는지는 의심해 볼 수 있다. 그러나 동료 시민과의 관계로 입문하기 전에『에밀』이 막을 내리지만,『에밀』안에서 동료 시민과의 관계 형성이 가진 의미와 그 가능성의 암시는 충분히 찾아볼 수 있다.

『에밀』제V권의 내용이 공동체 생활 안에서 인간의 자기지식과 관련이 있다는 사실은, 플라톤의 여성교육에 대한 비판을 통해 확인할 수 있다. 플라톤이『국가』에서 남성과 여성이 동일한 훈련을 받도록 하는 데에는 남녀의 사회적 역할이 동일하다는 전제가 들어 있고, 이것은 국가의 수호를 위해서 개별적인 가정을 해체해 버림으로써 여성의 사회적 역할을 모호하게 만든다(E, V-23). 이러한 플라톤의 입장은, 루소가 보기에 '가정이라는 작은 조국'을 거쳐서 크나큰 조국에 대한 애착이 형성되는 자연적인 이치를 도외시하는 것이다. 남녀는 서로 평등하고 협조하는 관계(E, V-5, 484)이기는 해도, 그 역할이 동일한 것은 아니다(V-24). 그래서 여성의 교육은 철저히 '자연인 남성에 적합한 여성'(E, V-24)으로 한정되고, 에밀의 교육이 자연과 인간, 이론과 실천을 아우르는 포괄적이고 종합적인 계획임에 반해, 소피의 교육은 남성이라는 타인을 존재로 하는 '실천적인'(E, V-107) 내용으로 한정된다.

따라서 루소의 입장이 반여성주의적이라는 비판은 충분히 설득력을 갖는다. 강상희(2008: 37)의 비판처럼, 루소는 평등을 자연의 질서 안에서 찾으면서도, 여성의 역할과 교육은 가부장적 이데올로기에 가두어 놓고 있다. 에밀은 가정을 발판으로 사회적 관계에 진입하는 데 반해(예: E, V-337, '남편과 아버지가 된다는 것은 국가의 구성원이 된다는 뜻'), 소피는 여전히 가정의 테두리 안에서 벗어날 수 없는 것이다(E, V-20, '여성의 본분은 아이를 낳는 일과 어머니가 되는 것').

그러나 루소가 발견한 것은 '가정교육의 중요성', 가정에서 어머니의 역할의 중요성이다(Boyd, 1911/2013: 280). 여성주의적인 관점에서 보면, 이 점을 지나치게 강조한 것이 루소의 문제일 수 있다. 루소는 '최초의 교육이 가장 중요하고 이 교육은 이론의 여지없이 여성들의 소관'(E, I-3註)이라고 말하고 있다. 또한 '윤리적 질서의 회복은 어머니로부터 시작되며'(I-50)과 '가정생활의 매력이야말로 악습에 대한 최상의 해독제'(E, I-51)라고 주장한다. 이 주장을 문자 그대로 받아들일 필요는 없지만(왜냐하면 에밀은 어머니가 아니라 가정교사의 손에 키워지고 있고, 가정교사는 아버지의 권위를 대신하는 것이기 때문이다), 적어도 루소가 여성교육론을 주장하면서 왜 스스로 모순에 빠지게 되었는지 이해할 수 있다. 루소는 '가정 내의 관계가 사랑으로 형성되지 않으면 자기 자신밖에 모르는 인간이 된다'(E, I-50)고 보고 여성의 역할을 출산과 양육이라는 가정 내에서의 상대적 역할에 국한시키는 것이다.

제V권에 실려 있는 자기지식의 추구는, 국외 여행을 통해서 각국 정부의 특성, 자신의 조국의 정치적 고유성, 그리고 국가 간의 외교, 전쟁, 영구평화론에 이르기까지, 정치이론을 습득하는 대목에서도 역설적이다. 동료 시민과의 관계를 위한 본격적인 준비는 에밀의 국외 여행을 통해서 이루어진다. 가정 내에서 남녀 간의 평등한 관계에 대한 이해가 가정사에 참여하기 위한 서언(E, V-1~27)이라면, 정치공동체에 입문하기 위한 서언(E, V-347~376)에서는 도덕적으로 독립적인 생활을 원하는 개인에게 공동체가 필요한 이유가 무엇인가 하는 질문을 다루게 된다. 그리하여 일반적인 정부의 본질, 정부의 다양한 형태, 그리고 자기 조국의 개별적인 정부를 고찰한 후, 그곳에 사는 일을 검토한다. 이와 같이 계속해서 사회적 관계를 유예하고 제3자적 입장에서 관찰하도록 하는 루소 특유의 소극적 방침을 모르는 바는 아니나, 정치와 공동체 생활에 대한 이해는 국외자로서 할 수 있는 것이 아니다. 그것은 자신이 몸담고 있는 공동체의 행위전통에 참여함으로써 얻어지는 것이다. 에밀이 관찰하는 사회제도는 '문법'과 같은 규칙일 뿐, 규칙은 언제나 구체적인 사례로서 행위자의 행위 안에서 변화되면서 사용되는 것이다. 현자의 실정법은 제도나 법률이 아니라 그가 가진 이성과 양심(E, V-467)이라고 말하고 있는 것으로 보아서, 루소 역시 행위와 제도 사이의 관련에 대해서 알고 있었다. 그리고 도덕적 수준을 신뢰할 수 있는 공동체여서, 그래서 형식교육이든 비형식교육처럼 공동체에의 소속을 위한, 그 소속에 의한 교육이 실행될 수 있다면(『폴란드정부론』 참조),[5] 아마 이런 제3자적 관찰을 설정하지 않았을 것이다.

루소가 제3자적 관찰에서 벗어나는 시민공동체에 진입하는 장면은 결국『에밀』의 가장 막바지에 이르러서다. 공동체의 소속을 위해서 여러 국가들을 비교관찰하는 여행을 하고 돌아왔음에도 불구하고 에밀은 고독한 현자의 삶이 더 타당하다고 생각한다. 거주할 땅에 연연하지 않고(E, IV-463), 재산에 예속되지 않으며(E, IV-464), 죽음을 필연으로 받아들이는 삶(E, IV-465)이야말로 '신처럼 자유로운 삶'(E, IV-466)이라는 것이다. 이런 에밀의 결단은 그가 지금까지 길러진 개인주의적 방식에 비추어 보면 결코 이상한 결론이 아니다. 그러나 교사 장 자크는 '에밀의 행동에 들어 있는 도덕성이 국가의 덕택이며'(E, IV-468), 오히려 태어난 땅에 애착을 가질 것(E, IV-469)과 시민으로서의 의무를 다할 것을 에밀에게 권고하고 있다.

> 내가 시민의 의무에 대해 이야기하면 어쩌면 자네는 나에게 조국이 어디에 있느냐고 물을 것이고, 나를 난처하게 만들었다고 생각할지 모르겠네. 그렇지만 친애하는 에밀이여, 자네가 잘못 생각한 걸세. 조국이 없는 사람이라도 어쨌든 나라는 있기 때문일세. …… 그가 누구이든 인간에게 가장 소중한 것, 즉 그의 행동의 도덕성과 미덕에 대한 사랑을 나라 덕분에 갖는 것이네. …… 그러나 '내가 어디에 있건 무슨 상관이냐'는 말은 하지 말게. 자네가 자네의 모든 의무를 완수할 수 있는 곳에 있다는 것이 중요하며, 이러한 의무들 중의 하나는 자네가 태어난 곳에 대해 애착을 갖는 일일세. …… 자네는 그들 속에 들어가 살면서 즐거운 교제 속에서 그들과 우정을 가꾸어 나가며, 그들에게 선행을 베풀고, 그들의 모범이 되도록 하게. 자네가 보이는 모범은 우리 시대의 모든 책들보다 더 그들에게 유용할 것이며, 자네가 보이는 선행은 우리 시대의 모든 공허한 설교보다 더한 감동을 줄 것이네(E, V-468~469).

5)『에밀』은 사회의 도덕적 수준을 신뢰할 수 없는 상황을 가정한 개인교육론이기 때문에 동료 시민과의 관계에 비추어 자신을 이해하는 과제는 결혼 이후로 유예되어 있다. 반면 공공교육이 가능한 상황을 상정한『폴란드정부론』을 보면, 유아기부터 이러한 자기이해가 설정되어 있다. 폴란드의 공교육체제는 역사, 지리, 공동체 생활을 통해서 시민으로서의 정체성을 형성하는 과정이다.

특히 여기서 눈여겨볼 대목은 에밀에게 그저 평범한 시민이 아닌, 그가 속할 공동체의 모범이 되라고 권고하고 있다는 점이다. 지금까지 루소는 계속해서 인간관계의 진입을 미룬 채, '인간'을 성찰의 대상으로 삼았다. 듀이가 비판하듯이, 마치 물속에 뛰어들지 않고 수영을 배우는 것처럼 말이다(Rusk & Scotland, 1979: 124). 이 모든 관찰과 성찰이 끝나는 지점에서야 비로소 공동체로 입문하기 위한 권고와 결단이 이루어진다. 마치 헤세의 『유리알 유희』에서 세속주에 머물던 유희명인 요제프 크네히트가 교육을 위해서 세속으로 걸어 나갈 결심을 하듯이, 장 자크가 에밀에게 사회로 나가라고 권유하는 이유도 바로 교육적인 것이다. 그리하여 이 책의 대단원은, 에밀이 자신의 아이를 낳고 그 아이의 가정교사를 스스로 맡겠다고 결심하는 것으로 마무리된다. 이 마지막 대목을 보면, 내가 속한 사회, 내가 태어난 조국의 시민으로서 산다는 것은 단순히 정치적 의사표시나 권력획득의 문제가 아니라, 다음 세대에 대해서 정신적 · 도덕적 유산을 남겨 주는 일이라는 점을 생각하게 한다. 브룸바우와 로렌스(Brumbaugh & Lawrence, 1963/2017: 80)의 독특한 해석처럼, 『에밀』은 에밀이 태어나면서부터가 아니라 교사로서의 삶을 살겠다고 결단하는 장 자크의 삶부터 시작되어, 그것이 에밀과의 교육적 유대로 일단락되는 셈이다. "자연인이라는 이상을 종족에 실천할 수 있어야 에밀의 이야기는 완결을 이룬다"(1963/2017: 89).

5. 요약 및 의의

이제 이 장을 마무리하면서, 교육철학을 공부하는 이들에게 필자의 개인적인 경험을 곁들인 두 가지 당부를 덧붙이고자 한다. 이런 요약이 출판되어 읽히는 책에는 어울리지 않는다는 것을 잘 알고 있고 이 점은 독자들의 너른 이해를 부탁드린다.

우선 『에밀』을 자신의 힘으로 읽어 보기를 바란다. 필자가 교육학과에 입학한 1991년 처음으로 들었던 전공수업은 이홍우 선생님의 '교육학개론'이었다. 이 수업시간에 토론과제가 하나 있었다. "이 세상은 좋은 세상인가, 나쁜 세상인가? 교사는 이 세상을 좋은 세상으로 가르쳐야 하는가? 나쁜 세상으로 가르쳐야 하는가?"[이 질문은 『교육의 목적과 난점』(2016)의 독서가이드에도 실려 있다]. 당시 '교육학개론'—수학교육과는 억울해했지만—은 교육학과와 수학교육과가 함께 수업을 들었다. 이때 교육학과 학생들은 '이 세상은 좋은 세상이고, 좋은 세상이 아닌 면이 있다고 하더라도 교사는 이 세상을 좋은 세상으로 가르쳐야 한다'는 이상주의적 입장을 취했고, 수학교육과 학생들은 '이 세상은 그다지 좋은 세상이 아니고, 교사 역시 이 세상을 그대로 보여 주어야 한다'는 다소 현실주의적인 입장을 취했다. 여러분들의 생각은 어떠한가?

물론 어떤 세상이 좋은 세상인가에는 상당히 긴 논의가 필요하다. 그러나 이 장에서 다룬 루소의 세 가지 수수께끼는 모두 이 질문에 대한 대답들이기도 하다. 2절에서 우리는 사회 속의 자연을 통해서 눈에 보이는 그대로의 세상, 주어진 세계로서의 자연이 아니라 인간이 스스로의 힘에 의해서 만들어 가야 하는 세계로서 '사회 속의 자연'을 마주하게 된다. 인간 스스로 만들어 가야 하는 세계에서는 곧 인간 자신도 스스로의 힘에 의해서 새롭게 존재양식을 얻어야 한다. 그러므로 다른 동물의 자연(본성)은 주어진 대로 살아가는 것인 반면에 인간의 자연(본성)은 스스로 찾고 스스로 만들어야 한다는 점에서 참으로 역설적이다.

3절을 통해서 우리는 스스로 형성해야 하는 존재라는 인간의 조건이 교사–학생의 관계에서 또 다른 역설을 만들어 냄을 보았다. 교사는 어떻게 해야 아동의 인격, 아동의 자유를 꺾지 않고 스스로 독립하게 할 수 있는가, 그러려면 우리는 아이들에게 어떤 세상을 보여 주고 어떤 경험을 하도록 해야 하는가?

그러므로 『에밀』은 인간학적 관점에서 읽어야 재미가 있고, 그렇게 읽을 수밖에 없는 소설이다. 4절에서 말한 것처럼 『에밀』은 아동을 기성세대가 원하는 인간형으로 만들기에 효율적인 지침이나 방법을 주려는 책이 아니다. 아이가 만지고 노는 사물들에서, 읽고 있는 책과 만나는 사람에게서, 행위할 때 따르는 법률과 제도 속에서, 다른 존재를 이해하고 그럼으로써 곧 자신을 이해하며 성장해 나가는 점을 보여 주는 책이다.

두 번째 당부는 모든 학문이 그렇겠지만, 교육철학은 긴 시간을 두고 한 발 한 발 내딛어야 가는 긴 여정이라는 것을 명심하라는 것이다. 필자는 석·박사과정 15년을 온통 루소를 가지고 씨름했다. 사실 지도교수이신 故 김안중 선생님은 석사과정에 갓 입학한 필자에게 아우구스티누스를 공부해 보기를 권유하였다. 필자가 학부 졸업논문에서 헤르만 헤세의 『유리알 유희』를 읽고 교사의 위치가 학생을 유리알 유희로 상징되는 정신 세계로 안내하는 것에 있다는 명제에 관심을 보였기 때문이다. 그러나 아우구스티누스의 사상 세계는 필자가 쉽게 넘을 수 없는 험하고 높은 산이었다. 게다가 아우구스티누스의 글을 읽을 때마다 교육을 보는 통찰을 얻기보다 몇몇 구절에서 신앙의 감명만을 받고 그것으로 끝이었다. 몇 번의 도전과 실패 후에, 필자는 지도교수와의 상의도 없이 얄팍한 마음으로 루소로 진로를 바꾸었다.

얄팍하다고 한 이유는 손쉽게 논문을 써서 빨리 학위를 마치고 싶은 꾀를 부렸기 때문이다. 이 장에서 여러 차례 언급했듯이 교육사상가 중에서 루소만큼 표면상 모순이 두드러진 사람도 없다. 굳이 내가 비판점을 새로 찾아내지 않고 기존의 해석가들의 입장을 잘 정리만 한다고 해도 루소는 충분히 철학적으로 문제가 많을 것이라고 생각을 했다.

그러나 명백한 오판이었다. 그리고, 아니 그럼에도 불구하고, 그 오판이야말로 지금까지 필자가 루소를 손에서 놓지 못하는 이유이기도 하다. 루소가 가진 모순 중 하나를 지적하고 그 대안을 제시해서 손쉽게 학위를 마치겠다고 시작한 공부가 석사학위에 6년, 박사학위에 9년이 걸렸다. 물론 필자가 공부를 게을리한 탓도 있을 것이다. 그러나 루소를 손쉬운 사상가라고 판단한 것 자체가 우선 잘못이었다. 이름이 알려진 위대한 사상가 치고 일천한 공부로 가볍게 쓰러뜨릴 사람은 없다. 위대한 사상가를 허수아비로 만들어 쓰러뜨리는 사람은 그 자신의 나약함을 드러낼 뿐이라는 것을 루소를 공부하며 자각했다. 어떤 사상가든 역사의 심판을 견디며 클래식의 반열에 올랐다면 그 안에는 공부하면 공부할수록 새롭게 읽히는 깊이가 담겨 있다. 설사 문외한도 고개를 갸우뚱거릴 명백한 오류가 눈에 띄더라도, 그것은 가볍게 넘겨서는 안 되는 중요한 질문일 수 있는 것이다.

이 책에서 다루는 위대한 사상가들이 다 그렇듯이, 교육에 대한 이해에는 역사, 정치, 예술, 종교 등 인간과 사회에 대한 총체적 이해가 함께 엮여 있다. 교육학은 교육을 잘 이루어지게 해 주는 관심이기 이전에, 인간이 인간으로 성장하는 일체의 활동에 편재해 있는 자기반성적 관심이다. 교육학을 공부하는 재미와 수고도 여기에 있다. 과학을 공부하는 일이 일상의 문제를 해결하는 것을 넘어서 인격의 발달에 어떤 관련이 있는지, 인간에게 언어를 배우는 일은 어떤 의미를 가지는지, 다른 사람들과의 관계 안에서 올바른 행실을 하는 사람은 어떻게 해서 그 인품과 판단력을 갖추게 되는지 등등, 이런 교육학의 질문을 파고들다 보면 인간의 삶 전체에 눈을 돌리게 된다. 장담하건대 플라톤의 『국가』, 루소의 『에밀』 같은 교육철학의 고전을 읽는다면, 교육에 대한 가치관이 세워지는 것은 물론이고, 인간으로서 계속해서 성장하는 자기 자신을 볼 수 있을 것이다.

생각해 보기

1. 장 자크 루소가 근대교육에 미친 영향을, 교육의 개념, 교육내용, 교육방법의 측면에서 정리하고 자신의 평가를 덧붙여 보자.
2. 우리가 살고 있는 세상은 좋은 세상인가, 나쁜 세상인가? 자라나는 세대에게 우리는 세상을 어떻다고 보여 주어야 하는가? 루소(또는 플라톤, 듀이, 푸코, 랑시에르)는 이 질문에 대해서 어떤 대답을 할 것인가?
3. 『에밀』 완역본을 구하여 읽어 보고 아이러니나 패러독스처럼 보이지만, 그 안에 교육을 이해하는 중요한 질문이 담겨 있는 수수께끼를 하나 찾아서 자신이 이해한 바를 정리해 보자.

읽을거리

Rousseau, J. -J. (1762). *Émile, ou De l'éducation*. 여러 번역본.

▶ 무엇보다 훌륭한 고전은 가급적 원전을 찾아 읽을 필요가 있다. 프랑스어로 된 원전『에밀』을 읽기 어렵다면, 영역본(Bloom, 1979)이나 한글 번역본(이용철, 문경자 번역, 민희식 번역, 김중현 번역 등이 있음)을 찾아 읽되, 가급적 축약본보다는 완역본을 읽기를 바란다. 그런 도전이 있고서야 비로소 생각하는 힘을 단련할 수 있을 것이다.

김상섭(2009). **현대인의 교사 루소: 루소는 에밀을 어떻게 가르쳤는가**. 서울: 학지사.

▶ 이 책의 공저자인 김상섭 교수의 역작,『현대인의 교사 루소』(학지사, 2009)도 같이 두고 읽을 만하다. 해석학의 관점으로 루소의 사상을 접근한 이 책은, 루소의 사상을 소개하는 것에서 나아가 루소의 아이디어를 가지고 교육에 관해 철학하기를 도와줄 수 있는 훌륭한 모범이다.

Boyd, W. (1911). *The educational theory of Jean Jacques Rousseau*. 김안중, 박주병 역 (2013). **루소의 교육이론**. 경기: 교육과학사.

▶ 루소의 교육사상을 가장 잘 소개한 책으로서 그의 일생을 따라 사상이 어떻게 전개되고 어떤 이론적 문제를 낳는지 자연과 사회의 개념을 중심으로 전개되고 있다.

참고문헌

강상희(2008). 서양교육사에 나타난 여성관 및 여성교육론: 플라톤, 루소, 울스턴크래프트의 논의를 중심으로. 교육철학, 41, 7-44.

강성훈(2008). 루소의 『에밀』에 대한 재해석. 교육철학, 34, 5-30.

강성훈(2010). 루소사상에서 정치적 이데올로기로서의 '종교': 플라톤과의 비교를 중심으로. 교육철학, 49, 1-24.

고봉만, 황성원(2016). 루소, 교육을 말하다-『에밀』 깊이 읽기. 경기: 살림.

고영준(2020). 루소의 『에밀』에 나타난 자연과 지식의 관계. 교육과학연구, 25, 29-47.

고영준(2022). 『에밀』의 재해석: 자기지식 발달의 지식교육론. 도덕교육연구, 34(4), 129-161.

김상섭(2009). 현대인의 교사 루소: 루소는 에밀을 어떻게 가르쳤는가. 서울: 학지사.

김수동(1997). 루소의 자연주의 교육사상. 서울: 문음사.

김용민(2004). 루소의 정치철학. 경기: 인간사랑.

문경자(2008). 루소의 선택: '고독'의 글쓰기. 프랑스문화예술연구, 28, 1-37.

박의경(2005). 루소에 나타난 애국심과 시민의식: 민주주의를 위한 공적 의지의 두 가지 조건. 한국정치학회보, 39(5), 133-151.

박주병(2008). 루소의 '소극적 교육'의 의미. 도덕교육연구, 19(2), 145-170.

박주병(2010). 루소의 교육론 연구: 자유교육으로서의 자연교육. 서울대학교 대학원 박사학위논문.

박주병(2011). 『에밀』에 나타난 목적론적 자연개념의 교육학적 시사. 교육철학연구, 33(1), 57-77.

박주병(2012). 인간의 본성과 아동의 발견. 초등교육연구, 25(4), 191-210.

박주병(2015). 자기지식의 형성과정으로 해석한 루소 『에밀』의 체계. 교육사상연구, 29(1), 47-72.

박주병 편역(2017). 루소 교육사상 해설. 서울: 강현출판사.

박호성 편역(2009). 루소 사상의 이해. 경기: 인간사랑.

신춘호(2012). 루소 아동교육론의 재고찰: 자연의 두 의미. 한국초등교육, 23(3), 1-17.

안인희, 정희숙, 임현식(1992). 루소의 자연교육사상. 서울: 이화여자대학교 출판부.

이봉지(2013). 루소의 반여성주의: 소피의 교육을 중심으로. 한국프랑스학논집, 81, 45-68.

이홍우(1996). 인간본성론. 교육이론, 10(1), 1-21.

이홍우, 유한구, 장성모(2003). 교육과정이론. 서울: 교육과학사.

정훈(2020). 쉽게 읽는 교육철학 이야기. 서울: 학지사.

주영흠(2003). 자연주의 교육사상. 서울: 학지사.

梅根悟 (1967). **近代国家と民衆教育 プロイセン民衆教育政策史**. 심임섭 역(1988). **근대교육사상 비판**. 대전: 남녘.

Bloom, A. (1979). *Introduction to Emile*. 박주병 편역(2017). **루소 교육사상 해설**. 서울: 강현출판사.

Bowen, J. (1981). *A history of western education* (Vols. 1, 2, and 3). North Yorkshire: Metheun.

Boyd, W. (1911). *The educational theory of Jean Jacques Rousseau*. 김안중, 박주병 역(2013). **루소의 교육이론**. 경기: 교육과학사.

Boyd, W. (1952). *The history of western education*. 이홍우 외 역(1996). **서양교육사**. 서울: 교육과학사.

Brumbaugh, R. S., & Lawrence, N. M. (1963). *Philosophers on education. ch. 4. Rousseau: Émile, a romance of education*. 박주병 편역(2017). **루소교육사상해설**(pp. 65-93). 서울: 강현출판사.

Cassirer, E. (1932). *Die Philosophie der Aufklärung*. 박완규 역(1995). **계몽주의 철학**. 서울: 민음사.

Cleverley, J., & Phillips, C. D. (1986). *Visions of childhood*. 김태오 역(1994). **아동교육관의 철학적 조명**. 서울: 파이데이아.

Collingwood, R. G. (1945). *The idea of nature*. London: Oxford University Press.

Damrosch, L. (2005). *Jean-Jacques Rousseau*. 이용철 역(2011). **루소: 인간불평등의 발견자**. 서울: 교양인.

Dewey, J. (1911). *Democracy and education: An introduction to the philosophy of education*. 이홍우 역(1991). **민주주의와 교육**. 서울: 교육과학사.

Einaudi, M. (1959). *The early Rousseau*. 박호성 편역(2009). **루소 사상의 이해**. 루소와 현대. 경기: 인간사랑.

Hobbes, T. (1651). *Leviathan*. 신재일 역(2007). **리바이어던**. 경기: 서해문집.

Locke, J. (1689). *Second treatise of government*. 부크크 역(2018). **통치론**. 경기: 부크크.

O'Hagan, T. (1999). *Rousseau*. London: Routledge

Oakeshott, M. (1989). In T. Fuller (Ed.), *The Voice of Liberal Learning*. New Haven and London: The Yale University Press.

Oakeshott, M. (1991). In T. Fuller (Ed.), *Rationalism in Politics and Other Essays* (New and expanded ed.). Indianapolis: Liberty Press.

Oakeshott, M. (2004). In L. O'Sullivan (Ed.), *What is History and Other Essays*. USA:

Imprint Academic.

Peters, R. S. (1970). *Ethics and education.* 이홍우, 조영태 역(2003). **윤리학과 교육.** 서울: 교육과학사.

Peters, R. S. (1981). *The paradoxes in Rousseau's Émile: Essays on educators* (pp. 15-31). London: George Allen & Unwin.

Plamenatz, J. (1963). *Machiavelli, Hobbes, and Rousseau.* 김홍명 역(1986). **정치사상사 2: 루소에서 초기 사회주의자들까지.** 서울: 풀빛.

Plato. *The Republic.* 박종현 역(2005). **국가 · 정체.** 서울: 서광사.

Rousseau, J. -J. (1761). *Julie ou la nouvelle Héloïse.* 서익원 역(2008). **신엘로이즈 1, 2.** 경기: 한길사.

Rousseau, J. -J. (1762). *Émile, ou De l'éducation.* 김중현 역(2003). **에밀.** 경기: 한길사.

Rousseau, J. -J. (1762). *Émile, ou De l'éducation.* 이용철, 문경자 역(2007). **에밀 또는 교육론 1, 2.** 경기: 한길사.

Rousseau, J. -J. (1762). *Émile.* 민희식 역(2002). **에밀.** 서울: 육문사.

Rousseau, J. -J. (1979). *Émile, ou De l'éducation.* (A. Bloom trans.). USA: Basic Books.

Rousseau, J. -J. (1990). *The collected writings of Rousseau.* In R. D. Masters & C. Kelly (Eds.), (J. R. Bush, C. Kelley, & R. D. Masters trans.). Lebanon: University Press of New England.

Rusk, R. R., & Scotland, J. (1979). *Doctrines of the great educators.* New York: Macmillan.

Strauss, L. (1950). *Natural right and history.* Chicago and London: The University of Chicago Press.

제**3**장

가상현실은 정말 교육혁명을 일으킬 수 있는가?: 듀이의 관점에서 본 가상현실 교육의 가능성과 한계

정경화

도입

아마도 교육학 전공자 또는 교사양성교육을 받은 사람들에게 교육학을 공부하면서 가장 많이 들었던 교육학자의 이름이 무엇이냐고 묻는다면, 많은 이가 존 듀이(John Dewey, 1859~1952)라고 답할 것이다. 듀이는 철학자로서 왕성하게 활동했던 20세기 초 이래 교육철학뿐 아니라 교육학의 여러 다른 영역에도 큰 영향력을 미쳤다. 교육학의 다양한 분야에서 듀이의 이론이 그토록 오랫동안 그리고 지금도 활발히 활용되고 있는 것은 듀이가 '경험'이라는 교육에서 가장 중심이 되는 현상을 그 누구보다도 밝게 조명하기 때문이다. 이 장에서는 듀이의 '경험' 개념을 개관하는 한편, 듀이의 이론이 어떻게 교육에 대한 이해에 활용되는지를 보기 위해 최근 새롭게 부상하고 있는 가상현실 교육을 듀이의 관점에서 평가한다.

휴대와 사용이 간편한 2세대 가상현실 기기인 HMD(Head-Mount Display)가 개발되면서 가상현실 상용화가 급물살을 탔고, 학교교육에도 가상현실을 적극 도입하게 되었다. 실제로 경험하기 어렵거나 아예 불가능한 것들을 가상현실 속에서는 경험할 수 있다는 점에서 가상현실의 교육적 유용성이 높게 평가되고 있다. 그렇다고 해서 가상현실을 모든 교육적 경험을 가능하게 하는 만능의 도구로 쉽게 단정할 수는 없다. 가상현실 속 경험은 어떤 특징을 가지며 그 교육적 활용 가능성과 한계는 무엇인지 듀이의 관점에서 검토해 보자.

1. 가상현실은 정말 교육혁명을 일으킬 수 있는가?

1999년 영화 〈매트릭스〉가 개봉되었다. 영화는 200년 뒤인 2199년, 인공지능 AI(Artificial Intelligence)가 인류를 지배하는 미래 사회를 그리고 있다. 인간들은 인공자궁에서 잉태되어 그 속에서 그대로 평생 잠을 자는데 이런 상태에서 인체에 의해 만들어지는 열과 전기신호는 AI의 에너지원으로 이용된다. AI는 매트릭스라는 프로그램을 통해 인간의 정신활동, 더 정확히 말하면 수면 중에 꿈을 꾸는 것을 통제하는데, 인간들은 매트릭스라는 가상현실 속에 갇혀 실제 세계에서 살아가는 것과 같은 꿈을 꾸게 된다. 이들 중에는 극소수이지만 꿈에서 깨어나 저항조직을 이루어 AI에 맞서 싸우는 자들이 있는데 주인공 네오가 이들에 가담하여 싸운다는 이야기다.

〈매트릭스〉는 개봉 당시 세계적인 반향을 일으킨 블록버스터 영화로 후속편이 계속 제작되기도 했다. 영화가 상상하는 미래 사회, 가상현실 속에 갇힌 인간들의 이야기 그 자체도 충격적이었지만 고도의 영상 제작 기술로 그려 낸 장면들이 큰 화제가 되어 인기를 끌었던 것이다. CG(Computer Graphic)를 활용하여 주인공 네오가 뒤로 누우면서 총알을 피하는 장면과 같은 영상들이 영화 속 가상현실을 더욱 실감 나게 구현하여 몰입도가 극대화되었다. 2000년대로 들어선 이래 기술이 더욱 빠르게 진보하면서 가상현실(Virtual Reality: VR), 증강현실(Augmented Reality: AR), 메타버스(Metaverse) 등 계속 새로운 디지털 기술들이 개발되고 있다. 단순히 실감 넘치는 영상을 보는 것을 넘어 3차원적 경험과 다른 이들과의 상호작용까지 가능한 수준을 내다보게 된 것이다. 영화 〈매트릭스〉에서 그려진 것과 같은 가상현실 속의 삶은 이제 그저 영화적 상상이 아니라 상당히 가까워진 우리의 미래가 된 것이다.

영화, 게임 등의 엔터테인먼트 분야에서 가장 빨리 활용되기 시작한 가상현실이 최근에는 의료, 산업 등 다양한 실용 분야에도 활용되고 있다(전황수 외, 2017). 가상현실을 다양한 분야에 접목하여 활발히 상용화하게 된 계기는 HMD라는 기기의 등장이다. HMD는 'VR 헤드셋'이라고도 불리는 헬멧 타입의 소형화된 기기로 휴대와 사용이 간편해 가상현실 보급에 크게 기여하였다.[1] 그런데 가상현실 활용 가치에 대한 기대가 특히 높은 분야가 교육이다.[2] 사실 가상현실이라는 아이디어 자체가 교육을 위해 고안된 역사를 가지고 있다. 가상현실을 최초로 실현한 것으로 인정되는 것이 1930년대 비행 시뮬레이터인데, 비행기 조종사 훈련이라는 교육적 목적을 위하여 만들어진 것이다(박인우 외, 2019: 35). 교육학자 배일런슨(J. Bailenson)은 가상현실을 통해 위험하거나, 불가능하거나, 역효과가 나거나, 비용이 많이 드는 경험을 대신할 수 있게 된다고 말한다(Kornfein, 2021. 12. 1.). 지진 대비 안전교육을 예로 들면, 학생들이 땅이 흔들리는 것을 체험할 수 있다면 더욱 실감 있는 교육이 될 것이다. 하지만 지진이 일어난 상황을 비슷하게 만들어 내는 것이 극히 어려울뿐더러, 실제로 기계장치를 이용해 그런 환경을 만들어 낼 수 있다 하더라도 제작비용이 너무 높은데다가 체험자들이 넘어지는 등의 안전사고 위험도 높다. 이런 모든 문제를 한꺼번에 해결하는 방법이 가상현실을 활용하는 것이다. 실제로 우리나라의 행정안전부 소관 안전교육센터에서는 '찾아가는 안전체험 교육' 프로그램을 운영하고 있는데, 직접 학교 교실을 찾아가 가상현실(VR)과 증강현실(AR)을 활용한 교통안전, 화재안전, 생활안전 교육을 실시하고 있다.

특수한 상황을 전제하는 안전교육을 예로 들었지만 직접 경험하기 어려운 교과 내용이 큰 부분을 차지하고 있는 것은 정규 교육과정도 마찬가지다. 교육을 받는다는 것은 가장 단순하게 말하면 시공간적 인식의 확장을 의미한다. 우리는 교육을 통해 현재 살고 있는 시간과 생활공간을 넘어서는 더 넓은 세계를 알아 가게 된다. 그러나 아이러니한 것은 교육이 주로 학교에서, 더 정확히는 교실이라는 상당히 제한된 공간에서 이루어진다는 점이다. 학교교육을 받는 동안 자연과 사회로 나가 직접 보고, 듣고, 느끼고, 행동하며 얻을 수 있는 생생한 경험의 기회를 얻기가 쉽지 않고, 우주 여

1) 가상현실은 3단계를 거쳐 발전하고 있다. 제1세대 가상현실은 4D 스크린을 통한 가상현실이다. 제2세대 가상현실은 HMD, 즉 이마에 쓰는 헬멧 타입의 가상현실이다. 그리고 제3세대 가상현실은 뇌파연동을 통한 가상현실이다(이민화 외, 2016: 32).

2) 가상현실 관련 협업 및 트레이닝 지출이 증가함에 따라 관련 기술에 대한 투자도 확대될 전망이다. 특히 2026년까지의 전망에서 가장 높은 성장률과 지출을 보일 것으로 예측되는 분야로는 교육 분야가 33.5%로 가장 높게 나타났다(강현웅, 2023).

행이나 과거로의 시간 여행 등 경험이 아예 불가능한 것도 교육과정의 상당 부분을 차지한다. 다시 말해, 우리는 교육을 받기 위해 학교에 가지만 학교라는 환경은 오히려 우리가 세계에 대한 인식을 넓혀 나가는 것에 제약 조건으로 작용하고 있는 셈이다.

가상현실 교육에 대한 기대가 높은 이유가 바로 여기에 있다. 가장 근본적이고 오래된 문제인 학교라는 환경이 가지는 시공간적 한계를 가상현실이 초월할 수 있게 해주기 때문이다. 이미 여러 나라에서 VR 기기를 활용하여 심장이 팽창, 수축하는 모습을 보거나 태양계를 3차원 이미지로 관측하는 등 이전보다 훨씬 실감 나는 교육을 시행하고 있다(고광본, 2020. 8. 19.). 우리나라에서도 일부 학교에서 시범적으로 가상현실을 활용한 수업을 해 왔고, 최근에는 학교에 가상현실(VR)과 증강현실(AR) 활용 시스템을 갖춘 '지능형 과학교실', '스마트교실'을 만드는 정책이 추진되고 있어 가상현실 교육을 위한 준비가 발 빠르게 이루어지고 있다(김도영, 2020. 8.).

지금까지 보았듯이 가상현실의 교육적 유용성이 높다는 것은 명백한 사실이고, 곧 학교교육에 광범위하게 활용될 것이라는 것은 누구나 쉽게 예측할 수 있다. 가상현실이 학교라는 공간에 메여 있는 우리에게 상당한 자유를 부여하게 될 것이라는 생각은 너무도 자연스럽다. 하지만 모든 새로운 기술에 대한 사람들의 기대가 그렇듯이, 가상현실이 교육계에 성급한 낙관을 불러일으키고 있는 것은 아닌지 생각해 볼 필요가 있다. 가상현실의 장점이 크지만 그것이 항상 장점으로만 작용할 것이라고 단정할 수는 없는 일이다. 어떤 경우에는 가상현실이 그다지 유용하지 않거나 심지어는 역효과를 일으킬 수도 있다. 예를 들어, 시를 배울 때 시적 상상력을 자극하는 데 가상현실이 활용될 수 있지만, 이는 오히려 정형화된 이미지를 고착시켜 학습자 개개인의 자유로운 상상을 방해하는 결과를 가져올 수도 있다. 다시 말해, 가상현실은 교육적 활용 가능성을 가질 뿐 그 가능성은 때에 따라 실질적인 유용함이 될 수도, 그렇지 않을 수도 있다. 그러므로 가상현실을 모든 것을 가능하게 하는 만능의 기술로 쉽게 단정하고 교육에 무조건 도입하는 것은 무모한 처사다. 언제 그리고 어떻게 가상현실을 사용하는 것이 좋은지에 대한 면밀한 검토가 이루어져야 하며 그래야 오히려 가상현실이 가지는 유용성을 극대화할 수 있다.

가상현실의 교육적 유용성 검토를 위해 여러 가지 질문을 던지는 것이 필요하겠지만 가장 먼저 교육적 경험이란 무엇인가라는 근본적인 질문을 하는 것이 필요하다. 가상현실을 활용하면 교육 효과를 극적으로 높일 수 있을 것이라고 기대하게 되는 것은 학습자가 그동안은 하지 못했던 경험을 가상현실 속에서 할 수 있다는 생각 때문이다. 오랜 인류의 역사 동안 학교라는 제한된 공간을 벗어나지 않고도 교육이 이루어진 것은 듣고, 말하고, 읽고, 쓰는 등의 언어적 활동으로 교육이 이루어졌기 때문이다. 전통적으로 학교에서는 학생이 교과서에 활자로 기록된 교과지식을 읽거나 교사의 설명을 듣는 것이 주된 교육방식이었다. 하지만 우리 고사성어에도 백문불여일견(百聞不如一見), 백 번 듣는 것보다 한 번 보는 것이 낫다는 말이 있듯이 어떤 의미나 가치를 말로 들려주는 것보다 배우는 이가 직접 경험하게 하는 것, 즉 관련된 현상을 직접 관찰한다든지 어떤 행위를 직접 해 봄으로써 의미를 깨닫는 것의 중요성이 강조되어 왔다. 언어를 통한 교육보다 경험을 통한 교육이 더 좋은 교육이라는 것이 자연스럽게 받아들여지고 있었던 것이다. 이러한 통념에 비추어 봤을 때 가상현실을 활용한 교육은 경험을 제공하는 교육이므로 좋은 교육이라는 결론에 쉽게 도달하게 된다. 하지만 무엇인가를 직접 보거나 해 보는 모든 경험이 곧 교육적 경험이라고 말할 수는 없다. 어떤 경험은 학습자의 지적·정서적 성장에 도움이 되는 교육적 경험이 되기도 하고, 어떤 경험은 아무런 의미가 없는 경험이 되기도 한다. 앞서 시 감상에 가상현실을 동원하는 경우처럼 어떤 경험은 다른 의미 있는 경험을 방해하는 경험이 될 수도 있다. 겉으로 보기에는 교육적 경험처럼 보이지만 실상은 무의미한 경험, 심지어는 반교육적 경험일 수도 있는 것이다.

어떤 경험이 진짜 교육적 경험인지 가려낼 수 있어야 가상현실을 교육적으로 활용할 방법이 더 명확해질 것이다. 그런데 앞서 우리는 교육이란 시공간적 인식의 지평을 넓히는 것이라고 정의하고 넘어가지 않았던가? 이 정의에 따르면 교육적 경험이란 다름 아닌 우리가 생활하는 시공간 밖의 더 넓은 사회, 문화, 자연을 접하는 경험이라고 결론지을 수 있지 않은가? 앞의 맥락에서는 교육을 다소 간략하게 규정할 필요가 있었지만, 사실 이런 식으로 어떤 개념을 단편적으로 명제화하는 것은 그와 관련된 현상을 깊이 이해하는 데에 충분하지 않다. 무엇이 진정한 교육적 경험인가에 대해 제대로 이해하기 위해서는 그와 관련된 수많은 개념과 현상에 대한 치밀하면서도 광범위한 검토가 필요하다. 예를 들어, 교육적 경험을 하는 이는 내면에서 어떤 일이 일어나는지, 이런 일을 유도하고 촉진하기 위해서는 무엇이 필요한지, 그런 경험이 잘 일어나는 환경은 어떤 것인지 등 서로 연관된 수많은 질문을 끝없이 던지고 이에 대해 논리적이고 체계적인 답변을 시도하는 것이 필요하다. 한마디로 철학적 탐구가 필요한 것이다. 특히 이 철학적 탐구에 없어서는 안 될 과정 중의 하나가 바로 과거의 철학자들의 이론을 참고하는 것이다. 질문이 근본적일수록, 즉 인류 공통의 관심사와 관련된 질문일수록 먼저 그 질문에 대해 깊이 고민했던 사람들이 있게 마련이다. 때로는 수천 년 전의 철학자가, 때로는 동시대의 사람들이 같은 질문을 가지고 수행한 철학적 탐구의 결과가 인류의 문화유산으로, 그리고 이론으로 남아 있다면 이를 우리들 자신의 탐구 자료로 활용하는 것은 당연지사다.

2. 문자중심교육을 비판하는 진보주의 교육철학자 존 듀이

1) 경험중심교육을 대표하는 존 듀이

가상현실 속 경험을 어떻게 하면 진정한 교육적 경험이 되게 하는가와 관련해서 우리가 반드시 참고해야 할 교육이론을 꼽는다면 존 듀이의 이론을 빠뜨릴 수 없다. 미국 버몬트 주 출신으로 20세기를 대표하는 실용주의(pragmatism) 철학자인 듀이는 『민주주의와 교육(Democracy and Education)』, 『경험과 자연(Experience and Nature)』, 『경험으로서 예술(Art as Experience)』, 『아동과 교육과정(Children and Curriculum)』, 『경험과 교육(Experience and Education)』, 『학교와 사회(School and Society)』 등의 수많은 저작을 남겼다.[3] 듀이의 철학은 당대에 큰 호응을 얻었을 뿐 아니라 지금도 교육학, 사회학, 정치학, 미학 등 다양한 분야에서 듀이의 이론을 바탕으로 하는 연구가 활발히 이루어지고 있다. 특히 교육철학 분야에서는 가장 큰 영향을 미친 석학으로 손꼽힌다.

3) 실용주의(pragmatism)는 미국을 대표하는 철학 전통이다. 우리말 '실용'의 일상적인 뜻인 '실제로 사용한다'가 실용주의의 의미를 잘 담아내지 못하기 때문에 프래그머티즘이라는 영어 발음을 그대로 옮겨 표기하기도 한다. 실용주의는 넓게 보면 세상에 대한 이해가 세상과 분리될 수 없다고 보는 철학적 입장이다. 대표적인 실용주의 철학자로 퍼스(Charles Sanders Peirce)와 제임스(William James)가 있으며, 이들의 뒤를 잇는 듀이의 실용주의는 자연주의적 특징을 가져서 우리가 세상에 대해 이해하는 것 또는 정신활동을 한다는 것은 우리의 몸 또는 유기체가 환경과 상호작용을 한다는 사실과 따로 떨어뜨려 설명할 수 없다는 입장이다. 듀이의 실용주의에 대해서는 뒤에 보다 상세하게 다룬다.

앞서 나열된 대표 저작의 제목에 '경험'이라는 말이 자주 등장하는 것에서도 드러나듯이 듀이가 인간 존재를 설명할 때 그리고 교육을 설명할 때 핵심이 되는 개념이 바로 경험이다. 인간이 산다는 것은 경험을 통해 환경에 적응하는 것이고, 교육은 그러한 적응을 더 잘할 수 있도록 어떤 특정한 경험을 하게 하는 것이다. 뒤에 더 자세히 보겠지만, 듀이는 교육이 언어적으로만 이루어지는 문제를 그 누구보다 통렬하게 비판한 사람으로 교육이 일어나기 위해서는 학습자가 경험하는 것이 필요하다는 것을 역설하였다. 이런 면에서 듀이는 앞서 언급된 백문불여일견을 학문적으로 풀어낸 철학자라고 할 수 있고, 만약 듀이가 살아 있다면 가상현실을 통해 학습자가 실감나는 경험을 하는 시대가 열린 것을 누구보다도 환영했을 것이다. 하지만 듀이 또한 철학자인 한 가상현실 교육을 무조건 긍정하지는 않았을 것이다. 철학자의 관점에서 보았을 때, 가상현실을 교육에 본격적으로 도입하기에 앞서 그 교육적 활용 가능성과 한계를 비판적으로 검토해 보아야 하는 것이다. 앞 절에서 보았듯이 가상현실을 활용할 때 어떤 점을 유의해야 하는지를 판단할 수 있기 위해서는 무엇이 진짜 교육적 경험인가에 대한 이해가 선행되어야 한다. 이 가장 기초적이고 본질적인 탐구의 과정을 듀이가 밟아 갔기 때문에 우리는 그러한 듀이의 발자취를 우선 따라가 보는 것이 필요하다.

2) 전통적인 교육방식의 문제는 무엇인가?

듀이의 경험 개념을 본격적으로 살펴보기 전에 듀이가 어떤 시대적 맥락에서 경험을 중심으로 자신의 교육철학을 펼치게 되었는지 먼저 살펴보자. 듀이는 공교육이 시작된 시대를 산 사람이다. 과거 오랫동안 학교교육을 받는다는 것은 일부 계층에게만 해당되는 일종의 특권이었다. 하지만 19세기 중반부터 서양의 여러 나라들이 교육을 개인적인 것이 아니라 공적인 의미를 가지는 것으로 보면서 학교교육을 제도화하기 시작하였고 20세기에는 누구나 일정한 나이가 되면 학교를 다니는 것이 당연한 세상이 되었다. 듀이는 미국의 공교육이 확립되어 가는 것을 직접 목격하였는데, 이 시기는 미국이 산업사회로 급속히 변화하면서 빈부격차의 심화, 노동 착취 등 여러 사회문제도 함께 생겨나는 때이기도 하다. 듀이는 이런 문제해결을 위한 사회개혁운동에 직접 뛰어들었던 실천적 지식인이다. 특히 듀이는 사회를 개혁하는 가장 근본적인 방법은 다음 세대를 잘 교육하는 것이라고 생각했다. 듀이가 이와 관련해서 한 말을 그대로 옮겨 보면 다음과 같다. "한 사회가 그 사회를 구성하고 있는 모든 개개인이 최대한 성장하게 하는 일에 참되게 임할 때에만 그 사회도 참된 사회가 될 가능성이 생긴다"(Dewey, 2007: 19-20). 그러므로 한 사회의 미래를 좌우하는 중대한 과업을 수행하는 학교교육에 특별히 관심을 쏟는 것이 듀이에게는 당연한 일이었다.[4)]

당시 미국 사회에 공교육이 확립되었다는 것은 미국이 듀이가 기대하는 사회, 즉 사회 진보에 가장 필수적인 교육제도를 갖춘 사회가 되었다는 것을 의미한다. 하지만 학교 안에서 실제로 어떤 교육이 이루어지는가 하는 문제가 남는다. 교육의 기회가 제도적으로 보장된다고 하더라도 그 교육이 참된 방식으로 이루어지지 않는다면 개인의 성장도, 사회 발전도 기대할 수 없는 것이 되고 만다. 듀이는 당시 학교가 그다지 바람직하지 못한 방식으로 교육하는 것에 강한 우려를 표한다. 듀이가 미시간 대학교에 교수로 있을 때 여러 학교 수업을 참관하며 학교교육이 실제로 어떻게 이루어지는지 관찰할 기회를 가지는데, 지나치게 통제된 분위기 속에서 학문적 지식을 전달하는 문자 중심의 교육이 이루어지고 있는 것을 보게 된다. 엄격한 규율에 의해 학생의 행동이 통제되고 암기를 통한 학문적 훈련이 주를 이루는 등 학교가 전통적인 교육방식을 그대로 답습하고 있는 것을 알게 되었다. 듀이는 이런 방식이 학생들의 타고난 심리를 고려하지 않기 때문에 실패할 수밖에 없다는 점을 지적하며, 인간이 어떻게 의미를 획득하게 되는가, 무엇이 지적·정서적 성장을 촉발하는가와 관련된 원리를 제대로 반영하여 '새 교육(new education)'을 해야 한다고 주장하게 된다. 듀이는 특히 학생이 자율성을 가지고 적극적으로 교육활동에 참여하는 것의 중요성을 강조하게 되는데, 듀이의 이러한 관점은 당시 교육계의 큰 호응을 얻어 진보주의 교육운동을 일으킨다.

그렇다면 듀이는 어떤 점에서 전통적인 교육이 바람직하지 못한 방식이라고 생각

4) 교육이라 함은 물론 학교교육과 같은 형식 교육(formal education)뿐만 아니라, 일상생활이나 학교 밖 사회에서 일어나는 교육도 포함한다. 듀이는 교육이 학교를 다니는 동안에만 이루어지는 것이 아니라 삶을 살아가는 내내 스스로를 새롭게 하는 것이라고 말하기도 한다(Dewey, 1985: 4). 하지만 듀이가 형식 교육인 학교교육에 특별한 관심을 쏟은 것은 모든 사람이 교육을 받는 학교교육을 잘 실행해야 더 좋은 사회를 만들 수 있다고 보았기 때문이다.

했던 것일까? 전통적으로 교육은 인류가 오랜 시간 축적한 지식, 기술, 규범을 다음 세대에게 전수하는 것으로 여겨졌다. 이런 관념을 가지고 학교교육을 하게 되면 여러 세대에 걸쳐 공인된 문화유산의 정수를 뽑아 교과로 조직하는 일 그리고 이를 효과적으로 새로운 세대들에게 전달하는 일에 중점을 두게 된다. 이때 교과 내용은 주로 학문적 지식으로 구성된다. 학문은 가장 대표적인 인류의 문화유산으로 세상에 대한 탐구의 결과들을 논리적으로 배열한 지식의 집합체다. 게다가 이 체계화된 지식은 문자, 즉 상징과 기호의 형태로 압축되어 있으므로 많은 지식을 짧은 시간 안에 전달할 수 있다는 이점이 있다. 하지만 듀이는 이러한 지식 전달 위주의 교육은 오히려 의미 전달에 실패할 위험이 높다는 것을 지적한다.

이와 관련해 듀이가 직접 한 말을 들어 보자. "상징이 표상하는 바를 올바르게 나타내지 못할 위험은 언제나 존재한다. 상징이 당장 눈앞에 없는 멀리 떨어진 것을 떠올려서 현재의 경험 안으로 들어오게 하는 것이 아니라, 상징 그 자체가 목적이 되어버리고 말 위험 말이다"(Dewey, 1985: 241). 이 말의 의미를 이해하기 위해 뉴턴의 제2법칙이 무엇을 표상하는지 생각해 보자. 이 법칙은 물리 현상에 대한 과학자의 관찰과 탐구의 결과를 'F=ma'라는 상징을 이용해 나타낸 것이다. 이 상징이 표상하는 바를 단순화하여 말하면 '질량을 가진 물체에 힘을 가하면 가속되는데, 같은 힘을 가할 때 질량이 큰 물체라면 가속도가 낮고, 질량이 작은 물체라면 가속도가 높다'이다.[5] 만약 어떤 이에게 이 공식을 제시했을 때 힘에 의해 물체의 속도가 변하는 물리적 현상을 직접 관찰하고 있는 것처럼 그 의미가 머리에 떠올려진다면, 더 나아가 지금 자신이 관찰하는 현상이나 자신이 하고 있는 활동에 'F=ma'의 의미가 활용되어 현재의 경험 속으로 들어온다면, 그 사람에게는 'F=ma'라는 상징이 제 역할을 하는 것이다. 예를 들어, 마트에서 장을 보기 시작할 때 빈 카트를 밀어 가속할 때와 장을 다 봐서 물건으로 가득 찬 카트를 가속할 때의 차이를 느꼈던 경험을 떠올려 그 의미를 생생하게 되살린다면 'F=ma'가 표상하는 바를 올바르게 나타내고 있는 것이 분명하다. 그러나 많은 이들이 그렇듯이 학교에서 배워 그런 공식이 있다는 것을 알고는 있지만

5) 'F=ma'가 의미하는 바는 '가속된 물체가 가지는 힘은 가속도와 물체의 질량에 비례한다' 등 여러 가지 방식으로 다르게 진술될 수 있다.

공식을 보았을 때 그 공식과 연결된 경험을 되살려 의미를 떠올리지 못하거나, 암기 기계처럼 박제화된 진술을 되뇌는 것에 그칠 뿐이라면 이 공식은 표상하고 있는 바를 표상하지 못하게 되고 만다. 다시 말해, 'F=ma'라는 상징의 의미를 아는 것이 아니라 상징 그 자체가 목적이 되어 상징만을 기억하게 된 경우다.

공부는 책으로 하는 것, 교육받는 것은 문자화된 지식을 습득하는 것이라는 생각이 지금도 상식이 되어 있는 것은 교과를 학문적 지식으로 구성하여 언어적으로 전달하는 데 치중하는 학교교육이 오랫동안 지속된 탓이다. 그리고 이런 식의 교육을 할 때에는 학생보다는 교사가 주도적인 역할을 하게 된다. 이미 학문에 입문하여 교과 내용을 잘 알고 있는 교사가 그 의미를 설명해 주면 학생들은 그 설명을 그대로 받아들이는 주입식 교육을 하게 되는 것이다. 교사 중심의 주입식 교육은 짧은 시간 안에 많은 교과 내용을 전달할 수 있다는 장점이 있지만 문제는 이런 식의 교육을 받는 것이 대부분의 학생들에게 상당히 곤욕스러운 일이라는 점이다. 듀이는 학생의 입장에서 이런 학습이 어떻게 느껴지는지 다음과 같이 말한다. "학생은 그 의미를 알 수 있게 하는 핵심적인 것을 가지지 못한 채 상징을 배우게 된다. 그는 전문적인 정보의 덩어리를 습득하지만, 그 정보가 자기 자신에게 친숙한 물체나 작용과 어떤 관련을 맺는지를 이해하며 따라갈 수 없다. 대부분의 경우 그저 이상한 단어를 배울 뿐이다" (Dewey, 1985: 228). 학생들에게 학교에서의 공부는 지루한 단순 암기일 뿐, 진정으로 이해하지 못한 지식, 자신의 삶과 어떻게 관련되는지 모르는 지식을 배우는 것이 된다. 한마디로 학교는 죽은 지식을 배우는 곳이다.

문자 중심의 학습을 꺼려 하는 학생들, 학습의 동기를 찾지 못하는 학생들을 교육하는 것은 교사의 입장에서도 그리 쉬운 일이 아니다. 교사는 어쩔 수 없이 상벌을 사용해서라도 학생들을 공부하게 만든다. 그러나 이런 위로부터 그리고 밖으로부터의 강요를 동원한 억지 교육의 결과는 보통 우리가 생각하는 것 이상으로 심각한 결과를 낳는다는 점을 듀이는 다음과 같이 경고한다.

> 이럴 때에 교육은 실로 참담한 결과를 낳게 되며, 참으로 역설적인 것이 되고 말 것입니다. 그러한 교육의 과정을 통해 아이들은 체계화되고 논리적인 지식으로부터 아무런 도움을 얻지 못할 뿐만 아니라 그런 교육에 시달린 나머지 실제적인 삶의 사태를 경험하는 가운데에 저절로 학습하는 선천적인 학습 능력을 통하여 배울 기회마저 놓치게 됩니다. 그

결과, 학습자 자신의 성장단계에서 적절하게 구사할 수 있는 사고하는 힘이 마음껏 발휘될 기회를 갖지 못하고, 오히려 더욱더 위축되게 됩니다(Dewey, 1902/2002: 68).

듀이는 전통적인 교육법, 즉 교사가 학문적 지식을 언어로 전달하는 방식은 대체로 실패할 위험이 높을 뿐 아니라 오히려 학생들이 이미 가지고 있는 학습 능력을 위축시키는 역효과를 가진다고 말하고 있다. 듀이의 이 의견을 들었을 때는 자칫하면 듀이가 학교교육 자체를 부정하고 일상 속에서 타고난 학습 능력이 저절로 발휘되도록 교육을 개인의 자율에 맡기자는 주장을 하는 것으로 이해될 수도 있을 것이다. 또는 학교교육 자체를 부정하지는 않더라도 학문을 중심으로 만들어진 교과가 불필요하다는 주장으로 해석될 수도 있다. 먼저, 듀이가 학교교육 자체를 부정하지 않는다는 것은 비교적 분명하다. 앞서 보았듯이 듀이에게 있어 학교교육은 사회 진보를 위해 꼭 필요한 것이다. 이에 비하면 두 번째 해석, 즉 학문 중심 교과가 불필요하다는 주장으로 이해하는 것이 훨씬 그럴 듯하다고 볼 수 있다. 실제로 당시 진보주의를 내세우며 새로운 교육을 시도하는 학교 중에는 학습의 질과 양을 결정하는 것은 교과가 아니라 바로 아동 자신이라는 믿음을 가지고, 교사가 교과를 정하여 가르치지 않고 아동이 자유롭게 자신의 원하는 활동을 선택하게 하는 경우가 있었다(Dewey, 1902/2002: 41). 하지만 이런 방식 또한 듀이가 말하는 새 교육이 아니다. 듀이는 교과를 중시하느라 학생의 자유로운 사고를 억압하는 것도 문제이지만 정반대로 성인의 안내 없이 학생이 마음대로 하게 내버려 두는 것도 문제라고 보았다. 정해진 교과 없이도 아동의 자발적인 학습이 가능하다고 보는 것은 아동을 지나치게 이상화한다는 것이다.

3) 경험의 발달이 진정한 교육

전통적인 교육방식인 문자 중심의 학문적 훈련도 아니고 당시 새롭게 시도되었던 학습자의 자율성을 최대한 보장하는 교육도 아니라면 듀이는 어떤 교육을 해야 한다고 보는 것일까? 사실 듀이는 전통적인 교육과 당시 진보주의를 표방하는 일부 학교의 교육 둘 다를 전적으로 부정하는 것은 아니다. 듀이도 인류의 문화유산으로 구성된 교과가 필요하다고 말한다는 면에서는 전통 교육의 입장에 가깝고, 학생의 자발성을 살리는 방식의 교육을 중시한다는 면에서는 당시 진보주의 학교의 입장에 가깝다. 다시 말해, 큰 틀에서 보았을 때 교과를 문화유산의 정수인 학문 중심으로 구성하는 것은 당연하지만 그 교과를 가르치는 방식이 주입식이어서는 안 된다는 입장이다. 듀이는 교과를 지도에 비유하는데, 지도가 없다면 여행자들이 길을 잃고 헤매느라 시간과 에너지를 낭비하게 되는 것처럼 체계적으로 조직된 교과가 없다면 교육은 상당히 무모한 작업이 될 수밖에 없다(Dewey, 1902/2002: 58). 교과는 인류가 오랜 시간 탐구하고 검증한 것들을 논리적으로 잘 조직하여 정리한 것으로 후대의 사람들이 과거 사람들이 했던 수많은 작업을 반복하지 않아도 되게 한다는 점에서 반드시 필요하다. 하지만 학생들이 어떻게 그 교과지식의 의미를 제대로 이해하고 자신의 것으로 만드는가와 관련해서 보았을 때 상징 형태의 지식을 그대로 암기하는 식의 훈련은 바람직하지 않다는 것이다. 그보다는 교과 내용이 학생이 직접 하는 경험의 형태로 주어져야 진정한 학습이 일어난다. 이를 듀이는 '교과의 심리화' 또는 '교과의 경험화'라고 부르는데(Dewey, 1902/2002: 61), 교과가 학생의 삶과 직접 관련된 생생한 경험이 되었을 때 학생은 자발적이면서도 적극적으로 학습에 임하게 된다. 이런 점에서 듀이는 진정한 의미의 발달은 경험이 발달하는 것이며 경험 속으로 발달하는 것이라고 말한다(Dewey, 1902/2002: 55).

4) 몸과 마음의 이원론 극복을 위한 실용주의

그렇다면 그토록 오랜 시간 동안 전통적인 교육방식이 그대로 이어져 왔던 것은 왜일까? 무엇이 교사로 하여금 엄격한 규율 아래에서 학생들이 교과지식을 그대로 받아들이게 하는 것이 참된 교육이라고 생각하게 만든 것인가? 듀이는 전통적인 교육이 계속 이루어졌던 배경에는 우리의 몸과 마음(정신)을 분리된 것으로 여기는 이원론의 전통이 있다고 말한다(Dewey, 1985: 300). 가장 유명한 이원론자인 고대 그리스 철학자 플라톤에 따르면 세계는 현상계와 지성계로 나뉘어 있다. 현상계는 우리가 직접 보고, 듣고, 느낄 수 있는 물질의 세계이고 지성계는 형상(이데아)이라고 하는 영원불변의 보편개념으로 구성되어 있는 세계다. 이 두 세계 중 실재하는 것은 지성계일 뿐 우리가 직접 물질을 지각하고 경험하는 현상계는 지성계를 모방한 것으로 참된 세계가 아니다. 따라서 참된 지식은 현상계, 즉 물질의 세계를 떠나 그 자체로 존재하며 이에 접근하는 방법은 지성의 힘에 의해서뿐이다. 플라톤 이래 몸과 마음(정신)을 따로 떨어진 것으로 여기는 여러 이원론적 전통이 이어져 내려오면서, 경험과 이성, 주관과 객관, 특수와 보편, 실제와 이론의 대립 쌍 중에서 전자인 경험, 주관, 특수, 실제는 의심해 봐야 하는 것, 후자인 이성, 객관, 보편, 이론은 확실한 것으로 여겨져 왔다. 이는 우리의 지식에 대한 이해에 그대로 반영되었다. 몸으로 직접 보고, 듣고, 행하여 얻은 경험적 지식과 정신적 활동을 통해 합리화, 객관화, 이론화하여 얻은 합리적 지식을 별개의 것으로 철저히 나눌 뿐만 아니라, 둘 중에서도 합리적 지식만을 지식다운 지식으로 여긴 것이다.

듀이는 이원론적 지식관이 특히 교육에 그 흔적을 남겨 놓았다고 말한다(Dewey, 1985: 343). 우리가 세상에 대해 어떻게 알게 되는가에 대한 이원론적 설명을 좀 더 구체적으로 살펴보자. 직접 경험하여 아는 것은 정신적 활동을 필요로 하는 것이 아니라 몸이 사물과 접촉하여 아는 것이다. 즉, 감각기관을 통해 들어온 정보가 사진이 찍히는 것과 같이 인상으로 남아 알게 되는 것이다. 반대로 합리적 지식은 사물과의 접촉에 의해 순수성을 잃지 않도록 되도록 멀리 떨어져서 하는 정신적 활동의 결과다. 이 구분이 교육에 적용되면 한편으로는 감각 훈련, 실물교육, 실험을 하는 교육이 있고, 다른 한편으로는 책에 담겨 있는 순수한 아이디어가 기적과도 같은 정신 에너지의 발휘에 의해 내면화되는 과정이 있는 것으로 여겨진다(Dewey, 1985: 345). 몸과 마음(정신)의 이원론적 관점에서 교육에 대해 생각해 보면, 확실한 지식에 접근하는 통로는 오직 마음뿐이기 때문에 실물을 직접 다루는 경험에 의한 학습보다는 이미 검증된 합리적 지식을 학생들의 마음에 새기는 것이 훨씬 더 확실한 교육법이다. 물건이 창고에 쌓여 있듯 지식이 완성된 형태로 이미 존재해 있으니 공부라고 하는 것은 정신적 힘을 발휘하여 마음에 그 지식의 덩어리를 체계적으로 들여놓는 작업이 된다. 특히 이때 신체적 활동은 정신이 하는 공부를 방해하는 것으로 여겨져 몸이 억압의 대상이 되어 버린다(Dewey, 1985: 148).

듀이는 우리의 경험의 세계와 지성의 세계를 갈라 놓는 이분법의 반대편에 서서 두 세계의 연결성을 강조하는 실용주의를 내세운다. 실용주의의 관점에서 보면 우리가 무엇인가를 안다는 것은 우리의 몸 그리고 우리의 행위와 분리된 순수한 정신적 활동일 수 없다. 인간은 기본적으로 마음과 함께 몸을 가지고 있고, 몸은 무슨 일인가 하게 되어 있다. 몸이 '하는 것'은 다름 아닌 환경을 의도적으로 변형하는 활동이다(Dewey, 1985: 353-354). 우리는 우리를 둘러싼 세계, 즉 환경 속에서 삶을 영위하는 존재로 환경을 우리의 필요에 맞게 바꾸기도 하고, 주어진 환경에 우리를 맞추기도 하면서 살아간다. 이때 환경에 대한 우리의 행위를 지적인 것이 되게 하는 것이 앎이고 지식이다. 아무런 의식 없이 기계적으로 행위하는 것이 아니라 행위를 하는 속에서 지적 능력을 발휘하여 우리 자신과 환경과의 관계를 파악하고 그렇게 파악된 것을 미래의 행위에 반영할 때에 진정한 앎이 있는 행위가 되는 것이다.

듀이의 실용주의는 '아는 것'과 '하는 것'이 분리될 수 없다는 것의 근거를 진화론에서 찾아 자연주의적 특성을 가진다. 유기체(organism)가 진화하여 인간에 이르렀기 때문에 단순 유기체와 인간은 서로 다른 존재가 아니라 연속선상에 있는 존재로 보아야 한다는 것이다. 복잡하게 진화하기 전, 유기체는 극히 단순한 방식으로 환경에 적응하지만 이때에도 마음이라고 하는 것이 최소한으로 작용한다. 반면 진화된 유기체는 시공간적으로 훨씬 더 많은 요인을 다루기 때문에 마음의 작용, 즉 지성이 점점 더 중요한 역할을 하게 된다(Dewey, 1985: 347). 이처럼 인간의 지성이라는 것도 결국 다른 유기체와 마찬가지로 환경에 적응하는 속에서 마음이 고도로 발달한 것일 뿐, 지성을 가졌다는 것이 인간을 다른 동물과 구별되게 하는 본질적 특이성이라고 볼 수는 없다. 인간 또한 생명체인 한, 우리의 앎은 우리의 몸, 우리가 몸담아 살고 있는 세상, 그 속에서의 행위와 결코 분리될 수 없다.

이와 같은 자연주의적 실용주의의 관점에서 교육을 보면 지식을 오직 언어만으로 전수하는 방법은 우리가 본래 지식을 얻는 방법과 너무나 괴리되어 있다. 본래 지식은 행위 속에서 얻는 것인 한편, 행위로 되돌아가는 것이기도 하다. 언어적 지식은 우리의 생생한 삶의 과정 속에서 획득된 지식을 상징으로 남겨 둔 것일 뿐, 상징 그 자체가 그대로 완전한 지식이라고 할 수 없다. 상징화된 지식이 다시 진정한 의미의 지식이 되기 위해서는 다시 우리의 행위, 삶의 일부분으로 되돌아가야 한다. 때문에 듀이는 교육이 말을 들려주고, 말을 듣는 것이 아니라 활동적이고 적극적인 과정이 되어야 한다고 말한다(Dewey, 1985: 43-44). 교육받는다는 것은 다른 이가 설명해 주는 지식을 수동적으로 받아들이는 것이 아니라 학습자가 능동적으로 활동하는 속에서 배움을 얻고 이를 통해 자신의 앞으로의 활동을 조절하는 것이다. 듀이는 특히 이 능동성은 억지로 끌어낼 필요가 없는 것임을 다음과 같이 강조한다. "우리는 아이들에게 적극적인 활동을 억지로 뽑아내려고 애쓸 필요가 없다. 삶이 있는 곳에는 이미 열렬하고 헌신적인 활동이 있는 법이다. 성장이라는 것은 아이에게 무엇인가 해 주는 것이 아니라 아이들이 하는 것이다"(Dewey, 1985: 47). 진정한 교육이란 우리의 삶 속에서 내재되어 있는 능동성, 활동을 통해 배우는 힘을 써서 그 힘을 증대시키는 것이다. 학교교육의 맥락에서 보면 학교가 교과서만 가지고 교육하는 곳이 아니라 학생들이 실물을 직접 관찰하거나 다루는 등 직접적이고 생생한 경험을 할 수 있는 곳이 되어야 한다. 경험을 통해 배우려는 학생들의 타고난 힘이 마음껏 발휘될 때 학생들은 성장하고, 그 성장의 힘은 계속되어 삶이 지속되는 한, 계속 배우는 사람, 성장을 멈추지 않는 사람이 된다.

3. 존 듀이의 경험중심교육 이론의 핵심 개념들

지금까지 듀이가 어떤 문제의식에서 전통 교육을 비판했고, 어떤 철학적 입장에서 경험중심교육을 옹호하게 되었는지 살펴보았다. 이제 우리의 질문으로 돌아가서 듀이가 말하는 교육적 경험이란 무엇인지 살펴보자. 삶이 이어지는 한, 우리는 늘 경험을 하게 된다. 몸과 마음을 가지고 세상 속에서 살아가는 동안 일분일초라도 경험을 하지 않는 순간은 없다고 할 수 있다. 하지만 교육적 관점에서 보았을 때 삶의 모든 순간을 의미 있는 경험의 순간이라고 말할 수는 없다. 우리는 특별히 교육적 경험이라고 여길 만한 것을 따로 구별해서 지칭하곤 한다. 어떤 앎에 도달하거나 어떤 능력을 키우게 되면 '경험을 쌓았다', '경험이 풍부해졌다', '좋은 경험을 했다'고 말하곤 하는 것이다. 그렇다면 이와 같이 배움이 있는 경험, 성장에 기여하는 경험은 어떤 특징을 가지는 것일까? 그리고 그런 교육적 경험을 촉진하는 방법은 무엇일까? 이런 질문에 답하기 위해 듀이가 경험을 그리고 교육을 어떻게 설명하고 있는지 좀 더 자세히 보자.

1) 경험의 구조

듀이는 경험이 능동적인 요소와 수동적인 요소의 특수한 결합으로 이루어져 있다고 말한다(Dewey, 1985: 146). 경험의 능동적 요소는 무엇인가 '해 보는 것(trying)'이다. 만약 그냥 해 보는 것에 그친다면 우리가 어떤 경험을 했다고 특별하게 여길 만한 것이 되지 못하고, 일상적으로 흘러가는 수많은 활동 중의 하나가 되어 기억에서 사라진다. 하지만 여기에 경험의 수동적 요소인 '겪는 것(undergoing)'이 결합되면 비로소 경험이 의미를 가지면서 우리의 뇌리에 남는다. 듀이가 들었던 유명한 예인 어린아이가 불에 손을 데는 경험을 살펴보자. 걸음마를 막 하게 되서 자유롭게 돌아다니며 세상을 탐색하는 어린아이가 있다. 이 아이가 방에 누군가 켜 놓은 초에 호기심을 가지고 다가가는 상황을 상상해 보자. 아이는 밝게 빛나면서 흔들리는 촛불에 손을 뻗어 본다. 이때 아이의 손이 촛불에 닿지 않고 이내 다른 것에 관심이 생겨 발길을 돌린다면 손을 뻗었던 시도는 아무런 의미를 가지지 못하고 잊힌다. 반면 촛불에 손이 닿아서 아이가 한 번도 경험하지 못한 고통을 느끼면서 울음을 터트린다면 아이의 행위는 특별한 경험으로 남는다. 이 아이는 촛불에 손을 데는 경험을 했기 때문에 불이 가지는 속성에 대해 이해하게 되고, 이후부터는 불을 만지려 들지 않고 거리를 두게 된다. 이와 같이 능동적 행위가 일으킨 변화(촛불에 손을 뻗어 접촉)로 인해 행위자가 수동적으로 어떤 변화(손에 고통을 느낌)를 겪게 될 때 경험이 의미(불에 우리의 신체가 접촉되면 화상을 입음)를 가지게 된다. 다른 말로 하면, 우리는 능동적 요소와 수동적 요소가 결합된 경험을 통해 무엇인가 배운다.

2) 경험과 사고

경험이 능동적 요소와 수동적 요소의 특수한 결합이지만 사실은 두 요소의 결합 그 자체가 우리에게 어떤 의미를 깨닫게 하는 것은 아니다. 앞서 아이가 불에 손을 데는 경험을 하는 것을 통해 불에 대해 알게 되고 그 지식을 이용해 자신의 행동을 조절하는 경우의 예를 들었지만, 같은 상황을 겪더라도 앎에 이르지 못하는 경우도 있다. 집 마당에서 놀던 개가 벌을 쫓아다니다가 벌에 쏘여 큰 곤혹을 치름에도 며칠 후 또다시 벌을 쫓아 쏘이는 경우를 보자. 이 개의 경우 벌에 쏘인 경험이 있음에도 불구하고 벌을 쫓으면 벌을 자극하여 공격을 받을 수 있다는 것을 깨닫지 못한 것이다.[6] 이와

6) 물론 이 개가 처음 벌에 쏘인 경험을 통해 벌을 자극하면 공격받는다는 것을 알게 되었음에도 불구하고 벌을 쫓아다니는 것에 대한 욕구가 커서 위험을 감수하면서까지 다시 쫓는 경우일 수도 있다. 이런 경우 경험을 통해 의미를 획득했다고 할 수 있는지에 대해 '그렇다' 또는 '아니다'로 단순하게 결론짓기는 어렵고 좀 더 따져 보아야 할 복잡한 경우다. 우선 본문의 경우는 자신의 행동과 결과를 전혀 관련

같이 능동적 요소와 수동적 요소의 결합만으로는 경험으로부터 배우는 것이 보장되지 않는다는 것을 알 수 있다. 의미를 획득하는 경험, 앎이 되는 경험이 되기 위해서는 하는 것과 겪는 것이 시간적으로 연달아 일어나는 것만으로는 충분하지 않고, 경험을 하는 이가 이 둘을 관련지을 수 있어야 한다. 이를 위해서는 지적 작용인 사고가 함께 일어나야 한다.

경험 속에서 일어나는 사고는 다른 말로 하면 반성(reflection)이다. 우리 인간을 가장 활발히 반성하게 만드는 것은 바로 경험이다. 흔히들 사고의 전형을 초연한 이성의 소유자가 세상과 동떨어져 행하는 순수한 관념적인 활동으로 여기지만, 듀이는 경험이 결여된 정신활동은 지성의 힘을 오히려 반죽음의 상태에 머무르게 한다고 말한다(Dewey, 1985: 151). 본래 사고는 우리가 직접 세상 속에서 무엇인가 시도해 보고 그 결과를 겪을 때 촉발되던 것이고, 그렇기 때문에 다른 어떤 때보다도 세상을 직면하는 경험을 할 때 사고가 활발해진다. 생생한 경험 속에서 사고는 경험 안의 여러 요소를 세밀하게 분석하고 그 관련을 파악하는 한편, 당장 하고 있는 경험 밖으로 그 관련 범위를 확장하여 의미를 생성하기도 한다.

경험 속에서 작용하는 사고가 어떻게 세밀하면서도 광범위한 의미를 생성하게 되는지 다시 아이가 촛불에 손을 데는 경험으로 돌아가 보자. 이 경험을 가장 단순화시켜 보면 능동적 요소(촛불에 접촉)와 수동적 요소(고통을 느낌)의 결합과 반성을 통해 그 둘 사이의 관련(촛불에 접촉하면 고통을 느낌)을 알게 되는 것이다. 하지만 이 아이의 사고 속으로 들어가 보면 이 경험 속에서 어떻게 반성이라는 지적 작용이 날카롭게 의미를 포착하는 한편, 다른 경험들과 연결시켜 의미를 확장해 나가는지가 드러난다. 촛불에 손을 뻗어서 뜨거움의 고통을 느낀 아이는 촛불과 자신과의 거리가 달라질 때 그 결과 또한 다르다는 것에 대해 이해할 수 있다. 촛불에 손을 뻗어 다가갈 때 어느 지점에서 고통을 느끼게 되었는지를 즉각적으로 포착하여 촛불에 아주 가까이 다가가는 것은 고통을 가져오는 것이지만 불로부터 아주 멀리 도망갈 필요는 없다는 것도 깨닫는다. 촛불로부터의 적정한 거리가 어느 정도인지 알게 되는 것이다. 또 다른 한편, 촛불에 손을 뻗어서 느끼게 된 고통이 이전에 뜨거운 물에 손을 담갔을 때

짓지 못하여 의미를 획득하지 못한 경우로 한정해 보자.

느꼈던 고통과 유사하다는 것을 떠올릴 수도 있을 것이다. 여기에 더하여 뜨거운 물이 만들어지는 과정, 즉 가스 불 위에서 주전자가 가열되어 물이 끓어올라 김이 나는 것을 관찰한 경험까지 연결된다면 불의 의미가 훨씬 더 넓게 형성된다. 이와 같이 불과 관련된 경험이 축적되면 나중에는 요리를 하거나 몸을 따뜻하게 덥히는 데 불을 안전하게 사용하는 단계까지 이르게 된다.

무엇보다도 경험을 할 때 사고가 활성화되는 것은 우리가 미래에 대해 관심을 가지기 때문이다. 만약 결과를 미리 예견하려고 한다든지, 미래에 달성하고자 하는 목적이 있다든지 하는 경우가 아니라면 우리의 행위는 충동적으로 이것저것 그냥 해 보는 것에 그칠 것이다. 모든 행위는 우선은 해 보는 것이지만 장차 닥쳐올 상황에 대한 관심, 원하는 것을 성취하고자 하는 바람이나 원치 않는 상황이 벌어질 것에 대한 걱정과 같은 것이 있기 때문에 과거, 현재, 미래의 관련을 적극적으로 찾는 사고 작용이 함께 일어난다. 따라서 경험의 질은 결국 과거, 현재, 미래를 연결하여 파악하는 사고가 얼마나 예리하면서도 광범위한가에 달려 있게 된다. 경험의 질이 높을수록 의미의 망이 촘촘하면서도 넓게 펴져 있는 그물망을 구성하게 된다. 이렇게 높은 질의 경험이 쌓이면 다음에 무슨 일이 일어날지 예견하는 것이 가능해지고, 미래에 대한 적응 능력, 통제 능력이 증대한다(Dewey, 1985: 147).

듀이가 경험에 있어서 직접 하는 것과 함께 사고 작용을 강조하는 것에서도 알 수 있듯이 우리가 경험한다는 것은 과학자의 실험과 유사하다. 영어로 경험(experience)과 실험(experiment)은 공통적으로 라틴어 'experiri'라는 어원을 갖는데, 'experiri'는 시도하다 또는 시험하다는 의미를 가진다. 경험에 포함된 사고의 과정은 다음과 같이 5단계로 나뉘어 설명되기도 한다.

i) 아직 성격이 충분히 파악되지 않은 불완전한 상황에 처해 있기 때문에 느끼는 곤혹, 혼란, 의심

ii) 추측에 의한 예견: 주어진 요소들이 어떤 결과를 낳을 것이라는 잠정적 해석

iii) 문제를 규정하고 명료화하는 데 동원될 수 있는 모든 고려사항을 주의 깊게 조사(검토, 점검, 탐사, 분석)

iv) 잠정적 가설이 더 넓은 범위의 사실에 부합하여 정밀성과 일관성을 가지도록 상세히 설명

v) 설정된 가설에 기초하여 현재의 사태에 적용할 행동 계획을 수립하고 예견된 결과를 일으키기 위하여 실제로 행동을 함으로써 가설 검증(Dewey, 1985: 157)

이 다섯 단계는 과학자들의 작업, 즉 문제를 포착하고, 문제해결을 위해 정련된 가설을 세우고, 이를 검증하기 위해 실험하는 것과 거의 같기 때문에 경험에 동반되는 사고, 즉 반성은 과학적 사고 또는 과학적 방법이라고 칭하기도 한다(Dewey, 1938/2002: 212). 그렇다고 해서 보통 사람들은 범접할 수 없는 과학적 발견에 동반되는 고차원적 사고만을 듀이가 말하는 반성의 전형으로 볼 필요는 없다. 불에 손을 데는 경험을 통해 불의 의미를 깨닫는 과정을 예로 들었듯이 반성은 우리의 일상과 멀리 떨어진 것이 아니다. 우리가 삶을 살아간다는 것은 늘 세상의 불확실성에 대한 걱정 또는 관심을 가지게 되는 것이고 이 불확실성에 능동적으로 대처하기 위한 지적 활동이 곧 반성하는 것이다. 듀이는 반성에 따른 행동에 대해 판에 박힌 듯 반복되는 행동 및 변덕스러운 행동과 대비시키며 자신의 행동에 대한 책임을 지는 것이라고 말한다(Dewey, 1985: 153). 판에 박힌 행동을 하는 것은 관습적으로 해 왔던 것을 전부로 여겨 새로운 것과의 관련을 고려하지 않는 것이고, 변덕스러운 행동은 순간마다 내키는 대로 행동하는 것이다. 이 두 가지 행동은 모두 지금의 행동이 미래에 어떤 결과로 이어질지에 대해 책임지지 않는 것이다. 반면 생각을 하며 행동하는 것은 바로 그 책임을 받아들이는 것이다.

3) 관심

아직 파악되지 않은 세계에 대해 책임을 진다는 것은 다른 말로 하면 관심(interest)을 가지는 것이다.[7] 우리가 사는 세계는 일어나는 일, 즉 사건(event), 사태(affairs), 또

7) 듀이의 'interest'라는 개념은 우리말로 관심보다는 흥미로 번역되는 것이 일반적이다. 하지만 듀이는 'interest'를 염려, 걱정, 관심을 의미하는 'concern'과 거의 동의어처럼 사용하곤 한다. 물론 걱정뿐 아니라 특히 어린 나이일수록 새로운 것에 호기심을 가지면서 즐거운 감정을 느끼는 경향이 높기 때문에 맥락에 따라 관심 대신에 흥미라는 표현을 쓰는 것도 가능하다고 볼 수 있다. 여기에서는 걱정과 같은 부정적인 감정 상태를 동반하는 관심과 재미와 같은 긍정적인 감정 상태를 모두 포괄하기 위해 관심이라는 번역어를 주로 사용하고 맥락에 따라 흥미를 사용하기도 한다.

는 상황(situation)으로 나타나는데, 지금 일어나는 일에 관심을 가진다는 것은 그 일에 마음을 쓰며 능동적으로 참여하는 것이다. 듀이는 참여자를 관람자와 대비하며 참여자가 어떤 마음 상태를 가지는가를 말한다.

> 관람자의 입장에서는 지금 일어나고 있는 일에 대하여 관심이 없다. 어떤 결과가 생기든지 그것은 결국 '구경거리'에 지나지 않기 때문에, 이런 결과가 나와도 그만이요, 저런 결과가 나와도 그만이다. 참여자는 지금 일어나고 있는 일에 밀접하게 관련되어 있으며, 그 결과는 그에게 중요한 의미를 가진다. 그의 앞날이 어떻게 될 것인가가 이 일에 달려 있는 것이다. 그러므로 그는 자기가 할 수 있는 것이 있다면 현재 사건의 전개 방향에 영향을 주려고 한다(Dewey, 1985: 131).

관심을 가진다는 것은 우선 상황이 어떻게 진전되어 가는가에 주의를 기울이고 마음을 쓰는 것이지만 어떤 염려나 바람을 가진 채 노심초사만 하는 수동적인 정서 상태를 의미하지는 않는다. 앞에서 경험 속 사고의 작용에 대해 설명했듯이 관심을 가지게 되면 미래를 예측하고 원하는 방향으로 상황을 이끌기 위해 관찰, 추리, 분석, 실험 등의 지적인 활동에 적극적으로 임하게 된다. 관심은 어떤 사태 속에서 주의를 기울이고 골똘히 생각하며 실천하는 사람의 정서 상태를 나타내는 것으로, 실제로는 사고한다는 것과 관심을 가진다는 것이 분리되지 않는다(Dewey, 1985: 132).

관심이 특히 교육적으로 중요한 것은 경험이 완결될 때까지 지속시키는 힘으로 작용하기 때문이다. 관심은 앞으로 올 경험에 대한 태도, 즉 앞으로 어떤 경험이나 행위를 하고 싶어 하는 행동 경향이다(Dewey, 1902/2002: 50). interest(관심)는 어원적으로 풀어 보면 '사이'를 의미하는 'inter'와 '있다'를 의미하는 'esse'가 결합되어 있다. 즉, 분리되어 있는 것 두 개의 중간을 연결한다는 의미다(Dewey, 1985: 134). 교육적 상황 속에서 보았을 때 시작 단계에 있는 학생의 상태와 교사가 목표하는 학생의 상태가 떨어져 있기 마련이고, 교육을 한다는 것은 기본적으로 이 둘 사이를 메우는 것, 학생의 교육적 경험이 완결될 때까지 과정을 밟아 나가게 하는 것이다. 관심이 있는 학생은 능동적으로 그 과정을 거쳐 목표하는 지점에 다다를 것이지만 관심이 그다지 없다면 과정에 참여하기를 거부하거나 아무런 사고와 능동성 없이 기계적으로 반응하기 쉽다. 그러므로 학생이 관심을 가지고 교육에 임하게 하느냐, 못 하느냐가 교육의 성패를 좌우한다고 해도 과언이 아니다.

학생이 교육적 경험을 완수하게 하기 위해서는 일차적으로는 학생이 이미 가지고 있는 관심이 무엇인지를 알아내고 이를 활용하는 것이 필요하다. 하지만 학생의 모든 관심이 교육적으로 의미 있는 것은 아니라는 점을 유의해야 한다. 학생들이 흥미를 가지는 것 중에는 교육적 경험에 적극적으로 참여하게 하는 진짜 관심이 있고, 성장의 추진력이 되지 못하고 금방 사라드는 단순 충동이 있다. 이를 구별하지 않고 관심 그 자체를 이상화하는 것은 오히려 학생을 현재의 상태에 고착되게 만든다. 이와 같은 문제는 듀이 당대 새 교육을 표방하는 일부 학교에서도 나타났는데, 듀이는 학생들이 자신의 흥미에 따라 하고 싶은 대로 하도록 내버려 두게 되면 성장이 정체되고 재미를 만끽하는 삶을 목적으로 삼게 된다고 지적한다(Dewey, 1902/2002: 50-51).

학생의 관심은 타고난 소질, 과거 경험 등의 영향으로 개인마다 다르다. 때문에 학생의 관심을 고려하여 교육한다는 것은 학생 개인마다 다른 교육이 제공되어야 하는 것으로 이해될 수 있다. 그렇다면 기본적으로 한 명의 교사가 다수의 학생을 한꺼번에 지도하는 집단교육 형태의 학교교육이 과연 좋은 교육방식일까라는 의문이 들게 한다. 충분히 제기할 수 있는 문제이지만 학생의 관심이 고려된 교육이 항상 일대일의 형태를 취해야 하는 것은 아니다. 교사가 한 학생에 집중하여 지도하는 시간도 당연히 필요하지만 관심이 같은 학생들을 모아 교육하거나 모두 함께 하는 활동 중에 개별 활동의 시간을 일부 갖는 등 학생 개개인의 능력, 필요, 선호 등을 반영한 다양한 교육형태가 학교 안에서 고안될 수 있다. 또한 학생들이 연령에 따라 대부분 같은 발달단계에 있고 시공간적으로 유사한 환경 속에서 생활한다는 점을 미루어 보면 학생들이 많은 부분에서 비슷한 관심을 공유하고 있을 가능성이 높다. 그러므로 집단적으로 이루어지는 학생 맞춤형 교육도 어느 정도 가능하다. 그리고 뒤에 좀 더 자세히 보겠지만 학교는 사회화 기관으로 학생들이 사회 성원으로 다른 이들과 상호작용하는 법을 배우는 것 또한 중요하기 때문에 개인적 흥미에만 몰두하는 것이 아니라 사회적 관심사에 관심을 기울이는 것을 배워야 하는 곳이기도 하다. 그러므로 전적으로 개별화된 학습만 하는 것은 오히려 비교육적이다.

학생의 관심을 고려한 교육을 위해서 가장 큰 신경을 써야 할 부분은 사실 어떤 교재(subject matter)를 제공할 것인가이다. 듀이는 관심과 발달의 힘의 작용은 거의 전적으로 주변 환경에서 주어지는 대상과 자극의 성격에 의해 좌우된다고 말한다

(Dewey, 1902/2002: 55). 모든 자극, 물질, 사물 등, 우리를 둘러싸고 있는 세상의 모든 것이 우리의 관심을 불러일으키고 발달이 일어나게 할 수 있지만, 학교는 그중에서도 특정한 자극이나 사물을 선택하는 곳이다. 전통적으로 학교에서 교재로 제공되어 왔던 것이 교과서다. 학생들이 습득해야 할 지식을 선택하여 상징의 형태로 압축하여 잘 정리해 둔 책이 학생들에게 기본 학습 자료로 제공되어 왔던 것인데, 듀이는 교과서가 교사를 위한 것이지 학생에게 직접 제공될 자료가 아니라고 말한다(Dewey, 1902/2002: 76). 교과를 구성하고 있는 지식은 교사로 하여금 학습자에게 어떤 환경을 제공해야 할지를 판단하게 해 준다는 점에서 가치 있는 것이긴 하지만 상징화되어 있는 형태여서 학생이 직접 상호작용할 자료로는 적합하지 않다. 때문에 교과 내용을 지식 그 자체로 학생들에게 제시하는 것이 아니라 학생들의 일상적인 삶의 내용으로 가지고 가서 재구성하는 것이 필요하다(Dewey, 1902/2002: 75). 이 재구성의 과정에서 핵심이 되는 문제는 무엇으로 교과서를 대신할 것인가다. 듀이는 교사가 할 일은 학습자의 능력이 마음껏 피어날 수 있는 환경을 마련해 주는 것이라는 점을 자주 강조하는데(Dewey, 1902/2002: 75), 교육적 환경 구성의 문제는 결국 학생에게 어떤 교재를 언제 어떻게 제공하느냐로 모아진다.

학생들의 능동적인 활동을 이끌어 내는 것은 주로 물질이나 사물이다. 예를 들면, 직물을 만드는 경험을 위한 양털, 식물 관찰을 위해 방문하는 학교 뒤편의 숲, 음악실에서 다루는 악기들, 실험실에서 다루는 도구와 시료 등 오감을 이용하여 감각하고 조작해 볼 수 있는 실물들이 경험을 통해 지식에 접근하게 하는 교재다. 듀이는 우리가 다른 생명체와 마찬가지로 몸을 통해 세계와 상호작용한다는 점을 강조한다(Dewey, 2005: 12). 보고, 듣고, 손으로 다루는 등 신체기관을 통하여 세상과 상호작용하는 것이 인간의 가장 원초적인 경험의 방식이고, 그렇기 때문에 우리는 무엇보다 감각을 사용하고 신체활동을 할 때 능동적으로 된다. 실물에 더하여 무형의 것도 좋은 교재가 될 수 있다. 인간의 세계는 다양한 형식의 문화와 사건을 포함하므로 시, 소설, 수학문제, 역사적인 사건이나 사회적 이슈 등의 제재나 주제 또한 교재로 활용될 수 있다. 그러나 어디까지나 이러한 것들은 학생들이 그대로 받아들여 기억해야 할 교과지식이 아니라 학생들의 감상, 풀이, 해석, 토론과 같은 방식으로 세상과 상호작용하기 위한 재료인 것이다.

4) 하나의 경험과 지각

지금까지 살펴본 듀이의 경험의 요소들을 종합해 보면, 경험이라는 말의 어원에서도 드러나듯이 '세상이 어떤 것인가를 알아내기 위한 실험'이라고 압축적으로 표현할 수 있다(Dewey, 1985: 147). 실험의 대상이 될 것을 발견하여, 무엇인가 해 보고, 그로 인해 일어난 변화에 대해 사고하여 의미를 획득하는 매우 능동적인 활동이 경험인 것이다. 이쯤해서 다시 처음으로 돌아가 경험이 '해 보는 것'과 '겪는 것'의 특수한 조합이라는 것을 돌이켜 보면 지금까지의 경험에 대한 설명이 다소 '해 보는 것', 즉 경험하는 이의 능동성을 훨씬 더 강조하는 편으로 기울어져 있다고 볼 수 있다. 그러나 듀이는 해 보는 것과 겪는 것, 즉 경험의 능동적 요소와 수동적 요소가 한쪽으로 치우치지 않게 균형을 이루어야 한다고 말한다(Dewey, 2005: 105). 해 보는 것 못지않게 겪는 것이 경험에서 중요하다는 것이다. 이 균형이 어떻게 이루어지는지에 대해 알아보기 위해 경험과 같은 말이나 마찬가지인 상호작용에 대해 좀 더 알아보자.

경험을 가장 일반적으로 표현하면 생명체가 환경과 상호작용하는 것인데, 이때 생명체와 환경의 관계는 일방향적인 것이 아니라 쌍방향적인 것이다. 경험은 생명체가 주체로서 환경에 어떤 행위를 가하고, 그 행위의 결과로 객체인 환경이 영향을 받아 변하는 것으로 끝나지 않는다. 극히 단순화시켜 말하면 주체와 객체가 고정되는 것이 아니라 그 역할을 서로 번갈아 가며 반복하는 것이 상호작용이다. 생명체가 작용을 가하여 환경에 영향을 주면, 영향을 받은 환경이 반대로 생명체에게 작용을 가하여 영향을 주는 것 그리고 그런 주고받음이 반복되는 것이 상호작용이다. 이런 순환적 과정을 통해 생명체와 환경이 함께 어떤 방향으로 변해 가는데 이 점을 잘 드러내기 위해 듀이는 상호작용 대신 교변작용(transaction)이라는 말을 사용하기도 한다(Dewey, 1938/2002: 139).

우리가 환경에 무엇인가를 하는 것뿐 아니라 반대로 환경도 우리에게 무엇인가 한다는 것은 금방 그 의미가 와닿지 않는 말일 것이다. 환경은 나의 외부를 통칭하는 것이라서 다른 사람이나 동물처럼 나에게 직접 어떤 행위를 할 수 있는 존재도 당연히 포함한다. 그래서 친구 또는 반려동물과의 상호작용에 대해서는 서로가 어떻게 행위를 주고받는지를 떠올리는 것이 어렵지 않다. 하지만 물질이나 사물과 같이 행위를 하지 않는 무생물과 상호작용한다는 것 그리고 그 상호작용을 통해 어떤 방향으로 함께 변해 간다는 것은 어떤 의미일까? 이 문제를 살펴보기 위해 우리의 몸과 물이 상호작용하는 경우를 생각해 보자. 수영을 배우기 위해 깊은 물에 처음 자신의 몸을 담가 본 사람은 대체로 불안함을 느끼게 된다. 물 밖에서 몸을 자유자재로 움직일 수 있던 것과 다르게 물속에서는 몸을 조정하는 것이 어렵기 때문이다. 이때 물에 몸을 담그는 행위는 사람이 부피와 질량이 있는 몸을 물에 집어넣어 물에 충격을 가하는 것이다. 이 충격의 영향으로 물결이 일어나는 등의 변화가 생기고, 이 변화로 인해 물은 반대로 우리의 몸에 압력과 충격을 가하게 된다. 물이 우리 몸에 가하는 이 충격이 낯설기 때문에 우리가 불안함을 느끼는 것이다. 이때 우리는 물이 우리에게 하는 작용의 영향을 지각하며 물속에서 팔을 젓거나 걷는 행위 등을 다시 시도할 수 있다. 다시 말해, 우리의 동작이 물결을 어떻게 일으키는지, 부력이 어떻게 생기는지에 대해 눈으로 보고 몸으로 느끼면서 물속에서 우리의 몸을 어떻게 조정해야 하는지 조금씩 터득하게 된다. 이와 같은 과정을 거치면서 결국 물 위에 자신의 몸을 띄우는 것이 가능해지고, 나아가 능숙하게 물을 가르며 수영하는 것이 가능한 단계까지 이르게 된다. 이렇게 우리가 수영을 한다는 것은 물과 함께 조화를 이루어 몸을 움직일 수 있는 상태로 변해 가는 교변작용인 것이다.

수영과 마찬가지로, 음식을 먹는 것, 피아노를 치는 것 등 우리가 하는 능숙한 행위들은 모두 환경에 대한 일방적인 행위라기보다 환경과 함께 하는 행위다. 듀이는 경험을 한다는 것은 서로 분리되어 있는 마음과 세계, 주체와 객체, 방법과 재료를 그저 합쳐 놓은 것이 아니라, 셀 수 없을 정도로 다양한 에너지의 연속적인 상호작용이라고 말한다(Dewey, 1985: 174). 경험을 하는 생명체나 그 대상이 되는 환경을 모두 에너지로 여기면, 생명체와 환경 사이의 상호작용은 명확히 분리된 두 존재 사이에 일어나는 것이 아니라 동질한 것이 서로에게 깊숙이 섞여 들어가며 관여하는 것이 된다. 이러한 생명체와 환경 사이의 존재론적 연속성으로 인해 경험한다는 것은 생명체와 환경이 서로에게 참여하고 소통하는 것이 되고(Dewey, 2005: 57), 최고 수준에 이른 경험 속에서 서로 완전히 상호 침투되어 하나가 된다(Dewey, 2005: 50).

환경과의 상호작용이 긴밀하게 이루어진 이상적인 경험을 했을 때 우리는 이 경험을 특별한 경험으로 여기게 되는데 듀이는 이를 '하나의 경험(an experience)'이라고 지칭한다. 하나의 경험은 우리가 나중에 그런 경험에 대해 떠올리면서 "난 어떤 경험을 했어" 또는 "'경험 하나(an experience)'를 했어"라고 이야기하게 되는 그런 경험이다(Dewey, 2005: 37). 만족할 만한 예술작품을 완성하는 것, 골치 아픈 문제를 해결하는 것처럼 대체로 명확한 성과가 있는 경우가 '하나의 경험'의 전형적인 예이지만, 식사를 하는 것, 체스 게임을 한판 두는 것, 대화를 나누는 것처럼 소소하지만 의미 있는 일상의 경험들 또한 하나의 경험이 될 수 있다(Dewey, 2005: 37).

우리의 삶은 경험의 연속이라 수많은 경험을 하게 되지만 대부분은 흐지부지되는 경험들이라 어떤 경험을 했다라고 의미를 두게 되지 않는다. 그러나 '하나의 경험'은 경험이 시작된 후 상당히 밀도 있게 지속되다가 완결(consummation)되는 단계까지 도달한다. 경험이 시작되어 잘 마무리될 때까지 경험을 구성하는 각 부분이 유기적으로 관련을 맺어 통합체(unity)를 이루기 때문에 이런 종류의 경험에 대해 '하나의'라는 수식어를 붙일 수 있는 것이다. '하나의 경험'의 통합성은 다른 한편 경험을 아우르는 질(quality)로서 나타난다. '하나의 경험'은 다양한 부분으로 구성되어 있음에도 불구하고 경험 전체에 퍼져 있는 단일한 질을 가지고 있다(Dewey, 2005: 38). 이 질은 말로 명확히 표현할 수는 없지만 우리가 하나의 경험을 회상할 때 "지난해 소풍 다녀온 기억이 떠올라!", "어제 2시간에 걸쳐서 어려운 수학문제 하나를 결국 풀었어!"라고 말하면서 어떤 감정에 물들게 되는 것은 하나의 경험이 가지고 있는 독특한 질 때문이다.

'하나의 경험'이 단일한 질을 가지게 되는 것은 경험의 부분과 부분을 통합시키는 활동을 할 때마다 질을 계속적으로 지각하는 심미적인 과정이 있기 때문이다. 그러므로 '하나의 경험'은 '심미적 경험(esthetic experience)'이기도 하다. 보통 심미적 경험이라고 하면, 풍경을 감상하면서 아름다움을 느끼는 것 또는 와인을 마시면서 그 풍미를 음미하는 것과 같이 어떤 것의 질을 감상하고 향유하는 경험을 의미한다. 그러나 듀이는 심미적 경험은 그저 감각적으로 만족을 느끼는 것이 아니라 그러한 만족스러운 결과를 낳기까지 수행된 행위와 깊은 관련이 있다고 말한다(Dewey, 2005: 50). 질을 지각한다는 것의 의미는 듀이가 하나의 경험의 전형으로 여기는 예술가의 작업, 작품을 창작하는 과정에서 잘 드러난다. 예술품을 창작하는 것은 경험에서 능동적 행위와 수동적 행위의 관련과 마찬가지로, 능동적으로 창작하는 것과 수동적으로 감상하는 것을 긴밀하게 통합시키는 과정이다(Dewey, 2005: 49-50). 풍경화를 그릴 때 화가는 붓질만 하는 것이 아니라 풍경과 자신이 작업 중인 그림, 물감과 같은 재료 등을 계속 살펴본다. 그림을 그린다는 것은 표면적으로만 보면 붓질을 계속 더해 가는 능동적 행위이지만 화가는 붓질을 통합성 있게 이어 가기 위해서 자신의 작업에 포함된 여러 요소들을 계속 감상하는 수동적인 행위도 함께 한다.

지각(perception)이라는 수동적 행위가 경험의 부분과 부분을 통합시키는 역할을 할 수 있는 것은 지각 속에서 평가가 이루어지기 때문이다. 방금 한 행위가 지금까지 한 전체 작업에 조화롭게 합쳐졌는지 아니면 조화를 이루지 못하고 따로 노는지를 지각을 통해 알게 되는데, 이때의 앎이란 즉각적인 감각의 형태다(Dewey, 2005: 52). 감각적으로 지각할 수 있어야 자신의 행위를 제대로 평가할 수 있고, 이 평가를 참고하여 그다음 행위를 조절하여 통합된 하나의 경험으로 만들어 갈 수 있다. 듀이는 평가와 조절의 작용을 한다는 점에서 지각을 매우 지적인 작용으로 여겨 질성적 사고(qualitative thinking)라고 명명하기도 한다(Dewey, 1998). 개념과 명제를 논리적으로 다루어 지식을 얻는 것이 이성적 사고라면 질성적 사고는 감각을 통해 즉각적인 지식을 얻는다. 우리가 어떤 대상, 사건 등을 직접 대면하여 경험을 할 때에는 우선 즉각적으로 지각하게 되므로 이성적 사고보다 질성적 사고가 먼저 작용하게 된다.

사실 우리가 어떤 것을 경험한다고 해서 항상 지각 작용이 일어나는 것은 아니다. 재인(recognition)이 지각을 대신하기도 하기 때문이다.[8] 대상이나 상황을 접했을 때 곧바로 한눈에 알아본다는 점에서 지각과 재인은 다르지 않다. 그러나 지각과 재인에 해당하는 영어의 어원적 의미를 살펴보면 두 가지는 분명 다른 종류의 앎이라는 것을 알 수 있다. 먼저 '재인하다(recognize)'는 '다시'의 의미를 가지는 접두사 're'와 '인지하다'의 의미를 가지는 'cognize'의 조합으로 이루어져 있어, 다시 안다는 의미를 가지는 것임을 알 수 있다. 즉, 이미 알고 있는 것을 다시 알아본다는 의미다. 반면 '지각하다(perceive)'는 그 라틴어 어원을 살펴보면 '완전히(entirely)'의 의미를 가지는 접두사 'per–'와 '취하다(take)'의 의미를 가지는 'capere'로 구성된 단어다. 어원적으로 보았을 때 지각한다는 것은 지각 대상의 전체를 받아들여서 아는 것을 의미한다.

듀이는 재인에 대해 다음과 같이 설명한다. "재인할 때 우리는 고정관념으로, 예전

8) 영어 'recognition'은 우리말로 보통 '인식'으로 번역된다. 우리말 '인식'은 지각을 포함하는 큰 개념인 반면, 이 글에서 'recognition'은 지각과 대비되는 인식의 한 가지 방식이기 때문에 '인식'으로 번역하는 것이 개념적 혼란을 일으킬 수 있다. 그러한 혼란을 피하기 위해 박철홍(Dewey, 1934/2016)을 따라 'recognition'을 '재인'으로 번역한다.

에 형성했던 도식(scheme)으로 후퇴한다. 어떤 세부요소 또는 여러 세부요소들의 배열이 기본적인 식별을 위한 단초를 제공한다"(Dewey, 2005: 54). 재인은 이전의 앎의 경험을 이용하여 대상을 알아보는 것으로 특정 세부요소에 초점을 맞추어 기존의 도식을 덮어씌운다는 면에서 대상의 어떤 측면만을 주목하게 된다. 듀이는 이와 같은 인식 작용을 '적당한 이름표를 붙이는 것'에 비유한다(Dewey, 2005: 55). 재인은 단순하지만 매우 효율적인 인식 방식이어서 우리는 일상적으로 재인에 기대 살아가고 있다. 예를 들면, 등굣길에 자기가 타고 갈 버스를 단번에 알아보는 것, 가게의 계산대에 서 있는 사람을 처음 보지만 물건 값을 지불하는 것을 도와줄 가게직원이라는 것을 아는 것이 모두 재인이다. 반면, 지각은 앎의 주체가 생생하게 환기된 의식을 가지고 적극적으로 다가가야 하는 앎의 방식이다. 새로운 직장에 출근하여 새로운 환경을 파악해 가는 것도 지각에 의한 것이고, 길에서 우연히 만난 반가운 친구를 알아보고 인사하는 것도 지각하는 것이다. 우리에게 새로운 대상이나 상황에 대해 파악할 때 지각이 특히 활성화되는 경향이 있다. 하지만 친구를 알아보고 반가워하는 것처럼 익숙한 존재를 만날 때도 이름표를 붙여 재인하는 것이 아니라 존재 전체에 퍼져 있는 질을 받아들여 지각하기도 한다.

앞서 하나의 경험에 대해 알아볼 때 지각이 경험의 수동적인 요소의 일환으로 계속 설명되었다. 물론 지각은 어떤 행위를 물리적으로 하는 것에 비하면 수동적이라고 이야기할 수 있다. 그러나 지각할 때 마음속에서 어떤 일이 일어나는지를 본다면 지각 또한 행위 못지않게 능동적인 작용임을 알 수 있다. 듀이는 지각한다는 것은 에너지의 내보내야 하는 것임을 다음과 같이 설명한다.

> 지각은 에너지를 잡아 두는 것이 아니라, 어떤 것을 맞아들이기 위해 에너지를 내보내는 것이다. 어떤 소재(subject matter)에 우리 자신을 스며들게 하기 위해서는, 먼저 우리가 그것에 뛰어들어야 한다. 우리가 어떤 장면에서 수동적이기만 하면 우리는 그것에 압도당한다. 또한 응답의 활동성 부족으로 인해 우리를 압도한 그것을 지각하지 못한다. 받아들이기 위해서는 에너지를 불러일으켜서 응답의 키를 찾아 맞추어야 한다(Dewey, 2005: 55).

재인이 간편한 이유는 의식의 각성이 필요하지 않기 때문이다. 이와 다르게 지각은 라디오의 주파수를 맞추듯 내적으로 활성화된 에너지(의식)를 다른 존재(상황)로 향하게 하여 존재 전체를 수신하는 적극적이면서도 관계적인 활동이다. 이렇게 에너지를 불러일으켜 다른 존재를 능동적으로 받아들이는 지각을 할 수 있어야 우리의 경험이 '하나의 경험'으로 완결될 수 있다. 다시 화가의 예로 돌아가 보면 매우 기술적인 제작 능력을 가진 화가가 작업을 할 때 지각이 아닌 재인을 하면서 그림을 그릴 경우, 그 결과물이 다른 사람이 보기에는 그럴 듯한 것이 되더라도, 그의 작업은 '하나의 경험'이 되지 못한다. 그의 작품 수준은 어느 정도 인정받을 수 있을지 몰라도 그의 작업 경험은 심미성과 예술성이 결여된 기계적인 작업인 것이다. 하나의 경험을 하기 위해서는 경험하는 이가 그 대상과 밀접하게 연결되는 것이 필요하며 이는 다름 아닌 사랑하는 것, 관심을 갖는 것, 응답하는 것으로 매우 능동적인 다가감이다. 이 다가감을 가능하게 하는 것이 지각이라는 우리의 특별한 능력인 것이다.

5) 습관과 성장

앞서 경험의 능동적 요소와 수동적 요소가 긴밀하게 통합된 이상적 경험인 하나의 경험에 대해 알아보았지만, 모든 '하나의 경험'이 교육적 경험일지에 대해 질문을 던져 볼 필요가 있다. 예를 들어, 어떤 이가 버스에서 다른 사람의 지갑을 몰래 훔쳐 가는 소매치기 기술을 연마하는 경험에 대해 생각해 보자. 분명 지갑을 남모르게 꺼내는 것을 계속 시험하는 과정에서 손으로 느껴지는 감각 등을 민감하게 포착하고 반성하여 결국 지갑을 훔치는 기술을 습득하게 되었다면 이 또한 분명 하나의 경험일 것이다. 하지만 다른 사람에게 해를 끼치는 기술을 연마하는 것을 교육적 경험이라고 말할 수 있을까? 교육적 경험이 아니라면 어떤 이유에서일까? 이 문제에 답을 하기 위해 듀이가 제시하는 교육적 경험의 평가 기준을 알아보자.

듀이는 진정한 교육은 모두 경험을 통해 이루어지지만 모든 경험이 교육적 경험인 것은 아니라고 말한다(Dewey, 1938/2002: 108). 어떤 경험이 교육적 경험인지 비교육적 경험인지 판단하는 기준으로 듀이는 경험의 상호작용의 원리와 계속성의 원리를 제시한다(Dewey, 1938/2002: 141). 먼저 상호작용의 원리를 적용하면 경험하는 이가 환경과 얼마나 활발하게 상호작용하는가에 따라 교육적 경험인지 아닌지 판가름할 수 있다. 상호작용이 활발해지면 지금까지 알아본 것과 같이 경험의 능동적 요소와 수동적 요소가 균형을 이루는 속에서 행위와 그 결과의 관련을 알아내는 사고 작용이 일어난다. 이 과정에서 경험하는 이는 해당 사태에 깊은 관심을 가지면서 능동적으로 참여하여 환경과 함께 어떤 방향으로 변화되어 나아가게 된다. 이러한 상호작용의 특성들을 미루어 보았을 때 소매치기 기술을 연마하는 것은 분명 교육적 경험이라고 할 수 있다. 기술에 대해 지대한 관심을 가지고 어떻게 하면 그렇게 할 수 있을지 시험하고 탐구하여 결국 목표하는 바를 이루는 것은 상호작용의 원리 측면에서 보았을 때 흠잡을 것 없는 질 높은 경험인 것이다. 하지만 상호작용의 원리와 함께 반드시 적용되어야 할 기준이 경험의 계속성의 원리다.

교육은 경험의 발달, 경험의 성장을 말한다. 경험의 발달을 돕는 경험, 환경과의 상호작용의 범위를 넓혀 갈 수 있도록 누적되는 경험이어야 교육적 경험이라고 말한다. 경험 중에는 교육적 경험과 반대로 경험의 계속적인 성장을 방해하거나 성장의 방향을 왜곡하는 비교육적 경험이 있다. 구체적으로 말하면, 어떤 경험은 우리로 하여금 주위 사물에 대한 관심이나 흥미를 불러일으키지 못하게 하거나 주변에서 주어진 자극에 대해 무감각하게 만들고, 또 어떤 경험은 판에 박힌 기계적인 습관에 고착시킨다. 또 어떤 경우에 경험은 다른 경험과 아무런 관련이 없는 고립된 것일 수도 있다(Dewey, 1938/2002: 108-109). 이러한 경험들은 그 경험 하나만 놓고 보았을 때 활발할 상호작용이 일어나는 경험, 어떤 방향으로 성장을 일으키는 것일 수도 있지만 전체적인 성장에 비추어 볼 때 도움이 되지 못하거나 심지어는 성장을 방해하는 경험이다. 따라서 경험의 가치는 그 자체로 판단할 것 아니라 그것이 앞으로 올 성장을 위한 바람직한 조건이 되는가 아니면 계속적인 성장의 기회를 차단하는 조건이 되는가를 판단해야 한다(Dewey, 1938/2002: 127-128). 소매치기 기술 연마의 경험의 예로 돌아가 보면, 도둑질은 그 자체로도 도덕적으로 문제가 되는 행위이지만 경험의 계속성의 측면에서 보면 다른 사람과의 사회적 상호작용을 기피하게 만들어 삶의 범위를 위축시킨다. 도둑으로서 인간의 온전한 삶을 누리고 성장하는 것은 불가능한 것이다. 다소 소매치기라는 극단적인 예를 들었지만 스마트폰에 과몰입되어 다른 자극에 둔감해지게 하는 경험, 공부를 기계적인 암기로 여기게 하는 경험 등 많은 비교육적 경험이 있다. 이런 경험들은 상호작용이 결여되어 있는 것이기도 하지만 더 중요하게는 경험의 계속성의 측면에서 보았을 때 바람직한 방향으로의 발달을 막는 경험이다.

우리가 성장했다는 것, 즉 경험이 축적되어 발달했다는 것은 습관을 가지게 되는 것으로 나타난다(Dewey, 1985: 51). 보통 우리가 어떤 습관이 있다고 할 때는 담배를 피우는 습관, 지각하는 습관처럼 버려야 할 고정된 습관을 지칭하는 경우가 많지만 성장의 결과로 나타나는 습관은 그러한 고정된 습관이 아니라 생물학적 의미를 가진 것이다(Dewey, 1938/2002: 124). 습관을 획득한다는 것은 생명체가 이전 경험의 결과에 비추어 수정된 행위를 하게 되는 것, 즉 어떤 성향을 가지게 되는 것을 의미한다. 생명체가 미성숙한 상태에서 태어나 경험을 통해 학습하는 능력을 가소성(plasticity)이라고 하는데, 우리 인간은 가소성이 큰 생명체라고 할 수 있다.[9] 인간은 학습을 하지 않으면 환경에 적응하여 생존할 수 없는 존재다. 갓난아이와 병아리를 비교해 보면 병아리는 부화한 지 몇 시간이면 걷고 모이를 쪼는 것이 가능하지만, 인간 아이는 손을 뻗어 물건을 잡는 데만 수개월이 걸린다(Dewey, 1985: 49-50). 병아리는 환경에 곧바로 적응할 수 있는 행동 경향을 가진 채 태어나지만 인간은 끝없는 학습의 과정을 통해야만 자신의 행위를 조절하는 능력을 하나씩 획득한다. 이와 같이 태어난 직후 인간의 환경 적응력은 다른 동물에 비해 극히 떨어지지만 생애 전체로 시간을 넓혀 보면 인간은 동물에 비해 훨씬 더 큰 환경 적응력을 가진다. 많은 동물들이 타고난 본능 이외의 능력을 가지는 데 제약이 크지만 인간은 자신의 경험을 재구성하여 변화된 환경에 맞춘 새로운 습관을 형성할 수 있다. 학습하는 인간은 다른 동물에 비해 훨씬 다양한 능력을 획득할 수 있는 것이다. 예를 들면, 병아리는 먹이활동을 할 때 부리로 쪼는 것 이상을 할 수 없지만 인간은 손으로 음식을 집어 먹는 것으로 시작하여 숟가락, 젓가락, 나이프, 그릇 등의 다양한 도구를 이용하는 것을 학습한다. 더 나아가 인간은 불을 사용하여 음식을 조리하는 등의 습관을 통해 자신의 행위를 통제하는 것뿐 아니라 환경 또한 통제한다.

인간에게 있어 습관을 가진다는 것은 단순히 어떤 신체 조절 능력을 가지는 것만이 아니다. 물론 그러한 육체적 습관 형성이 필수적이기도 하지만 습관이 형성될 때에는 지적 · 정서적 성향도 함께 형성된다(Dewey, 1985: 52-53). 다른 사람을 배려하는

9) 가소성이란 말은 원래 밀가루 반죽이나 밀납처럼 매만져서 형태를 쉽게 바꿀 수 있는 성질을 말한다. 생명체가 가지는 가소성도 이와 유사하게 환경에 맞추어 자신의 상태나 행위를 바꾸는 것을 말한다. 일부 동물들이 주변 환경의 색에 따라 몸의 색을 바꾸는 것이 그 예다.

도덕적 성향을 발달시키는 것, 시민으로서 사회문제에 관심을 가지고 정치에 적극 참여하는 성향을 가지는 것, 의사나 건축가처럼 어떤 직업을 가지기 위해 받는 교육과 직업생활을 통해 그 직업에 적합한 지적 · 정서적 성향을 발달시키는 것 모두 습관을 형성하는 것이다. 특히 습관에 들어 있는 지적인 요소인 관찰과 반성은 우리가 경험과 습관을 재조직 · 재구성하게 하는 것으로 변하는 환경에 적응하도록, 계속적으로 성장하도록 한다. 그런데 습관이 지성과 분리되면 고정된 습관이 되어 습관이 우리를 사로잡고 있는 상태가 된다(Dewey, 1985: 53). 고정된 습관은 경험을 통해 학습하는 능력, 경험을 재조직 · 재구성하여 자신을 새롭게 하는 가소성이 고갈된 상태다. 우리가 고정된 습관의 노예가 되지 않고 계속 성장하기 위해서는 습관 형성에 지력이 최대한 활용되도록 하는 것이 필요하다(Dewey, 1985: 54).

기성세대의 표준적인 삶의 양식을 다음 세대가 아무 생각 없이 받아들이도록 강요하는 교육은 인간의 생물학적 조건, 즉 경험으로부터 학습하여 스스로 습관을 형성하고 발달시키는 타고난 능력을 무시하는 교육이다. 학교가 그와 같은 권위적인 교육 방식으로 이루어지면 학생의 타고난 자발적인 학습능력, 즉 삶의 과정에서 부딪히는 문제들을 스스로 탐구하고 해결하는 소중한 능력을 잃어버리게 한다. 우리가 사는 세상은 끝없이 변하기 때문에 몇 가지 고정된 습관을 가지고 환경에 잘 적응하여 살아갈 수 있다는 기대를 하는 것은 무리다. 삶이 있는 곳에는 항상 새로운 조건이나 문제 상황들이 생겨나기 마련이고 이에 잘 대응하기 위해서는 경험을 통한 학습이 계속되어야 한다. 이런 점에서 듀이는 학교교육의 목적에 대해 다음과 같이 말한다.

> 학교교육의 목적은 성장의 힘을 체계화하여 교육이 계속되게 하는 데에 있다. 삶 그 자체에서 학습하려는 성향, 모든 사람으로 하여금 삶의 과정에서 학습할 수 있도록 삶의 조건을 만들어 나가는 성향이 학교교육이 가져올 수는 최고의 결과다(Dewey, 1985: 56).

6) 민주주의와 교육

지금까지의 이야기를 종합해 보면 교육의 문제는 결국 어떤 방식으로 삶을 살아갈 것인가의 문제와 다르지 않다. 삶을 산다는 것은 그저 현 상태를, 즉 습관대로 행동하는 것을 그대로 유지하는 생존이 아니라 환경과의 활발한 상호작용을 통해 경험을 재구성하여 끝없이 자신을 새롭게 하고, 동시에 환경 또한 새롭게 하는 것이다. 이를 듀이는 "산다는 것은 곧 성장하는 것이다"라는 짧은 말로 표현한다(Dewey, 1985: 56). 그렇다면 인간의 성장하는 삶을 위한 가장 핵심적인 조건은 무엇일까? 듀이는 우리가 사는 사회를 민주적인 사회로 만드는 것이라고 말한다.

우리의 삶의 환경은 자연과 사회다. 우리가 삶을 산다는 것은 자연을 구성하는 수많은 물질과 생명체와 상호작용을 하는 것이기도 하지만, 인간은 인간으로 구성된 사회(society)라는 특별한 환경 속에서 상호작용한다. 사실 우리가 상호작용하는 자연도 대부분 이미 과거 인간들에 의해 선택되고 의미를 가지게 된 자연이라는 점에서 사회 속으로 들어온 자연이라고 할 수 있다. 흙, 물, 바람, 새 등 우리가 태어나서 주로 접하고 상호작용하는 자연은 대부분 주변의 어른들이 이름을 부르며 손가락으로 가리켜서 관심을 불러일으킨 것들이다. 수많은 풀이 있지만 대부분 잡초로 분류하면서 눈길도 주지 않지만, 작물과 화초 등 우리가 가꾸고 이용하는 풀은 우리에게 선택되어 특별한 의미를 가진 것들이고, 그 의미는 사람들 사이에 공유된다. 이런 면에서 인간의 모든 경험은 사회적이라고 말할 수 있다(Dewey, 1938/2002: 131). 이러한 경험의 사회적 측면을 강조하여 교육을 정의하면 '미성숙한 존재를 집단생활에 참여하게 함으로써 발달을 도모하는 것'이라고 말할 수 있다(Dewey, 1985: 87). 한마디로 하면 교육은 '사회화'하는 것, 사회 속에 새로 태어난 이들이 기성세대의 경험을 공유하게 하는 것이다.

교육이 사회화의 의미를 가진다는 것은 곧 그 사회 구성원들이 어떤 삶을 사느냐에 따라 교육의 질이 달라진다는 것의 의미한다(Dewey, 1985: 87). 다시 말해, 구성원들이 바람직한 삶을 살고 있는 사회에서 사회화된다면 좋은 교육을 받은 것이고, 바람직하지 않은 삶을 사는 사회에서 사회화된다면 좋지 않은 교육을 받은 것이 되는 것이다. 따라서 어떤 사회적 삶의 방식이 바람직한가를 생각해 보아야 하는데, 듀이는 이상적인 삶의 방식으로 민주적인 삶을 제시한다. 민주주의를 군주정, 귀족정 등과 비교되는 민주정이라는 특정 정치 체제로만 보는 경향이 있는데, 듀이는 민주주의가 정치 체제이기 이전에 기본적으로 하나의 사회생활 방식, 소통된 공동의 경험을 하는 것이라고 말한다(Dewey, 1985: 93). 민주적인 사회는 활발한 의사소통을 통해 경험을 공유하여 의미를 확장해 나가는 사회다. 민주적인 사회에서는 다양한 관심사가 구성원들 사이에 공유되고 자유로운 상호작용이 일어난다. 특히 민주적인 사회에서는 계급, 인종, 국경 등 사회의 각 부분을 고립시키는 여러 장애들이 제거되고, 개인의 잠재된 힘도 다양한 사회적 접촉을 통해 잘 계발된다(Dewey, 1985: 92).

민주적인 사회는 진보적인 사회다. 민주적인 사회에서 활성화된 개인과 개인의 교류, 집단과 집단의 교류는 사회적 습관을 재조정하는 힘으로 모아진다. 다양한 교류를 통해 촉진된 개인의 성장은 개인적 차원에만 머무는 것이 아니라 사회제도 개선과 문화의 발전으로 이어진다. 이런 점에서 보았을 때 학교교육에서 학생들이 자신의 개인적인 관심을 점차 키워 넓은 시야를 가지고 사회에 관심을 가지게 하는 것은 상당히 의의를 가진다(Dewey, 1985: 155). 다시 말해, 학교에서 개발되어야 하는 지성은 궁극적으로는 사회적 지성(social intelligence)인 것이다(Dewey, 1938/2002: 190). 듀이는 학교가 사회적 지성의 발달을 위한 환경이 되기 위해서는 학교 자체가 작은 공동체, 배아적 사회가 되어야 한다고 말한다(Dewey, 2007: 32). 인간이 공동체를 이루어 살아가고 있는 것과 같이 학교에서도 구성원이 공유하는 관심을 중심으로 하여 자유로운 의사소통을 통해 지혜를 결집하여 공동의 과업을 수행하는 경험이 이루어져야 한다. 학교교육이 민주주의 이상에 맞게 잘 이루어지려면 학생들에게 다양한 교육적 경험의 기회가 주어져야 하지만, 그중에서도 가장 많은 비중을 차지해야 하는 경험은 함께 관심을 가지고, 함께 고민하여, 함께 무엇인가 이루어 내는 공통의 경험인 것이다.

4. 듀이의 관점에 비추어 본 가상현실 교육

지금까지 개관한 듀이의 경험중심교육에 대한 이해를 바탕으로 가상현실이 어떤 교육적 의미를 가지는지 살펴보자. 가장 단순하게 생각해 보면 가상현실이 경험을 제공한다는 점에서 경험중심교육의 한 가지 방법이 될 수 있다고 보는 것은 당연하다. 학습자의 능력이 마음껏 피어나게 하는 환경을 마련해 주는 것이 교수자가 할 일이라고 듀이가 말하지 않았던가? 그렇다면 교수자가 학습자 맞춤 가상현실을 만들어 준다면 가장 이상적인 경험중심교육을 할 수 있게 되는 것 아닌가? 이러한 다소 직관적으로 파악되는 가상현실과 듀이의 경험중심교육의 긍정적인 관련은 가상현실 교육에 대한 연구물에서도 볼 수 있다. 먼저 많은 연구자들이 가상현실을 활용한 교육의 성격을 구성주의학습, 상황학습, 문제해결학습, 자기주도학습 등으로 규정하는데, 모두 학습자가 교육에서 중심적인 역할을 해야 한다고 보는 듀이의 영향을 받은 교수학습법이다. 가상현실 교육에 대한 여러 설명에서 가장 빈번하게 등장하는 개념들도 경험, 능동성, 상호작용, 실험, 협력 등으로 듀이의 주요 개념들과 그대로 겹친다. 또한 가상현실의 학습 유도성(learning affordance)도 듀이의 관점과의 관련성을 보여 준다. 학자마다 가상현실의 학습 유도성을 조금씩 다르게 제시하는데, 일인칭 경험, 자연적 의미 획득(추상적 · 상징적 방식으로 의미를 획득하기 전에 그 배경이 되는 의미 이해), 경험중심 학습의 촉진, 탐험, 실험, 사용자 생성 콘텐츠를 통한 학습의 장 생성을 포함하고 있다(Southgate, 2020: 12-13). 이와 같은 점들을 종합해 보았을 때 가상현실 교육이 경험중심교육의 한 방법으로 인정되고 있음을 알 수 있다. 하지만 가상현실을 활용한 교육을 경험중심교육으로 성급히 일치시킬 수는 없는 일이다. 가상현실이 경험중심교육과 정말 잘 맞는지에 대한 면밀한 검토가 필요하다. 이를 위해 앞서 공부했던 듀이의 경험이론에 비추어 가상현실 속 경험이 어떤 성격을 갖는지부터 알아보고 가상현실을 교육에 활용할 때 어떤 점에 유의해야 하는지 살펴보자.

1) 가상현실 경험의 성격

가상현실 경험의 성격을 살펴보기 위해 먼저 가상현실 경험의 종류를 구분하는 것이 필요하다. 가상현실을 크게 나누어 보면 1세대 가상현실인 스크린에 재현되는 4D 가상현실과 2세대 가상현실인 HMD에 재현되는 몰입형 가상현실(immersive VR)이 있다. 4D가 개발되기 전에 가상현실은 주로 우리가 보는 영상에 입체감을 더한 것, 즉 3D 영상이었다. 4D 가상현실은 3D 영상에 소리, 냄새, 진동 등 감각 자극을 추가한 것인데 이를 통해 체험자가 스크린으로 재현된 시공간에 실제로 있는 것 같이 느끼는 현존감(presence)이 향상되었다. 이전까지는 가상현실이 다른 영상기술과 큰 차별성을 가지지 못했다면 4D 기술이 접목되면서 가상현실을 통해 단순히 영상을 보는 것이 아닌 실감 넘치는 경험을 하는 시대가 열린 것이다. 하지만 4D의 시대가 열린 후에도 가상현실은 교육에 널리 활용되지는 못하였다. 넓은 공간과 비싼 설비를 갖추어야 하기 때문에 경제성이 떨어진다는 것이 상용화를 막는 가장 두드러진 이유지만, 교육 분야에서 크게 관심을 끌지 못한 더 결정적인 이유는 4D 가상현실 경험이 수동적인 성격을 가진다는 점이다. 예를 들면, 심해에서 여러 가지 어류의 움직임을 스크린으로 입체적으로 보여 주면서 여기에 현장감 넘치는 소리와 바다 내음까지 더해지면 영화관이 아니라 바닷속에서 물고기와 함께 있는 것 같은 느낌을 받게 된다. 물론 이런 체험도 교육적으로 활용될 수는 있지만, 가상현실을 체험할 때 학습자가 단순히 여러 감각 정보를 그대로 받아들일 뿐이라는 점에서는 이미지나 2D 영상 자료를 활용하는 기존의 일방적인 정보 전달 방식과 크게 다르지 않다.

시각, 청각, 후각 등 감각 자극 위주로 구성된 가상현실의 교육적 활용 가능성이 그리 크지 않다는 것은 듀이가 관람자와 참여자를 구별했던 것을 떠올려 보면 더욱 명확해진다. 눈앞에 일어나는 일을 구경거리로 삼는 관람자는 일이 어떻게 되든 크게 신경 쓰지 않는다. 하지만 그 일에 관심을 가지는 참여자는 앞으로 그 일이 어떻게 진전되는지에 마음을 쓰며 관여한다. 가상현실이 우리의 오감을 자극하여 실감 나게 현실을 재현한다고 하더라도 만약 체험자가 한 발짝 떨어져서 바라보며 재미있는 구경거리로만 여긴다면 '현실'이라고 말하기 어려운 것이 되고 만다.

가상현실이 '현실'이라고 할 만한 것이 되려면 우리가 몸담고 있는 시공간으로 느껴져야 한다. 내가 그곳에 있다는 느낌을 받는 현존감을 확보하는 보다 확실한 방법은 시공간만을 인식하는 것이 아니라 그 속에 존재하는 '나'를 함께 인식하는 것이다. 물론 나 자신을 인식하는 방법에는 내가 감각하고 있다는 것을 느끼는 것이 포함된다. 실제로 4D 기술이 영상에 다양한 감각 자극을 입혔던 것은 이런 점에 착안한 것이고 이를 통해 현존감을 만들어 냈던 것이다. 그러나 우리가 외부의 자극을 받아들이는 수동적인 경험만 하면 나의 존재를 뚜렷이 인식하기보다 오히려 나의 존재에 대한 감각을 순간순간 놓치게 된다. 보다 생생하고 다양한 감각 자극을 계속 제공하여 현실과 유사한 환경을 구성하는 것도 현존감을 느끼게 하는 효과를 주지만 그것만으로는 충분하지 않은 것이다. 가상현실 속에서 나 자신을 뚜렷이 인식하게 하는 가장 확실한 방법은 행위를 할 수 있게 되는 것이다. 내 몸을 움직여 이동을 하거나 대상에 대해 어떤 작업을 하여 변화를 일으키는 등의 행위를 할 수 있게 된다는 것은 내가 가지는 어떤 의지를 직접 구현하는 것을 내 눈으로 보는 것이다. 이때 우리는 가상현실이라는 환경뿐 아니라 그 속에 있는 나를 동시에 인식하게 된다. 가상현실 속에서 행위를 할 수 있다면 현존감을 느끼지 않을 수가 없는 것이다. 듀이의 언어로 표현하면 가상현실 속 현존감은 체험자가 관람자가 아니라 참여자가 될 때 가장 커진다.

가상현실 속에서 체험자의 행위가 본격적으로 가능해진 것은 2세대 가상현실인 HMD 기반 가상현실 기술이 개발되면서부터다. HMD는 스키 고글을 쓰듯 체험자의 얼굴에 장착하는 기기인데 이 기기의 새로운 기능 중의 하나가 HMD를 착용한 사람의 머리의 움직임이나 안구의 움직임을 감지하여 가상현실 속에 반영하는 것이다. 실제 세계에서 우리가 자유자재로 시선을 돌리며 보고 싶은 방향을 바라보거나 몸을 움직여 어떤 방향으로 이동할 수 있듯이, HMD를 사용하면 고개와 눈동자를 움직이는 것만으로 가상현실 속에서 몸을 사용하여 동작하는 느낌을 받기 때문에 현존감이 극대화된다. 가상현실 연구자들은 이 극대화된 현존감을 몰입감(immersion)으로 표현하기도 해서 HMD 기반 가상현실을 몰입형 가상현실(immersive VR)이라고 부르기도 한다.[10] 체험자가 HMD뿐 아니라 장갑이나 조정 장치와 같은 체험자의 동작 정보를 입력하는 다른 기기들을 함께 사용하면 가상현실 속에서 어떤 사물을 만지거나 조작하는 것도 가능해진다. 뿐만 아니라 같은 가상현실 속에 여러 명의 체험자가 함께 접속하면 사람과 사람의 의사소통까지도 가능하게 된다. 우리가 실생활에서 하는 여러 가지 유형의 상호작용이 가상현실상에서도 가능하게 되는 것이다.

가상현실 속에서 행위를 할 수 있다는 것은 교육적으로 보았을 때 새로운 가능성이 열리게 하는 것이다. 몰입형 가상현실을 교육적으로 활용했을 때 학습자가 어떤 종류의 행위를 할 수 있는지 다음의 인용문에서 보자.

> …… 6DoF 다중 사용자 환경에서의 상호작용은 직접적이다.[11] 사용자는 가상의 공간에서 가상의 물건을 집어 들거나, 조작하거나, 다른 이에게 건넬 수도 있다. 뿐만 아니라 사용자는 걷기, 헤엄치기, 날기 등 다양한 방식으로 세상을 돌아다닐 수도 있다. 이것은 매우 감각적이고 정서적인 방식으로, 즐겁게 그리고 때론 편치 않게 세상에 '현존'하는 것과 같다. 또한 가상현실에서는 학습자가 미생물과 같은 크기가 되어 작은 물방울

10) 'immersive VR'은 우리말로 몰입형 가상현실 또는 실감형 가상현실로 번역된다.

11) 6DoF는 'Six Degrees of Freedom'의 약어로, 가상현실(VR) 기기나 시스템에서 사용자가 여섯 개의 독립적인 운동을 수행할 수 있는 능력을 의미한다. HMD 기반 가상현실이 시작되면서 6DoF를 가상현실에 적용할 수 있게 되었고, 이로 인해 체험자의 움직임이 가상현실에 반영되어 가상현실 속 상호작용과 이동의 범위가 넓어졌다.

> 속에서 수영하며 돌아다니는 것과 같이 크기와 규모를 바꾸는 것이 가능한데 이는 분명 재미있기도 하고 교육적으로도 활용 가능성이 높은 예다. 그러나 무엇보다도 교육적 경험의 힘이 기하급수적으로 높아지는 예는 학습자가 미생물로 둘러싸여 있는 상태에서 미생물이 어떻게 구성되어 있는지 알아보기 위해 미생물을 집어서 해부한다거나, 미생물의 환경을 조작하여 미생물에게 어떤 변화가 일어나는지 관찰한다거나, 미생물이 되어 미생물의 삶의 여정을 일인칭 시점에서 따라가는 체험을 하는 것이다(Southgate, 2020: 122).

학습자가 행위를 하는 것의 교육적 가치는 듀이의 경험 개념과 연결시켜 보면 더 명확해진다. 듀이에게 있어 경험은 일차적으로 무엇인가 하는 것이다. '행함에 의한 학습(learning by doing)'이라는 말이 듀이의 교육이론을 대표하는 것으로 널리 알려져 있듯이, 학습자는 우선 능동적 주체가 되어 대상이나 환경에 대해 무엇인가 해 보는 것이 필요하다. 이런 점에서 보았을 때 가상현실이 단순히 실감 넘치는 감각 경험을 제공하는 것을 넘어서 체험자가 다양한 행위를 할 수 있게 하는 방향으로 발전했다는 점은 교육적으로 상당한 의미를 가진다. 2세대 가상현실의 등장 이후 교육 분야에서 가상현실 상용화의 가속도가 붙은 이유도 행위가 가능한 조건을 갖추었기 때문이다.

학습자가 가상현실 속에서 행위를 할 수 있다는 것은 학습자의 능동성을 이끌어 낼 수 있는 조건이기는 하지만 그 행위의 수준에 따라 교육적 의미가 달라진다. 앞의 인용문에서 보면 가상현실에서 가능한 행위는 공간을 자유롭게 이동하는 것부터 해부의 예처럼 어떤 대상에 대해 조작을 가해 변화를 일으키는 것까지 다양하다. 가상현실 속 이동은 걷는 것과 같은 일상적인 행위뿐만 아니라 하늘을 나는 등의 비현실적 행위까지 가능하다는 점에서 특이성이 있지만 자유로운 이동만으로는 교육적 가능성이 확보되지 않는다. 현재 독도, 세계 유적지, 우주처럼 직접 가 보기 어려운 곳을 탐방하는 VR 교육 프로그램들이 많이 개발되어 있다(박인우 외, 2019: 121-122). 예를 들면, 자신의 의지에 따라 독도의 지형을 하늘 위에서 조망하다가 바닷속으로 뛰어들어가 독도 주변을 어류와 함께 움직이며 관찰하기도 하는 것이다. 이런 종류의 신기한 체험이 제공될 때 학습자의 몰입도와 만족도는 높아지기 마련이다. 하지만 엄밀히 말해서 이런 체험 자체만으로는 학습자가 어떤 의미를 깨닫거나 능력을 획득하지 못하기 때문에 교육적 경험이라고 말하기는 어렵다. 가상현실 속에서 체험자가 자신의 의지에 따라 이동하는 능동적 행위를 하지만, 4D 가상현실과 마찬가지로 결국 감각 위주의 수동적 경험이 주를 이루기 때문에 신기한 구경거리로 끝날 가능성이 높다.

학습자의 행위가 교육적으로 의미 있는 것이 되기 위해서는 행위의 수준이 환경에 어떤 변화를 가할 정도로 높아져야 한다. 앞의 인용문에서도 미생물을 해부하거나 미생물이 사는 환경을 조작하는 것처럼 어떤 변화를 일으키는 행위를 하는 VR 체험의 경우 교육적 힘이 급격히 높아진다고 이야기되는 것에서도 알 수 있듯이 행위가 실험의 성격을 가질 때는 의심할 여지없이 교육적 경험이 된다. 실험하는 것은 목표 없이 이리저리 움직여 보거나 이것저것 해 보는 변덕스러운 행위를 하는 것이 아니라 명확한 대상에 대한 행위인 동시에 사고 작용이 동반되는 행위다. 체험자가 어떤 행위를 시도해 봄으로써 그 행위가 일으키는 변화에 대해 반성하여 스스로 의미를 획득해 나가는 경험을 하도록 가상현실이 구성되었을 때 교육적 경험이 될 가능성이 높아지는 것이다.

이쯤 해서 우리가 기억해야 할 것이 듀이에게 있어 경험은 환경에 대한 일방적인 행위가 아니라 환경과의 상호작용이라는 점이다. 경험을 통해 의미를 획득하는 과정은 능동과 수동의 결합, 즉 해 보는 것과 함께 그 결과를 겪는 것이다. 행위자가 환경과 서로 영향을 주고받는 순환적 작용 속에서 학습자는 자신의 행위를 조절해 나가고, 환경 또한 조절해 가는 교호작용이 일어난다. 그렇다면 가상현실 속에서의 행위가 자신과 환경 사이에 행위를 주고받는 상호작용이 될 수 있는지 그리고 그로 인해 서로에게 변화를 일으키는 교호작용의 수준에 이를 수 있는지 생각해 볼 문제다.

가상현실 속에서의 환경은 실제 환경을 모사한 것이어서 체험자가 실제 환경을 마주하고 있는 것처럼 느끼지만 그 실체는 컴퓨터를 통해 HMD 등의 디스플레이 장치에 출력된 전기 자극이다. 때문에 가상현실 체험을 하며 우리가 상호작용하는 대상은 사실 HMD와 같은 디스플레이 기기, 이 기기가 내보내는 전기 자극, 그리고 모든 것의 배후에 있는 컴퓨터다. 컴퓨터가 모든 과정을 제어하고 있다는 점에서 우리가 상호작용하는 주요 대상은 컴퓨터, 더 정확히 말하면 컴퓨터 프로그램으로 압축된다. 그런데 우리와 컴퓨터 프로그램과의 상호작용은 알고리즘에 의해 조건화된 것이어서 현실 세계 속에서의 자유로운 상호작용과 달리 프로그램화되어 있는 정해진 방식의 상호작용이다. 예를 들어, 가상현실에서 해부하기 위해 칼로 미생물을 자르면 미생물의 내부가 드러나는 변화가 일어나는데 이는 체험자의 직접적이고 자유로운 행위에 따른 변화가 아니라 프로그램화되어 있는 입력과 출력의 결과다. 때문에 우리가 실제로는 수많은 다양한 방식으로 미생물을 자르는 행위를 하더라도 가상현실 속에서는 정해져 있는 몇 가지의 동작으로만 반영되고 그 행위의 결과로 일어나는 미생물의 쪼개짐도 마찬가지로 정해져 있는 몇 가지 양상으로만 재현된다. 실제 세계에서 우리와 환경과의 상호작용은 수많은 에너지가 연속적으로 상호 침투하는 매우 복잡한 과정인 반면, 가상현실 속의 상호작용은 코딩된 몇 가지 방식 안에서 선택되는 매우 단순한 과정인 것이다.

프로그램화되어 있는 가상현실 속 상호작용은 분명 실제 삶에서의 복잡한 상호작용과 달리 단순화된 것이기 때문에 그러한 상호작용에 의해 촉발되는 사고도 다소 직선적이고, 그로 인해 생성되는 의미 또한 단편적일 수밖에 없다. 가상현실 속 경험은 분명 상호작용이 쉽게 유발되는 장점이 있지만 질이 높은 경험은 아니다. 그렇다고 해서 가상현실 속 경험을 모두 교육적 경험이 아니라고 단정할 수는 없는 것이 학습자가 어떤 단계에 놓여 있는가에 따라 단순화된 경험이 필요하기도 하기 때문이다. 듀이는 학교가 일반적인 삶의 환경과 다르게 교육에 적합한 특수한 환경이 되어야 한다고 주장하며, 학교환경을 단순화시킬 필요가 있다고 말한다(Dewey, 1985: 24). 실제 삶의 환경이 그 복잡성이 처리되지 않은 채 그대로 어린 학생들에게 주어졌을 때 학생들은 환경에 아예 반응조차 하지 않게 된다. 실제 환경의 많은 부분들이 보통 어린 학생들에게 관심을 가지고 참여해 볼 만한 것으로 인식되지 못하고 외면당한다. 아이들이 실사 영상보다 만화같이 단순화된 이미지에 대한 주의집중도가 높은 것도 같은 원리다. 마찬가지로 처음 미생물에 대해 배우는 학생들이 현미경을 통해 미생물을 있는 그대로 관찰하고 조작하는 것은 여러 어려움이 따를 수 있다. 생물학을 전공하고 있는 대학생에게 실제 미생물을 관찰할 기회를 주지 않고 가상현실 속에서만 미생물의 구조를 해부해 보게 하는 것은 질 낮은 경험을 제공하는 것이 될 수 있지만, 아직 미생물이라는 개념이 생소하고, 현미경의 사용도 익숙하지 않은 학생들에게는 단순화된 가상의 미생물을 대상으로 간단한 상호작용을 해 보게 하는 것은 그 단계에 맞는 교육적 경험이 될 수 있다.

단순화된 상호작용도 교육적 의미가 있지만 실제에서와 같은 상호작용이 불가능한 것은 가상현실의 활용 범위를 확대시키지 못하게 하는 문제점이 아닐 수 없다. 가상현실 기술은 이 문제를 극복하기 위한 방향으로 계속 발전하고 있는데, 사회적 상호작용이 가능하게 하는 방향으로의 기술진보는 비교적 빠르게 이루어졌다. 앞서 보았듯이 가상현실 속 상호작용은 인간 대 컴퓨터 사이에 이루어진다. 반응이 프로그램화되어 있는 컴퓨터와 상호작용할 때에는 정해져 있는 몇 가지 반응 중에서 선택하는 상호작용을 하게 된다. 그러나 가상현실상에 여러 명이 함께 접속하여 인간 대 인간의 상호작용이 가능해지면서 실제와 유사한 의사소통과 협력을 할 수 있게 되었다. 대표적으로 메타버스(metaverse)가 사회적 상호작용 중심으로 구성된 가상현실인데 각각의 사용자가 아바타(avatar)라는 캐릭터로 분하여 가상현실상에서 다른 이들과 함께 대화, 공연관람, 물건 사고팔기 등이 가능하다.

여러 가지 방식으로 가상현실의 한계를 극복하려는 노력이 계속되고 있지만, 가상현실이 실물 세계를 대신할 수는 없다. 가상현실이 '가상'일 뿐이라는 것은 가상현실상에서 심미적 경험이 어렵다는 것에서 가장 잘 드러난다. 듀이는 환경과의 상호작용이 긴밀하게 이루어져 서로 상호 침투된 상태를 이루는 최고 수준의 경험을 '하나의 경험'으로 칭한다는 것을 앞에서 보았다. '하나의 경험'은 경험의 대상이 되는 물질, 사물, 다른 사람, 공간 또는 경험의 상황 등이 가지는 질(quality)을 지각하는 심미적 경험을 포함한다. 그런데 실물과 그 배경이 되는 환경에 퍼져 있는 이 질이 가상현실 전기 자극으로는 재현이 어려운 것이다. 가상현실 속에서 독도의 지질과 식생을 자세히 볼 수 있지만 직접 독도에서 보는 암석, 흙, 식물, 바다의 질 그리고 그것들이 구성한 독도가 가지는 독특한 질과는 전혀 다른 것으로 느껴질 수밖에 없다. 가상현실 속에서 우리는 미생물의 사이즈로 작아져서 미생물을 직접 대면할 수 있지만 이때 우리가 보는 미생물은 실험실에서 현미경을 통해 지각할 수 있는 살아 있는 미생물의 질을 가지지는 않는다. 친구와 함께 메타버스에 접속하여 만날 수 있지만 친구가 사용하는 아바타에는 내가 알고 있는 친구의 고유한 질, 분위기가 반영되어 있지 않기 때문에 실제 얼굴을 보고 만날 때와 전혀 다른 느낌을 준다.

물론 가상현실 속에서도 독도의 지질과 식생, 미생물, 아바타는 그 나름의 질을 가지고 있어서 이를 지각할 수도 있을 것이다. 하지만 가상현실 속 존재, 더 정확히 말해서 가상현실 속 이미지의 질은 실물들이 가지는 여러 에너지의 복합체로서의 질과는 다른 단순한 질이다. 가상현실 이미지는 디스플레이 장치가 전자적으로 출력하는 시각 자극으로서의 질이 주를 이루기 때문에 어떤 이미지라도 공통적인 질을 가진다. 때문에 가상현실 이미지를 식별할 때에는 이 공통되고 단순한 질보다는 각각의 이미지가 가지는 형태와 색에 초점을 맞추게 되는데 이런 식의 식별은 지각보다는 재인의 성격을 가지게 된다. 앞에서 보았듯이 재인은 특정 세부요소에 초점을 맞추어 기존의 도식을 덮어씌워 인식하는 것이라서 매우 간편하다. 이에 비해 지각은 대상에 우리 자신이 스며들어 대상 전체를 수신하는 인식 방법이다. 재인은 대상으로부터 멀찍이 떨어져 적당한 이름표를 붙이는 것으로 충분하지만, 지각은 다른 존재에 접속하기 위해 에너지를 내보내야 하는 적극적이고 관계적인 활동이다. 가상현실 속의 이미지들은 실물이 아니기 때문에 지각의 에너지를 활성화할 필요 없이 간단히 재인만 하면 되는 것들이다. 이런 재인에 기반한 상호작용은 질을 지각하여 평가하는 질성적 사고를 촉발하지 않는 것은 물론이고 반성의 깊이도 요구하지 않는다.

그렇다면 가상현실 속에서 심미적 경험을 하는 것은 정말 불가능한가? 물론 가능하다. 그런데 우리가 가상현실 속에서도 심미적 경험을 할 수 있는 것은 가상현실이 그러한 경험을 이끌어 내는 힘이 있기 때문이 아니라 우리가 가지고 있는 상상의 힘에 의한 것이다. 우리의 상상력은 인식의 대상에 질을 입히는 것을 할 수 있다. 가상현실뿐 아니라 영화를 보면서도 그리고 심지어는 상징으로만 가득 찬 소설을 읽으면서도 재인이 아니라 지각을 하며 심미적 경험을 할 수 있는 것은 우리에게 이미 심미적 경험이 축적되어 있기 때문이다. 과거 경험의 결과로 기억에 남아 있는 질의 저장고가 풍부하게 조성되어 있는 상태에서는 그 질에 대한 느낌과 정서를 소환하는 단순한 자극만 있어도 상상력을 동원하여 우리 스스로가 어떤 이야기, 어떤 이미지, 어떤 상황을 질로 물들일 수가 있다. 하지만 풍부한 심미적 경험이 결여된 상태에서는 아무리 실제와 유사한 가상현실을 보여 준다 한들 그 전기 자극은 꽤 자극적인 구경거리일 뿐 심미적 경험이 되지 못한다.

2) 가상현실의 교육적 가능성과 한계

지금까지 가상현실 경험의 성격을 상호작용에 초점을 맞추어 살펴보았다. 가상현실 경험을 크게 두 가지로 특징화하였는데, 상호작용이 프로그램화되어 있어 극히 단순하다는 것과 지각이 아닌 재인에 기반한 인식 작용이 주를 이루기 때문에 심미성이 결여되어 있다는 것이다. 먼저 상호작용의 단순성에 대해서는 앞에서 상호작용의 복잡성이 요구되지 않거나 학습자의 수준 때문에 오히려 상호작용을 단순화하는 것이 필요한 경우 가상현실이 유용하게 사용될 수 있다는 점을 언급했다. 현재 가상현실이 교육적으로 가장 활발히 활용되고 있는 분야가 비교적 단순하고 패턴화된 상호작용의 과정을 습득하는 것이 필요한 직업 훈련 분야들이다. 예를 들면, 광산의 발파 작업 연습, 고압선 관리에 필요한 공구를 관리하는 절차 학습, 물류회사에서 상품을 빠르게 출고하기 위한 직무 연습 등에 가상현실 프로그램이 이용되고 있다(박인우 외, 2019: 104-105, 176). 그러나 이러한 직무 연습은 정해져 있는 절차를 반복 연습하여 능숙도를 높이는 것을 목적으로 하는 것이라 '교육'이라보다는 '훈련'으로 보아야 한다. 물론 교육의 전 과정 중에 훈련이 일부분 필요한 경우들이 많기 때문에 훈련 또한 교육의 일환으로 볼 수 있지만, 교육의 궁극적인 목적을 환경과의 교호작용을 통해 자신을 성장시키고 환경에 대한 통제 능력도 높여 가는 것으로 보는 듀이의 관점을 취하면, 단순화·정형화된 상호작용만 가능하다는 것은 해결되어야 할 문제로 볼 수밖에 없다.

가상현실 기술 그리고 AI 등 관련 기술의 발전 속도를 보았을 때 상호작용의 복잡성의 범위가 훨씬 더 넓어지는 날이 멀지 않다는 것은 알 수 있다. 그렇게 되면 보다 다양한 활동들이 가능해져 가상현실 활용 범위가 훨씬 더 넓어질 것이다. 그러나 복잡한 상호작용이라 하더라도 가상현실 속 상호작용은 프로그램화된 것이라는 근본적인 문제는 여전히 남게 된다. 다시 말해, 학습자의 행위의 선택지가 많아지더라도 프로그램에 따라 그 범위가 명확히 정해져 있는 것이고 환경 반응 또한 정해져 있다. 가상현실 속에서 일어나는 상호작용과 학습은 어디까지나 행동주의적으로 철저하게 계획된 것이다. 자극과 반응의 조합의 수를 많이 늘릴 수 있지만 프로그램화되어 있는 범위를 벗어날 수는 없고, 그러 면에서 학습자의 자유와 창의성이 제한된 표준화된 교육일 수밖에 없다.

교육은 계획적인 활동이라는 특성을 가진다. 특히나 학교교육과 같은 형식 교육을 할 때에는 학습자가 혼자 자유롭게 학습하는 것이 아니라 교수자에 의해 미리 정해져 있는 학습목표를 달성하기 위해 계획된 과정을 밟아 나가는 교육이 큰 비중을 차지한다. 형식 교육을 할 때 교수자가 학습자의 행위를 어떤 방향으로 유도하려는 의도를 가지고 학습경험을 계획하고 구성한다는 면에서 가상현실의 프로그래밍화된 학습경험과 다르지 않다고 볼 수 있다. 오히려 표준화된 교육이 어느 정도의 교육 수준을 보장할 수 있다는 강점이 가상현실 교육에도 그대로 적용된다. 때문에 가상현실을 학교교육에 적극 활용하면 교육의 평등성 실현에 기여할 것이라는 전망도 있다(박인우 외, 2019). 하지만 계획된 상호작용과 표준화된 학습은 인간, 더 정확히는 생명이 본래 지니고 있는 성장의 힘이 충분히 발휘되게 하는 방식은 아니다. 듀이가 가장 중요하게 여기는 교육목적인 계속 학습하려는 성향은 효율화된 학습보다는 자율성이 높은 학습을 할 때 형성된다. 학습자가 각각의 고유성을 가지고 능동적으로 환경을 탐색해 가면서 나름의 의미를 찾는 경험을 할 때, 좌충우돌하는 어려움을 겪으면서 결국 문제를 해결하는 극적인 면이 있는 학습경험을 할 때, 삶 속에서 계속 학습하려는 성향이 만들어진다.

듀이는 교수자의 역할은 학습을 촉진하는 환경을 조성하는 것이라고 말하는데, 이때 환경이란 완벽하게 계획된 환경이 아니라 우리의 일상의 환경과 닮은 환경을 말한다. 교수자가 학습자의 경험 발달의 방향을 고려하여 환경을 조성해야 하는 것은 당연하지만 삶의 환경처럼 개방성이 있어서 학습자의 자유로운 실험이 가능한 환경을 만들어 주어야 하는 것이다. 듀이의 말을 그대로 옮기면 학습자에게 상당한 자유를 주고 그들의 능력이 마음껏 피어날 수 있도록 적절한 환경을 마련해 주면 되고, 그들이 엇나갈까 봐 지나치게 염려할 필요가 없다는 것이다(Dewey, 1902/2002: 77). 이런 듀이의 견해에 비추어 보면, 가상현실 속 학습 환경은 겉보기에는 학습자가 자유로운 활동을 할 수 있는 곳처럼 보이지만 실상은 코딩하는 단계에서 이미 철저하게 계산된 상호작용의 조합을 마련해 둔 환경, 교수자가 학습자를 지나치게 염려하여 학습자의 행위를 조정할 수 있게 만든 환경인 것이다.

앞서 잠깐 언급했지만 사실 가상현실을 통해 학습자가 특정 경험을 하도록 조정하는 것은 학생들의 자율성과 창의성은 희생시키지만 그래도 어느 정도 수준의 표준화된 학습경험을 보장한다는 면에서 오히려 꽤 괜찮은 교육 전략으로 판단할 수도 있다. 영화 〈매트릭스〉에서 주인공 네오는 자유의지에 따른 삶을 살기 위해 가상현실을 벗어나는 모험을 감행했지만, 아마도 대부분의 사람들은 가상현실 속에 구속된 삶, 표준화되어 있는 안정된 삶을 선택할 가능성이 높은 것처럼 말이다. 하지만 교육환경으로 실제 환경이 아닌 가상현실을 선택할 것인가의 문제에서 더 중요하게 고려해야 할 것은 가상현실은 질이 결여된 환경이라는 점이다.

우리가 교육을 받는 이유는 궁극적으로 삶을 살아가기 위한 것이다. 우리의 삶의 환경은 실물로 이루어져 있기 때문에 이 세계와의 상호작용에서 큰 부분을 차지하는 인식 작용이 지각이다. 우리는 붉게 물든 저녁노을을 감상하기도 하고, 사과를 베어 먹으며 맛과 식감을 즐기기도 한다. 길에서 만난 이웃이 반가워 인사를 나누기도 하고, 길고양이의 우아한 몸짓을 한참 구경하기도 한다. 새로운 모임에서 느껴지는 어색한 기류를 바꿔 보려고 농담을 던지기도 하고, 피곤해 보이는 엄마의 심기를 건드리지 않기 위해 눈치를 보기도 한다. 이러한 경험을 가능하게 하는 것이 우리에게 물질, 사물, 사람, 상황 전체에 퍼져 있는 질을 지각하는 능력이 있기 때문이다. 지각은 우리를 둘러싼 환경에 대한 관계적 수신이고 이 지각 능력에 의해 우리의 경험의 질이 좌우된다고까지 말할 수 있다.

앞에서 보았듯이 가상현실이 실물들의 이미지를 유사하게 재현하기는 하지만 실물에 퍼져 있는 질까지 재현하는 것은 불가능에 가깝다.[12] 그로 인해 가상현실에서는 상호작용의 대상을 지각하기보다는 재인이라는 간편한 방식을 취하기 마련이다. 지각을 하기 위해서는 상당한 에너지를 끌어올려야 하기 때문에 우리는 일상에서 힘을 아끼기 위해 지각 대신 재인하면서 기존의 습관화된 상호작용을 반복한다. 이러한 지각과 재인 중에 교육에서는 지각이 장려되어야 한다. 경험을 통해 성장한다는 것은 환경과 교호작용을 한다는 것, 다시 말해 세상과 긴밀한 관계를 형성하여 서로 영향을 주고받아 새로워지는 것을 말한다. 이와 같은 수준의 상호작용은 지각 없이 불가능하다. 그런데 질이 결여되어 있는 가상의 환경에서는 학습자가 지각하고 교호작용할 것을 기대하기 어렵다는 문제가 있다. 물론 앞에서 언급했듯이 학습자가 상상의 나래를 펼쳐 가상현실 속에서도 지각하는 것이 가능하지만 가상현실이라는 환경 그 자체는 기본적으로 지각보다는 재인을 촉발한다. 게다가 가상현실을 통해 재인이 반복되면 실제 세계에서도 지각보다는 재인의 방식으로 세상을 인식하는 성향이 생기기 쉽다. 가상현실 속에서 지나치게 시간을 많이 보내게 되면 세상에 깊이 관여하고 책임지는 성향 대신에 세상을 피상적으로 바라보는 성향이 생길 위험이 있는

12) 영화 〈매트릭스〉처럼 뇌파까지 가상현실에 연동하는 3세대 가상현실의 시대가 도래하면 질을 인간의 외부, 즉 디스플레이 장치에 재현할 필요 없이 인간의 뇌에 곧바로 재현할 수 있게 될지도 모르는 일이다.

것이다.

메타버스 등을 통해 가상현실 속에서 사회적 상호작용까지 가능하게 되었지만, 그 속에서 여러 비도덕적인 행태들이 매우 빈번하게 일어나는 문제가 있는 것은 가상현실 속에서 다른 이들을 인간으로 지각하기 어렵기 때문이다. 존재 전체를 수신하는 지각과 달리 재인은 이름표를 붙이듯 인식하기 때문에 목적에 따라 대상에 얼마든지 다른 이름표를 붙여 인식할 수 있다. 가상현실 속 아바타는 인간적으로 대해야 하는 사람이 아니라, 가지고 노는 장난감이 될 수도 있고, 착취나 학대의 대상이 될 수도 있다. 실제 세상에서도 인간을 인간으로 보지 않고 도구화하는 경우가 많지만 가상현실에서는 인간의 실체를 직접 대면할 수 없기 때문에 인간을 도구화하는 비도덕적 행태들이 더 많이 일어날 수밖에 없다.

가상현실 경험으로 손쉽게 교육적 경험을 제공할 수 있을 거라는 기대를 가지는 것만큼 위험한 일은 없는 것 같다. 물론 가상현실의 초월성은 학교교육이 가지는 시공간적 한계를 뛰어넘을 수 있게 한다는 점에서 커다란 교육적 가치를 가진다. 우주, 화산 폭발, 지진, 과거 역사의 현장처럼 실제 경험하기 어려운 것을 가상현실로 재현하여 경험하게 하는 것은 명백히 큰 의미가 있다. 게다가 가상현실 그 자체가 하나의 실물이기도 하고 인간 사회의 주요한 발명품이자 애용품이 되었기 때문에 학교에서 가상현실을 교육의 재료와 주제(subject matter)로 삼는 것은 당연하다. 하지만 앞서 보았듯이 가상현실 속 경험은 세상을 피상적으로 바라보거나 심지어는 왜곡된 방식으로 인식하게 할 위험 또한 가진다. 때문에 실물 경험이 충분히 가능하다면 가상현실 경험으로 대체하는 것에 대해서는 신중을 기해야 한다. 많은 어린이, 청소년들이 가상현실뿐 아니라 온갖 영상 매체에 지나치게 몰입되어 있는 현 시대에는 오히려 실물을 대상으로 하는 심미적 경험의 기회를 더 많이 가지게 하는 것이 필요하다.

생각해 보기

1. 영화 〈매트릭스〉에서 주인공 네오에게 파란 약과 빨간 약 중 하나를 고르도록 선택권이 주어지는 장면이 있다. 파란 약을 먹으면 무엇이 진실인지를 모른 채 매트릭스 안에 갇혀 믿고 싶은 대로 믿으며 평안한 일상을 유지하게 된다. 빨간 약을 먹으면 진실을 대할 수 있는데 대신에 지금까지 누리던 일상으로 돌아갈 수 없는 위험을 감수해야 한다. 네오는 주저 없이 빨간약을 선택한다. 21세기 현대인은 다양한 영상 매체와 플랫폼들이 개발되면서 수많은 영상에 둘러싸여 살게 되었다. 이런 삶의 환경으로 인해 현재 우리는 영상 매체를 통해 세상을 이해하고 가치관을 형성하는 경향이 강해졌다. 그런데 가상현실도 마찬가지지만 모든 영상 매체는 조작이 가능하다는 기본적인 특성이 있어 영상을 통해 왜곡된 세계 인식을 심어 줄 수도 있다. 게다가 최근에는 딥페이크(deepfake)와 같은 인공지능(AI)을 활용한 기술이 발달하면서 조작이 매우 쉬워져 이를 우려하는 목소리가 높다. 영화 〈매트릭스〉에서는 한 알의 약으로 진실을 보는 것을 선택할 수 있지만 실제 그런 약이 있을 리 만무하고 우리가 가장 믿을 수 있는 것은 교육일 것이다. 학교교육에서 어떻게 학생들이 조작된 영상에 속지 않고 현실 감각을 유지할 힘을 기를 수 있을지 생각해 보자.
2. 듀이는 교수자가 중심이 되는 전통적인 교육과 학습자의 자유를 최대한 허용하는 진보주의 표방 교육 모두를 비판한다. 교수자가 학습자의 활동을 사전에 철저하게 계획하고 학습자가 그 과정을 수동적으로 따르는 교육도 문제이지만 그렇다고 해서 학습자에게 절대적 자유를 줘서는 안 된다는 것이다. 듀이의 입장을 정리하면 교수자에 의해 잘 준비되고 계획된 교육경험을 학습자에게 제공하되 학습자의 자율성 또한 보장되어야 한다는 것인데, 이 균형점을 판단하는 기준은 어떤 것이 될 수 있을지 생각해 보자.
3. 듀이는 인간의 본질을 이성(reason)으로 보는 근대의 합리주의적 인간관에 반하여 자연주의적 실용주의 관점에서 인간을 끝없이 상호작용하며 환경에 적응해 나가는 생명체로 본다. 듀이의 관점을 취하여 가상현실을 포함하는 디지털 세계가 급속하게 커져 가고 있는 환경에서 인간이 생명체로의 삶을 활발히 유지한다는 것, 성장한다는 것이 어떤 의미를 가질지에 대해 생각해 보자.

읽을거리

Dewey, J. (1902). *The child and the curriculum*. 박철홍 역(2002). **아동과 교육과정, 경험과 교육**. 서울: 문음사.

▶『아동과 교육과정』은 듀이가 교사 등 일반 대중을 대상으로 한 강연문을 책으로 엮은 것으로, 듀이의 교육에 대한 핵심적인 생각이 잘 드러나 있으면서도 비교적 쉽게 읽히는 장점이 크다. 분량도 많지 않고 우리말 번역도 매우 훌륭하여 듀이 철학 입문을 위한 첫 번째 읽을거리로 적당하다.

Dewey, J. (1916). *Democracy and education*. 이홍우 역(2007). **민주주의와 교육**. 서울: 교육과학사.

▶『민주주의와 교육』은 듀이의 가장 유명한 대표 저작이다. 이 책의 부제는 '교육철학 개론(An Introduction to the Philosophy of Education)'인데, 이 부제에서 알 수 있듯이 교육철학의 주요 주제들을 26장에 걸쳐 깊이 있게 다루고 있다. 핵심이 되는 장을 여러 개 꼽을 수 있지만 그중에서도 4장 '성장으로서의 교육'은 듀이 교육철학의 특이성을 가장 잘 드러내고 있고, 그 배경이 되는 자연주의적 실용주의(naturalistic pragmatism)를 이해하는 데 도움이 될 것이다. 여러 우리말 번역본이 나와 있지만 교육학계에서 가장 많이 인용되고 있는 이홍우 선생님의 번역본을 추천한다. 역자주나 번역어 선택에서 아쉬운 점들이 간혹 있으니 가능하다면 영어원서를 대조하며 읽는 것을 권한다.

Dewey, J. (1934). *Art as experience*. 박철홍 역(2016). **경험으로서 예술**. 경기: 나남.

▶『민주주의와 교육』이 가장 많이 읽히는 듀이의 대표 저작이지만, 대부분의 듀이 연구자들은 예술이론이 펼쳐져 있는『경험으로서 예술』을 듀이의 핵심 저서로 꼽는다. 특히 '하나의 경험'에 대해 깊이 다룬 3장을 읽는 것은 듀이가 말하는 경험을 깊이 이해하는 데 꼭 필요하다.

참고문헌

강현웅(2023). 가상현실 기반의 교육 콘텐츠 어포던스 구축 방안 연구. **한국디자인리서치**, 8(1), 116-125.

고광본(2020. 8. 19.). [사이언스] 코로나로 힘받는 교실혁명… VR(가상현실) 타고 활활. **서울경제**. https://www.sedaily.com/NewsView/1Z6N2I28JB (검색일: 2023. 8. 1.)

김도영(2020. 8.). '지능형 과학실'로 탐구중심 과학교육 실천한다. **행복한 교육**. https://happyedu.moe.go.kr/happy/bbs/selectHappyArticleImg.do?bbsId=BBSMSTR_000000000191&nttId=9999 (검색일: 2023. 8. 1.)

박인우, 고유정, 한인숙, 이경숙, 고은현, 이영, 신형석, 장재홍, 백송이, 장지윤, 정영혜, 김명랑, 정종원, 장선영, 이은주, 박유진, 임진호(2019). **가상현실과 교육**. 서울: 박영story 피와이메이트.

이민화, 김영준, 김창배, 박종원, 김성완, 이영호, 박한진, 서요성, 이상옥(2016). **가상현실을 말한다**. 서울: 클라우드북스.

전황수 외(2017). 가상현실(VR)의 국내외 적용 동향. **전자통신동향분석**, 32(1), 93-101.

찾아가는 안전체험 교육(n.d.). 행정안전부소관 국가안전원 안전교육센터. https://www.nsisafekorea.kr/contents/site/selectPageView.do?menuId=335 (검색일: 2023. 8. 1.)

Dewey, J. (1902). *The child and the curriculum*. 박철홍 역(2002). **아동과 교육과정, 경험과 교육**(pp. 19-78). 서울: 문음사.

Dewey, J. (1916). *Democracy and education*. 이홍우 역(2007). **민주주의와 교육**. 서울: 교육과학사.

Dewey, J. (1934). *Art as experience*. 박철홍 역(2016). **경험으로서 예술**. 경기: 나남.

Dewey, J. (1938). *Experience and education*. 박철홍 역(2002). **아동과 교육과정, 경험과 교육**(pp. 79-222). 서울: 문음사.

Dewey, J. (1956). *The child and the curriculum: The school and society* (pp. 1-31). IL: The University of Chicago Press.

Dewey, J. (1985). Democracy and education. In J. A. Boydston (Ed.), *John Dewey: The middle works, vol. 9: 1899-1924* (pp. 1-370). IL: Southern Illinois University Press.

Dewey, J. (1988). Experience and education. In J. A. Boydston (Ed.), *John Dewey: The later works, vol. 13: 1938-1939* (pp. 1-62). IL: Southern Illinois University Press.

Dewey, J. (1998). Qualitative thought. *Philosophers of process* (pp. 192-210). NY: Fordham University Press.

Dewey, J. (2005). *Art as experience*. NY: Perigee.

Dewey, J. (2007). *The school and society*. NY: Cosimo, Inc.

Kornfein, A. (2021. 12. 1.). Stanford launches first class taught completely in virtual reality. *The Stanford Daily*. https://stanforddaily.com/2021/12/01/stanford-launches-first-class-taught-completely-in-virtual-reality/ (검색일: 2023. 8. 1.)

Oxford University Press (2003). *Oxford English dictionary*. Oxford, England: Oxford

University Press.

Southgate, E. (2020). *Virtual reality in curriculum and pedagogy: Evidence from secondary classrooms*. Milton: Taylor and Francis.

제4장

감춰진 교육철학, 드러난 교육철학, 적용된 교육철학: 푸코의 자기배려로서 교육을 중심으로

김상섭

도입

교육철학은, 탐구주제와 형태의 다양성에도 불구하고, 서로 구별되는 세 수준(또는 차원)의 탐구로 분류될 수 있을 것 같다. 하나가 교육에 대한 관심을 품고 철학적 탐구를 진행하는 '감춰진' 교육철학이라면, 다른 하나는 구체적인 교육현상에 천착하여 교육을 이론화하는 '드러난' 교육철학(아마도 가장 전형적인 교육철학)일 것이다. 그 둘과 구별되는 또 하나의 교육철학 탐구를 상정할 수 있다. 이것은 철학적 탐구를 통해 교육에 대한 자신의 이해와 실천을 분석·파악함으로써 현재와는 다른 교육을 자신의 실존 속에서 쟁취해 내고자 애쓰는 '적용된' 교육철학이라고 할 수 있을 것이다.

이러한 분류에 따르면, 푸코(Michel Foucault, 1926~1984)의 철학은 어떤 수준(차원)의 교육철학인가? 물론 세 가지 수준(차원) 모두에 해당되지 않는다고 평가할 수 있다. 말하자면 푸코는 어떤 형태로든 '교육'철학을 탐구하지 않았다는 평가가 가능하다. 또한 해석 여하에 따라 푸코가 세 수준(차원)의 '교육'철학 모두를 수행했다고 평가할 수도 있을 것 같다. 여기서 나는 후자의 해석을 시도해 보려고 한다. 즉, 푸코의 철학에서 교육적 관심이 어떤 식으로 작동하고 있는지(1절), 푸코가 구체적인 교육현상을 어떻게 이론화 · 구조화하고 있는지(2절), 나아가 푸코의 철학적 탐구가 자기교육, 즉 자신의 존재를 형성하고 변형하는 작업에 어떤 방식으로 기여하고 작동하는지(3절)를 살펴보려고 한다. 교육철학을 탐구하는 각각의 층위를 가리켜 나는 편의상 '감춰진' 교육철학(1절), '드러난(이론화된)' 교육철학(2절), 그리고 [자기형성에] '적용된' 교육철학(3절)이라고 부르고자 한다. 여기서의 시도를 통해, 나는 교육철학 탐구가 다양한 유형과 수준(차원)에서 전개될 수 있을 뿐만 아니라, 또한 다양한 수준(차원)의 성찰이 상호 침투하게 될 때 보다 더 종합적(체계적)이고 유효한 교육철학이 구축될 수 있다는 것을 암시하고자 한다.

1. 푸코의 철학에 '감춰져 있는' 교육적 관심

1) 교육철학자인 나는 왜 푸코를 공부하는가?

나에게 교육은 삶이고 직업이다. 나는 오랫동안 근대교육의 가정 위에 서 있었다. 예컨대, 나는 '나'와 내 '학생'의 고유하고 독자적인 주체성을 신뢰해 왔다. 그런데 나는 또한 알고 있다. 나의 가정과 전제에 대해서 교육학 내외적으로 여러 차례 정당한 비판적 해체와 극복의 시도가 있어 왔다는 것을. 특히 니체(Nietzsche), 프로이트(Freud), 마르크스(Marx)로 대변되는 새로운 해석학의 3인방이 나의 생각과 삶에 남긴 자취와 흔적은 비가역적일 정도로 선명하다. 나는 '나'의 고유성과 본래성에 대한 믿음이 거의 해체되었다고 느낀다. 심지어 '주체의 죽음'이라는 충격적인 말도 원래 그랬던 것처럼 여겨질 지경이다.

나는 탈신화화와 합리성 추구가 역설적이게도 물화와 인간소외를 낳았다는 호르크하이머(Horkheimer)와 아도르노(Adorno)의 지적을 진지하게 받아들인다. 나의 시선과 관점이 도구적 이성의 독주로 인해 필연적으로 존재망각으로 전락하게 된다는 하이데거(Heidegger)의 경고도 경청한다. 또한 근대로부터의 완전한 탈출과 결별을 부추기는 포스트모던의 큰 파도를 온몸으로 겪는다. 그러고 나자 나는 거대담론에 대한 미련과 믿음을 거의 거둬 버렸다. 그렇다. 나는 다년간 각고의 노력으로, 근대에서 현대로 이어지는 철학적 탐구의 세례를 제대로 받았다. 덕분에 나는 '나'에 대해 보다 겸허해지고 솔직해졌다. 또한 나와는 다른 것, 흔히 말하는 '타자'에 대한 관심이 커졌고 민감해졌다.

나는 지금까지의 공부를 통해 최선으로 현대적인 인간이 되려고 노력했고 또 어느 정도 성공적이라고 생각한다. 그런데 이상하게도 기운이 빠지고 우울한 정조가 스며드는 것을 피할 수 없다. 내 삶과 존재의 완성까지는 아니더라도, 나다움이라도 진지하게 추구하고자 할수록, 나의 자기교육은 더욱더 말할 수 없는 황량함과 공허함에 휩싸이는 것 같다. 토대 없음과 근거 없음! 어두운 색조만 가득하고, 진지하게 꿈꿀 만한 교육적 이상과 희망의 싹이 엿보이지 않는다. 교육철학자로서 남을 가르치기에 앞서, 나는 나 자신을 가르치는 게 힘겹다.

교육에 대한 나의 순진한 믿음을 해체시키는 데 기여한 철학자 중의 한 사람은 푸코다. 그는 얼어붙은 영혼을 깨트리는 도끼로서 철학하기가 어떤 모습인지를 훌륭하게 보여 주었다. 물론이다. 푸코는 자극적이고 선동적인 구호가 아니라, 조용한 말로 폭풍을 몰고 왔다. 나는 여기서 그런 푸코에게서 현대적인 무기력과 무의미에서 벗어날 수 있는 탈출구 혹은 희망의 언어가 발견될 수 있는지를 점검하고자 한다. 왜 하필이면 푸코? 나는 정혜쌍수를 촉구하는 결의문 첫 문장에 승부를 건다. "땅에서 넘어진 사람은 [그] 땅을 딛고 일어선다(人因地而倒者 因地而起)"(지눌, 1190/2007: 42). 푸코로 인한 충격이라면, 푸코를 붙잡고 극복하라!

2) 푸코의 철학: '우리 자신에 대한 역사적 존재론'

푸코의 철학은 얼핏 보더라도 탐구주제와 범위가 광대할 뿐만 아니라, 논의 방식에서도 독특하다. 푸코는 병원의 탄생과 감옥의 탄생, 그리고 성의 사용과 같이 통상적인 철학에서는 다소 낯선 주제를 탐구할 뿐만 아니라, 다양한 시대에 탄생한 시대 고유의 인식체계를 실증적이고 역사적으로 탐색한다. 그렇다 보니 푸코의 철학이 취하는 전체적인 구도와 지향점 및 탐구 의도를 가늠하기가 쉽지 않다.

통상적으로 푸코의 저작은 관심 주제와 관점을 기준으로 전기, 중기, 후기로 분류되곤 한다. 푸코는 전기에서 대체로 인간과 대상이 맺게 되는 지식의 측면을 고고학적으로 탐색하고, 중기에는 인간과 인간 간에 펼쳐지는 권력의 측면을 계보학적으로 탐구한다면, 후기엔 인간이 자신과 맺게 되는 자기관계의 윤리적 측면을 해석학적으

표 4-1 푸코의 주요 저서와 콜레주 드 프랑스 강의

푸코의 주요 저서	콜레주 드 프랑스 강의
I. 전기 사물과의 관계: 지식의 축-'지식의 고고학'	
1954『정신병과 인격(Maladie mentale et personnalité)』 1961『광기의 역사(Histoire de la folie)』 1963『임상의학의 탄생(Naissance de la clinique)』 1963『레몽 루셀(Raymond Roussel)』 1966『말과 사물: 인간과학의 고고학(Les mots et les choses: Une archéologie des sciences humaines)』 1969『지식의 고고학(L'archéologie du savoir)』	
II. 중기 타자와의 관계: 권력의 축-'권력의 계보학'	
1971『담론의 질서(L'ordre du discours)』 콜레즈 드 프랑스 취임강연 1973『나, 피에르 리비에르: 내 어머니와 누이와 남동생을 죽인(Moi, Pierre Rivière, ayant égorgé ma mère, ma soeur et mon frère)』 1973『이것은 파이프가 아니다(Ceci n'est pas une pipe: deux lettres et quatre desseins de René Magritte)』 1975『감시와 처벌: 감옥의 탄생(Surveiller et punir: Naissance de la prison』 1976『성의 역사 1: 앎의 의지(Histoire de la sexualité: La volonté de savoir)』	1971 '지식의 의지' 1972 '형벌 이론과 제도' 1973 '징벌사회' 1974 '정신의학의 권력' 1975 '비정상인들' 1976 '사회를 보호해야 한다' 1977 '안전, 영토, 인구'
III. 후기 자신과의 관계: 윤리의 축-'주체의 해석학'	
1978『엘렉시나 B.라고 불리는 에르퀼린 바르뱅(Herculine Barbin, dite Alexina B)』 1984『성의 역사 2: 쾌락의 활용(Histoire de la sexualité: L'usage des plaisirs)』 1984『성의 역사 3: 자기에의 배려(Histoire de la sexualité: Le souci de soi)』 1984「계몽이란 무엇인가(Qu'est-ce que les Lumières)」	1979 '생명정치의 탄생' 1980 '동물존재의 통치에 관하여' 1981 '주체성과 진실' 1982 '주체의 해석학' 1983 '자기통치와 타자의 통치' 1984 '진실의 용기'

로 이해하려고 시도한다(〈표 4-1〉 참조).

이런 식으로 푸코의 철학을 도식화할 수 있는 근거 중의 하나는 푸코가 사망하던 해인 1984년에 발표한 「계몽이란 무엇인가?」라는 소논문이다. 여기에서 푸코는 자신의 철학을 구조화하는 방식을 스스로 선보이기 때문이다. 또한 푸코가 콜레주 드 프랑스에서 행한 일련의 강의주제도 간접적인 근거로 채택될 수 있을 것이다.

푸코는 「계몽이란 무엇인가?」라는 논문에서 자신의 철학을 가리켜 "우리 자신의 역사적 존재론"이라고 부른다. 그러면서 우리의 역사적 존재론을 구성하는 행위인 실천을 가리켜 현재라는 우리의 역사적 실존을 "변형하려는 시도이자 실험"이라고 말한다. 그러한 실천적 실존이 사물과의 관계, 타자와의 관계, 그리고 자신과의 관계라는 축 위에서 펼쳐지기 때문에, 우리의 실존은 결국 각각의 축 위에서 전개되는 인식과 권력 및 윤리의 주체되기를 과제로 삼게 된다. 이렇듯이 푸코는 자신의 철학적 탐구를 진리의 축, 권력의 축, 윤리의 축이라는 논리적 공간에서 전개되는 역사적 존재론으로 특징짓게 된다.

> 실천체계들은 다음과 같이 셋으로 나눌 수 있는 광대한 영역에 뿌리를 내리고 있다. 사물[사물 세계]에 대한 통제관계, 타자[사회 세계]에 대한 행위관계, 자신[내면 세계]에 관한 [연마]관계가 그것이다. …… 우리에게는 특수성과 상호 연관성을 동시에 분석해야 하는 세 가지 축이 있다. 지식의 축, 권력의 축, 윤리의 축이 바로 그것이다. 그러니까 우리 자신의 역사적 존재론은 열려 있는 일련의 질문들에 대답해야 한다. …… 우리는 어떻게 앎의 주체로 구성[형성, constitués]되는가? 우리는 어떻게 권력을 행하기도 하고 그것에 복종하기도 하는 주체로 구성되는가? 우리는 어떻게 행위의 도덕적 주체로 구성되는가?(Foucault, 1984c: 576).

푸코의 논문은 그가 사망하던 해(1984)에 발표된 논문이라는 점에서, 연구계획을 밝히는 것이 아니라 자신의 연구와 저술활동을 의도와 관심에 따라 구조화하는 관점을 제시하는 셈이다. 그러한 관점은 콜레주 드 프랑스에서 행한 일련의 강의주제를 통해서도 뒷받침된다. 1971년부터 1984년까지의 강의주제를 보면, 권력의 사용과 관련된 사회적 관계의 설정이라는 주제로부터 차츰 윤리적 주체의 형성이라는 주제로 옮겨 간다. 그와 더불어 푸코의 철학탐구는 세 영역 또는 세 개의 축 위에서 전개되는 탐구로서 완전한 모습을 드러내게 된다.

푸코의 고백은 그의 탐구를 정리하는 길잡이로 활용될 만하다. 그러한 구도에 따르면, 1960년대 고고학 시기는 '지식'의 축에 따라 전개되는 과학적 담론을 연구의 중심에 두게 된다. 실제로 그는 과학적 실천에 들어 있는 규칙들과 제한들을 검토함으로써 생물학 및 언어학과 같은 새로운 지식 영역들이 어떻게 사유의 역사에 등장하여 인식의 패러다임을 형성하게 되는지를 보여 주었다. 이어서 1970년대 계보학 시기의 푸코는 '권력'의 실천과 그것을 지원하는 지식의 형태를 연구한다. 예컨대, 범죄의 발달이 아니라 범죄심리학의 발달이 어떻게 범법자를 구성하게 되며 그들을 지배하는 의사들의 권력을 강화하게 되는지를 밝혀내게 된다. 마지막으로, 1980년대 푸코는 '윤리'적 실천들과 자기기술이라는 훈련을 통해 윤리적 주체가 어떻게 형성되는지를 탐구하게 된다.

이와 같은 푸코의 연구문제 설정은 분명 칸트(Kant) 철학에 기대고 있다. 칸트는 잘 알려졌다시피 근본적으로 인간에 대한 탐구일 수밖에 없는 근대 철학의 핵심 질문을 셋으로 압축한다.

> 나는 무엇을 알 수 있는가? 나는 무엇을 해야 하는가? 나는 무엇을 희망해도 좋은가? 인간이 무엇인가? 첫 번째 질문에 대해서는 형이상학이 답변하고, 두 번째 질문에는 도덕(론)이, 세 번째 질문에는 종교(론)가, 그리고 네 번째 질문에는 인간학이 각각 답변한다. 그런데 앞의 세 질문은 네 번째 질문으로 귀착된다는 점에서 철학의 모든 관심은 인간학으로 귀착된다고 할 수 있다(Kant, 1800/2021: A25).

나는 무엇을 알 수 있는가? 진리의 축! 나는 무엇을 행해야 하는가? 도덕의 축! 그리고 나는 무엇을 희망해도 좋은가? 미(희망)의 축! 푸코도 칸트와 마찬가지로, 자신의 철학적 탐구과제를 세 개의 축 위에 설정한다. 다만 진리의 축을 인식의 축으로, 도덕의 축을 권력의 축으로, 그리고 미의 축을 윤리의 축으로 다소 이동시키면서 푸코 자신의 탐구를 전개할 뿐이다.

그러한 미세한 변화 또는 섬세한 차이는 결코 간과할 수 없는 의미를 지닌다. 왜냐하면 미시적 이동이야말로 푸코 철학의 특징을 압축적으로 드러내 보이는 징표라고 할 만하기 때문이다. 미세한 변동을 통해 푸코는, 칸트가 주창한 계몽이나 성숙된 주체와 같은 실존적 '목적'보다는 서로 다른 시대의 서로 다른 주체들이 계몽되고 성숙된 주체로 형성되어 나가는 '과정'에 주목한다는 것을 알려 준다. 말하자면 푸코의 철학은 지적 · 권력적 · 윤리적 '주체(또는 주체성)'보다는 지적 · 권력적 · 윤리적 주체 '되기'를 관심의 대상으로 삼는다.

푸코의 관심의 전환을 잘 드러내 보이는 사례는 '정신병자'나 '범죄자'에 대한 그의 분석일 것이다. 푸코는 '정신병자'나 '범죄자'의 정체성에 대한 탐구나 그에 대한 옳고 그름의 판단은 유보한 채, 그러한 인간 유형이 사회적 실천 세계에 등장해서 작동하게 되는 과정을 면밀히 추적한다. 그러면서 권력관계와 지식의 상호작용이 병리적 · 범죄적 주체를 창조하게 된다는 것을 보여 준다. 이것은 칸트에게서 발견되는 '주체' 철학에 정면으로 맞서는 시도인 셈이다. 우리 모두는 특정한 방식으로 생각하고, 판단하며, 행동한다. 이때 우리가 채택하고 있는 지각과 인식 및 행위의 준거와 틀은 근본적이고 심지어 보편적인 것 같다. 하지만 그것은 사실 특정한 시점에 특정한 조건하에서 생겨난 '역사적'인 것이다. 푸코의 철학은 바로 이 지점에 주목한다. 우리의 실천 범주들과 개념적 구조들이 역사적으로 형성되고 변형되어 온 것이라면, 그 과정을 면밀히 추적하지 않은 채, 주체의 의식과 정체성만을 분석하는 것은 우리 자신을 제대로 인식 · 이해할 수도, 형성 · 변형할 수도 없기 때문이다.

푸코는 근대적 주체의 발생과 변형의 역사를 추적한다. 그는 니체의 모범에 따라서, 자신의 철학을 가리켜 기꺼이 '계보학'적 탐구라고 부른다. 근대인들이 어떤 과정을 거쳐 각기 서로 다른 주체, 예컨대 범법자, 동성애자, 정신병자, 또한 정상인과 건강한 사람으로 구성되어 왔는가를 추적함으로써, 푸코는 주체의 형성과 권력행사, 나아가 새로운 지식의 형성이 밀접하게 상호 연관되어 있다는 것을 폭로하게 된다. 그 말은, 예컨대 '동성애자'의 일인칭 경험 자체보다는 그러한 경험을 가능하게 하면서 제한하는 사회적인 인식과 권력관계를 분석하는 것이 동성애자를 이해하는 지름길이라는 의미다. 왜냐하면 주관적 의식과 주체적 가치판단보다는 오히려 동성애에 대한 사회적인 견해와 과학적 이론 그리고 동성애에 대한 규제와 실천들이 동성애라는 주관적 경험 자체를 구성하게 되기 때문이다. 주체는 투명한 지식과 자율적 실천의 근원이 아니라, 배제와 통제를 수행하는 사회적 실천, 즉 권력관계 속에서 '구성'될 뿐이다. 따라서 주체의 자기의식과 자기지식, 말하자면 우리의 주체성은 자연적 혹은 초월적 사실이 아니라, 사회적 · 역사적 구성체다.

3) 푸코 철학의 지향점: 주체의 형성과 변형 가능성

푸코의 철학은 탐구하는 주제와 도달하게 되는 결론에서뿐만 아니라, 또한 철학하기에서도 매우 독특하다. 철학하기에서는 통상적으로 논리적 분석, 논증, 해석, 주장 등이 중요하다. 하지만 푸코의 철학하기에서는 보고하기, 소개하기, 보여 주기, 드러내기, 폭로하기가 오히려 더 중요해 보인다. 푸코는 이러한 일련의 특성들로 이루어진 자신의 철학하기를 가리켜 '계보학(généalogie)'이라고 부른다.

푸코가 시도하는 계보학은, 간단히 말해 역사성이 없는 것으로 간주되는 것, 예컨대 인간의 본능이나 보편적인 도덕적 가치들을 비판적으로 고찰하여 '탈자연화' 또는 '역사화'하는 것을 의미한다. 말하자면 보편적이고 항구적인 가치로 여겨지는 것들이 실은 역사 속에서 발생했다는 것을 보여 주는 철학하기다. 그렇다고 해서, 푸코의 계보학이 과거를 단순히 발굴한다거나 그것을 순전히 거부하는 것은 아니다. 푸코는 "인류학적으로 보편적인 실재들"을 "급진적이고 역사적인 질의에 회부"시킴으로써, 다만 "현재를 바라보는 방법"을 바꾸려고 할 뿐이다(Oksala, 2008/2015: 85-89).

니체의 충실한 후계자로서 푸코는, 특히 1970년대 권력관계와 지식형성 간의 연관성에 주목하면서 보편적이고 필연적인 것으로 간주되는 사유형태들을 급진적으로 해체하기 위해 계보학이라는 철학하기를 활용하게 된다. 계보학이 활용된 푸코의 대표적인 저서는『감시와 처벌』(1975)이다. 푸코는 여기서 과학으로서 범죄학이 출현하게 되는 과정에 관해 논의한다. 그러면서 범죄학의 발달과 권력의 특별한 실천, 즉 감옥의 발달이 서로 의존적이면서 함께 얽혀 있다는 것을 밝히게 된다. 근대의 감옥은 순수하게 처벌만을 목표로 삼는 것이 아니라, 보다 근본적이고 근원적으로, 범죄자의 재교육과 개조를 목표로 삼는다. 그러한 목적을 달성하기 위해 범죄형태, 심리상태, 점진적인 개선기록 등 범죄자에 대한 모든 지식을 모아 체계화하게 된다. 범죄자에 대한 지식의 축적, 즉 범죄학의 성립은 모든 수감자에 관한 구체적인 보고서 작성이라는 제도에 의해 뒷받침된다. 보고서를 통해 축적된 지식은 다시금 범죄학의 경험적 자료를 형성하게 되고, 그 결과 과학으로서 범죄학이 진보할 수 있게 된다. 이렇듯이 지식과 권력은 상호 매개될 뿐만 아니라, 서로 얽히며 작동하게 된다.

푸코는 인식, 권력, 윤리 영역 모두에 계보학적 방법을 적용한다. 첫째, 진리와 관련된 우리의 역사적 존재론이다. 이 영역에서 푸코는『임상의학의 탄생』(1963)과『말과 사물』(1966)이라는 고고학적 발굴을 통해, 인식적 사로잡힘에서 우리를 해방시키며, 또한 동시에 우리 자신이 지식의 주체로 형성되어야 할 필요성과 가능성을 환기한다. 둘째, 권력과 관련한 우리의 역사적 존재론이다. 이와 관련해서『감시와 처벌』에서 시도한 계보학은 우리를 권력의 작용대상에서 벗어나 권력의 주체로 구성할 수 있도록 해방시키게 된다. 셋째, 윤리와 관련된 우리의 역사적 존재론이다.『성의 역사』(1976, 1984)에서 시도한 계보학을 통해 푸코는 우리 자신을 윤리적 행위자로 구성해 나가도록 해방시키게 된다(Dreyfus & Rabinow, 1990/1994: 333).

이렇듯이 푸코는 계보학을 통해 우리의 사유와 존재에 자리 잡고 있다고 여겨지는 본질들의 역사성을 드러내게 된다. 그렇다고 해서 단순히 그러한 계보학적 진실을 폭로하는 것으로 그치는 것은 아니다. 그와 동시에 푸코는 항구적인 진리에 대한 우리의 착각과 맹신을 폭로하고 직시하게 될 때, 미리 확정된 정체성의 강제에 맞서 변화할 수 있는 가능성이 열리게 된다는 것을 알려 주고자 한다. 우리의 모든 것이 역사적으로 만들어지고 '구성'된 것이라면, 우리의 모든 것은 또한 '변화'되고 '변형'될 수도 있기 때문이다(Oksala, 2008: 28-31).

푸코의 관점 전환은 '철학적 탐구'의 쓰임과 의미에 대한 이해에서도 충분히 읽어낼 수 있다. 푸코는 철학을 '새로운 생각과 새로운 인식, 그리고 새로운 삶의 가능성, 즉 사유와 실천의 자유로운 공간을 활짝 펼쳐 보이려는 실천'으로 간주한다. 그에게 있어 철학은 기존의 방식과는 '다르게' 생각하고 존재하는 법을 모색하는 시도다. 푸코는, 니체의 용어로 표현하자면, 세계와 타자, 그리고 자기 자신을 새로운 빛(새로운 광학)으로 보려고 애쓴다. 그러한 애씀은 우리의 정신적 습관과 나태 및 비겁을 뒤흔들 뿐만 아니라, 또한 새로움으로의 변화와 실험을 요청하고 부추기게 된다.

철학하기의 의미와 쓰임에 대한 푸코의 입장은 그 자체로 주목해 볼 만하다. 푸코의 철학은 대안적인 사고를 모색한다는 점에서 여전히 계몽적이다. 그러니까 대안적 사고에서는 '비판'이 필수적이다. 이것은 푸코뿐만 아니라, 또한 칸트에게도 해당된다. 비판은 계몽의 필수조건이며 또한 삶의 항구적인 과제다. 이러한 공감대에도 불구하고 비판의 쓰임 및 목적과 관련해서 푸코는 칸트와 섬세하게 구별된다. 칸트는 비판을 통해 이성 사용의 한계를 설정함으로써 확고하고 안정적인 인식의 건축물을 축조하고자 했다. 그에 반해 푸코는 우리의 의식과 존재 및 가치평가를 역사화함으로써, 우리로 하여금 역사적 · 실존적 한계를 자각하고 그 한계를 실험할 수 있도록 준비시키려고 한다. 푸코에 있어서 비판적 태도는 결국 사유의 가능성 및 한계 점검보다는, 우리의 구체적 실존의 변경가능성에 대한 검토이자 실험으로 구체화된다. 따라서 푸코는 매우 구체적인 비판의 모습을 선호한다. "어떻게 하면 우리는 지금과 같은 방식으로 통치당하지 않을 수 있을까?"(Foucault, 2016/2017: 43).

푸코의 비판적 태도는 경험의 혼재 속에 숨어 있는 필수적인 것을 추출하여 보편적인 법칙으로 구축하려고 시도하지 않는다. 그보다는 철학적 정밀조사, 철학적 발굴과 탐사를 통해 '필수적인 것들로 여겨져 온 것'들이 실은 '우연적이고 유동적이며 자의적인 것들'이라는 것을 밝혀낸다. 그럼으로써 우리를 다른 존재자가 될 가능성으로 해방시키려고 한다.

> 철학, 철학적 활동이란 도대체 무엇일까? 그것은 사유에 대한 비판 작업이 아닐까? 우리가 이미 알고 있는 것을 정당화시키는 것이 아니라, 어떻게 그리고 어디까지 우리는 이미 알고 있는 것과 다르게(autrement) 생각할 수 있는가를 알아내려는 노력이 아닐까? 의사소통의 목적에 맞게 타인을 단순화시키는 것이 아니라, 시도하기, 즉 진실의 작용 속에서 자신을 변형시키려는 실험, 이것이야말로 철학의 살아 있는 본체다. 철학이 여전히 사고의 고행, 즉 자기 훈련이라고 한다면"(Foucault, 1984a/2006: 23).

인용된 문장 바로 앞에서 푸코는 자신의 철학을 움직이는 동력을 가리켜 '호기심'이라고 말한다. 이때의 호기심은 지적 궁금증이 아니라, 다르게 생각하고 다르게 살 수 있음을 알아내고자 하는 호기심이다. 우리는 항상 거부할 수 없을 정도로 확고한 사실들에 둘러싸여 있다. 하지만 그것들은 사실 우연한 마주침과 만남을 계기로 역사 속에서 형성되어 온 것들이다. 그러한 진실을 폭로하기 위해서, 푸코의 철학은 우리의 역사적 실존을 들춰내는 비판을 수행한다. 그가 밝혀내는 역사는 과거의 역사가 아니라, 오늘 우리에게 관련된 역사다. 그렇기 때문에 오늘 우리가 있게 된 방식을 들춰내는 연구는 우리가 다른 사람이 될 수 있는 가능성을 열어 보이게 된다. 이렇듯이 푸코의 철학은 우리가 생각하고 살아가는 방식들의 자명함과 마땅함에 대해 의문을 품게 만들며, 궁극적으로 새로운 사유와 실존의 실험가능성을 열어 주고자 한다.

하지만 푸코 철학의 진정한 매력은 현재에 대한 비판적 해체를 통해 새로운 실존의 미학을 일깨워 주는 것으로 국한되지 않는다. 푸코는 철학적 주장을 통해 대중에게 교훈과 가르침을 주려고 하는 계몽주의자가 아니라, 철학을 통해 자기 자신을 구원하고 형성하고 변형하고자 하는 계몽주의자다. 푸코는 자신의 사고와 존재방식을 변형하기 위해 자신의 사고를 실험하며, 자신의 비판적·역사적 존재론을 자신의 삶에 적용하고자 한다. 이런 점에서 푸코에겐 자신이 도모하는 철학 자체가 자기형성과 자기변형을 위해 전개되는 자기연마이자 자기실험이며, 결국 자기 자신에 대한 노동으로 특징지어진다(이와 관련된 논의는 3절 참조).

4) 윤리적 전회와 푸코의 '감춰진' 교육학

1980년대 푸코는, 몸의 훈육[권력]과 몸의 과학화[지식] 사이에 전개되는 상호작용을 예증하기 위해서, 『성의 역사』라는 계보학적 연구를 구상하게 된다. 그런데 『성의 역사』는, 비록 지식과 권력의 착종에 대한 역사화의 일환으로 착수되었지만, 시기적으로 1970년대와 1980년대를 가로지를 뿐만 아니라, 주제 측면에서도 '진리와 권력의 관계'를 넘어 '진리와 윤리의 관계'도 아우르게 된다. 따라서 푸코는 『성의 역사』를 집필하는 과정에서 지식과 권력이라는 기존 연구의 축을 넘어, 윤리라는 축 위에서 자신의 철학을 전개하기 시작했다고 할 수 있다.

그렇게 평가하는 주된 근거는 『성의 역사』에서 제기된 질문이 80년대 콜레주 드 프랑스에서 펼쳐진 강의의 주제로 계승된다는 점이다. 80년대의 푸코는 특히 주체성과 진실의 관계라는 문제에 집중함으로써 진실과 권력행사의 관계를 넘어 진실과 주체성 및 주체되기의 관계를 부각시킨다. 그러한 관심사의 이동은 1982년 '주체의 해석학'과 1983년 '자기통치와 타자의 통치', 마지막으로 1984년 '진실의 용기'라는 강의로 계승되고 완성된다.

이처럼 푸코가 80년대 '윤리적 주체형성'이라는 주제로 관심을 전환한 것은 우리 교육학자에겐 특별히 관심을 끌 만하다. 오늘날 우리가 경험하고 인정하듯이, 보편적 도덕규범이 해체되면서 누구나 새로운 형태의 주체되기라는 실존문제에 직면해 있다. 보편적 규범체계에 의해 규정되는 주체관은 사라졌거나 신화로 치부될 정도로, 우리의 모든 윤리적 투쟁은 철저하게 '지역화'되고 있다. 그럴수록 우리는 새로운 윤리를 채택해서 우리의 존재와 삶을 윤리적 작품으로 빚어내야 하는 책무 앞에 서게 된다. 우리는, 우리의 존재에게 항구적인 형식을 부여하지는 못하더라도, 새로운 미학적 윤리를 통해 우리의 삶과 존재를 배려함으로써 독자적인 색채와 고유성을 지닌 작품으로 완성해 내야 한다. 즉, 우리는 연습과 연마를 통해 우리 스스로를 통치자와 지배자로 형성해 내야 하며, 그러한 자기배려와 자기형성은 예술작품이 될 수 있도록 완수되고 완성되어야 한다.

이것이 어쩌면 1980년대 윤리의 축 위에서 다양한 시도를 전개한 푸코로부터 우리가 읽어 낼 수 있는 '감춰진' 교육철학일 것이다. 왜냐하면 후기의 푸코에서는 주체를 배려하고 형성하고자 하는 모든 시도가 자연스럽게 실존의 미학이라는 자기형성의 철학과 결합되기 때문이다. 절제와 능동성, 극기와 사려 깊음 등 우리의 모든 가용한 윤리적 자원은 바로 윤리적 주체형성이라는 문제로 수렴되고 종합되며, 그것의 중심에는 우리의 삶과 존재를 예술작품으로 승화시키려는 부단한 시도와 실험의 기술이 자리하고 있기 때문이다.

후기의 푸코는 윤리적 주체되기라는 주제로 씨름한다. 철학적 탐구 경력만으로 보면, 푸코는 물론 인식에 대한 탐구, 권력에 대한 탐구를 앞세웠다. '나는 무엇을 알 수 있는가? 나는 어떻게 권력의 작용을 받으며 권력을 행사할 수 있는가?' 하지만 푸코 스스로가 자신의 철학을 구조화한 바에 따르면, 그의 진정한 관심과 의도는 윤리적 주체되기다. '나는 어떻게 윤리적 주체가 될 수 있는가?' 결국 앞의 두 주제는 마지막 주제로 귀착된다. 따라서 푸코의 철학적 관심사는 다음과 같은 교육학적 질문으로 요약될 수 있다. '내 삶의 윤리적 주체가 되기 위해서, 나는 어떻게 나의 자기인식과 자기지배, 그리고 자기향유를 연마할 수 있을까? 다시 말하면, 나는 내 자신의 삶을 작품으로 빚어내기 위해서 인식과 권력, 그리고 감상과 향유를 어떻게 올바로 활용할 수 있을까?' 이렇게 요약할 수 있다는 것은 곧 푸코의 철학 전체가 '윤리적 주체되기'를 중심으로 돌고 있다는 의미다. "나는 인간이 자신을 주체로 변환시키는 방식을 연구하려고 했다"(Dreyfus & Rabinow, 1990/1994: 298). 이것을 볼 때, 푸코의 철학은 '감춰진' 교육학이론[1]을 추구해 왔다는 평가를 받을 만하다.

1) "필자가 보기에 푸코가 했던 모든 연구들은 분명히 '교육적인 분석'이었다." "푸코의 관심은 인간 존재들이 자기 자신을 형성하는 방식들이 역사적으로 어떻게 변화했는가를 기술하는 것이기 때문이다. 다시 말하면, 과거 그리스 로마시대에 유래된 인간 존재들이 '자기 자신을 알아 왔던 방식'과 '자기 자신에게 작동시켜 왔던 방식'이 어떤 역사적 변환을 이루었는가를 기술하는 것에 관심이 있었기 때문이다"(Ball et al., 1990/2007: 58, 71, 75).

전기의 푸코가 권력 장치에 의한 주체의 상실과 저자의 죽음에 주목했다면, 후기의 푸코는 주체에 의한 자기창조의 미학에 주목하게 된다. 특히『성의 역사』는, 1976년부터 1984년에 이르기까지 푸코가 전념했던 주제라는 점에서, 계보학적 탐색에서 주체되기의 미학으로 넘어가는 과정을 고스란히 담아내는 기록이다. 1980년대 푸코는 "개인에게 행사되며 개인을 빚어내는 권력"으로부터 "개인이 자기 자신에게 행사하고 자기 자신을 형성하는 권력"으로 관점을 전환하게 된다. 이로써 파괴적이고 억압적인 권력이 아니라, 생산적이고 건설적인 권력의 가능성을 인정하고 적극 활용하는 방안이 모색된다. 그러한 관점의 변화와 더불어, 비로소 '실존의 미학' 또는 '삶의 기술'에게 설 자리가 마련된다. 푸코가 주목하는 자기배려의 윤리는 사물과의 관계 및 타자와의 관계만이 아니라, 또한 각자가 자신과 맺는 관계, 즉 자기 자신을 규제하고 규율하는 방식도 포함하게 된다. 그 결과 우리 자신을 욕망과 행동의 주체로 구성하는 방식, 말하자면 자기관계 및 자기지배(통치)의 윤리로 이어지게 된다(Nehamas, 1998: 179).

우리를 규율하고 훈육하는 모든 권력과 규범 및 법은 물론 우리를 '통제'한다. 하지만 또한 동시에 새로운 '위반'을 창조하기도 한다. 주체도 또한 마찬가지다. 도덕적이고 자율적인 주체, 존엄하고 자유로운 인격체라는 우리의 믿음도 역사의 구성물이고 권력의 상관물이다. 따라서 진정한 주체 혹은 근원적인 주체라는 것은 역사와 권력이 빚어낸 괴물에 지나지 않는다. 자아는 근원적이고 본래적으로 주어져 있기보다는 역사와 권력이 빚어낸 숙명일 뿐이다. 하지만 우리는 그러한 숙명으로부터 우리 자신을 형성하고 변형할 수 있고 또한 그래야 한다.

자신의 존재와 삶을 예술작품으로 빚어내는 일체의 윤리학은 자연스럽게 '실존의 미학'으로 특징지어진다. 그러한 윤리학의 핵심은 바로 '자기배려를 중심으로 도는 삶의 기술'이다. 이때 자기배려란 자신이 진실로 누구인지를 '발견'하려는 것이 아니라, 자신이 누구일 수 있는지를 '발명'하는 것이고 '창작'하는 것이다. 자기발명과 자기창작의 비결은 실존의 미학으로 재해석된 금욕주의(l'ascétisme)다. 이때의 금욕주의는 쾌락의 부정, 즉 감각의 억압과 억제를 목표로 하는 것이 아니라, 다만 쾌락의 지나침을 회피하는 것을 목표로 한다. 금욕주의의 핵심은 쾌락에 지배당하지 않는 것이다. 이것을 보다 적극적으로 이해하면, 금욕주의의 목표는 쾌락의 주인이 되는 것이며, 궁극적으로 자기 자신의 지배자가 되는 것이다. 이렇듯이 금욕주의는 쾌락을 억압하는 윤리학이 아니라, 쾌락을 규제하는 윤리학이며, 나아가 쾌락을 선용하는 윤리학으로 재해석된다. 따라서 실존의 미학으로서 금욕주의의 목표는 쾌락과 삶의 부정이 아니라, 쾌락과 삶의 긍정이고 만족스러운 향유(享有)다.

이런 식으로 요약되는 푸코의 후기 철학도, 엄밀하게 말하면 교육철학이 아니라 철학일 뿐이다. 철학자로서 푸코는 물론 문제제기의 예리함뿐만 아니라, 문제의 근원과 발생을 끝까지 파고드는 탐구의 철저함으로 특징지어진다. 그런데도 푸코는 정작 자신의 철학을 가리켜 "진실의 작용 속에서 자기 자신을 변형시키려는 실험"이라고 말한다(Foucault, 1984a/2006: 23). 이 말은 푸코가 새로운 지식의 습득을 꾀하면서도 그의 참된 관심은 '다르게 생각하고 다르게 존재하는' 가능성을 타진하고 있다는 뜻이다.

푸코는 이론 자체보다는 자기실천에 주목한다. 그런 점에서 푸코의 철학은 이미 인간답게 되기라는 관심에 이끌린다고 할 만하다. 그런데도 푸코의 철학은 교육실천이나 교육제도 자체를 집중적인 분석의 대상으로 삼지 않는다. 다만 푸코의 철학은 지식의 축, 권력의 축, 그리고 윤리의 축 위에서 전개되는 주체되기에 대한 탐구로 그칠 뿐이다. 이처럼 푸코가 지식과 권력 및 윤리를 주체의 주체성이 펼쳐지는 기본 축으로 설정하고 있지만, 푸코의 철학이 펼쳐지는 중심 주제는 바로 주체되기라는 점은 주목할 만하다. 주체되기는 주체로 형성(구성)되기를 의미한다는 점에서, 인간의 인간화라는 넓은 의미의 교육에 포함된다. 따라서 푸코의 철학을 주도적인 관심에 따라 평가할 때, 그것은 이미 그 자체로 '거시적 교육학'이라고 할 만하다.

푸코의 철학적 탐구는 교육이라는 사회적 실천이 서 있는 자리에 대한 분석과 비판을 수행한다. 교육은 여타의 사회적 실천, 예컨대 경제체제, 통치체제 및 보건체제와 마찬가지로, 현대 사회 고유의 인식적인 틀과 권력 사용 및 윤리적 실천이라는 사회체계와 공간 안에서 전개될 수밖에 없다. 따라서 현대 사회의 생리와 원천에 대한 계보학적 분석은 교육실천이 서 있는 공간과 자리를 밝혀 줄 뿐만 아니라, 교육을 둘러싸고 있는 권력의 장치들을 드러내 준다. 실제로 푸코의 거시적 교육학은 오늘날의 교육기관뿐만 아니라 교정기관이나 의료기관에서 동일한 훈육의 메커니즘이 작동하고 있다는 것을 밝혀낸다. 푸코의 거시적 교육학은 기존의 교육학이 주목해 온 학교라는 공간 자체를 둘러싸고 있는 지적 · 권력적 구조와 틀을 드러내 보여 준다는 점에서 의미가 있다. 교육이라는 실천 영역은 사회적 흐름이나 특성에서 독립된 것이 아니라, 사회 전반에 걸쳐 진행되는 실천의 모습과 특성을 반영한다. 교육은 사회적 메커니즘의 반영이다. 다만 감시와 규율, 조절과 억압과 같은 권력의 메커니즘의 경우 적극적인 체화 및 내면화 과정을 통해 의식과 신체에 각인한다는 특성을 띨 뿐이다.

푸코의 거시적 교육학은 '훈육'이라는 메커니즘을 폭로하는 것을 넘어 또한 동시에 권력기제의 '변형' 가능성을 탐색하라는 과제와 임무를 제시하게 된다. 학교가 훈육을 통해 수행하는 배제와 억압이라는 적응 메커니즘은, 의식되고 분석된다고 해서, 저절로 극복될 수 없다. 또한 교육실천이 단독으로 거절하거나 극복해 낼 수 있는 것도 아니다. 교육이 자신의 고유한 독자성과 자율성을 고집할수록, 교육은 역설적이게도 사회의 무분별한 간섭과 침해에 무방비로 노출될 수밖에 없기 때문이다(Adorno, 1959). 그렇다고 해서 교육이 사회 적응이라는 명분을 위해 사회의 억압 및 통제를 학생의 신체와 정신에 각인하는 수용적 태도를 견지할 수도 없다. 왜냐하면 그럴 경우 교육은 자신의 고유성과 독자성을 스스로 저버리게 되기 때문이다. 이러한 문제와 관련해서, 푸코의 거시적 교육학은 교육의 논리와 공간을 교육 외적(사회적) 실천으로 확장함으로써 교육실천에 들어 있는 훈육이라는 메커니즘의 실체를 파악하게 해 주었을 뿐만 아니라, 또한 동시에 시대적 인식과 권력기제에 대한 지속적인 문제제기와 비판, 나아가 극복과 변형의 가능성과 필연성을 성찰하는 토대를 제공해 주었다고 평가할 수 있다.

반면에 후기의 푸코 철학에는 보다 섬세한 교육철학이 감춰져 있다. 후기의 푸코는 인식과 권력의 축에서 윤리의 축으로 이행한다. 이와 더불어 푸코의 철학에서 교육적인 관심이 자리하는 지점도 함께 이동하게 된다. 전기 및 중기의 철학이 거시적 교육학의 시도로 평가될 수 있다면, 후기의 푸코는 '미시적 교육학'으로 특징지어진다고 할 만하다. 후기의 푸코는, 전기 및 중기에서 선보였던 교육이 서 있는 논리적 공간에 대한 탐구보다는, 그러한 공간 속에서 미시적으로 전개되는 '개별적인 변형작업'에 초점을 맞추고 있기 때문이다. 후기의 탐구는, 논리와 공간의 거시적인 변혁에도 불구하고, 반드시 윤리의 주체되기라는 미시적인 기술이 작동될 때 비로소 지식과 권력의 주체가 형성될 수 있다는 점에 주목한다. 거시적 메커니즘이 교육의 한계를 부정적으로 설정한다면, 미시적 교육학은 윤리적 자기관계라는 미시적 메커니즘에 주목함으로써 변형과 실험이라는 긍정적인 측면을 강조한다. 따라서 미시적 교육철학은 보다 교육실천 내적인 탐구라고 할 만하다.

근대 이후로 인간의 인간화라는 교육실천은 인간의 해방과 성숙으로 이끌어 줄 교육의 원리로서 '계몽'이나 '깨우침'을 강조하게 된다. 계몽으로서 교육이라는 관점은 칸트에 의해 대표된다. 칸트는 교육의 원칙을 '계몽'에서 찾고 있으며, 계몽을 '자주적 사고' 또는 '스스로 생각하기(Selbstdenken)'로 특징짓는다(Kant, 1784, 1790/2009: §40). 따라서 계몽으로서 교육에서는 학습자의 지적 자발성 발휘와 깨달음(각성)이 교육의 관건이자 핵심이다. 계몽으로서 교육도 물론 교사의 다양한 교육적 조력과 동행을 필요로 한다. 하지만 근본적으로 볼 때, 학습자의 의식적이고 의도적인 노력과 성취가 교육의 근간을 차지한다.

푸코에서는 분명 칸트와 대비되는 입장이 발견된다. 그렇다고 해서 푸코가 자기각성과 스스로 생각하기라는 계몽을 외면하거나 부정한다는 의미는 아니다. 다만 푸코는 교육의 지향점이나 목적 자체, 즉 교육의 근원과 근본에 매달리기보다는 교육이 수행되는 구체적인 과정에 주목할 뿐이다. 말하자면, 푸코는 주체로 형성되고 변형되기 위해서 수행하는 연마와 연습이라는 구체적인 교육실천에 초점을 맞춘다. 푸코는, 칸트와 마찬가지로, 성숙과 계몽에 이르기 위해 필요한 필수적인 조건으로서 '비판'의 필요성을 역설한다. 계몽에 대한 푸코의 신뢰와 기대는 칸트 못지않다. 그럼에도 불구하고 푸코는 연습과 연마라는 '구체적인 변형작업'의 필요성과 중요성을 강조하게 된다(Foucault, 1984c). 그럼으로써 푸코는 '교육의 지향점과 원형 및 목적에 대한 집착'을 '교육실천이라는 구체적인 변형작업과 그 속에서 작동하는 실존의 미학'으로 돌릴 것을 요구하게 된다. 이런 점에 주목한다면, 푸코는 '계몽으로서 교육'에 맞서 '연마(askesis)로서 교육'을 역설하는 '감춰진' 교육철학자로 평가될 수 있을 것 같다.

2. 푸코의 '드러난' 교육철학: '자기배려로서 교육'의 이론화

1) '감춰진 교육학'에서 '드러난 교육학'으로

푸코의 '감춰진 교육학'이 '드러난 교육학'으로 전환되는 결정적인 사건은 1982년 1~3월 콜레주 드 프랑스에서 행해진 '주체의 해석학'이라는 강연이다. 이 강연은 플라톤의 대화편『알키비아데스』를 논의의 출발점으로 삼는다.『알키비아데스』는 매우 중요한 대화편이다. 한편으로, 플라톤의 철학으로 들어가는 '현관'에 해당하는 작품이기 때문이다. 말하자면, 플라톤의 철학체계로 입문하기 위해서는 반드시 거쳐야 하는 학습의 단계와 과정이 전형적인 형태로 소개되고 있다. 다른 한편으로, 이것은 푸코의 관심사인데, "네 자신을 배려하라"는 교육적 명령이 분명한 형태로 제시되지만, 곧바로 "너 자신을 알라"는 인식적 명령으로 치환되면서, 역사의 흐름에서 사라지는 현장이기 때문이다. 두 관점과 이유가 교차하는 지점에 자기교육의 열망에 부푼 알키비아데스라는 청년이 자리하고 있다. 따라서『알키비아데스』를 분석하는 '주체의 해석학'은 푸코 고유의 교육철학이 표면으로 드러나는 현장이라고 할 수 있다.

알키비아데스는 귀족가문 출신에 정치적 야욕까지 품은 영리하고 모범적인 젊은이다. 하지만 허점이 많고 조급하다. 그는 소크라테스와의 만남을 통해 "자신이 꿈꾸는 정치적 삶을 위해서는 자기배려가 불가피하다"는 깨우침에 이르게 된다. 그런데도 그는 자기배려에 전념하기보다는 서둘러 타자를 배려하는 정치인으로 나서게 된다. 그 결과, 그는 자기배려의 명령을 망각하고 방치한 채 삶을 살게 된다. 그는 결국 더 이상 자기배려를 해내기 어려운 나이가 되어서야 자신의 삶과 존재가 배려의 결핍이라는 망각 속에 방치되었음을 깨닫게 된다.

알키비아데스는 자기배려로서 교육의 가능성과 필요성을 보여 주는 전형적인 사례다. 그러니까 그는 "자기를 배려하라"는 교육적 명령의 보편성을 일깨워 주는 대표적인 사례다. 하지만 그는 또한 자기배려라는 교육의 실패를 보여 주는 전형이기도 하다. 실패자로서 그는 "자기배려 없이는 타자배려도 없다" 또는 "누구에게나 자기배려가 필요하고 또한 가능하지만, 자기배려에서 성공적인 경우는 드물다"는 진실을 미리 알려 주는 앵무새이자 예방주사인 셈이다.

알키비아데스의 교육실패를 분석하면서 푸코는 자연스럽게 "자기배려(epimeleia heautou)[2]로서 교육"이라는 개념을 이론화하게 된다. 자기배려는 자기인식을 포괄할

2) 자기배려(epimeleia heautou)는 자기 자신에 주목하면서 자기 자신을 형성하고 변형하는 행위를 의미한다(Foucault, 2001/2007: 40-41). 하지만 '배려'라는 용어는 구체적이고 즉각적인 감정으로서 염려뿐만 아니라, 자신의 삶에 대한 통찰과 인식, 그리고 형성적 실천에 이르기까지 많은 의미를 담고 있다. 따라서 '배려'라는 말은 즉각적 감정뿐만 아니라, 자아를 주체화하는 영혼의 노력, 즉 이론적 · 실천적 과정을 포괄한다(Foucault, 1984b/2006: 10).

뿐만 아니라, 또한 자기인식을 넘어선다. 왜냐하면 자기배려로서 교육은 자신의 무지를 자각하고 참된 인식에 이르고자 하는 의도적이고 계획적인 교육에서부터 일상적인 자기수행과 연마에 이르기까지 자기형성의 노력 전체와 외연을 같이하기 때문이다. 따라서 푸코가 '자기배려'라는 고대의 교육담론에 주목한다는 사실은 이미 그 자체로 근대 이후의 '계몽' 중심의 교육에 대한 대안과 보충을 모색하고 있다고 평가될 만하다.

청년 알키비아데스에게는 자기배려라는 교육이 필요할 뿐만 아니라, 또한 시급하다. 그 까닭은 크게 둘이다. 하나가 논리적 이유라면, 다른 하나는 경험적 이유다. 첫째, 알키비아데스가 염원하듯이 신분적 특권의 연장으로부터 정당한 권력의 발휘로 이행하고자 한다면, 자기배려는 반드시 필요한 논리적 조건이다. 아무리 자연적으로 우월한 인간이라고 하더라도 정당한 도덕적 질서에 편입되기 위해서는, 반드시 자기배려를 거쳐야 하기 때문이다. 둘째, 알키비아데스는 폴리스에서의 정치적 삶을 펼치기 위한 논리적 조건인 자기배려의 교육을 제대로 받지 못했기 때문에, 실제적으로 자기배려를 필요로 한다.

흔히 교육은 자연적으로 부여된 자질(신체적 · 정신적 특질)을 보존하고 완성하는 것으로 이해되곤 한다. 그러한 교육은 본질상 "자연을 돕고 따르는 것"이며, "자연의 완성"을 목적으로 한다(Rousseau, 1762/2009). 자연적 특질의 연장과 완성도 분명 바람직하고 필요한 교육이라고 할 수 있다. 그런데 푸코는 자연적 질서와 도덕적 질서 사이에 존재하는 근본적 차이에 주목할 것을 요청한다. 자연적 특권은 자연적 질서에서 비롯되는 물리적 우월성('명예')이지만, 알키비아데스가 열망하는 정치적 권력은 문화적 질서로의 입문을 통해 확보되는 도덕적 지배력('인정')이다. 도덕적 질서가 자연적 질서의 연장이나 확대가 아니라, 그것과 구별되는 새로운 질서라는 근본적인 차이를 염두에 둔다면, 자연의 완성을 도모하는 자연주의적 교육은 물론 도덕적 질서로 입문하기 위한 준비로 의미가 있겠지만, 문화적 질서의 확립과 관련해서는 부족하거나 무능력하다. 따라서 도덕과 문화, 특히 정치적 권력의 획득 및 사용과 관련했을 때, 자연의 연장이나 자연의 완성과는 구별되는 새로운 교육, 말하자면 정치적인 인간을 형성하고 빚어내는 교육이 필요하다.

정치적인 삶을 선택하는 순간, 알키비아데스에게는 자연적 특권과 구별되는 문화적 특권과 정치적 자질(역량)의 연마가 원칙적으로(de jura) 필요불가결하다. 왜냐하면 정치적 삶에서는 정치적 역량의 형성과 도야가 논리적으로 요청되기 때문이다. 그런데 알키비아데스는 실제적으로(de facto) 정치적 '인간화' 교육을 제대로 받지 못했다. '제대로 받지 못했다'는 말의 의미는 크게 둘이다. 첫째, 알키비아데스가 학습하는 삶을 살아왔다고 하더라도, 그에게는 여전히 '자연'교육에서 '문화'교육으로의 전환이 이루어지지 않았다는 의미다. 왜냐하면 그는 "정치적 통합의 근거 또는 증거라고 할 수 있는 국민들 간의 화합이 무엇인가?"라는 물음에 여전히 답변할 수 없기 때문이다. 둘째, 알키비아데스가 정치적 삶에 필수적인 '문화'교육을 받았다고 하더라도, 그가 받은 교육은 그의 정치적 적수인 스파르타와 페르시아의 교육과 비교했을 때 불충분하기 때문이다. 경쟁국가인 스파르타는 젊은이에게 "훈련의 취향, 승리와 명예의 취향"을 심어 주는 교육을 수행하고 있다. 또한 페르시아는 젊은이로 하여금 어린 시절부터 "지혜의 스승, 정의의 스승, 절제의 스승, 그리고 용기의 스승"으로부터 보살핌을 받도록 한다(Foucault, 2001/2007: 74).

이러한 검토를 통해 푸코는 자연인에서 문화인으로 이행하고자 한다면, 반드시 새로운 교육이 필요하다고 말한다. 이때 필요한 교육은 자연적으로 부여된 존재의 완성을 추구하는 자연주의 교육과는 구별되며, 자연적 인간을 도덕적(정치적) 존재로 전환시키는 것을 핵심으로 한다. 즉, 자연적 역량의 보존과 관리가 아니라, 정치적 자질이라는 새로운 역량의 형성과 완성을 목적으로 한다. 그러한 교육을 가리켜 푸코는 '자기배려로서 교육'이라고 부른다. 알키비아데스에게 결핍되어 있어서 긴급히 요청되는 새로운 교육은 가장 넓은 의미의 정치(문화, 도덕)교육이다. 여기서 말하는 정치교육은 새로운 역량('주체')의 형성과 도덕적 권력('세계')관계의 창출을 함께 도모하는 교육이다. 이는 자연적 자질의 완성과 자연적 영향관계의 보존과 완성을 지향하는 자연교육과는 구별될 수 있고 또한 구별되어야 하는 교육이다. 왜냐하면 정치적 영역과 관련된 '자기'를 새롭게 형성하고 도야하는 교육이기 때문이다.

푸코는 1, 2세기의 문헌분석을 통해 정치적 자기를 형성하고 도야하는 '자기배려로서 교육'을 자연적 성향의 연장과 완성으로서 교육, 즉 '학습(mathêsis 또는 paideia)'과 대비시킨다. 여기서 말하는 '학습으로서 교육'은 타고난 자연적 자질의 정화와 완성을 도모하는 교육이다. 학습으로서 교육의 목표는 자연의 완성, 이른바 '내면의 신성(神性)과 완전함'에 이르는 것이다. 그에 반해 자기배려로서 교육은 자연적 자질과 역량을 '사용하는 주체'를 '형성'하는 교육이다. 즉, 자연적 자질을 인간적인 의미와 가치 및 목적을 위해 올바르게 사용하는 활용법과 활용목적을 새롭게 창안하는 주체 자체를 배려(형성, 변형, 연마, 도야, 완성)하는 교육이다. 따라서 주체 자체의 형성과 변형이 자기배려로서 교육의 목적이다.

자기배려로서 교육은 결국 자기 자신과 배려적인 관계를 맺게 하는 교육이며, 자기 자신에 대한 배려적인 활동과 연마를 통해 정치적 주체를 형성해 나가는 교육이다. 따라서 자기배려로서 교육은 자기(ego)와 자신(self)의 관계를 배려적인(형성적이고 변형적인) 관계로 구축하는 실존의 테크놀로지(연습, 연마, 자신에게 가하는 노동과 작업)로 구체화된다. 그러한 자기배려의 기술을 통해 학습자는 자기 자신을 진실과 권력 및 윤리의 주체로 빚어내게 된다.

이로써 푸코는 자리배려로서 교육이라는 교육이론의 윤곽을 확정짓고 이론화와 체계화에 착수하게 된다. 물론이다. 그러한 제안이 하나의 교육철학 또는 교육이론으로 완성되려면, 그 속에 들어 있는 수많은 요소들에 대한 체계적인 검토와 이론화가 진행되어야 한다. 예컨대, 자기 자신과의 관계 맺기, 배려적인 관계의 속성과 구조, 자기를 배려하는 실천적 수행의 방법과 기술, 그리고 형성된 주체의 정체성과 위상 등에 대한 검토가 필수적이다. 실제적으로 이 부분에 대한 분석과 작업이 '주체의 해석학' 전체를 구성하게 된다. 이렇듯이 푸코의 '드러난' 교육철학은 자기배려로서 교육의 핵심 요소들을 건설적으로 점검하고 명료화 및 체계화함으로써 자기배려로서 교육을 이론화하기에 이르게 된다.

2) 자기배려의 교육철학: 배려적인 자기관계의 형성이론

인간은 누구나 자신에 관심을 가지고 있으며 자신을 사랑한다. 이것은 맞는 말이다. 누구나 자기의 보존과 안녕에 주목하고 전념하기 때문이다. 이런 점에서 누구나 이미 자기 자신과 관계를 맺고 있다고 할 수 있다. 심지어는 그러한 관심과 사랑이 과도해서 그것에 함몰되어 있거나 자신을 탐닉한다고 할 수도 있다. 하지만 그건 사실일지 몰라도 진실이 아니다. 누구나 자기 자신에게 전념하고 자기 자신에게 취해 있거나 자신의 욕망과 관점 및 관심에 포로로 사로잡혀 있다는 것은 사실이다. 그렇다고 해서 자기 자신과 '관계'를 맺고 있다고는 할 수 없다. 이렇게 판단하는 근거와 의미는 도대체 무엇일까?

자기가 자신과 '관계'를 맺고 있는 경우는 예컨대 결의를 실천해 내는 모습에서 확인될 수 있다. 거기에는 한편으로 결의를 견지하면서 수행을 욕망하고 명령하는 자기(예컨대, 의지와 결단)가 있고, 다른 한편으로 그러한 명령과 강제에 맞서거나 협력하는 자신(예컨대, 감정과 기분, 경향성과 습성)이 있다. 두 자기가 하나의 주체 안에서 단순히 동거하는 것이 아니라 특정한 관계로 맺어질 때, 자기와 자신의 관계가 존재한다. 말하자면 지배(명령)와 복종의 관계로 맺어질 때 의지와 의도를 관철하는 자기관계가 존재하지만, 저항(거부)과 전복의 관계로 맺어질 때는 의지의 결의를 어기거나 중단하는 자기관계가 존재하게 된다.

대체적으로 볼 때, 자기애(narcissism)는 인간의 근본적이고 보편적인 감정으로 여겨진다. 그래서 자연발생적 자기애에 들어 있는 자기관계의 전복과 도착, 주객전도 또는 상하역전은 자기배려로서 교육이 마주치게 되는 최초의 사태이자 최악의 사태인 것처럼 보인다. 하지만 사실은 그렇지 않다. 그것보다 더 극단적인 경우도 있다. 그것은 바로 자기관계 자체가 결여된 경우, 즉 '자기와의 무(無)관계'의 상태다. 이것은 자신과의 관계 맺음 자체가 결핍되거나 망각되어 있는 상태를 말한다. 이런 상태는 인간이 처할 수 있는 최악의 상태다. 왜냐하면 자기와의 무관계 상태는 '철학과 자기실천의 여정'은 말할 것도 없고, 모든 형태의 학습과 자기배려가 아예 '시작도 하지 않은 상태'라고 할 수 있기 때문이다(Foucault, 2001/2007: 165).

> 하이데스의 그림에 나오는 밧줄 제조공은 자신이 짜고 있는 골풀 가닥을 당나귀가 뜯어먹어 치우도록 내버려 두고 있다. 이와 마찬가지로, 대부분의 사람들에게는 냉담하고 불쾌한 망각이 그들의 과거를 엄습해 먹어 치우며, 모든 행동, 성공, 즐거운 여가, 사회생활, 즐거움을 사라지게 하며, 인생에서 과거와 현재가 뒤섞이는 전체를 허용하지 않는다. 그 대신에 마치 어제의 인간이 오늘의 인간과 다르기라도 하듯이, 또한 내일의 인간이 오늘의 인간과 다르기라도 하듯이, 망각은 그것들을 분리시키고, 기억이 없기 때문에, 발생하는 모든 것을 무(無) 속으로 보내 버린다(Foucault, 2001/2007: 491).

여기서 소개되는 밧줄 제조공은 자신의 활동에 몰두해 있다. 그렇다 보니 오히려 현재적 활동에 붙들려 있을 뿐, 실존적 자각은 물론이고 존재의 의미조차 전혀 인식되지 않는다. 그는 자신에게 몰입하는 상태이자 자신의 처지를 망각한 상태에 놓여 있다. 그는 가장 원초적이고 자연·본능적인 상태에 놓여 있다. 다만 분주한 활동에 매어 있을 뿐, 자기와 자신의 관계 자체가 결여되어 있다. 그것을 가리켜 푸코는 "그가 자신과의 무관계의 상태, 즉 모든 인간주의적 탐구와 실천 이전의 상태, 즉 자기망각의 상태에 놓여 있다"고 말한다.

자기관계 자체의 부재와는 다소 결이 다른 무관계도 있다. 이것은 자신에 대한 무관심이나 방치 혹은 망각의 상태가 아니라, 오히려 그 반대 상태에 가깝다. 자신에 대한 맹목적이고 집중적인 관심과 애착으로 가득한 상태가 그런 경우다. 그런 의미의 자기애는 전적이고 맹목적이다. 그런데도 여전히 자기 '관계'적이지 않다. 이런 점에서 자신과의 무관계와 같다. 그런 상태의 인간에게도 내적 의식과 의지가 분화되거나 정비되지 않았다. 그래서 내면의 통합성과 지속성을 확보할 수 없는 것은 물론이고, 의지도 기억도 없이 유동적인 삶의 흐름과 변화에 내맡겨져 출렁이게 된다. 그것은 곧 외부의 자극과 표상에 무차별적으로 노출되며 좌우된다는 의미다. 따라서 자신의 현존에 몰입해 있는 상태 또는 자기애와 자기집착의 상태에 있다고 해서, 그것이 곧 자기와의 '관계'가 형성되었다는 의미는 아니다. 자기관계가 수립되려면 자기망각으로부터 탈출해야 하는 것은 물론이고, 또한 자기의 분화와 함께 자기와 자신의 관계가 존재해야 한다. 자기집착의 상태는 자기망각의 상태와 달리 수용적이고 반응적이기는 해도, 여전히 외부 세계와 관계를 맺을 수 없을 뿐만 아니라, 또한 자기 자신에게도 집중할 수 없다. 그저 원초적인 자신, 본능과 자기애, 그리고 자기보존에 함몰되어 있을 뿐이다.

자기배려로서 교육이 착수하는 첫 지점이자 첫 번째 과업은 자신과의 무관계에서 벗어나 자기관계를 수립(회복)하도록 하는 것이다. 그것에 이르기 위해서는 적어도 두 가지의 조건이 충족되어야 한다. 하나는 의식 혹은 관심이 외부로부터 자기로 전환되어야 한다는 것이다. 자기로의 관심 전환은 자기를 에워싸고 있는 것들과의 단절을 전제로 한다. 다른 하나는 자기 내부에 유익한 단절, 자기분화와 분절이 있어야 한다는 것이다. 전자의 조건이 자기관계를 수립(회복)하기 위한 외적(소극적) 조건이라면, 후자의 조건은 내적(적극적) 조건이라 부를 수 있다. 자기로의 관심 전환이 있더라도, 자기관계의 내적 조건, 즉 "자기와 자신 간의 관계를 수립하는 것"은 오직 까다로운 내적 자기성찰과 연마를 통해서만 확보될 수 있기 때문이다(Foucault, 2001/2007: 247).

자기관계의 내적 조건과 관련해서, 푸코는 에픽테토스(Epictetus)의 인상적인 이론을 참조한다. 에픽테토스는 인간의 자질들 간에 존재하는 격차에 주목할 것을 요구한다. 자기와 자신이 관계를 맺을 수 있기 위해서는 논리적으로 자기분화가 필수적이다. 요구되는 자기분화의 가능성은 바로 '내적 자질의 이중화(redoublement intérieur)'에 놓여 있다. 인간의 자질들은 순수하게 생존을 위한 '기능적 자질들'로만 구성되어 있는 것이 아니라, 그것들과 구별되는 '인간의 특정한 자질'도 포함한다. 기능적 자질들, 예컨대 말하는 자질 또는 악기를 연주하는 자질은 그런 자질의 좋고 나쁨 자체를 알려 줄 수 없다. 인간에게는 기능적 자질들의 좋고 나쁨을 판단하는 또 하나의 자질이 있다. 그것은 바로 이성이다. 그런데 기능적 자질들과 그것들의 좋고 나쁨을 판별하는 자질인 이성 간에는 '격차(dénivellation)'가 존재한다. 바로 그러한 내적 자질들의 격차 때문에 이성적인 자기와 기능적 자질들의 합인 자신이 자기'관계'를 맺을 수 있다. 이때 이성이 기능적인 자질들과 '배려적인' 관계를 맺게 될 때, 이성은 기능적 자질들에 대해 자유로운 결정을 허용하면서도 또한 동시에 좋고 나쁨의 기준을 따를 것을 요청하게 된다(Foucault, 2001/2007: 481).

에픽테토스가 그랬듯이, 이성이 인간의 모든 기능적인 자질을 배려하는 근원적인 자질이라고 선택하게 되면, 인간이 자기와의 무(無)관계를 극복하고 자신과의 배려적인 관계로 나아가는 형식적인 절차는 분명해진다. 자기와의 무관계에서 벗어나 자기배려적인 관계로 전환하려면, 첫째, 자기로의 회귀와 더불어 자질들의 격차에 따른 자질들의 '이중화'가 이루어져야 한다. 둘째, 자질들의 이중화에 따라 이성과 기능적 자질들 간의 '관계'가 형성되어야 한다. 마지막으로, 이성 능력이 모든 기능적 자질들과 '배려적인' 관계를 수립해야 한다. 그렇게 될 때, 배려하는 이성 능력의 작용을 통해 인간의 모든 기능적 자질들은 좋은 사용으로 이끌리게 된다. 이것이 자기와의 무관계에서 자기와 배려적인 관계로 나아가는 구체적인 모습이다.

자기배려로서 교육도 마찬가지다. 먼저 자기와의 무관계에서 벗어나 자기와의 관계 맺음에 이르도록 이끌어야 한다. 그다음에 자기와의 관계가 이성의 지도를 따를 수 있도록 올바른 삶의 기술로 가다듬어져야 한다. 이처럼 자기와의 배려적인 관계 맺음이 가능해져야, 점차적으로 자신과 올바른 지배 관계, 소유 관계, 그리고 쾌락 관계로 나아갈 수 있게 된다. 그 결과 '자기와의 완벽하고 완결적이며 적절한 관계'가 구축되어야 한다. 그럴 때 자기는 비로소 삶과 존재의 '윤리적 주체'라는 자격을 얻게 된다. 이때 자기배려의 교육이 목적으로 하는 윤리적 주체란 "배려적인 자기관계를 통해 자기변형과 자기완성을 자유롭게, 절대적으로, 그리고 지속적으로 욕망하며 실천하는 주체"를 의미한다(Foucault, 2001/2007: 244). 바로 이것이 자기배려로서 교육의 얼개라고 할 수 있을 것 같다.

3) 자기배려의 구성적 요소: 윤리 · 시학적 지식과 아크라시아(무관계)의 극복

푸코가 대변하는 자기배려로서 교육이 구체화 및 체계화('이론화')되는 과정은 크게 두 부분으로 나눠진다. 하나가 자기배려의 '구성적 요소'를 드러내는 과정이라면, 다른 하나는 자기배려의 '과정적 요소'를 밝히고 구조화하는 것이다. 이 말은 수립된 자기와의 관계가 배려적인 관계로 구축되는 과정을 체계화하는 데는 논리적인 조건뿐만 아니라, 과정적인 조건에 대한 탐구와 이론화가 필수적이라는 의미다. 푸코는 자기배려적인 관계라는 교육적 관계가 구축될 수 있는 논리적 조건으로 '진실과의 만남(진리인식)'을 들고 있고, 자기배려의 관계를 추축해 나가는 과정적 조건으로 진실을 통한 '주체의 연마와 변형(진리수련)'을 꼽는다.

진실과의 만남이 이루어지기 위해서는, 물론 교사의 지도와 매개가 있어야 하겠지만, 보다 근본적으로 자신과의 무관계의 극복, 다시 말하면 주체 내부에 자기관계가 형성되어 있어야 한다. 이처럼 주체 안에서 자기와의 관계가 형성되려면 주체의 자질들 간에 분화와 질서가 수립되어야 한다. 이를 위해서는 자질들 간의 격차 또는 이중화가 필수적이다. 그렇다면 자질들의 이중화는 어떻게 가능한가? 이러한 일련의 소급적 추론은 결국 주체 자신으로 관심과 관점을 전환하는 것이 자기배려적인 관계가 형성될 수 있는 첫걸음이라는 것을 알려 준다. 말하자면, 주체로의 전환 또는 주체로서의 자각과 각성이 자기배려라는 교육적 실천이 발동되는 근원이고 핵심이다. 그렇기 때문에 자기배려와 관련했을 때, 주체로의 방향(시선) 전환이 강조될 뿐만 아니라 주목해야 할 으뜸현상으로 간주된다. 그렇다고 해서 주체로의 전환이 곧 자기 '발견'이나 주체 '내면'에 대한 해석학을 의미하는 것은 아니다. 주체의 내면이나 내면의 깊이는 해독이나 해석의 대상이 아니며, 절대적으로 승인되고 보호되어야 할 대상도 아니다. 왜냐하면 자기배려가 요청하는 주체로의 전환은 심지어 자기에 대한 집착이나 자기예속성에서도 벗어날 것, 말하자면 자연적인 속성이나 자기함몰이라는 의미의 자기로부터 "도주할 것"을 요구하기 때문이다(Foucault, 2001/2007: 306).

자기배려는 현재 이미 존재하는 자기 또는 예속적인 자기를 존중하거나 보존하는 것을 의미하지도 목표로 하지도 않는다. 자기로 돌아감 또는 자기와의 배려적인 관계 맺음은 오히려 현재의 자기 자신, 말하자면 자신의 결점과 단점으로부터도 벗어나 진정한 자기로 해방되는 것을 지향한다. 따라서 자기로의 전환은 엄밀하게 말해, 현재적인 자기로의 복귀가 아니라, 형성되고 변형되어야 할 자기로의 전환을 의미한다. 즉, 현존하는 자기에 대한 발견이나 인정이 아니라, 실천적으로 수행되고 완수되어야 할 과제와 책무로의 전환을 의미한다. 바로 그런 이유 때문에 자기배려의 첫 단계는 타자와 외부로 향하는 관심과 관점, 심지어 자기예속성과 자기와의 무관계(아크라시아)에서 벗어나는 것이다. 그런 다음에야 진실에 의해 조망되는 자유로운 자기 자신을 향할 수 있고, 궁극적으로 윤리적 주체의 형성으로 나아갈 수 있다.

배려적인 자기관계로의 전환이 이루어지기 위해서는 시선과 관심을 자기로 전환하는 것만으로 충분하지 않다. 자기로의 전환은 자기와의 무관계로부터의 '탈출'일 뿐만 아니라, 예속적인 사로잡힘으로부터의 '해방'이기도 하기 때문이다. 따라서 진정한 자기로의 전환이 이루어지기 위해서는, 자기정화가 필수적인 것은 물론이고, 참된 자기로 향한 도약 또한 필수적이다. 그렇기 때문에 자기배려는 반드시 '참된 담론'의 지도를 받아야 한다. 그 이유는 억압과 구속에서의 해방(소극적 자유)과 적극적 자기창출(적극적 자유) 사이에 깊은 협곡이 가로 놓여 있고, 그러한 협곡을 넘어가는 길이자 다리가 되는 것은 바로 참된 담론이기 때문이다.

그렇다면 참된 담론(또는 진실)을 만나 자기배려에 이르는 과정은 크게 두 방향의 노력과 대가를 요구하게 된다. 첫째, 우리의 해방을 위해 유용한 지식, 즉 우리의 해방에 관계되는 참된 지식을 습득해야 한다. 둘째, 습득된 진리에 따라 우리 자신을 변형하고 형성하도록 연마해야 한다. 그래서 전자와 같은 진리인식을 윤리적 주체되기의 구성적 조건이라고 한다면, 후자와 같은 진리수련을 가리켜 윤리적 주체되기의 과정적 조건이라고 부른다.

학습자가 지도자와의 만남을 통해 습득하고 학습해야 하는 지식은 어떤 것인가? 이 질문은 자기배려로서 교육만이 아니라, 모든 교육의 으뜸관심사에 해당한다. 이와 관련해서 푸코는 우리와의 '관계'에서 유용한 지식('앎', savoir)과 우리와의 '관계'에서 무용한 지식('지식', connaissance)이라는 매우 의미심장한 구분을 도입한다.[3)] 여기서 등장하는 유용한 지식('앎')은 그 자체로 유용한 지식이 아니라, 바로 우리와의 '관계'에서 유용한 지식이다. 무용한 지식도 마찬가지로 우리와의 '관계'에 비춰 볼 때 무용한 지식을 의미한다.

우리와의 관계에서 유용한 지식이란, 우리가 그것을 소유하자마자 우리의 존재방식을 변형시키게 되는 지식을 의미한다. 그런 지식은 우리로 하여금 우리의 자기 자신에게 주목하게 만들며, 우리를 영구적인 평온과 행복으로 향하도록 만든다. 이러한 '관계적' 또는 '형성적' 지식과 반대되는 지식을 가리켜 푸코는 '교양적' 또는 '장식적' 지식이라고 부른다(Foucault, 2001/2007: 272). 장식적 지식은 그 자체로 완전하고 진실일 수 있더라도, 우리의 존재와 '무관한' 지식 또는 우리의 자기형성에 '무용한' 지식이다. 무용한 지식이란 결국 우리의 존재방식과 맺게 되는 정언적 관련성을 결여하고 있는 지식을 의미한다. 그렇기 때문에 우리의 존재방식을 형성하거나 변형하는 데는 아무런 영향도 주지 못한다. 여기서 보다시피, 무용한 지식과 유용한 지식이라는 구분과 평가는 지식의 내용과 형식 자체에서 비롯되는 것이 아니라, 바로 우리와의 관계에서 비롯된다. 따라서 우리의 존재방식에 대해 정언적 명령으로 작동할 수 있느냐의 여부가 유용한 지식과 무용한 지식을 구분하는 척도다.

그런 구분에 따를 때, 자신과 배려적인 관계를 형성하기 위해, 나아가 진리의 주체로 자신을 형성하기 위해, 우리가 반드시 알아야 할 지식은 바로 우리와 관계되는 지식이다. 즉, 우리에게 주체의 변형과 형성을 위한 정언적 명령으로 번역되어 작동하는 지식이다. 이처럼 주체의 에토스를 형성해 내는 지식을 가리켜 푸코는 "윤리 · 시학적(에토스 · 제작적, éthopoétique)"(Foucault, 2001: 228) 지식이라고 말한다(Foucault, 2001/2007: 270-272). 윤리 · 시학적 지식이라고 부르는 이유는 그것이 '윤리적' 주체(주체의 '에토스', êthos)를 '형성'하고 '생산'하는(poiêsis) 데 유용한 지식이기 때문이다. 윤

3) "앎과 지식은 구분된다. 앎(savoir)은 주체가 그 자신이 알고 있는 것들로 인해, 아니, 차라리 알기 위해 행한 노동에 의해 변경되고 있는 과정이다. 그것은 주체의 변경과 대상의 [새로운] 구성을 가능하게 하는 것이다. 그러나 지식(connaissance)은 알 수 있는 대상들을 증식시키고, 그것들이 가진 명증성을 발전시키며, 그것들의 합리성을 이해하게 만드는 과정으로서, 그 연구를 수행하는 주체는 항상 똑같이 남아 있다"(Foucault, 1991/2004: 72).

리 · 시학적 지식은 인식 주체의 '에토스'를 생산함으로써 결국 윤리적 '주체'를 형성하는 데 유용하게 된다. 예컨대, 인간의 실존을 문제시하는 앎은 주체의 변형과 형성에 대해 단정적이면서 또한 동시에 정언 명령적이다. 다시 말하면, 주체의 에토스와 직접적으로 관계되는 앎이자 주체의 존재방식을 문제 삼고 변화시킬 수 있는 앎이다.

윤리 · 시학적 지식이란 곧 주체의 에토스 · 제작적인 지식이며 나아가 윤리적 주체를 생산하는 데 유용한 지식이다. 푸코는 그것을 가리켜 "지식과 인식이 하나의 형태"인 지식, 즉 "에토스를 생산할 수 있도록 작동"하는 지식이라고 말한다(Foucault, 2001/2007: 270). 윤리 · 시학적 지식은 무익한(교양적, 장식적) 지식과는 다른 방식으로 주체와 관련을 맺게 된다. 그런 지식에서는 "인간의 실존이 문제시되고, 단정적이고 동시에 정언 명령적이며, 관계적"이다. 그래서 "주체의 존재방식"을 변화시키게 된다(Foucault, 2001/2007: 271). 윤리 · 시학적 지식은 결국 인식 주체의 변형이나 형성과 무관한 인식과는 달리, "주체의 위치이동, 사물을 우주 내에서의 위치에 입각해 평가하기, 주체가 진실된 자신을 볼 수 있는 가능성, 그리고 지식의 효과에 의한 주체의 존재방식의 변화라는 조건"을 충족시키는 지식이다(Foucault, 2001/2007: 339).

학습자가 윤리 · 시학적 지식과 만나게 될 때, 자기배려적이고 자기형성적인 관계가 수립될 수 있고, 윤리적 주체로 형성되며 변형되는 과정이 발동될 수 있는 논리적 조건을 갖췄다고 말할 수 있다. 그렇지만 윤리 · 시학적 지식이 반드시 에토스 형성에 활성적으로 작동한다고 할 수는 없다. 학습자의 내면에 나태와 무기력, 한마디로 말해, 자기와의 무관계가 자리하고 있을 때는 윤리 · 시학적 지식이라고 하더라도 무관계적이고 무기력한 지식으로 변하게 된다. 이것은 바로 윤리 · 시학적 지식의 내적 무력화(아크라시아)라는 문제다. 윤리 · 시학적 지식이 내면에서 자기지배력을 획득(회복)할 수 있도록 하기 위한 내적 조건으로 푸코는 내면의 정화와 각성, 보다 적극적으로 말해, 철학적 비판의 활성화를 꼽는다.

윤리 · 시학적 지식이 에토스를 활성화할 수 있으려면 그런 지식과의 만남이 있어야 하는 것은 물론이고, 내면의 잠에서도 깨어나야 한다. 이를 위해서는 내면의 정화와 내면의 각성이 요청된다. 이것이 없이는 진리인식조차도 무기력하고 무능한 앎으로 전락하게 된다. 이것이 바로 아리스토텔레스가 주목하는 '아크라시아(자제력 없음)'라는 현상이다. 그런 현상이 발생하는 이유는 자기와의 무관계 및 자기통치력 부재 때문이다. 그런 상태에서는 참된 인식에도 불구하고 에토스를 실제적으로 형성하는 것에 못 미친다. 그렇기 때문에 푸코는 영혼의 깨어 있음 또는 영혼의 활성화에 주목하게 된다. 영혼의 활성화는 영혼의 정화 이상이다. 여기서 말하는 그 '이상'은 바로 철학적 각성 또는 비판이다.

푸코가 주목하는 비판은 순전히 논리적으로 검토하거나 논증하는 작업을 의미하지 않는다. 나아가 예컨대 프랑크푸르트학파가 주목하는 비판, 즉 이데올로기 비판이나 인간 해방을 지향하는 거대담론이나 메타방법론도 아니다. 철학적 비판은 한마디로 영혼의 활성화로 요약된다. 푸코는 비판을 '부분적인 변형작업'을 위한 방법론으로 이해한다. 따라서 비판하기라는 철학적 에토스는 우리의 한계들을 '역사-실천적으로 실험하는 것'이며, 그것을 통해 우리 자신을 '자유로운 존재로 실현하는 것'으로 직결된다. 다시 말하면, 비판은 '우리에게 부과되어 있는 한계들을 역사적으로 분석하는 것인 동시에 그러한 한계들을 넘어서 갈 수 있는 가능성을 실험하는 태도, 에토스, 철학적 삶'을 의미하게 된다. 그래서 푸코는 철학적 비판이 "우리의 한계에 대한 작업, 그러니까 자유를 향한 우리의 열망에 형태(스타일, 형식)를 부여하는 끈질긴 노력"을 요구하게 된다고 말한다(Foucault, 1984c: 578). 이런 의미의 비판은 결국 푸코의 철학하기, 즉 "진실의 작용 속에서 자기 자신을 변형시키려는 시험"과 동일한 내연과 외포를 갖게 된다(Foucault, 1984a/2006: 23).

4) 자기배려의 과정적 조건: 교사의 파레시아와 철학적 자기수련

윤리 · 시학적 지식이라는 자기배려 교육의 논리적 조건이 갖춰졌다고 해서, 그에 따른 주체의 변형과 형성이 저절로 이루어지는 것은 아니다. 예컨대, 오늘날은 진실을 접할 수 있는 매우 다양한 루트가 개발되어 있다. 이처럼 진실과의 만남의 빈도와 폭이 확대되었다고 해서, 그것이 곧 우리의 자기관계를 배려적으로 변형하도록 작동시키는 것은 아니다. 지식과의 만남이 확대되는 것에 못지않게, 우리에게 작동하는 윤리 · 시학적 지식이 자기를 형성하는 방식으로 쓰임이 있도록 이끌어 주는 실제적인 교육의 과정과 장치 또한 필요하다. 이와 관련해서 푸코는 자기배려 관계가 수립될 수 있는 과정적 조건으로 두 가지를 꼽는다. 하나가 교사의 파레시아(parrhêsia)라는 역량과 태도라면, 다른 하나는 학습자의 철학적 자기수련(askesis)이다.

자기배려로서 교육은 왜 교사의 개입을 필요로 할까? 자기배려의 교육은 앞에서 살펴봤듯이, 자기와의 무관계를 극복하고 자신과의 배려적인 관계를 형성하는 교육이다. 그러한 교육은 학습자 스스로의 각성과 결단에 의해서 이루어질 수 없다. 왜냐하면 첫째, 주체를 형성시켜 나갈 핵심 기제인 자신과의 관계가 형성되어 있지 않기 때문이다. 자기를 형성 또는 변형시킬 수 있는 내적 장치가 마련되어 있지 않은 학습자에겐 어떠한 깨달음과 의지적 결단도 불가능할 뿐만 아니라, 외부의 조력에 의해 진실이 전수되더라도 자기배려에 활용될 수 없다. 둘째, 자기관계가 형성되어 있다고 하더라도, 자기망각과 자기왜곡의 상태에 놓여 있기 때문이다. 푸코는 우리의 내면이 항시 무엇인가에 점유되어 있다(praeoccupati)는 세네카의 지적에 주목한다. "덕을 배운다는 것은 [우리의 내면을 미리 점령한] 악들을 잊는 것이다"(Foucault, 2001/2007: 133). 따라서 자기배려로서 교육은 반드시 타자의 개입과 도움을 필요로 한다. 이 주장 이면에는 훨씬 더 중요한 생각이 숨어 있다. 푸코가 주목하는 자기배려의 교육은 주체의 보호와 완성이 아니라 주체의 형성과 변형이기 때문이다. 그 명제는 또한 역으로도 성립된다. 주체의 변형과 생성 없이는 결코 진실을 수용할 수 없기 때문이다. 따라서 교사의 파레시아라는 외적 조력 없이는 자기배려로서 교육이 완수될 수 없는 것은 물론이고, 시작조차 될 수 없다.

파레시아(parrhêsia, libertas)라는 용어는 '솔직히 말하기' 또는 '자유롭게 말하기'라는 의미의 그리스어다. 본래적인 의미의 파레시아는 정치무대에서 자신의 의견을 자유롭고 솔직하게 드러내는 권한과 권리를 의미했다. 따라서 자유 시민, 호방한 사람 또는 용감한 사람이라면 자신에게 닥칠 위험을 감수하면서 자신의 의견과 주장을 마음껏 발언하는 파레시아라는 정치적 권리를 누렸다. 하지만 푸코는 정치적인 의미에서 철학적 의미로 전용된 파레시아에 주목한다. 이때의 파레시아는 자신의 생각을 과감하고 솔직하게 말하는 권리나 용기보다는 오히려 '진실 말하기'와 '참되게 존재하기'에 가깝다. 즉, 자신이 말하는 진실을 자신의 행동과 삶에서 가감 없이 드러내는 '존재의 솔직함'에 가깝다. 나아가 상식과 관습을 넘어서서 '다른' 진실을 '다른' 삶으로 표현하고 드러내는 자기진실성과도 일맥상통한다.

교사가 채택하고 실천하는 파레시아, 즉 솔직히 말하기는 학습자로 하여금 비-전략적 의사소통에 주목하게 하며, 서로 솔직히 말하기를 실천하고자 하는 계약을 구축하게 된다. 이것은 학습자로 하여금 윤리 · 시학적 지식을 만날 수 있게 해 주는 가장 구체적이고 실제적인 조건이다. 즉, 솔직히 말하기라는 파레시아의 권리와 의무를 충실히 따르는 스승의 존재야말로 자기배려의 교육이 적극적으로 작동될 수 있는 실제적인 장치가 된다. 솔직히 말하기는 한편으로 듣는 사람의 상황과 계기, 그리고 특수성에 부합하는 말하기라는 점에서 배려적인 관계를 형성시켜 준다. 솔직히 말하기는 다른 한편으로 말하는 스승의 측면에서 발화 주체와 행동 주체 간의 약속과 일치를 보장해 준다는 점에서 자기배려 교육에 필수적이고 유용하다. 왜냐하면 솔직히 말하기는 모든 수사학적 규칙과 절차들로부터 해방된 자유로운 말하기이며 자유인의 자격으로 행하는 말하기이기 때문이다(Foucault, 2001/2007: 434-5).

솔직히 말하기라는 파레시아의 진정한 의미와 의의는 '진실 말하기'에서 잘 드러난다. 솔직히 말하는 주체는 자기 스스로에게 '나는 진실을 말한다'는 약속을 표명한다. 그 순간 그는 자신이 말하는 바를 행한다고 약속하고, 또한 자신이 표명하는 진실에 부합하는 행동의 주체임을 약속한다. 그렇기 때문에 파레시아라는 진실 말하기를 실천하는 교육자는 "실제적인 사례가 없는 진실 교육은 존재하지 않는다"(Foucault, 2001: 389)는 것을 스스로 입증해 내게 된다. 그러한 진실 교육에서는 진실의 사례들 간의 관계, 참된 삶을 공유하는 관계, 살아 있는 모범의 긴 연쇄가 작동하게 된다. 진실의 사례가 말해지게 될 때, 실제적인 사례와 담론의 연쇄를 통해 진실 말하기라는 계약이 부단히 재생산되기 때문이다. 따라서 진실 말하기의 첫 사례가 되는 교사는 미래의 진실 말하기의 교사를 향해 이런 식으로 말을 걸게 된다.

> 나는 진실을 말한다. 내가 당신에게 진실을 솔직하게 말한다는 것은 정당하다. 그 증거는 바로 행동의 주체인 내가 절대적으로, 전적으로, 완전히 당신에게 말하는 발화의 주체인 나와 동일하다는 사실이다. 나의 삶과 나의 존재는 내가 말하는 진실의 증인이자 예시다. 진실을 말하는 나의 말은 당신을 진실 말하기의 길고 아름다운 연쇄로 초대한다. 이렇듯이 당신과 나 사이의 진실 말하기의 계약은 부단히 계승되고 전승되며 재생산될 것이다(Foucault, 2001/2007: 435 참조).

진실 말하기라는 교사의 책무는 학습자로 하여금 진실에 입각한 자기관계의 가능성과 필요성을 자각하도록 이끌게 된다. 이처럼 학습자의 자기배려 자체를 배려하는 교육은 학습자의 내면에 교사의 진리를 이식시키려고 하는 '교육(éducation)'과 구별된다. 그러한 차이를 분명히 하기 위해서, 푸코는 라틴어 educare(가르치다)

와 educere(이끌다)의 유사성과 차이점에 주목할 것을 요구한다. 그러면서 전자에서 파생된 교육을 "가르치기로서 교육(éducation)"이라고 부르고, 후자에서 파생된 교육을 가리켜 "이끌어 내기로서 교육, 즉 지도로서 교육(指導, éduction)"이라고 부른다(Foucault, 2001: 169). 그러한 구별에 따르면, 자기배려는 '가르치기로서 교육'이 아니라, '지도로서 교육'으로 특징지어진다. 이는 곧 자기배려로서 교육이 가르치기가 아니라, 이끌어 내기(즉, 지도)를 중심으로 돈다는 의미다. 따라서 자기배려로서 교육은 타자(교육자)의 지도와 더불어 시작되지만, 자기의 지도로 완성된다고 할 수 있다.

교사의 지도에 따라 수립될 것으로 기대되는 학습자의 배려적인 자기관계는 한마디로 '진실과 주체의 형성적 관계'로 요약될 수 있다. 바로 이런 점에 주목함으로써 푸코는 자기배려로서 교육이 진행되는 실제적인 과정을 '진리수련' 또는 '진리에 따른 자기연마'로 특징짓게 된다. 따라서 자기배려로서 교육이 진행되는 실질적인 과정은 교사의 파레시아에 의해 지도되는 진실에 대한 학습자의 태도, 진실에 대한 학습자의 성찰, 학습자 자신에 대한 진실의 작동, 마지막으로 진실에 따라 학습자 자신의 참된 존재를 빚어내고 다듬어 나가는 것 등으로 구체화되고 단계화된다. 이런 과정과 단계를 종합적으로 표현하면, 자기배려로서 교육은 진실에 무한히 접근하기 위해, 나아가 진실의 주체가 되기 위해, 학습자가 자기 자신에게 가하는 "변형의 총체"를 의미하게 된다(Foucault, 2001/2007: 61).

자기배려에서 작동하는 진실과 주체의 관계는 일방적이라기보다는 상호적이다. 한편으로 교사의 파레시아를 통해 지도되는 진실은 주체의 존재방식을 변형시키고 변모시키게 된다. 다른 한편으로 학습자는 참된 자기를 형성할 때 비로소 진실의 참된 수신자 또는 주체가 된다. 이 말은 학습자가 스스로에게 진실의 주체라는 자격을 부여하는 수련의 실천을 통해서만 진리에 이르게 된다는 의미다. 여기서 보다시피, 진실과 주체 사이에는 실천적 순환이 작동되고 있다. 말하자면 주체의 변형이라는 대가를 치러야만 학습자는 진리를 만나고 체화할 수 있으며 진리의 주체가 될 수 있다. 역으로 진실과의 만남 혹은 관계 맺음 없이는, 학습자가 진리의 수용체가 될 수 없음은 물론이고, 진리에 입각한 주체의 변형에도 이를 수 없다.

그런데 진리와 주체 간에는 마치 악순환이 작동하는 것 같다. 하지만 진리와 주체 간에는 양방향적인 영향관계가 작동할 뿐이다. 왜냐하면 진리와 주체 간의 실천적 순환은 한편으로 진실의 지도라는 교육자의 매개와 개입을 통해 작동하며, 다른 한편으로 학습자의 진리수련 또는 진리연마를 통해 완수하기 때문이다. 따라서 진리와 주체 간의 순환은 순수한 논리적 관점에서만 파악될 수 있는 순환에 불과하다. 학습자는 스승의 지도와 매개를 통해서 진리를 만나게 되고, 그렇게 만난 진리에 입각한 자기수련과 자기연마를 통해서 진실의 주체로 자신을 변형시키게 된다. 이렇게 변형된 주체는 새로운 진실을 만나고 주체화할 새로운 토대를 구축하게 되고, 그에 따라 새로운 교육자를 매개로 한 새로운 진실과의 만남을 이룩하게 되며, 그것을 통해 또 다시 새로운 자기변형의 기회를 얻게 된다. 이처럼 주체는 자기변형을 위해 치르는 자기연마와 연습이라는 대가와 희생 덕분에, 점진적으로 보다 새로운 진실을 체화할 수 있게 성장해 나가게 된다. 그러한 생산적 선순환을 통해 학습자는 진실의 주체로 변형되고 성장하게 된다. 이런 의미에서 학습자의 주체는 생성되고 성장하는 주체로 특징지어진다. 즉, 자신의 삶과 존재를 이끌고 사용하는 주체, 말하자면, 세계와 삶에 대해 배려하는 태도와 관계 및 행위의 주체로 성장하고 완성되어 나가게 된다.

5) 요약: 푸코의 '드러난' 교육철학

푸코의 '주체의 해석학'은 플라톤의 『알키비아데스』에 대한 해석을 출발점으로 삼아 1, 2세기에 전개된 자기배려의 철학 또는 자기배려로서 교육을 이론화하게 된다. 자기배려로서 교육학을 주도하는 질문은 다음과 같다. "진실에 접근하기 위해 나는 어떤 대가를 치러야 하는가? 진실에 접근하기 위해 내가 나 자신에게 가해야 하는 작업은 무엇인가? 진실에 접근하기 위해 나는 나 자신을 무엇으로 변형시켜야 하는가? 진실과의 관계를 통해 나는 궁극적으로 나 자신을 무엇으로 만들어야 할 것인가?"

이 질문들은 크게 둘로 구분된다. 하나가 자기를 배려하는 교육이 성립되기 위해서 치러야 하는 대가(代價)가 무엇이냐는 것이라면, 다른 하나는 그러한 자기배려가 지향하는 방향이 무엇이냐는 것이다. 전자가 자기관계의 회복과 배려적인 관계의 구성적 조건과 과정적 조건을 이론화하는 것과 연관된다면, 후자는 지적 · 정치적 · 윤리적 주체되기라는 자기배려 교육의 목적 및 이념을 이론화하는 것으로 귀착된다. 자기배려의 교육은 한편으로 구성적 요소로서 윤리 · 시학적 지식에 바탕을 둔 자기관계의 회복과 형성을 요청한다면, 다른 한편으로 과정적 요소로서 교사의 파레시아에 의해 지도되는 자기연마를 필요로 한다. 따라서 자기배려의 교육은 참된 인식과 올곧은 행동의 주체되기를 지향하면서 철학적 자기수련 혹은 연마라는 실제적인 교육의 과정으로 삼는다. 그러한 교육의 구체적인 모습은 삶의 기술 및 실존의 미학이다.

푸코가 '자기배려로서 교육'이라는 개념을 통해 자신의 드러난 교육철학을 이론화하는 모습은 우리가 기대하는 교육철학과는 크게 달라 보인다. 푸코의 철학하기가 보여 주는 가장 큰 특징은 맥락적인 교육철학 또는 맥락적인 이론화에 가깝다는 것이다. 푸코는 1, 2세기라는 구체적인 맥락을 벗어난 보편적인 이론과 법칙을 모색하지 않는다. 그는 철저하게 구체적인 맥락 속에서 작동하는 교육이론을 보여 줄 뿐이다. 그럼으로써 오늘날 우리가 참조할 수 있는 모델 또는 거울로 제시한다. 아무리 좋게 해석하더라도, 푸코의 이론화는 우리에게 그저 하나의 예시일 뿐이다. 하지만 그런 모습은 현대인인 우리에게 오히려 의미 깊게 여겨진다. 왜냐하면 지금처럼 보편성과 역사적 초월성 등을 지향하는 관점과 이론이 전반적으로 퇴조될 뿐만 아니라, 의심과 회의의 대상이 되는 상황에서 구체적인 수신자와 역사적 · 공간적 맥락을 간과하는 이론화는 금기일 뿐만 아니라, 사변을 위한 사변으로 그칠 수도 있기 때문이다. 푸코는 어쩌면 그러한 우리의 잘못된 기대와 욕망을 무언으로 폭로하고 있는 것인지도 모른다.

3. 자기형성과 변형에 '적용된' 푸코의 철학하기

1) 『성의 역사』라는 문제의 책

푸코는 자기배려에 주목함으로써 계몽의 교육과 대비되는 의미의 교육, 말하자면 자기수련과 연마(연습)라는 잊어버린 교육의 차원에 새 생명을 불어넣게 된다. 또한 자기배려의 구성적 요소와 과정적 요소를 분석하고 구조화함으로써 자기배려로서 교육을 맥락적으로 이론화하게 된다. 이러한 성취에도 불구하고 푸코가 이론화한 교육개념은 고대의 문헌 분석을 통해 도출한 '오래된' 교육개념으로 그치는 것이 아닌가라는 의문이 제기된다. 푸코의 맥락적 교육철학은 지적 호기심의 충족으로 그치는 것이 아니라, 그의 역사적 존재론과도 연관되는가?

고대 철학에 대한 푸코의 계보학적 탐구가 윤리적 주체의 형성과 실존의 미학이라는 주제를 새롭게 일깨워 준 것은 사실이다. 하지만 푸코는 철학하기를 통해 또한 자신의 존재와 삶을 실험하고 변형하여 자기 자신을 구제하고자 할 것이다. 즉, 그의 비판적 · 역사적 존재론을 자신의 삶과 존재에 적용하고자 할 것이다. 따라서 그의 철학하기는 푸코 자신을 연마하고 실험하는 도구이자 장비이며, 자기를 형성하는 자기배려의 애씀이어야 할 것이다. 이 점은 푸코가 글쓰기의 의미에 관해 언급한 구절에서 분명하게 드러난다.

> [연구 및 저술활동과 더불어] 내가 생각한 것들은 결코 항상 같은 것으로 남아 있을 수가 없습니다. 왜냐하면 내가 쓴 책들은 나에게 가능한 한 풍부한 경험을 구성하기 때문이지요. 경험은 변화를 가져옵니다. 만약 내가 책을 쓰기 전에 이미 생각해 놓은 것들을 그저 소통하기 위해서 책으로 써 내기만 해야 했다면, 나는 결코 그 일을 시작할 엄두조차 내지 못했을 것입니다. 내가 책을 쓰는 것은, 관심이 가는 주제에 대해 내가 무엇을 생각할지 아직 모르기 때문입니다. 책을 쓰는 동안, **그 책이 나를 변화시키고 내가 생각하는 것들을 바꿔 놓지요**. 결과적으로, 각각의 새로운 작업은 내가 그전의 작업으로 도달한 생각들을 크게 바꾸어 놓습니다. 이런 의미에서 나는 이론가라기보다는 **실험가**(expérimentateur)입니다(Foucault, 1991/2004: 31; 강조-필자).

여기서 푸코는 책 쓰기가 자신의 생각뿐만 아니라 자신의 실존 및 존재조차도 변화시킨다고 말한다. 이러한 고백은 푸코가 철학하기를 통해 자신의 역사적 실존을 배려하고 있다는 사실을 뒷받침한다. 글쓰기에 대한 푸코의 고백이 진실이라면, 그것은 아마도 푸코의 철학적 탐구와 그의 생각 및 삶의 생성과 변화에서도 입증될 수 있을 것이다. 이와 관련해서 『성의 역사(Histoire de la sexualité)』라는 책을 쓰는 과정과 관련된 일련의 사태를 점검하는 것은 철학하기와 관련된 푸코의 삶을 탐지하는 데 매우 유용할 것 같다.

푸코는 계보학 연구의 일환으로 『성의 역사』 제1권 『앎의 의지(La volonté de savoir)』를 1976년에 출간하고, 제2권 『육체와 신체(Le chair et le corps)』를 기획하여 1982년가을 거의 완성한다. 그런데 그는 『육체와 신체』의 출간을 유보하고, 원래 기획에는 포함되지 않았던 『쾌락의 활용(L'usage des plaisirs)』과 『자기배려(Le souci de soi)』를 탈고하여 1984년 출판하게 된다. 반면에 원래 제2권으로 계획되었던 『육체와 신체』는

『육체의 고백(Les aveux de la chair)』이라는 제목으로 변경되어 2018년 2월 푸코의 사후에야 출판된다.

이런 복잡한 출간과정은 궁금증과 의문을 유발하기에 충분하다(Elden, 2016). 저술과 출판계획이 변경된 합리적인 이유는『성의 역사』라는 책의 구도 및 전개상 필요했기 때문일 것이다(김용규, 2018: 324). 하지만『성의 역사』의 집필과 출판순서가 뒤죽박죽인 것은 그저 연대기적 흐름에 대한 푸코의 뒤늦은 각성 때문이었을까? 또한 그저 저술된 저작의 출판순서를 조정한 것뿐이었을까? 아마도 그렇지 않을 것이다. 그것은 오히려 푸코의 철학하기의 구도와 의도 전체에 대한 재조정과 변형을 요청하는 큰 사건의 흔적(반영)일 가능성이 더 크다.

이렇게 추정할 수 있는 근거는 충분하다. 첫째, 푸코는 1976년『성의 역사』제1권을 출판하고 난 뒤 대뜸 고대 철학 연구에 뛰어들었을 뿐만 아니라, 1980년대 콜레주 드 프랑스에서 행한 강의의 대부분을 그리스 철학에 집중한다. 둘째,『성의 역사』를 저술하는 과정에서 푸코의 철학적 방법과 관심이 이동한다.『성의 역사』제1권은 '성에 대한 무수히 많은 담론과 지식들은 권력과 어떤 관계 속에서 형성된 것인가?'라는 계보학적 문제를 중심으로 회전한다. 그 후 1976년과 1982년 사이의 침묵 기간에 푸코의 관심은 '계보학'적 탐구에서 '윤리적 주체형성'에 대한 탐구로 전환한다. 셋째, 연구의 관점 전환과 더불어, 푸코의 철학체계 전체가 변형될 뿐만 아니라, 철학적 삶의 주도질문에 대한 재발견 및 재평가가 이루어진다. 이러한 일련의 변화가 이루어지는 현장이라면,『성의 역사』는 푸코의 순전한 연구물로 그치는 것이 아니라, 그의 철학적 자기배려, 즉 자기변형과 자기형성의 기록이자 흔적이기도 할 것이다.

1976년『성의 역사』제1권의 출간과 1982년 제4권『육체의 고백』의 완성까지 6년간의 침묵 기간 동안 푸코에게 무슨 일이 일어났을까? 그 기간 동안 푸코가 콜레주 드 프랑스에서 수행한 강의의 주제를 살펴보면, 푸코의 연구주제와 관심사의 변화가 감지된다. 그때 했던 강의의 특징 중 하나는 '권력(타자에 의한 통치)'과 구별되는 '(주체의 자기)통치'라는 주제가 부각되기 시작했다는 점이다. 여기서 새롭게 등장하는 '통치(le gouvernement)'는, 인간을 대상화하여 통제·지배하는 '권력(le pouvoir)'과는 달리, 인간의 행동을 "지도(指導)하는 기술과 절차"를 의미한다(Foucault, 2018/2019: 599). 또 하나의 특징은, 1981년 '주체성과 진실'이라는 주제로, 그리고 1982년 '주체의 해석학'이라는 주제로 강의할 정도로 푸코가 '주체(le sujet)'라는 문제에 새롭게 주목한다는 것이다. 이처럼 새로운 개념과 새로운 주제에 대한 관심과 천착은 푸코의 철학과 철학적 실존에 의미 있는 균열과 변화가 발생하고 있음을 알려 준다.

침묵 기간 동안 푸코의 철학에 중대한 변화가 있었다는 보다 확실한 근거는 그의 직접적인 언급이다. 푸코는 1983년 4월 12일 버클리 대학교에서 행한 강연인 '자기수양(la culture de soi)'에서, 자신의 연구를 가리켜 "우리 자신에 대한 비판적 존재론 혹은 사유에 대한 비판적 역사 연구"라고 말한다. 그러면서 사유의 역사는 "우리가 진실과 맺는 관계, 우리가 의무와 맺는 관계, 그리고 우리가 우리 자신 및 타자와 맺는 관계"의 역사로 이루어진다고 말한다. 그러한 구도에 따를 때, 푸코의 철학은 근본적으로 사유의 역사를 이해하려는 노력으로 요약된다. 그러니까 푸코가 일찍이 수행했던 일련의 연구는 우리와 진실 및 의무의 관계, 우리의 자기관계를 밝히려는 것이었으며, 그러한 관계를 형성·변형하는 실천의 기술들에 주목함으로써 우리 자신을 빚어내고 형성하는 문제로 나아가게 된다는 것이다. 이것은 곧 푸코의 철학하기의 구도와 의의(의미)에 대한 새로운 자각이 이루어졌다는 말이다(Foucault, 2016/2017).

2) 주체형성에 대한 탐구로 이행

후기의 푸코가 권력이나 훈육의 기제보다 주체의 주체화(주체되기)에 주목하는 것은 사실이다. 그와 더불어 자기인식과 자기통치, 그리고 자기기술이라는 자기배려가 관심의 중심에 위치하게 되는 것도 사실이다. 주체화에 주목하는 순간, 자기배려와 자기기술에 따라 전개되는 윤리적 주체형성이라는 주제에 대한 탐구와 논의는 필수적이기 때문이다. 그에 따른 자연스러운 결과로, 푸코의 관심은 근대의 지식과 권력 및 성의 사용으로부터 고대 그리스와 로마시대의 자기배려 기술로 옮겨 가게 되었을 것이다. 고대 철학은 "자기배려와 자기통치의 기술이, 성의 사용을 넘어, 윤리적 주체형성 전체를 포괄하는 실존의 미학으로 이어질 수밖에 없다"는 것을 가장 잘 드러내 보이기 때문이다.

철학적 관심 전환이 푸코의 연구 및 실존에 차지하는 의미도 나름 분명하다. 푸코가 1980년대 윤리적 주체의 형성과 삶의 기술이라는 문제에 집중하는 것은 일차적으로 1960년대와 1970년대에 수행했던 지식과 권력에 대한 구조주의적 분석을 넘어선다는 의미다. 그러한 전환은 또한 그 이상의 의미를 담고 있다. 자기배려에 대한 후기의 탐구는 보다 근본적으로 '다르게 생각하기'와 '다르게 되기(존재하기)'라는 관심에 의해 추동되기 때문이다. 말하자면 푸코의 탐구주제와 연구 관심의 전환은, 단순한 이론적 호기심 때문이 아니라, '우리의 한계들을 역사-실천적으로 실험'하고 '우리를 자유로운 존재로 실현'하고자 하는 관심의 반영이자 구체화로 간주될 만하다. 즉, 1980년대 푸코는 "진리의 주체이자 권력의 주체이며 윤리적 주체로서 자기 자신을 형성하고 변형하는 실험"에 본격적으로 착수했다고 할 수 있다(Foucault, 1984c).

후기 푸코가 성의 사용에 관한 계보학적 탐구를 넘어 윤리적 주체되기에 대한 탐구로 들어선다고 했을 때, 이것은 단순히 푸코의 세 번째 관심사인 윤리의 축에 대한 탐구를 시작했다는 것 이상의 의미를 갖는다. 왜냐하면 윤리적 자기구축과 자기변형이라는 실존의 미학은 세 번째 탐구주제이기만 한 것이 아니라, 진리의 축과 권력의 축에서 전개되어 온 이전의 연구들이 수렴되는 지점이기 때문이다. 이 말은 푸코의 인식비판과 권력비판이 윤리적 자기실험을 위한 필수 과정이자 요소라는 의미다. 푸코의 근본관심은 "나는 나 자신을 어떻게 윤리적 주체로 구성하게 되며, 나의 존재와 삶을 어떻게 예술작품으로 만들 수 있는가?"라는 것이기 때문이다.

이상과 같은 푸코의 후기 철학에 대한 평가는 그의 저작에서 추출해 낼 수 있는 사실(事實)에 가깝다. 그런데 그러한 추정이 과연 푸코의 철학하기라는 활동 내에서 구체적으로 확인될 수 있을까? 푸코가 관심과 주제를 전환해야 할 내적 필연성과 이유는 무엇이며, 그러한 관심의 전환이 그의 역사적 존재론에 주는 의미는 무엇일까? 이러한 질문에 대한 열쇠를 제공할 수 있는 책이 바로 『성의 역사』라는 책이다.

『성의 역사』 제1권 『앎의 의지』는 성의 사용과 관련된 17세기의 윤리를 계보학적으로 탐색한다. 하지만 순전한 계보학적 논의로 국한되지 않는다. 적어도 그와 함께 '생명-권력(le biopouvoir)'이라는 새로운 권력 개념이 발견되기 때문이다. 생명-권력이란 '생명에 긍정적으로 행사되는 권력'을 의미하며, 『감시와 처벌』에서 주목한 권력, 즉 신체의 조련을 떠맡는 '규율 또는 훈육으로서 권력'과 구별된다. 따라서 성은 규율과 훈육이라는 권력의 대상이면서, 또한 동시에 인구의 총괄적 관리를 떠맡는 생명-권력의 대상도 된다. 즉, 성은 개인에 대한 지배라는 미시적 권력의 대상이면서, 또한 동시에 인구조절이라는 거시적 권력의 대상이기도 하다. 그래서 푸코는 권력이 성적 담론을 통제하고 감시하는 역할만 하는 것이 아니라, 또한 "다수의 저항지점을 만들어 내게 된다"고 주장하게 된다(Foucault, 1976/2006: 114-115).

그러한 주장은 곧 푸코가 권력–지식에만 집중하는 것이 아니라, 권력과 주체형성의 관계도 함께 문제로 삼고 있음을 알려 준다. 즉, 푸코는『앎의 의지』에서 '생명–권력'이라는 새로운 권력 개념을 발견함과 더불어, 성을 욕망의 분출과 억압의 대상으로 파악하거나 권력관계에 의한 통제의 대상으로 파악하는 단조로움을 벗어나, 성과 주체 및 자아의 형성을 서로 연결시키는 새로운 사유 모델을 모색하게 된다. 그러면서 '지식과 권력의 대상으로서 성'과 구별되는 '경험으로서 성'을 집중적으로 탐구해야 할 필요성을 느낀다. 바로 그러한 필요성이 푸코로 하여금 성의 문제를 욕망의 영역보다는 자유의 영역에 포함시키는 고대 그리스인들에 주목하게 만들었다고 할 수 있다. 고대 그리스인들에겐 성이 억압이나 금지의 대상일 뿐만 아니라, 또한 경험과 체험의 대상이며, 또한 윤리적 주체를 빚어내는 장치이기 때문이다.

여기서 보다시피, 고대 그리스인이 보여 준 성의 사용에 대한 푸코의 탐구는 순전한 이론적 관심의 발동 이상이다. 푸코는 고대인의 성의 사용에 자기배려와 윤리적 주체화의 예술(기술)이 포함되어 있다고 본다. 왜냐하면 그리스인에서 발견되는 성의 자유로운 사용은 주체의 적극적인 자기관계를 형성하고 빚어내며 드러내는 중심, 즉 '삶의 미학과 연관된 도덕적 주체의 능동적 행위'를 대변하기 때문이다. 이렇듯이『앎의 의지』안에는 이미 성의 사용에 대한 순전한 계보학적 관심과는 구별되는 주제, 그러니까 성과 관련된 '진실의 작용(진실게임, jeux de verité)'이 핵심적인 탐구과제로 등장한다. '성의 진실'에서는 해석하거나 해독해야 될 '성'의 신비나 비밀이 아니라, 성의 '진실'에 대한 탐구에 방점이 찍힌다. 즉, 푸코는 성에 대한 진실이 구성되는(이야기되는) '담론'의 속성과 역할(기능)에 주목한다.

푸코는『성의 역사』를 집필하는 과정에서 자신의 연구주제와 탐구 방법을 전환하게 된다. 그러한 전환은『앎의 의지』를 쓰고 난 다음의 침묵 시기에 이루어졌다기보다는『앎의 의지』속에서 이미 이루어진다. 17세기에는 성에 대한 금기나 회피가 일방적으로 강화된 것처럼 보이지만, 사실은 성과 관련된 담론의 폭발적인 증가도 함께 발생한다. 푸코는 바로 그러한 역설에 주목한다. 나아가 그러한 현상이 성과 관련된 담론의 '속성' 변화와 직결된다는 점에 주목한다. 근대 이전의 담론은 혼인 중심의 성 사용에 국한되었지만, 17세기 성에 관한 담론의 폭발과 더불어 기존의 담론에서 벗어나 점차 '반자연적인 성', 다시 말하면 '주변적 성' 및 '부수적인 성'과 관련된 담론이 새롭게 등장하게 된다. 그와 더불어 성의 관리와 관련된 "권력의 형태와 속성"에서도 변화가 생겨난다(Foucault, 1976/2006: 61-62).

성(性)과 관련된 부르주아 사회의 권력은 통제하고 억압하는 방식으로 작동되는 권력이다. 그런 점에서 '주권권력' 또는 '훈육권력'에 해당한다. 하지만 성에 관한 담론의 증가와 더불어 진행되는 새로운 권력의 사용은 기존의 권력 개념과는 구별되는 '생명-권력'의 모습을 띠게 된다(Foucault, 1976/2006: 62-71). 새롭게 주목받는 권력은 주체의 소유가 아니라, 무수한 지점에서 발생하고 행사된다. 권력은 "생산적"이고, "아래로부터 나온다"(Foucault, 1976/2006: 114). 권력은 또한 지배자와 피지배자라는 이원성에 따라 발휘되는 것이 아니라, '사회 전체를 뚫고 지나가는 매체'의 역할을 한다. 즉, 권력은 '균열 효과'로 존재한다. 그러한 균열 효과는 "국지적 대결 상황들을 가로지르고 연결시키는 전반적인 세력선(線)을 형성하고, 국지적 대결 상황들에 대해 재배치, 정열, 균질화, 계열별 조정, 집중화를 실행하기도 (한다)"(Foucault, 1976/2006: 114). 그래서 "권력이 있는 곳에는 반드시 저항이 (있다)." 저항은 권력의 외부에 놓이는 것이 아니라, 권력의 내부에 있다. 따라서 "권력관계는 다수의 저항지점에 따라서만 존재할 수 있을 뿐(이다)"(Foucault, 1976/2006: 115). 새롭게 등장하는 권력 개념은 더 이상 주권권력이나 훈육권력이 아니라, 생산적이고 미시적인 권력으로서 니체의 권력 개념에 훨씬 더 가깝다.

이렇듯이 푸코는 『앎의 의지』에서 이미 태동된 긍정적인 변화의 가능성에 주목하기 위해서 6년간의 침묵 기간을 갖는다. 그러면서 부정적이고 통제적인 권력의 작동에서 자기연마와 자기배려에 의한 자기지배의 기술로 탐구의 주제와 관심을 전환시키게 된다. 따라서 『성의 역사』는 이미 태동한 새로운 관점과 관심을 완수하려는 푸코의 투쟁과 실험을 반영하고 있다.

3) 탐구주제 변경의 이유: '제대로 된 탐구'와 '자기배려의 필요성' 때문에

후기의 푸코는 통제적 권력에서 생산적 권력으로 탐구의 무게중심을 옮기고자 한다. 그렇다고 해서 성의 계보학을 굳이 고대 철학의 지평으로 확장하거나 이전해야 하는 것은 아니다. 그런데도 푸코는 고대 그리스로 철학적 관심을 확장하거나 이전해야 할 필요성을 강하게 느낀다. 왜 그럴까? 그리고 그러한 전환이 푸코의 철학하기와 자기배려에 대해 갖는 의미는 무엇일까? 이와 관련해서 푸코는 크게 두 가지 이유를 든다. 첫째, '경험'으로서 성의 역사를 제대로 탐구하기 위해서 필요하고, 둘째, 푸코 자신의 철학적 '관심사'에 충실하기 위해서 필요하다. 한편으로 탐구주제의 성격 또는 이론적 관심 때문에, 다른 한편으로 철학하기에 대한 푸코의 관심인 자기배려와 연마 때문에, 탐구주제와 탐구 방법을 변경시킬 필요가 있다.

푸코는 먼저 '성의 역사를 제대로 탐구하기 위해서' 고대의 성 사용에 대한 탐구가 필수적이라고 말한다. 푸코는 이미 제1권『앎의 의지』에서 성에 대한 통상적인 두 가지 접근을 논박했다. 사람들은 한편으로 성을 불변의 상수로 간주하고, 다른 한편으로 억압기제의 소산으로 여긴다. 전자가 성의 비-역사성을 주장한다면, 후자는 성을 금기에 대한 기계적 반응(결과)으로 파악한다. 푸코는 두 입장 모두를 거부한다. 하지만 성에 대한 오해를 논박하는 것만으로는 충분하지 않다. 성을 보다 적극적으로 '역사적 경험', 즉 '역사성을 띤 지식과 규범 및 주관성의 상호관계'로 재구성해야 할 필요가 있다. 그러한 과제를 해결하기 위해서, 푸코는 성과 관련된 지식의 형성, 성의 실천을 규제하는 권력 체계, 그리고 자기 스스로를 성의 주체로 자각하는 고대 그리스의 자기실천을 체계적으로 분석하고자 한다.

여기서 보다시피, 탐구의 주제를 고대로 확장했다는 것 자체보다는 자기 자신을 성의 주체로 형성하는 실천 속에 지식의 축, 권력의 축, 그리고 윤리의 축이라는 푸코 철학의 3대 축이 동시에 작동한다는 것이 보다 더 중요하다. 앞의 두 축에 대한 탐구는 푸코의 이전 작업에서 이루어졌지만, 개인들이 자기 스스로를 성적 주체로 자각하는 윤리적 실천방식에 대한 연구는 소홀히 취급되었다. 따라서『성의 역사』연구는 "개인들이 자기 자신에게 주목하고, 자신을 해독하며, 자신을 인식하고, 자기 스스로를 욕망의 주체라고 고백하는 [윤리적] 실천들을 분석하는 것"이 되어야 한다 (Foucault, 1984a/2006: 19). 이로써 성의 진실에 입각하여 전개되는 주체의 형성에 대한 집중적인 탐구가 필요한 이유가 분명해졌다. 문화와 취향으로서 성, 즉 경험으로서 성을 분석하려면, 푸코가 이미 수행했던 지식과 권력이라는 축 이외에 윤리라는 축에서의 분석이 필요하다. 따라서『성의 역사』가 그간의 연구에서 소홀했던 성적 주체화의 윤리에 초점을 맞출 때, 제대로 된 탐구가 될 수 있다.

그런데 푸코는 욕망의 계보학을 연구하면서 지식의 계보학이나 권력의 계보학을 탐구할 때와는 매우 다른 독특한 어려움을 경험하게 되었다고 말한다. 푸코가 초기와 중기에 탐구했던 17~19세기 지식과 권력의 패러다임은 사실 다른 시대의 패러다임과 뚜렷이 구별된다. 하지만 윤리라는 축 위에서 펼쳐지는 욕망의 패러다임은 그렇지 않다. '욕망하는 주체'라는 개념은 19세기의 이론일 뿐만 아니라, 또한 고전적인 이론이기도 하며, 그것에 대립하는 이론적 시도 속에서도 변형된 형태로 지속되어 왔기 때문이다. 그렇다면 '경험으로서 성'에 대한 계보학적 탐구는 '욕망의 해석학(une herméneutique du désir)'이라는 보다 일반적인 지평으로 확장될 수밖에 없다. 따라서 지식의 계보학이나 권력의 계보학과 구별되는 '새로운 접근'이 필요하다. 첫째, 성의 계보학이 아니라 욕망의 계보학이 요청되기 때문이다. 성적 행동은 욕망의 해석학을 촉발시키는 계기일 뿐, 욕망의 해석학에서 독점적이고 유일한 영역이 아니다. 따라서 성의 분석은 욕망의 분석에 포함되어야 한다. 둘째, 욕망의 해석학은 지식의 계보학이나 권력의 계보학과는 달리, 역사적으로 보다 넓은 영역을 탐구해야 한다. 왜냐하면 욕망의 해석학에서는 패러다임의 단절보다는 동일한 패러다임의 역사적인 변형만을 낳는다고 할 수 있기 때문이다(Foucault, 1984a/2006: 20).

푸코가 『성의 역사』의 탐구지평을 고대 그리스로까지 확장하는 것은 단순히 탐구영역을 넓히는 것으로 그치지 않는다. '욕망의 해석학'에 대한 탐구는 탐구지평의 확장을 넘어 철학하기에 대한 새로운 접근을 요청할 뿐만 아니라, 또한 푸코의 철학 전체에 대한 재구조화로 이어지게 되기 때문이다. 푸코의 철학이 진정으로 의도하는 바를 달성하려면, 반드시 고대로의 확장을 필요로 한다. 이 말은 곧 푸코가 『쾌락의 활용』과 더불어, 자신의 철학하기 전체를 새롭게 구조화해야 하는 필요성을 느낀다는 의미다. 그러한 필요성에 응하기 위해서, 푸코는 한편으로 새로운 주제를 탐구하는 용기를 발휘하게 되고, 다른 한편으로 획득된 새로운 인식과 통찰을 자기 스스로에게 적용하는 진실의 실존적 주체화를 감행하게 된다.

사실 푸코는 초기의 연구에서부터 철학탐구의 용기를 발휘했다. 새로운 인식의 패러다임을 분석하기 위해서 이론적인 '탐구 방향의 전환'이 필요했다. 그래서 푸코는 근대의 새로운 인식(인문과학)을 표현하는 담론'행위'에 주목했다. 마찬가지로 감시와 처벌로 대표되는 근대의 권력분석을 위해서도 또한 이론적인 '방향 전환'을 감행했다. 푸코는 권력의 행사에 개입되는 전략들과 기술들, 즉 권력'장치'에 주목했다. 후기의 푸코는 그러한 초기 및 중기 연구를 되돌아보면서, 그것들을 "인간들 상호 간의 진실게임(jeux de verité)[인문과학]에 대한 연구"와 "권력관계에 관련된 진실게임에 관한 연구"로 특징짓게 된다(Foucault, 1984a/2006: 20).

후기의 푸코는 성 '경험'과 성의 '사용' 주체를 분석하고자 한다. 이를 위해서 세 번째로 방향 전환이 필요하다. 개인이 자기 스스로를 주체로 세우고 주체로 인식하게 되는 장치이자 토대는 바로 '자기관계(rapport a soi)'다. 따라서 '자기관계가 어떤 형태와 양태를 취하는지'에 대한 탐구가 필요하다. 다시 말하면, "자기가 자신에 대해 갖는 관계에서 작동하는 진실게임", 즉 "[진실의] 주체로 자기 자신을 형성하는 문제"에 대한 연구가 필요하다. 그러한 연구는 진실에 바탕을 둔 자기관계를 계보학적으로 추적하는 연구, 즉 "욕망하는 인간의 역사"에 대한 연구일 수밖에 없다(Foucault, 1984a/2006: 20).

여기서 요청되는 새로운 방향 전환은 푸코에게 단순히 새로운 철학하기에 대한 용기를 요청하는 것으로 끝나지 않는다. 심지어 푸코 자신의 철학에 대한 새로운 해석과 평가, 나아가 철학자로서의 실존에까지 영향을 미치게 될 것이다. 왜냐하면 주체의 자기관계 또는 주체화에서 작동하는 진실게임을 연구하는 욕망의 계보학은 푸코가 처음에 가졌던 연구 의도와 동떨어질 뿐만 아니라, 심지어는『성의 역사』라는 연구기획 전체를 "[욕망하는 존재로서] 자기를 해석하는 탐구(une herméneutique de soi)"로 재편성하게 될 것이기 때문이다. 그런 난관과 예상에도 불구하고, 푸코는 욕망의 계보학을 '과감하게 선택'한다. 왜냐하면 이제야 푸코는 "진리의 역사(une histoire de la verite)에 대한 관심이 자신의 철학하기를 이끌어 왔다"는 것을 깨닫기 때문이다. 물론 이때 진리의 역사는 진리로 간주된 인식들을 추적하고 수집하는 '진리들의 역사'가 아니라, 역사적으로 전개된 "진실게임의 분석(une analyse des jeux de verité)"이다. 푸코는 결국 자신의 철학하기에 대한 재인식에 이르게 된다. 그래서 푸코는 자신의 철학을 한마디로 우리의 존재가 진실게임을 통해 "사고될 수 있고 사고되어야 할 경험"으로 구성되어 온 역사를 분석하는 것으로 특징짓기에 이르게 된다(Foucault, 1984a/2006: 21).

4) 자신의 철학하기에 대한 푸코의 사후적 자각: '진실게임에 대한 탐구'

고대 그리스를 중심으로 욕망의 해석학을 전개하고자 하는 결단과 더불어, 푸코는 이전에 자신이 수행했던 연구의 주도적인 관심을 비로소 선명하게 자각하게 된다. 즉, 푸코는 자신의 철학 연구가 역사적 진실게임의 분석이었음을 '사후적으로(nachträglich)' 인식하게 된다. 푸코의 이전 연구는, 예컨대 자기 자신을 '광인'이나 '병자'라고 생각할 때, 도대체 '어떤 진실게임을 통해' 그러한 존재로서 자신을 사고하게 되는지를 탐구해 온 셈이다. 후기의 푸코는 그때까지 의식하지 못한 채 수행해 온 진실게임에 대한 연구를 다만 욕망하는 주체와 관련된 진실게임에 대한 연구로 연장·확장하고자 할 뿐이다. 그러므로 『성의 역사』를 관통하는 질문은 이것이다. "인간은 어떤 진실게임을 통해 스스로를 욕망하는 인간으로 인식하게 되는가?"

『성의 역사』는 푸코의 일관된 관심사가 계승되고 완성되는 연구이자, 푸코가 자신의 철학하기가 지향하는 문제의식과 탐구 방향을 사후적으로 자각하고 확인하게 되는 연구라고 할 수 있다. 욕망의 해석학이라는 새로운 시도는 분명 다년간의 보충작업을 요구할 뿐만 아니라, 새로운 시대와 새로운 주제로 우회하는 데 따른 여러 위험을 야기할 것이다. 그럼에도 불구하고, 푸코는 오랜 침묵 기간을 거친 뒤 자신의 연구계획을 변경하게 된다. 바로 여기서 푸코는 자신의 철학이 "다르게 생각하기를 위한 비판적 시도이자 훈련"이며, 자신의 철학하기가 "진실게임에 따라 전개되는 자기변형적 시험이자 자기연마"라는 것을 분명하게 자각하고 드러내 보이게 된다(Foucault, 1984a/2006: 23).

푸코가 새로운 탐구주제로 변경하는 모험을 기꺼이 감행하는 첫 번째 이유는 철학하기에 대한 푸코의 신념과 태도 때문일 것이다. 『성의 역사』는 분명 역사에 관한 연구이지만, "다른 사람들의 작업을 요약하거나 종합하는 연구, 즉 역사가의 연구"가 아니라, 푸코 자신을 위한 "훈련의 원형", 즉 '철학적 훈련'이다. 철학적 훈련의 관건은 '자기 자신의 역사를 사고하는 작업을 통해' 자기가 무언중에 채택하고 있는 생각으로부터 벗어나 얼마만큼이나 '다르게 사고할 수 있는지'를 아는 것이다. 그렇기 때문에 새로운 시도는 푸코의 연구를 "보다 광범위한 지평 위에 올려놓게" 될 것이고, 푸코의 "연구 방법과 대상을 보다 명확하게 규정"하게 될 것이다(Foucault, 1984a/2006: 24).

푸코가 연구의 주제 또는 범위를 바꾸게 되는 두 번째 이유는 연구주제의 변경이 푸코에게 '오래전부터 제기하고 싶었던 질문에 근접'하게 해 주기 때문이다. 푸코는 초기에 인식의 고고학이나 권력의 계보학에 관심을 가졌다. 하지만 푸코는 그것 자체가 아니라, 바로 "인식과 권력에서 작동하는 진실게임"에 관심이 있었다고 말한다.

이것은 푸코의 연구 의도와 방향 및 해석에 있어서 매우 중요한 고백이다. 푸코는 처음부터 진실게임에 관심을 가지고 연구를 실행했다. 푸코는 그러한 사실이 다만『성의 역사』를 기술하는 과정에서 사후적으로 자각하게 될 뿐이다. 즉, 푸코는 단순히 인식의 축, 권력의 축, 윤리의 축에 따라 자신의 연구문제를 설정한 것이 아니다. 푸코의 주된 관심사는 바로 세 번째 축, 즉 윤리의 축에서 전개되는 철학이었으며, 이것이 첫 번째, 두 번째 축의 수렴점 또는 통합적인 관심사라는 의미다.

게다가 푸코는 고대 그리스인의 성의 사용이라는 주제를 통해 오늘날 우리가 주목하는 '실존의 기술(les arts de l'existence)'이라는 실천들의 총체에 도달하게 된다. 여기서 말하는 실존의 기술이란 "사람들이 그것을 통해 자신의 행동규칙을 정하고, 스스로를 변형시키며, 자신의 특이한 존재 속에서 스스로를 변경시키고, 자신의 삶을 미학적으로 가치 있고 예술양식의 기준에 부합하는 하나의 작품(une œvre)으로 만들고자 하는 신중하고 자발적인 실천"을 말한다(Foucault, 1984a/2006: 26). 성의 사용과 관련된 실존의 기술은 단순히 규칙이나 가치 및 행위로 국한되는 것이 아니라, 총체적인 의미의 자기와의 관계, 즉 자기 자신을 윤리적 주체로 세우는 일과도 관련된다. 자기 자신을 윤리적 주체로 세우기 위해서 우리는 어떤 영역을 도덕적 실천의 대상으로 삼을지, 규율에 대한 우리의 복종양태가 무엇일지, 그리고 도덕적 완성이 무엇일지를 결정해야 한다. 그러한 결정을 위해서, 우리는 자신을 알고자 하고, 자신을 제어하며, 자신을 변화시키며 완성시키는 연마(훈련)에 치중하게 된다(Foucault, 1984a: 46-47).

『성의 역사』를 저술하는 과정에서 요청되는 새로운 탐구주제와 탐구 방법은 푸코로 하여금 철학하기의 의미를 새롭게 설정해야 하는 과제와 위험으로 몰고 간다. 그런데도 푸코는 자신의 연구주제와 관점을 변형하는 용기를 발휘한다. 이때 푸코가 발휘한 용기의 모습은 플라톤의 대화편『라케스』를 해석하는 장면에서 요약적으로 기술된다. "『라케스』에서는 용기의 진실(the truth of courage)과 진실을 말하는 용기(the courage of speaking the truth)가 서로 결합되어 있고 연결되어 있다"(Foucault, 2011: 158). 즉,『라케스』는 용기의 진실(용기가 무엇인가)이라는 문제에서 출발하지만 결국 진실의 용기(진실을 말하고 진실에 따라 자기 자신을 형성하는 것이 무엇인가)라는 주제에 이르게 된다. 따라서 참된 용기에 대한 철학적 탐구는 필연적으로 발견된 진실에 따라 자신의 사유와 실존을 변형하는 용기의 실행으로 연결될 수밖에 없다. 이것은 푸코의 역사적 존재론에도 적용된다. 주체화에 대한 푸코의 탐구는 곧 탐구자로서 자신의 존재문제에 직면하게 만들고, 발견된 진리의 지도에 따라 자신의 사유와 존재를 새롭게 변형하는 용기를 발휘할 것을 요청한다. 푸코는 그러한 요청을 과감하게 수용함으로써 철학적 탐구의 의미와 가치를 새롭게 자각하기에 이른다. 왜냐하면 푸코는 자신의 탐구를 '욕망의 해석학'으로 규정하면서, 새로운 진실에 직면하게 되고, 새롭게 자각한 진실에 따라 자기를 배려한다. 그러한 모습과 흔적이 바로 1980년대 푸코의 철학탐구다.

푸코의 후기 철학은 순수한 철학적 탐구만이 아니라, 푸코에게서 발생한 주체되기의 실존적 사건이기도 하다. 그것이 타당한 해석이라면, 푸코에게 있어서 철학적 탐구는 전체적으로 '윤리적 주체되기를 중심으로 하는 계보학적 탐구'라고 새롭게 특징지어질 수 있다. 철학하기에 대한 새로운 가치평가는 당연히 푸코에게 연구 방법의 수정과 변화뿐만 아니라, 또한 도전과 위험에 맞설 용기의 발휘를 요구하게 된다. 새롭게 시도된 철학적 관심사는 심지어 푸코의 이전 탐구의 의미와 의의조차 이동시키게 될 것이다. 말하자면 탐구자로서 푸코에게 삶의 의미와 가치를 새롭게 평가하는 용기의 발휘를 요청하게 될 것이다.

바로 그러한 도전에 대한 실험적 모색에서 탄생한 책이 『성의 역사』다. 그렇기 때문에 이 책은 이론적 탐구의 결과일 뿐만 아니라, 푸코 자신에게 발생한 실존적 사건이자, 자기배려의 수행을 보여 주는 흔적이라고 할 만하다. 『성의 역사』는 푸코의 철학이 '윤리적 주체형성을 위한 자기배려의 철학' 또는 '연습과 연마를 중심으로 하는 실존의 미학'으로 요약될 수 있다는 것을, 탐구과정과 탐구결과를 통해 이중적으로 증언한다. 그래서 푸코의 철학은 '연마의 철학', 보다 정확하게는 '진실게임에 따라 펼쳐지는 윤리적 주체되기를 중심으로 움직이는 철학'으로 정당하게 평가될 수 있다.

4. 요약과 의의: 자기연마와 자기배려로서 교육

1) 요약

우리의 주체는 우리의 실천과 노력을 통해 먼저 구축되어야 한다. 주체되기의 첫 걸음은, 예컨대 경청, 독서, 글쓰기와 같은 구체적인 실존의 기술을 활용하는 자기실천이다. 따라서 구체적인 실존의 기술을 연마 · 활용하여 자신과의 관계, 타자 및 세계와의 관계를 구축해 나갈 때, 비로소 우리의 주체가 형성된다. 우리의 주체는 결국 발견과 해석을 기다리는 완성품으로 주어진 것이 아니라, 다수의 실존기술에 의해 고안되고 구축된다.

주체가 고안되고 구축되는 방식 또는 주체형성의 원리는 '자기배려'다. 자기배려로서 교육은 한편으로 진리를 만날 수 있게 해 주는 자기정화로, 다른 한편으로 세계에 대한 탐구를 통해 발견한 인식과 진리를 윤리 · 시학적으로 체화하는 자기연마로 구체화된다. 자기정화를 통해 진실과의 만남이 준비되고, 자기연마를 통해 발견된 진실의 주체가 된다. 결국 우리는 자기정화와 자기연마라는 자기배려의 윤리를 채택하고 따르게 될 때 윤리적 주체로 형성된다. 그러한 자기배려의 교육은 연습과 연마라는 실존의 기술에 의해 수행되고 지탱된다.

푸코의 '드러난' 교육철학을 이상과 같이 요약하고 보면, 그것은 결국 실존의 미학으로 수렴되는 것을 알 수 있다. 이것은 사실 푸코의 위대함이면서 또한 동시에 맹점이기도 하다. 푸코가 주목하는 '실존의 미학(l'esthétique de l'existence)'은 아름다움이나 미적 경험에 대한 이론이 아니라, '삶의 기술'에 대한 이론이다(Foucault, 2011: 161). 그러니까 푸코가 말하는 실존의 미학은 바로 '실존의 윤리 · 시학(éthique-poétique)'인 셈이다. 우리의 존재와 삶은 진실에 따른 자기수련을 통해 예술작품이 될 수 있다. 다시 말하면, 우리의 존재와 삶은 진실의 미학적 승화라는 원리에 따라 전개될 때, 비로소 예술작품으로 변형되고 완성될 수 있다. 따라서 우리는 우리의 자기관계 또는 우리가 빚어내게 되는 윤리적 주체 자체를 예술품과 창조적 행위로 상승 · 고양시켜야 한다. 그런 식으로 우리는 우리의 실존 자체를 작품화해야 한다.

푸코의 드러난 교육철학이 결국 우리의 "자신과 자기의 관계에 예술적 스타일을 부여하는 끈질긴 작업과 실천"을 거듭 강조하게 되는 것은 분명하다(Foucault, 1984c). 우리에게 가능하고 필요한 윤리적 요청은 부단한 자기연마와 자기배려를 통해 자신과 자기의 관계에 예술적인 형식을 부여하는 것이다(Foucault, 2001/2007). 우리 자신에게 가하는 자기연마와 작업 및 노동의 완성 정도는 바로 예술작품이라는 미학적 기준과 가치에 따라 측정되고 평가되어야 한다. 우리가 자기배려로서 교육을 통해 우리의 자기관계를 참되게 형성하고 연마하고자 할 때, 우리는 결국 예술적 창작행위와 예술작품의 구조를 반영하고 모방해야 한다. 왜냐하면 "삶의 창조는, 오랜 연습과 일상의 노동을 통해 우리 자신의 본성과 우리 자신의 성격에 스타일(樣式)을 부여할 때, 비로소 가능해[지기 때문이다]"(Nietzsche, 1882/2012: §290, §266). 이것은 물론 니체의 결론이지만, 또한 푸코의 드러난 교육철학이 수렴되는 지점이기도 하다.

2) 의의

지금까지의 논의는, 지리멸렬했지만 이것 하나를 분명하게 밝혀 준다. 푸코의 철학하기는 철학적 자기수련의 가능성과 필요성을 환기시켰다. 철학적 자기수련은 진리에 사로잡히고 진리를 살아 나가는 진리의 실천이다. 그러한 자기수련의 원리는 자기배려이고, 그것의 목표는 온전한 자기관계라는 작품의 구축이다. 철학적 자기수련은 진실, 즉 참된 담론(logos)과 더불어 시작되며 작동한다. 그런데 참된 담론은, 알고 기억하며 말로 하는 것으로 충분하지 않고, 항상 그리고 수중에, 말하자면 근육 속에 지닐 수 있도록 수련되어야 한다. 그럴 때, 참된 담론은 자신의 성품(êthos)으로 변형되며, 그럴 때 담론의 진실은 자신의 삶과 존재를 지켜 줄 장비와 채비가 된다. 오직 그럴 때, 주체를 위한 진실과 주체의 진실이 주체의 존재방식으로 굳건히 구축될 수 있다. 따라서 철학적 탐구와 자기수련은 자기 자신을 참된 담론의 주체로 형성하는 연습이자 연마의 으뜸꼴이고, 진리와 윤리의 주체로 형성되는 참된 길이다.

이상과 같이 요약될 수 있는 자기배려로서 교육이라는 푸코의 드러난 교육철학은, 오늘날처럼 자기망각과 우유부단의 위험이 구조적으로 배가되는 상황에서, 현대인인 나의 주목을 끌기에 충분하다. 푸코의 교육개념에 비춰 볼 때, 현대인인 나는 여전히 윤리적 주체되기와 자기배려의 문 앞에서 서성이고 있다는 느낌을 받는다. 자기망각과 자기와의 무관계에 사로잡혀 있는 현대인인 나에게 주는 푸코의 명령은 단호하고 분명하다. "네 자신을 배려하라! 자기배려 없이는 타자를 배려할 수 없다." 푸코는 아픈 딸을 돌봐야 하는 배려의무를 외면한 아버지에게 경고한 에픽테토스를 통해 자신의 할 말을 대신하게 한다.

> 너는 네 딸을 배려하기 위해 [먼저] 네 자신을 배려해야 한다는 것을 망각하는 오류를 범했다. 네가 네 자신을 돌보았다면, 네 딸의 병과 관련해서 네 정신에 떠오르는 표상들을 점검했다면, 네 자신이 무엇인지, 네 딸이 무엇인지, 너와 네 딸 간의 관계가 무엇인지

> 점검해 보았다면, 딸에 대한 정념과 애착에 의해 동요되도록 네 자신을 방치하기 않았을 것이다(Foucault, 2001/2007: 231). 따라서 너는 [나의, 즉 에픽테토스의] 학교에 와서 네 의견을 체계적으로 시험하는 법을 배워야 할 필요가 있다. 그것은 한 시간이나 하루의 일이 아니라, 긴 시간을 요하는 작업이다(Foucault, 2001/2007: 232).

여기서 배워야 하고 연마해야 한다고 말하는 실존의 기술은 한마디로 자기를 배려하는 기술이다. 즉, 자신의 존재(표상 · 정념 · 애착)와 자신의 (자기 · 타자 · 세계)관계를 점검 · 시험하며 형성 · 변혁하는 기술이다. 이러한 실존의 기술은 오직 장기간의 훈련과 연마를 통해서만 습득되고 활용될 수 있으며, 그럴 때 자신의 삶과 존재를 작품으로 빚어낼 수 있는 장비가 될 수 있다.

푸코의 교육철학을 재구성해 본 나의 시도가 갖는 의미가 있다면, 그것은 교육철학을 모색하는 세 개의 수준(층위)을 서로 구별하는 것에서 발견될 수 있을 것 같다. 그보다 더 큰 의미는 아마도 세 수준(차원) 간의 역동적인 관계가 교육철학 탐구의 새로운 가능성과 필요성을 확보해 준다는 시사일 것 같다. 세 수준의 교육철학이 서로 맞물려 펼쳐지는 모습은 푸코의 철학적 삶에서 충분히 예시되는 것 같다. 내가 파악하는 푸코의 철학적 삶은 이런 모습인 것 같다.

푸코의 초기 및 중기의 작업은 주로 교육이 펼쳐지는 '논리적 공간'의 속성에 대한 계보학적 분석에 치중한다. 이를 통해 화강암처럼 단단해 보이는 지반조차도, 실은 역사적 우연에 의해 구성된 것이므로, 마땅히 새롭게 구성될 수 있다는 것을 드러내게 된다. 그런 작업 속에는 변용과 변화의 가능성을 예감하게 하는 푸코의 교육철학, 즉 '감춰진' 교육학이 작동하고 있다. 반면에 후기의 푸코는 감춰진 교육철학이라는 검토된 기초 위에 '자기배려로서 교육'이라는 드러난 교육철학의 구조물을 세우게 된다. 그럼으로써 푸코는 자기배려라는 개념을 구체적인 연마와 연습을 통해 수행되는 자기실험과 자기형성으로 이론화하고 구조화하게 된다. 두 번에 걸친 교육철학 탐구에 이어, 푸코는 자기배려로서 교육이론을 자기 자신의 철학적 실존에 '적용'함으로써 자신의 생각과 실존을 변형하는 실험을 감행하게 된다. 후기의 푸코는 결국 감춰진 교육철학과 드러난 교육철학의 탐구 덕분에, 욕망의 해석학이라는 새로운 진실에 따라 철학자로서 자신의 존재와 삶을 새롭게 형성하고 변형하는 사고실험 및 삶의 실험에 과감하게 나설 수 있게 된다.

푸코의 드러난 교육철학과 감춰진 교육철학, 그리고 자신에게 적용된 교육철학 사이의 유기적 연관과 상호작용은 나에게 풍성한 교육학적 숙고와 탐색의 가능성을 열어 주는 것 같다. 첫째, 우리의 교육이 서 있는 자리와 논리적 공간을 파악하려는 거시적 교육학 또는 감춰진 교육철학은 교육철학이 이론화해야 할 참된 문제를 드러내는 토대가 된다. 둘째, 핵심적인 교육문제를 중심으로 하는 교육철학의 이론화와 체계화가 구축될 때 비로소 진리인식에 근거한 우리의 진리연마가 제대로 착수될 수 있다. 셋째, 그럴 때 우리는 우리의 실존 속에서 철학하기의 의미와 가치를 실감할 것이다. 결국 감춰진 교육철학과 드러난 교육철학, 그리고 적용된 교육철학이 상호적으로 지지되고 유기적으로 점검 · 실험될 때, 우리는 보다 총체적인 교육이해 및 교육적 실존으로 다가서게 될 것으로 기대해도 좋을 것이다.

생각해 보기

1. 교육학에서 전형적으로 동원되는 '학습', '교수(teaching)', '교사와 학생의 교육적 관계', '교육과정', '교육목적'과 '교육방법' 등과 같은 개념 대신에 '훈육', '연습', '연마', '자기배려'와 같은 새로운 개념군을 통해 교육철학을 전개하는 것이 교육철학의 확장가능성을 보여 주는지, 아니면 교육학 '바깥'의 학문적 시도로 그치는지 숙고해 보자.
2. '교육'이나 '학습' 대신에 '자기배려'나 '지도'를 교육철학의 근원어로 설정하는 푸코의 철학하기가 해낼 수 있는 기여와 한계를 평가해 보자.
3. 푸코의 철학이 보여 주듯이, 철학적 탐구는 또한 탐구자 자신을 새롭게 형성하고 변화시키는 데 쓰임이 있어야 한다. 이런 점에서 우리의 철학탐구가 과연 우리 자신을 성숙되고 계몽된 실존으로 이끌어 주는지, 또는 이끌어 줄 수 있는 방안은 무엇인지 숙고해 보자.

읽을거리

Kant, I. (1784). *Beantwortung der Frage: Was ist Aufklärung?* 임홍배 역(2020). **계몽이란 무엇인가**(pp. 25-38). 서울: 길.

Foucault, M. (1984). *Qu'est-ce que les Lumières?* 김성기 편(1994). **모더니티란 무엇인가**(p. 335 이하). 서울: 민음사.

▶ 이 두 논문에서는 '계몽'이라는 주제에 대한 1784년의 관점과 1984년의 관점뿐만 아니라, 칸트와 푸코의 대비되는 철학하기도 함께 읽어 낼 수 있다. 이런 점에서 '계몽'이라는 주제로 근대의 교육철학과 근대 이후의 교육철학을 점검하는 데 도움이 될 수 있다.

Foucault, M. (1982). *L'Herméneutique du sujet: Cours au Collège de France. 1981-1982.* 심세광 역(2007). **주체의 해석학**. 서울: 동문선.

▶ 이것은 푸코가 1982년 콜레주 드 프랑스에서 행한 강의를 책으로 펴낸 것인데, 자기배려의 윤리와 자기배려로서 교육이 매우 아름답게 기술되고 있다. 고대 그리스 철학에 대한 해석을 넘어 현재적인 의미도 함께 담고 있다는 점에서 유익한 독서가 될 만하다.

Foucault, M. (1984). *Histoire de la sexualité.* 문경자, 신은영 역(2006). **성의 역사. 2. 쾌락의 활용**. 서울: 나남출판.

▶ 이 책은 『성의 역사』 시리즈의 두 번째 책(1984)이지만, 제1권인 『앎의 의지』(1976) 이후에 펼쳐진 푸코의 사상적 전회와 발전을 추적할 수 있게 해 주는 좋은 책이다. 이를 통해 성의 사용이라는 하나의 실천 영역이 어떤 방식으로 윤리적 주체를 형성하는 핵심 무대이자 교육 현장으로 활용되었는지를 헤아릴 수 있다. 그것을 통해 현재 우리의 교육이 펼쳐지는 최전선이 어디인지, 그런 전투에서 우리가 장비 및 테크놀로지를 어떻게 활용하는지를 성찰하는 방법과 도구를 발견해 낼 수 있을 것이다.

참고문헌

김용규(2018). 주권권력에서 생명권력으로 『성의 역사 1—앎의 의지』를 중심으로. **코기토, 85**, 319-357.

심세광(2018). 34년 만에 출간된 책: 『성의 역사』 제4권 『육욕의 고백』. **문학과 사회, 31**(4), 248-259.

오생근(1995). 『성의 역사』와 성, 권력, 주체. **사회비평**, 57-76.

지눌(1190). 勸修定慧結社文. 서정형 풀어씀(2007). 정혜결사문: 지눌이 밝힌 선정과 지혜의 길. 서울: 풀빛.

Adorno, T. W. (1959). Theorie der Halbbildung. In *Soziologische Schriften I. Gesammelte Schriften 8* (pp. 93-121). Frankfurt am Main: Suhrkamp Verlag Gmbh & Company KG. 1997.

Ball, S. J., Marshall, J. D., Hoskin, K., & Jones, D. (1990). *Foucault and education: Disciplines and knowledge.* 이우진 역(2007). 푸코와 교육: 푸코를 통해 바라본 근대교육의 계보학. 경기: 청계.

Dreyfus, H. L., & Rabinow, P. (1990). *Michel Foucault: Beyond structuralism and hermeneutics.* 서우석 역(1994). 미셸 푸코: 구조주의와 해석학을 넘어서. 경기: 나남.

Elden, S. (2016). *Foucault's last decade.* Cambridge: Polity Press.

Eribon, D. (1989). *Michel Foucault: 1926-1984.* 박정자 역(2012). 미셸 푸코(1926~1984). 서울: 그린비.

Foucault, M. (1976). *Histoire de la sexualité: La volonté de savoir.* 이규현 역(2006). 성의 역사 1. 앎의 의지. 서울: 나남출판.

Foucault, M. (1984a). *Histoire de la sexualité: L'usage des plaisirs.* 문경자, 신은영 역(2006). 성의 역사 2. 쾌락의 활용. 서울: 나남출판.

Foucault, M. (1984b). *Histoire de la sexualité: Le souci de soi.* 이혜숙, 이영목 역(2006). 성의 역사 3. 자기배려. 서울: 나남출판.

Foucault, M. (1984c). Qu'est-ce que les Lumières? In *Dits et Ecrits IV* (pp. 562-578). Paris: Gallimard.

Foucault, M. (1991). *Remarks on Marx: Colloqui con Foucault.* 이승철 역(2004). 푸코의 맑스: 우리는 어떻게 또 얼마나 다르게 생각할 수 있는가? 서울: 갈무리.

Foucault, M. (2001). *L'Herméneutique du sujet: Cours au Collège de France. 1981-1982.* Paris: Seuil/Gallimard.

Foucault, M. (2001). *L'Herméneutique du sujet. Cours au Collège de France. 1981-1982.* 심세광 역(2007). 주체의 해석학 1981-1982: 콜레주 드 프랑스에서의 강의. 서울: 동문선.

Foucault, M. (2011). *The Courage of the Truth(1983-4).* New York: Macmillan.

Foucault, M. (2015). *Qu'est-ce que la critique?: La culture de soi.* 심세광, 전혜리 역(2016). 비판이란 무엇인가: 자기 수양. 경기: 동녘.

Foucault, M. (2016). *Discours et vérité: Précédé de la parrêsia.* 오트르망, 심세광, 전혜리 역(2017). 담론과 진실. 경기: 동녘.

Foucault, M. (2018). *Histoire de la sexualité: Les aveux de la chair*. 오생근 역(2019). **성의 역사 4. 육체의 고백**. 서울: 나남출판.

Kant, I. (1784). Beantwortung der Frage: Was ist Aufklärung? In *Immanuel Kants Werke. 10 Bänden (herausgegeben von W. Weischedel) Band 9* (pp. 51-61). Darmstadt: Wissenschaftliche Buchgesellschaft. 1983.

Kant, I. (1790). *Kritik der Urteilskraft*. 백종현 역(2009). **판단력비판**. 서울: 아카넷.

Kant, I. (1800). *Immanuel Kants Logik: Ein Handbuch zu Vorlesungen. Über Pädagogik*. 이엽, 김창원, 박찬구 역(2021). **논리학 교육론**. 경기: 한길사.

Nehamas, A. (1998). *The art of living: Socratic Reflections from Plato to Foucault*. Berkeley: University of California Press.

Nietzsche, F. (1882). *Die fröhliche Wissenschaft*. 안성찬, 홍사현 역(2012). **즐거운 학문. 니체 전집 12**. 서울: 책세상.

Nietzsche, F. (1887). *Zur Genealogie der Moral*. 김정현 역(2003). **도덕의 계보. 니체 전집 14**. 서울: 책세상.

Oksala, J. (2008). *How to read Foucault*. 홍은영 역(2015). **푸코**. 서울: 웅진지식하우스.

Rousseau, J. -J. (1750). *Discours sur les sciences et les art*. 김상섭 역(2007). **학문예술론**. 광주: 조선대학교출판부.

Rousseau, J. -J. (1762). *Émile, ou De l'éducation*. 김중현 역(2009). **에밀**. 경기: 한길사.

제5장

새로운 교육적 관계의 가능 조건: 랑시에르의 '무지한 스승' 개념을 중심으로

곽덕주

도입

이 장에서 소개할 자크 랑시에르(Jacques Rancière, 1940~)는 당대 프랑스의 좌파 정치철학자이자 미학자다. 1987년에 출간된 『무지한 스승』이라는 저작은 지난 20여 년간 전세계적으로 교육철학적 논의의 대상으로 급부상했다. 엘리트주의적 사고에 반대하는 반권위주의자로서 미학과 정치학을 넘나들며 이 둘 간의 영역 구분을 모호하게 하는 한편, 빈자들을 위한 철학자로 불릴 만할 정도로 이들의 인간적 권리와 평등을 위해 사유하고 싸우는 당대 좌파 사상가 중의 한 사람이다.

이 장에서 소개할 『무지한 스승』이라는 저작은 자코토라는 역사 속 인물을 '교사'로 발굴한 단순한 역사서로 읽어야 하는지, 아니면 그저 흥미로운 파편적 에피소드들을 엮은 에세이로 읽어야 하는지 논쟁의 대상이 되기도 한다. 그러나 이 책이 하나의 교육철학 텍스트로서 평가될 수 있는 것은 다음과 같은 교육과 관련한 그의 사유와 접근의 독창성 때문이다. 첫째, 오늘날과 같은 후기자본주의 사회의 구조적 불평등의 문제를 단순히 '정치적' 문제로가 아니라 교육이라는 실천 자체의 '내재적' 문제로 진단하고 처방한 점이다. 둘째, 철학적인 관심에서 보자면 보다 근원적인 독창성으로서, 우리가 하는 이론적 작업의 교육실천적 의미를 급진적으로 반성하고 새롭게 해석한 점이다. 이것은 푸코 철학의 등장 이래 피하기 어려운 철학의 실천적 선회의 일부이기도 하다. 즉, 자기형성적이고 자기변형적인 수행적 사건으로서 지능의 사용 및 이론적 작업의 의미를 밝혀 주고 있는 것이다. 이러한 의미에서 랑시에르의 작업은 그가 의식했든 의식하지 않았든, 우리가 이해하는 교육철학적인 성격을 그 중심에 두고 있다고 말할 수 있다. 다음에서 소개되는 랑시에르의 논의는 이 점을 잘 보여 주는 방식으로 재구성되었다.

1. 왜, 지금 우리 사회에서 랑시에르인가?

근대적인 '지식전달' 교육 모델에서 가르치는 활동은 대개 '교사는 말하고 학생은 듣는다'는 이미지로 우리에게 각인되어 있다. 그리고 이 이미지에는 교육의 핵심적 요소들 간(교사, 학생, 교육내용)의 관계에 대해 우리가 당연히 받아들이고 있는 다음과 같은 가정이 깔려 있다. 교사는 (지식으로서) 교육내용을 매개로 하여 학생에 대해 지적 · 도덕적 **권위**를 가진다는 가정이다. 그러나 학습주의 담론이나 AI 기술의 발달과 더불어 요즈음 교육 현장에서 자주 들려오는 교사 권위의 전반적 추락은 이제까지 교육실천에서 지배적이었던 이러한 지식전달 교육 모델의 수명이 거의 다한 것은 아닐까 의심하게 한다. 그러면 이것을 대체할 수 있는 대안적인 교육 모델이 있을 수 있을까? 그리고 그 모델에서 교사, 학생, 그리고 교육내용은 어떤 새로운 구도 속에 놓이게 될까? 그리고 교사의 지적 혹은 도덕적 권위는 어디에서 그 원천을 찾을 수 있을까?

이러한 탐색의 일환으로 당대 프랑스 철학자 랑시에르의 교육적 개념들을 소개하기 전에 먼저, 지식전달 교육 모델의 문제가 무엇인지부터 살펴볼 필요가 있다. 지식전달 모델이 지금 우리나라 교육에서 문제가 되는 것은 정확히 무엇 때문인가? 이것은 언제나 문제적인가? 만약 그렇지 않다면 이 모델이 문제가 되는 경우는 정확히 어떤 경우인가? 이 질문에 대한 답은 굳이 교육전문가의 분석에 기대지 않더라도 우리 교육 현장에서 쉽게 목격할 수 있다. 그것은 바로 인류 역사에서 교육이 시작된 이래 동서양을 막론하고 늘 비판의 대상이 되어 온 것, 즉 교육내용으로서 지식의 도구화라고 말할 수 있을지 모른다. 입시 위주의 문제풀이식 교육에 주로 초점을 두는 사교육이 교육적으로 문제가 되는 것도 바로 이것이다.

그러나 "지식은 힘이다"라고 말한 영국의 철학자 프랜시스 베이컨(Francis Bacon)의 근대 지식관에서 보듯, 과학적 지식을 핵심 교육내용으로 하는 오늘날 학교교육에서 지식의 도구화 자체를 문제 삼는 것은 가능하지도 현명하지도 않아 보인다. 그리고 사회 · 경제적 출신 배경에 상관없이 모든 이를 위한 교육이라는 보편적 교육 이념에 기초하여 출발한 근대 학교교육 제도는, 어떤 의미에서 이러한 성격의 지식의 평등한 분배 자체를 합법적 기능으로 승인하는 사회 진보관과 밀접한 관련이 있다. 다만 이러한 기능을 수행하도록 되어 있는 오늘날 학교교육은 입시 및 시험 위주의 교육을 통해 지식의 도구화를 더욱 체계적이고 전면적으로 일상화하고 있다. 그리하여 학교지식을 많이 소유하면 할수록 아이들은 자기 자신의 생각과 감정으로부터 소외될 뿐만 아니라, 스스로를 끊임없이 타자와 비교함으로써 정치적 예속화를 피하기 어려운 심리적 상태에 놓이게 된다. 학교지식은 미래 세대에게 단순히 사회적 지위를 성취하기 위한 수단이 되는 것을 넘어서서, 이들의 '사회심리적 **생존**'을 위한 도구이자 자원이 되고 있다.

여기서 핵심적인 문제는 학교지식이라는 것이 근대교육이 애당초 제공하도록 되어 있던 계몽적 이성을 통한 인간적 해방의 힘을 잃고 있는 데 그치는 것이 아니라, 근대교육이 벗어나고자 한 그 예속의 길을 오히려 일상적으로 강화하고 있다는 데 있다. 대학 수업에서 만난 교육학을 공부하는 한 학생은 '지식'의 내재적 가치, 즉 지식의 인간 형성적 가치에 대한 필자의 주장이 너무나 비현실적이어서 오히려 초현실적으로까지 들렸다고 말한다. 그에 따르면, 기억도 나지 않는 아주 어린 시절부터 공부하는 일은 언제나 타자와의 상대적 비교라는 맥락을 벗어난 적이 없어서, 이러한 비교 없이, 즉 옆의 아이보다 내가 더 잘하고 더 못한다는 관념 없이 공부를 한다는 것이 무엇을 의미하는지는 상상조차 할 수 없다는 것이다. 다시 말하면, 오늘날 우리는 근대적 학교지식을 매개로 하여 그것의 습득과 활용 여부에 따라 아이들을 촘촘하게 줄 세우는 관행을 지속하며 이들의 심리를 체계적으로 정치화해 온 것이다.

숨을 쉬는 공기처럼 이러한 줄 세우기식 관행을 아이들의 몸과 마음에 깊이 각인시키는 경향이 있는 오늘날 우리 학교 문화에 대항하여, 랑시에르는 '지능의 평등'과 '무지한 스승'이라는 아이디어를 제안한다. 그리고 이것은 어딘가 멀리 알 수 없는 행성에서 온 교육학처럼, 지나치게 낯설고 뜨악하며 심지어 불순하게 들리기까지 한다. 그러나 필자는 아이들을 앞서 묘사된 정신적 · 정치적 예속화로부터 자유로워지게 하고, 자신을 바라보는 새로운 관점과 가능성을 열어 주는 교육, 그리하여 아이들에게 힘과 권한을 주는 교육으로 학교교육을 이끄는 모델로서 랑시에르의 교육론을 소개할 것이다. 지식전달 교육 모델의 대안, 쉽지 않은 대안으로서 랑시에르의 교육론은, 특별히 교육을 구성하는 세 가지 요소로서 교사(무지한 스승), 학생(평등한 지능을 가진 인간), 그리고 교육내용으로서의 지식(학식과 지능의 구분) 간의 관계를 이전 모델과는 완전히 다르게 바라본다. 교사는 자신이 모르는 교육의 내용을 아이들에게 가르칠 수 있고, 학생은 교사와 동등한 지능을 가지고 있으며, 교육의 내용으로서 책 혹은 텍스트는 '학식'과 구분되는 지능의 흔적을 그 안에 품고 있다는 것이다. 다음에서는 이 세 가지 요소 간의 관계가 지닌 고유한 특징을 랑시에르가 말하는 '보편적 가르침'과 '지능의 평등' 개념을 중심으로 살펴볼 것이다. 그리고 이를 통해 랑시에르가 제안하는 새로운 유형의 교육적 관계의 가능 조건을 구체적으로 탐색할 것이다.

2. 해방교육의 전통에서 랑시에르의 위치

랑시에르는 알제리 출생 프랑스 철학자로서 교육철학자라기보다는 마르크스 정치철학자이자 미학자로 더 널리 알려져 있다. 특히 그는 1960년대 맹위를 떨쳤던 마르크스주의자인 그의 스승 루이 알튀세르(Louis Althusser, 1918~1990)와 결별한 것으로도 유명하다. 그러나 이에 대해서는 바로 이어지는 비판교육학 전통에서 그가 차지하는 위치에 대한 논의에서 보다 자세하게 다루어질 것이다. 랑시에르의 『무지한 스승』이라는 저작은 『해방된 관객』이라는 예술에 대한 그의 다른 저서와의 연속선상에서 해석되기도 한다. 그 연결점은 교사-텍스트-학생이라는 교육(학)적 관계 혹은 체제와, 예술가-작품-관객이라는 미학적 관계 혹은 체제 간의 유비에서 발견된다. 한편 이러한 그의 교육학적 · 미학적 기획은 모두 기존 질서에의 일치나 적응이 아닌, 지배적인 감성에 이질적인 '불화(dissent)'의 가능성으로 새롭게 규정되는 **민주주의** 사회, 즉 보다 **평등한 사회**를 향해 가는 그의 정치적 실천과 깊은 관련이 있다. 특히 그의 정치적 비평과 실천은 소비문화에 빠진 대중 민주주의적 개인들, 그리고 교양이나 의식이 없는 예술 관객들에 대한 흔한 엘리트주의적 비평과는 차별화되는데, 여기에는 전통적인 자유교육(liberal education)의 이념에 대한 비판적 재해석에 관심을 갖는 교육학자라면 누구나 눈여겨볼 만한 접근의 사유가 담겨 있다. 다음에서는 교육철학자로서 랑시에르를 해방교육학으로도 불리는 비판교육학(critical pedagogy)의 맥락에 위치 지우며,『무지한 스승』에 담긴 그의 생각을 교육사상사적 맥락에서 이해하고 그 의의를 평가해 보고자 한다.

랑시에르는 비판교육학으로 불리는 20세기 '해방교육론'의 전통을 잇는 당대 대표적인 진보주의 교육사상가 중의 한 사람으로 간주된다. 그는 20세기 프랑스 좌파의 거두인 후기구조주의자 루이 알튀세르의 제자였지만 꽤 이른 시기에 그와 결별했으며, '문화자본론'으로 유명한 프랑스의 좌파 사회학자 피에르 부르디외(Pierre Bourdieu, 1930~2002)의 사상에 대해서도 신랄히 비판한다. 프랑크푸르트 학파의 비판이론으로 대표되는 20세기 좌파 사상, 그리고 프레이리(Freire)나 지루(Giroux), 애플(Apple)로 대표되는 미국 비판교육학을 중심으로 한 진보주의 교육사상은, 근대적 사회체제하의 학교교육이 어떻게 '사회적 불평등'을 재생산하는 구조적 모순하에 있는지를 분석하고 비판해 왔다. 그러나 랑시에르는 이러한 진보적 노선의 비판이론이나 비판교육학과는 차별화된 방식으로 근대 학교교육의 실패를 진단하고 분석한다. 그에 따르면, 진보적 비판교육학에 기반한 해방교육론조차도 여전히 그것이 비판하는 교육, 즉 불평등을 재생산하는 지식교육의 방식을 알게 모르게 반복하면서 사회 불평등 구조의 재생산에 기여하고 있다는 것이다. 보다 구체적으로 말하자면, 이들 진보적 교육학자들이 제안하는 교육조차도(예를 들어, 프레이리의 용어로 '문제제기식 교육'조차도) 여전히 교육을 '인식'의 문제, 즉 객관적 진리의 추구 문제로 봄으로써, 교육적 관계를 지식 소유자와 지식 결핍자 간의 관계로 규정하는 구도 속에 있다는 것이다. 소위 진보적 해방교육론조차 너와 나는 동등한 사람이 아니라고 말하는 불평등 정념의 영향하에 있다는 것이다(Rancière, 1987/2008: 156).

그러면 이때 랑시에르가 비판하는 진보 교육론의 문제는 정확히 무엇인가? 그리고 이것과의 관련 속에서 랑시에르 해방교육론이 차지하는 위치와 의의는 무엇인가? 본 절에서는 이 질문에 대한 답을 두 가지 방식으로 간략히 기술하며 랑시에르 교육론의 이론적 배경을 대신하고자 한다. 한 가지는 알튀세르와 부르디외에 대한 랑시에르의 비판과 관련이 있다. 다른 한 가지는 근대 해방교육론의 계보에서 랑시에르가 차지하는 위치에 대한 것으로서, 유럽의 교육철학자 거트 비에스타(Gert Biesta)의 프레이리 비판을 경유하며 소개될 것이다.

1) 진보적 좌파 교육론의 일반적 문제

학교의 불평등 재생산 기능 및 이에 기여하는 근대적 지식의 사회적 · 정치적 기능에 대한 비판은 주로 보울즈(Bowles)와 긴티스(Gintis)와 같은 갈등론적 사회학자들의 사회 재생산론이나 브르디외의 문화자본론에 의해 소개되어 왔다. 이들은 상세한 경험적 자료와 더불어 학교의 불평등 재생산 메커니즘을 분석한 것으로 유명하다. 서구의 근대적 공교육은 그것이 본래 성취하도록 되어 있는 평등의 이념을 실현하는 데 실패했고, 오히려 사회의 불평등 구조를 지속시키고 강화하는 기제가 되어 왔다는 것이다. 랑시에르는 근대 공교육이 실패했다는 사실에 대해서는 이들의 주장에 동의하지만, 그 실패를 진단하는 방식에서는 이들과 다른 길을 간다. 전자의 학자들은 근대 공교육의 **정치적** 실패의 원천을 주로 교육의 **외적** 요소들에서 찾는다. 부모의 사회경제적 지위나 이에서 파생되는 문화적 습속이 미래 세대의 교육 결과에 영향을 미친다는 사실 및 그것의 방식에 관심을 가진다. 그러나 랑시에르는 그 실패의 원천을 근대 학교에서 교사가 일상적으로 수행하는 교육활동 및 그 활동에 전제된 지식에 대한 이해에서 찾는다. 보다 정확하게 말하자면, 근대교육의 실패는 학교에서의 교육실천 및 그 실천에 깔려 있는 지식에 대한 이해의 **정치적 효과 자체**에 그 원천이 있다는 것이다. 이것은 무슨 뜻인가?

근대 공교육 체제하에서 진보 교육자로서 우리가 수행하고 있는 교육실천과 교육연구(교육학)는 최소한 그 이상(理想)에서는, 재능 있는 아이와 동기화되지 않은 아이 간의 거리를 줄이는 것을 목적으로 한다. 그런데 이 거리 줄이기에서 우리는 왜 계속 실패하고 있는가? 랑시에르는 이 실패의 원인을 외부가 아니라 교육자로서 우리 자신에게로 돌린다. 교육자이자 교육학자로서 우리가 하고 있는 일 그 자체, 즉 가르치고 설명하는 일 자체 혹은 지식을 생산하고 그것과 관계 맺는 일을 핵심으로 하는 교육연구와 교육실천의 작동 방식 자체에 그 원인을 돌린다. 우리가 애당초 지식을 **어떻게 해석하고** 그것과 **어떤 방식으로 관계를 맺고 있는지**에 대해 훨씬 근원적인 질문을 던지고 있는 것이다. 여기서 중요한 것은 지배적 형태의 지식이 무엇이든 그 지식 자체의 성격(이론적인가 실천적인가)이 관건이 아니라, 그 지식에 대한 우리의 해석이나 태도가 우리 사회에 미치는 **정치적 효과**, 그리고 그러한 효과를 방관하거나 의식하지 못하는 방식으로 지식과 관계 맺고 있는 교육자나 교육학자의 **불성실하고 부정직한 태도**를 문제 삼고 있다는 점이다. 우리는 '과학적인' 교육연구를 통하여, 그리고 '설명식의' 교육실천을 통하여, 더 아는 자와 더 모르는 자를 끊임없이 분리하고 분류하며, 그 범주를 지속시키는 보다 큰 메커니즘 속에서 그 일이 초래하는 진짜 효과는 모른 채, 바로 그 일을 열심히 하고 있다는 것이다.

랑시에르가 알튀세르나 부르디외를 비판할 때 이 점은 매우 잘 부각된다. 먼저 부르디외의 문화자본론에 대한 랑시에르의 비판부터 살펴보자. 부르디외의 문화자본론에 따르면, 근대 사회의 객관적인 계급 구조는 행위자들의 취향과 밀접한 관련이 있다. 그리고 그러한 계급 구조가 재생산되도록 그 구조와 행위를 매개하는 것은 행위자들이 후천적으로 획득하는 '아비투스(habitus)'라는 것이다. 아비투스란 "같은 집단이나 계급 구성원 모두에게 공통적인 인지, 개념, 행위의 도식 혹은 내면화된 구조의 주관적이지만 개인적이지 않은 체계"(Bourdieu, 1977: 86)다. 이것은 한편으로 경제적 계급 구분과, 다른 한편으로 계급 구성원들의 문화적 상징 및 생활양식을 매개하는 구조 사이의 밀접한 관련을 보여 준다. 그러나 랑시에르는 부르디외가 이러한 이론과 주장을 펴면서, 아비투스와 같은 문화자본에 의한 사회 지배 질서를 거부하는 것인지, 아니면 오히려 그러한 재생산 모형의 진리를 전제함으로써 계급적 사회 질서의 재생산은 불가피하다고 주장하는 것인지 모르겠다고 말한다. 즉, 부르디외의 주장은 이 둘 사이에서 묘하게 오가는 긴장의 에토스 속에 있다는 것이다. 그 결과 부르디외의 문화재생산 이론은 그 자체로 해방적인 정치적 행위 동인으로서 기능하지 못하고 오히려 그 이론의 '효과'로 인하여 불평등 재생산 기능을 지속한다는 것이다(곽덕주, 2022: 224; Pelletier, 2009: 138). 랑시에르는 이 주장에서 한 발짝 더 나아가, 부르디외 담론 전체의 진리는 자신이 지적하는 바로 이 사실에 있다고까지 말한다. 즉, 부르디외는 사회 내 빈자들을 위한 입장에서, 그리고 이들이 재생산되는 메커니즘을 설명하는 사회이론을 말하는 사회학자로서, 스스로를 이들과 다른 입장에 놓는 담론을 제안하고 있다는 것이다. 그런데 이것은 정확하게 무슨 뜻인가?

랑시에르에 따르면, 부르디외의 저술에서 사회적 빈자들은 지적 주체로 다루어지기보다는 연구의 대상으로 다루어진다. 왜냐하면 거기서 부르디외는 과학과 이데올로기를 대비시키며, 자신을 자본주의 사회에서 이데올로기가 작동하는 방식을 설명하는 '이론가'로 전제하고 과학에 헌신하는 사람으로 정식화하기 때문이다. 이것이 바로 랑시에르가 자신의 스승인 알튀세르를 떠난 이유이기도 하다(Pelletier, 2009: 138). 알튀세르와 부르디외는 19세기 프랑스 진보적 개혁주의자들의 신념, 즉 '지식의 공정한 재분배'를 통한 평등한 근대적 사회 질서의 건설이라는 신념이 왜 현실에서 작동하지 않는지를 방대한 경험적 자료와 이론을 동원하여 설명하고자 하였다. 그러나 이들이 그러한 '이론적' 설명을 시도하는 것 자체가 이미 기존의 불평등 질서를 더욱 강화시킬 수밖에 없는 전제, 즉 자신들의 이론이 옳을 뿐만 아니라 자신들은 이것에 대한 지식을 가지고 있지만 빈자들은 그렇지 않다는 전제하에 이루어지며, 그 결과 이들은 그러한 질서를 더욱 강화시킬 수밖에 없는 **수행적 효과**(performative effects)를 낳는 모순 속에 있다는 것이다.

이러한 비판의 핵심 논점은 무엇일까? 랑시에르에 따르면, 평등한 사회를 지향하며 억압으로부터의 해방을 추구하는 20세기 해방교육학 혹은 (알튀세르와 부르디외의 이론에 기대는) 비판교육학은 그러한 이상을 위한 학자들의 노력이 현재형이 아니라 미래형인 데 문제가 있다. 이들 담론이 현재 사회에 만연한 불평등한 상태를 받아들이고 그것을 줄이는 데에 관심을 가지는 것은 사실이다. 그러나 그들은 그러한 불평등한 상태의 극복이 '과학'과 '이데올로기'를 구분함으로써 가능하다고 가정한다. 즉, 빈자들로 하여금 자신이 억압받고 있다는 사실을 잊게 만드는 '이데올로기'를 과학적으로 다룸으로써, 그리하여 부르디외의 문화자본론에서 설명하는 것처럼, 그 이데올로기에 사로잡혀 있는 자신들의 존재방식에 대한 설명을 듣고 그것을 인식함으로써, 그 인식적 지식의 소유가 가능하게 할 비판성, 자기성찰성, 의식화가 그들에게 비로소 해방을 **가져다줄 것**이라고 본다(Pelletier, 2009: 138). 랑시에르에게 이것이 문제인 이유는 '과학'과 '이데올로기'를 구분할 때 그 접근은 이미 지식을 소유한 자(과학적·이론적 설명자)와 그렇지 않은 자(그것을 아직 알지 못하는 자)를 구분하고 있으며, 이 사실은 불평등을 지속시키는 숨은 정치적 효과를 (현재 이미) 수행하고 있기 때문이다.

랑시에르가 비판하는 이 세계관 안에서는 다음과 같은 것이 가정되고 있다. 과학은 진리를 설명하는 것이고, 그러므로 이 진리를 설명하는 자와 그 설명을 듣고 이해하는 자는 구분된다. 진리를 아는 과학자들의 설명을 통해 의식화된 빈자들이 행동함으로써 비로소 사회를 더 이성적이고 더 평등하게 만들 수 있다. 랑시에르의 지적에 따라 이러한 생각이 가진 수행적 모순을 발견하는 것은 우리로 하여금 다음 두 가지를 깨닫게 한다. 첫째, 우리가 어떤 발언을 할 때 그 발언의 내용이 의미하는 바는 발언자의 위치나 지위에 따라 달라질 수 있다는 사실이다. 둘째, 그러므로 이러한 자신의 (정치적) 지위성(positionality)을 잘 의식하지 못한 채 발언을 할 경우, 우리는 인식자로서 타자의 능력을 무시하는 수행적 오류를 저지를 수 있다. 이것은 여성 철학자 프리커(Miranda Fricker, 2007)가 만들어 낸 개념인 "인식론적 부정의(epistemic injustice)"의 한 예라고 말할 수 있을지 모른다.[1] 여기서 랑시에르는 의사소통적 발언에서 그것을 발언하는 우리 자신의 지위성(postionality)이 갖는 정치적 속성, 즉 그것이 타자인 청자에게 미치는 정치적 효과에 대해 무엇인가를 말하고 있다.

2) 프레이리 해방교육론의 문제

비에스타(Biesta, 2017)는 비판교육학의 '고전'의 자리에 놓여 있는 프레이리의 해방교육론에서 이와 유사한 오류를 발견한다. 그리고 해방교육 담론의 맥락에 랑시에르적 사유의 의미와 의의를 위한 자리를 마련한다. 랑시에르 교육론은 프레이리 교육론이 극복하고자 시도했지만, 결과적으로 그것을 대변하는 데에만 머무는 **근대적 논리**의 해방이 지닌 모순을 잘 드러내어 준다는 점에서 해방교육 담론의 계보를 잇는다. 비에스타에 따르면, 본래 칸트의 계몽적 이성 개념에 그 뿌리가 있는 "근대적 논리의 해방이 지닌 모순은 프레이리가 '은행저금식 교육'이라고 불렀던 것과 강하게 공명한다"(2017: 63). 은행저금식 교육은 학생을 "교사에 의해 **채워져야 할 그릇**으로" 만드는 양태의 교육이다. 교육은 지식을 소유한 교사가 학생에게 그것을 "예금하는 행위를 하는 것이고, 여기서 학생은 예금보관소이며, 교사는 예금하는 자"(Freire, 1993: 93)다. 비에스타는 이러한 은행저금식 교육이 근대적 논리의 해방과 해방교육에 핵심적이라면, 이것을 비판하고 또 극복하는 것으로 제시되는 프레이리의 문제제기식 교육은 이것과 어떻게 근본적으로 다른지 묻는다. 그리고 결과적으로 프레

---

1) 여기서 '인식론적 부정의'란 의사소통 과정에서 지식을 수용하는 청자가 지식을 전달하는 화자의 정체성이나 그것에 대한 편견에 기반하여 그 발언의 신뢰성을 훼손하는 경우를 말한다.

이리의 문제제기식 교육 또한 은행저금식 교육과 결정적으로 다르지 않음을 보인다(Biesta, 2017: 63-67). 이제 이 점을 검토해 보자.

『피억압자들의 교육학(Pedagogy of the Oppressed)』(1993)에서 프레이리는 교육에서 극복해야 할 억압이란 우리가 보통 생각하는 것처럼 한 사람이나 집단(예: 교사)이 다른 사람이나 집단(예: 학생)에게 후자가 원치 않는 방식으로 힘을 발휘하는 종류의 문제가 아니라고 말한다. 오히려 여기서 억압이란 '소외'의 개념과 밀접한 관련이 있다. 프레이리에게 억압이란 우리로 하여금 '인간이 되는 것'을 막는 상황, 즉 '소외'의 상황을 초래하는 힘을 가리킨다(Freire, 1993: 39). 소외가 한 사람이나 집단이 다른 사람이나 집단에게 부당하게 권력을 발휘함으로써 초래되는 '결과'라면, 억압은 **우리로 하여금 이렇게 인간이 되는 것을 막는** 상황의 속성으로 규정되는 것이다. 그리하여 프레이리에게 해방교육의 목적은 **인간화**, 즉 더 완전하게 인간이 되는 과정의 보장이다. 프레이리에 따르면, 은행저금식 교육은 "단어의 구체성이 사라지고 속이 비고 스스로 소외되고 타자를 소외시키는 장황함으로 변하여" 진정한 이해가 아니라 암기로 향하는 표면적 형태의 학습을 이끌기(Freire, 1993: 52) 때문에 억압적이다. 그리하여 은행저금식 교육의 진정한 문제는 보통 얘기되는 것처럼, 학생을 단순히 지식 수용자이자 예치자인 **수동적** 피해자로 만들기 때문만이 아니다. 더 큰 문제는 구체성이 떨어지고 표면적인 형태의 지식을 교사에 의해 강요당함으로써 인간화의 길이 막히는데, 여기서 지식을 예치시키는 "교사는 학습 과정의 대주체(subject)이지만 학생은 단지 대상으로 남는다"는 점이다(Freire, 1993: 54).

그리하여 프레이리에게 해방교육은 이러한 억압 뒤에 놓여 있는 '교사−학생 간의 모순', 교사가 주인이고 학생이 노예가 되는 이들 간의 관계적 모순을 드러내고 이것을 극복하는 것을 그 핵심적 과제로 삼는다. 결론적으로 프레이리는 이 모순의 두 극단을 화해시켜 "교사와 학생이 **동시에** 교사이면서 학생이 될 때만"(Freire, 1993: 53) 해방이 가능하다고 말한다. 즉, 지식의 소유 여부에 의해 결정되는 교사와 학생 간의 **위계적** 관계를 극복할 때 해방이 가능하다는 것이다.

그리하여 교사와 학생 간의 위계적 관계를 가정하는 근대적 논리의 해방 개념에 대하여 프레이리는 '교사의 종말'을 예고하는 식으로 대응한다. 은행저금식 교육을 특징짓는 교사와 학생 간의 모순을 극복하기 위하여 교사와 학생은 상호 억압적이고 비인간적으로 만드는 위계적 관계를 유지시키는 바로 그 정체성을 포기할 필요가 있다는 것이다. 그 정체성 대신에 이제 이들은 프레이리가 '대화'라고 부르는 관계에 참여할 필요가 있다. 대화를 통해 '학생의 교사', 그리고 '교사의 학생'은 사라지고, '학생–교사'와 더불어 '교사–학생'이 될 필요가 있는 것이다. 그리하여 교사는 더 이상 단지 가르치는 자가 아니고 스스로 학생들과의 대화 속에서 배우는 자다. 그리고 학생 또한 배우면서 가르치는 자다. 그들은 함께 성장하는 과정을 위해 나서며 서로의 성장과 배움에 함께 책임을 진다(Freire, 1993: 61).

프레이리는 은행저금식 교육에 내재한 억압적인 교사–학생 관계를 지식의 협력적 생산에 참여하는 공동 학습의 과정으로 전환시킴으로써 그 모순을 해소시키고자 한 것이다. 은행저금식 교육은 변형되어 이러한 공동의 **프락시스**(praxis), 즉 이전의 억압자나 이전의 피억압자 모두를 진정한 인간적 존재로 만드는 교육으로 나아간다. 교사는 지식을 가진 사람이고, 학생은 단지 이러한 교사가 말하는 내용을 암기하는 그런 상황이 더 이상 아니다. 둘 다 "동료의식과 연대의식" 속의 탐구라는 집단적 행위에 참여하고, 이것은 이들 모두의 "인간화를 향해" 있다(Freire, 1993: 66). 교사는 더 이상 지식을 대상 속에 예치하는 주체가 아니라 다른 주체들과 **함께**하는 주체인 것이다. 이 하나의 동일한 움직임으로 학생들은 "유순한 청자"이기를 멈추고 "교사와 대화하는 비판적 공동탐구자"가 된다(Freire, 1993: 62). 그리하여 요즈음 유행하는 학습관이 완성된다. "어느 누구도 서로를 가르치지 않고 어느 누구도 혼자 배우지 않는다"(Freire, 1993: 61). 교사 또한 배우는 학습자라는 점에서 더 이상 학생과 차별화된 지위를 갖지 않는다. 오직 같이 배우는 협력자일 뿐인 것이다.

그러나 비에스타에 따르면, 프레이리의 동료–학습자로서의 교사관은 그의 해방교육에서 오직 교사와 학생 간의 모순 관계가 **해소된 이후**의 상황을 묘사할 뿐이다(Biesta, 2017: 65). 즉, 그것은 소외 극복 이후의 상황을 묘사한다는 것이다. 그러나 해방교육에 관심이 있는 이들에게 정작 중요한 문제는 교사와 학생 간의 관계적 모순이 해소된 이후의 상황이 어떠한가가 아니라, **우리가 그 상황에 어떻게 도달할 수 있는가**, 혹은 그 상황으로 가는 데에 교사가 도대체 어떤 역할을 하는가다. 여기서 프레이리는 '혁명적 지도자'로서의 교사 개념을 제시한다. 혁명적 지도자로서의 교사는 피억압자와 동등하게 대화하는 자이기보다는 "억압적 현실에의 오랜 굴종에 의해 스스로를 억압된 자로 지각하지 못하는 경향이 있는"(Freire, 1993: 27) 피억업자를 도울 필요가 있는 자다. 왜냐하면 "피억압자의 의식은 스스로를 역사의 주체로 바라보기 어렵기 때문에 그들은 어떤 방식으로든 보다 완전한 인간이 되는 존재론적이고 역사적인 사명에 참여하도록 '자극될' 필요가 있기"(Freire, 1993: 48) 때문이다. 피억압자들로 하여금 "자신들의 구체적 상황에 대한 성찰에 참여하도록 자극할 필요"(p. 48)가 있고, 이때 이 자극을 주는 이가 바로 "혁명적 지도자"(Freire, 1993: 49)라는 것이다.

비에스타에 따르면, '혁명적 지도자'라는 생각 안에는 프레이리의 사상 속에 작동하고 있는 교사의 또 다른 모습, 즉 동료-탐구자와는 다른 교사의 모습이 제시된다(Biesta, 2017: 67). 그것은 피억압자로 하여금 자신의 환상으로부터 자유로워지도록 하기 위해 강력하게 개입하는 교사는 아니더라도, 이들의 프락시스를 **자극하는** 교사의 모습이다. 이때 자극하는 혁명적 교사는 정확히 무엇을 향하여 이들을 자극하는가? 그것은 바로 현실을 '객관적으로' 드러내는 것을 향한 과업이다. 피억압자들로 하여금 그들이 오랜 억압적 현실 속에서 내면화한 신화화된 현실, 이데올로기화된 현실로부터 탈신화화되도록 하는 과업이다. 그들의 의식이 놓여 있는 '객관적' 상황을 스스로 보도록 자극하여 '현실에 대한 지식을 새롭게 만들어 내는' 변혁적 행위-성찰, 즉 프락시스에 참여하도록 하는 것이다(Freire, 1993: 51). 그러나 이러한 묘사 속에는, 피억압자들이 객관적으로 놓여 있는 신화화된 현실에 대한 지식을 가지고 있는 자로서의 혁명적 지도자와, 그 지식을 결여한 피억압자라는 이분법적 가정이 놓여 있다.

그리하여 비록 프레이리가 일방향의 은행저금식 교육으로 되돌아가지 않는 해방적 형태의 교수 방법의 사례를 제공하는 것 같지만, 그의 혁명적 교사관에는 이 교수 모델에 역행하는 하나의 중요한 사실이 가정되어 있다. 현실에 대한 객관적 인식이라는 수준에서 교사는 학생이 아직 모르는 것을 알고 있다는 사실, 그리하여 교사와 학생 간의 인식의 불평등이 알게 모르게 가정되어 있는 것이다. 이뿐만 아니라 프레이리의 작업에는 또 다른 수준에서 또 하나의 교사의 모습이 제시되고 있다고 비에스타는 예리하게 지적한다(Biesta, 2017: 67). 이 세 번째 교사는 해방교육론을 **주장할** 때 프레이리 자신이 구체적으로 체현하는 바로 그 교사다. 그것은 『피억압자의 교육학』이라는 저서에서 프레이리 자신이 교사로서 어떻게 작동하는지를 보여 주는 관점의 교사 모습이다. 비에스타에 따르면, 그것은 다른 교사들에게 무엇을 해야만 하고 무엇을 하지 말아야 하는지를 말할 때, 혹은 인간의 진정한 본성에 대한 강한 주장을 표현할 때, 그러한 행위를 통해 표현되는 교사의 모습이기도 한다(Biesta, 2017: 67).

앞서 우리는 프레이리가 인간으로서 우리 자신이 '보다 완전한 인간'이 되는 것을 방해받는 소외의 상황을 억압으로 규정한다고 언급했다. 그리하여 그에게 이러한 소외를 극복한다는 것은 보다 완전하게 인간적으로 존재하게 되는 것, 혹은 자기 자신의 역사에 책임 있는 주체가 되는 것을 말한다. 비에스타에 따르면, 인간이 된다는 것이 무엇을 의미하는지에 대한 프레이리의 이러한 묘사가 근거가 없는 것은 아니지만, 그럼에도 불구하고 그것은 인간이 된다는 것이 무엇을 의미하는지에 대한 한 가지 특수한 비전일 뿐이다(Biesta, 2017: 67). 이 비전이 아무리 훌륭하다고 하더라도, 인간이라면 누구나가 수용해야만 하는 그런 비전은 아니기 때문이다. 그러나 프레이리는 우리를 위해 무엇이 옳고 더 바람한지에 대해 자신이 마치 그 답을 알고 있는 양 가르치고 있다는 것이다.

비에스타가 지적하듯이 비록 근대적 억압의 논리에 대한 프레이리의 비판은 독창적이고 중요하지만, 프레이리가 자신의 저서를 통해 교사로서 등장하는 방식은 그가 스스로 생각하는 것보다 훨씬 더 은행저금식 교육에 가까운 것이라는 점은 확실해 보인다. 다음에서 소개될 랑시에르의 '무지한 스승'의 개념은 이와 차별화될 뿐만 아니라, 그것에 급진적으로 비판적인 해방적 교사관을 제시한다. 이제 랑시에르가 근대적 논리의 해방 개념을 넘어서는 새로운 논리의 해방 개념을 어떻게 제시하는지 검토해 보도록 하자.

3. 랑시에르 교육론의 재구성

랑시에르를 **새로운** 해방교육의 논리를 제공하는 사상가로 볼 경우, 그가 답해야 할 질문은 다음 세 가지로 보인다. 먼저 해방교육의 관점에서 보았을 때 프레이리의 은행저금식 교육 혹은 근대적인 지식전달 교육의 문제는, 지식을 단순히 도구화했다거나 학생을 그저 그 지식의 수동적 수용자로 보았다는 데 있지 않다. 오히려 그것은 학생을 모종의 외부적 목적을 위해 형성되어야 할 '대상'으로 보았다는 데 있다. 즉, 학생을 교육의 '주체'가 아니라 '대상'으로 보았다는 것이다. 그렇다면 학생을 교육의 '대상'이 아닌 '주체'로 대한다는 것은 무엇을 의미하는가? 둘째, 이러한 해방교육에서 교육의 주요 내용으로서 지식이라는 것은 어떻게 이해되어야 하고, 또 어떤 역할을 하는 것으로 간주되어야 하는가? 마지막으로 이러한 해방교육의 논리 속에서 교사의 역할은 어떻게 이해되어야 하는가? 다음에서는 이 세 가지 질문을 중심으로 랑시에르의 교육론을 재구성해 보고자 한다.

1) '교육 주체'로서의 학생: 보편적 열등성의 극복을 향하여

랑시에르의 '무지한 스승'의 개념은 18세기 루뱅 대학교의 프랑스어 강사 조제프 자코토(Joseph Jacotot)의 기이한 실험적 교수법에 대한 랑시에르의 교육적 해석에서 시작된다. 정치적 이유로 프랑스에서 네덜란드로 망명했지만 네덜란드어를 전혀 알지 못했던 자코토는 프랑스어를 전혀 모르는 네덜란드어 학생들에게 불어와 불문학을 가르쳐야 했다. 그리하여 그는 『텔레마코스의 모험』이라는 프랑스어-네덜란드어 대역판을 학생들에게 던져 주며 그것을 통해 프랑스어를 익히라고 주문했다. 그리고 이것은 성공적으로 작동했다. 왜냐하면 얼마 후 학생들은 자신들이 익힌 프랑스어를 써 보라는 주문에 기대 이상의 결과를 보였기 때문이다. 랑시에르는 이러한 교수법적 실험에 대한 역사적 사실을 근거로 활용하며 '무지한 스승'의 개념, 즉 자신이 '알지 못하는 것'을 학생들에게 가르칠 수 있는 스승, 보다 정확히 말하면, '**설명하지 않고** 가르칠 수 있는 스승'의 개념을 제안한다.

'**설명하지 않고** 가르칠 수 있는 스승'이라는 개념이 랑시에르에게 특별히 중요했던 이유는 무엇일까? 근대적 논리의 교육에서 '설명하기'는 곧 교육하기를 의미한다. 오늘날 우리가 당연히 받아들이는 학교교육에서 교사의 주요 역할은 설명을 통해 학생들에게 지식을 전달하고 이해시키는 것이며, 학생의 본분은 그렇게 전달받은 지식의 내용을 이해하고 익히는 것이다. 이러한 설명식 교육이 없는 수업이나 교육실천을 우리는 상상할 수 있는가? 즉, 교육에서 학생은 교사의 설명식 **가르침**을 통해 그 교육내용을 **학습**하도록 되어 있다. 이 상식적인 (근대적 의미의) 가르침의 개념에 전제된 스승의 원리적 역할을 좀 더 자세히 묘사하자면 다음과 같다. 스승은 ① 학생들에게 자기가 가진 지식을 전달함으로써 자신의 학식 수준만큼 차츰 학생들의 지적 수준을 끌어올리도록 되어 있다. 이를 위해 ② 전달된 내용을 학습하는 과정에서 학생들이 가능한 한 '우연의 길'을 피할 수 있도록 하는 것, 그리하여 ③ 그들이 중요한 것과 부수적인 것, 원리와 결론을 구별할 수 있게 됨으로써 지식의 근원적 요소에 자신의 정신을 '일치시킬' 수 있게 하는 것이다. 요약하자면 스승은 학생에게 지식을 전달하는 동시에 이들의 정신을 형성하는 것이다(Rancière, 1987/2008: 13). 그러나 이것은 자코토가 정확히 '개선된 바보 만들기'라고 부른 것으로서, 랑시에르가 비판하는 것이다. 학생을 '바보'로 만들기 때문이다. 이것은 왜 그리고 어떻게 그러한가?

사실 단편적 지식에 대한 암기 위주의 교육, 그리고 시험 위주의 문제풀이식 교육에 익숙하고 압도당하는 우리의 학교교육 맥락에서 랑시에르가 '바보 만들기' 교육이라고 말하는 설명식 교육이 왜 문제가 되는지 이해하는 것은 그리 어렵지 않다. 이것은 지식을 도구화하고, 아이들의 감정과 정서를 소외시키며, 진정한 성장을 위한 이들의 시간을 낭비하는 것같이 보인다. 오히려 이해하기 어려운 것은 랑시에르가 이러한 시험 위주, 입시 위주의 설명식 교육뿐만이 아니라 학습자를 능동적으로 바라보고 지식을 스스로 구성하는 것으로 이해되는 소크라테스의 산파술조차도 바보 만들기의 설명자 중심 교육의 변양일 뿐이라고 주장한다는 점이다(Rancière, 1987/2008: 64-67). 그래서 여기서 다시 질문해야 할 것은 오늘날 우리가 당연히 여기는 근대교육의 패러다임으로서 설명식 교육을 랑시에르가 문제 삼을 때, 그가 겨냥하는 것이 정확히 무엇인가 하는 것이다.

랑시에르에게 설명식 교육의 문제는 이것이 학생을 단순히 수동적 학습자로 만든다는 데에 있지 않다. 사실 능동적으로 학습하는 학생에게도 설명식 교육이 선호될 때가 있으며, 높은 수준의 설명식 교수법은 학생을 능동적 학습자로 만들 수도 있다. 그에게 설명식 교육의 진짜 문제는 그것이 기본적으로 '이해하는 자'와 '이해 못하는 자'를 구별하고 우월한 지능과 열등한 지능을 구별함으로써, **교육적 허구의 세계**를 낳는 데 있다(Rancière, 1987/2008: 20). 여기서 열등한 지능은 어린아이와 보통 사람들의 지능으로서 "지각을 무작위로 등록하고, 기억해 두고, 해석하고, 습관과 욕구의 좁은 고리 안에서 경험을 통해 되풀이하는"(Rancière, 1987/2008: 20) 지능이다. 반면 우월한 지능은 학식을 갖춘 스승이 갖는 지능으로서 "사물들을 이성으로 인식하고 방법에 따라, 간단한 것에서 복잡한 것으로, 부분에서 전체로 나아간다"(Rancière, 1987/2008: 20). 스승은 이러한 우월한 지능을 가졌기 때문에 자신이 가지고 있는 지식을 학생의 지적 능력에 맞추어 전달할 수 있고, 또 학생이 막 배운 지식을 잘 이해했는지 검증할 수도 있다. 그러나 랑시에르에 따르면 이것이 바로 '바보 만들기'의 핵심 원리가 되는 것이다. 왜냐하면 설명의 원리가 만드는 구별, 즉 이해하는 자와 이해하지 못하는 자 간의 구별은, 결과적으로 이해하는 자이든 이해 못하는 자이든, 이들 모두에게 열등감과 무능력을 동시에 낳기 때문이다. 어째서 그러한가? 이를 좀 더 구체적으로 살펴보자.

랑시에르에 따르면, 설명을 듣고 이해하는 데에 익숙해진 꼬마는 이제 누군가 그에게 설명해 주지 않는다면 자신은 아무것도 이해할 수 없다는 사실을 이해하게 된다(Rancière, 1987/2008: 22). 그는 스승 없이 스스로는 이해할 수 없다는 생각을 내면화하여 자신의 지능을 죽이는 길에 접어든다. 이런 의미에서 아이들이 내면화하는 열등감과 무능력은 설명자의 세계관이 지어내는 순전한 '허구'라는 것이다. 그리하여 아이들은 설명하는 자의 질서 속에서 더 이상 회초리에 복종하는 것이 아니라, 지능의 세계에 세워진 위계에 복종하게 된다. 즉, 설명식 교육을 통해 학생들은 첫째, 자신보다 우월한 교사가 없으면 자신은 스스로 배울 수 없다는 생각을 내면화한다. 둘째, 이해하는 자와 이해하지 못하는 자로 구성된 허구적 세계가 만들어 내는 위계적 질서에 자신을 복종시킨다. 셋째, 이것이 결과적으로 만들어 내는 다른 상대와의 비교에 기반하여 우월감 혹은 열등감이라는 정치적 감정과 심리를 내면화하게 된다.

랑시에르는 스스로의 무지함을 인정하고 질문을 통하여 학생들이 스스로 자신의 앎을 낳도록 한 소크라테스조차도 이러한 설명자의 질서에 속하는 스승으로 비판한다. 예를 들어, 대화편『메논』에 등장하는 노예 소년이 소크라테스의 질문법을 따라갔을 때 결국 자신 안에 있는 수학적 진리를 깨우치지만, 실제 그 소년이 한 것이라고는 소크라테스가 던진 질문에 동의한다고 답한 것뿐이었다. 물론 여기서 노예 소년이 피타고라스 정리를 알게 되었다는 데에는 이견이 없다. 그러나 랑시에르의 해석을 따르면, 소크라테스와의 대화를 통해 노예 소년이 배우고 이해하게 된 것은 단순히 수학적 지식만이 아니다. 그 지식을 이해한 대가로 그 소년은 자신의 인생에 더 큰 영향을 미치는 사실을 배우게 되는데, 그것은 바로 새로운 지식을 배우기 위해서는 그것을 자신 안에서 이끌어 내는 질문을 해 줄 교사가 필요하다는 사실이다. 그 소년은 질문하는 스승 없이 스스로는 아무것도 새롭게 이해할 수 없다는 무능의 태도를 무의식중에 내면화한다는 것이다. 그리하여 랑시에르는 소크라테스가 노예 소년의 앎을 증명하는 과정은 그 소년의 무능을 증명하는 과정에 지나지 않으며, 스승의 교훈을 예증하기 위한 때가 아니고서는 아무도 그 소년에게 말을 걸지 않을 것이며, 그렇기 때문에 그 노예 소년은 결코 혼자 자신의 길을 걸을 수 없을 것이라고 말한다. 즉, 소크라테스의 산파술에는 '앎의 길'은 있을지 모르지만 '해방의 길'은 없다는 것이다(Rancière, 1987/2008: 65).

이것은 설명식 지식교육에서 학생이 부가적으로 습득하게 되는 어떤 태도를 겨냥한 비판으로서, 일반적인 경우라면 과장된 진단으로 보이기도 한다. 그러나 경쟁이 격심한 오늘날 우리나라 학교 교실이나 학원 교실에서 실제로 일어나는 일로 묘사하는 데에는 적실성이 있어 보인다. 랑시에르에 따르면, 교육내용의 이해에 성공하든 실패하든, 혹은 성공하면 할수록, 학생은 더욱더 자신의 무능을 느낄 수밖에 없다. 그리고 이것이 바로 설명자의 질서 속에서 우월감을 느끼는 성공자들이 느끼는 '보편적 열등성'이다(Rancière, 1987/2008: 85, 166-171). 지능의 불평등이 만연한 사회에서는 아무리 우월하다고 스스로 생각하는 사람도 자신보다 더 우월한 사람을 발견하지 않을 수 없고, 아무리 열등하다고 스스로 생각하는 사람도 자신보다 더 열등한 사람을 발견하지 않을 수 없다. 그리하여 도시에 사는 사람들은 시골에 사는 사람들을 무시하고, 장인들은 농부들을 무시하며, 우월감과 열등감을 연속적으로 주고받는 체제 속에 갇히게 된다. 다시 말하면, 능력주의 원리가 지배하는 불평등한 근대적 사회 질서 속에서 우리는 어느 곳을 가든 어떤 한 집단에서 우월하다고 느끼는 한편, 다른 집단에서는 열등하다고 느끼며 보편적 우월성과 보편적 열등성이 상존하는 심리적 세계 속에 살아가게 되는 것이다. 늘 상대적 비교와 판단 속에서 서로에 대한 사회적 높낮이를 아무리 미세한 차이라도 측정해 내려고 하며, 한편에서는 부러움과 시기, 다른 편에서는 무시와 경멸의 사회적 시선 속에 놓이게 되는 것이다.

이것이 바로 학교교육을 통해 학생을 교육의 주체가 아니라 교육의 노예로 만드는 과정에 대한 정확한 묘사라고 말할 수 있을지 모른다. 그렇다면 랑시에르의 해방교육에서 설명적 질서를 벗어난 교육의 주체로서의 학생은 어떻게 묘사될 수 있을까? 그는 이러한 정치 감정, 즉 보편적 열등성으로부터 자유로운 자로 정식화될 수 있을지 모른다. 그리고 랑시에르는 이러한 주체형성에 적절한 교육을 위해 '지능의 평등' 개념을 제안한다. 학생을 교육의 주체로 해방시키는 교육은 우리 모두의 '지능의 평등'을 가정하고 이것에서 출발하는 교육을 통해서만 가능하다는 것이다. 이것은 무슨 뜻인가? 지능의 평등 개념은 어떻게 이해되어야 하며, 주체로서 학생을 이 개념으로 이해한다는 것은 또한 무슨 뜻인가? 그리고 무엇보다도 지능의 평등 개념과 주체로서의 학생 개념 간의 내적 관련성은 무엇인가?

랑시에르가 말하는 '지능의 **평등**(equality of intelligence)'은 다음 두 가지를 의미하는 것으로 보인다. 첫째, 지능은 오직 한 가지로서 누구나 '동일한(the same)' 지능을 가지고 있다. 이때 이 '동일한' 지능이란 모든 지능의 **행위**들이 동일하다는 것이 아니라, 모든 지적 훈련에서 작동하는 지능은 한 가지로서, 지능에는 오직 이 한 가지 종류만 있다는 의미다(Rancière, 1987/2008: 60). 즉, 어른의 지능이든 아이의 지능이든, 학자의 지능이든 무식자의 지능이든, 지능은 한 가지 종류의 동일한 지능이다. 그리고 이때 문제가 되는 종류의 지능이란 우리가 모국어를 배울 때 사용하는 지능으로서, 자신이 모르는 것과 자신이 아는 것을 연결시키는 지능, 관찰하고 비교하고 말하고 입증하는 능력으로 구성된 지능이다. 이 지능은 어떤 의미에서 인간에게는 자연적인 지능인데, 우리가 모국어를 배울 때 자연스럽게 동원되는 것이다.[2] 그리하여 모국어를 사용할 줄 아는 사람이라면 누구나 이 지능을 갖고 있다고 말할 수 있다. 둘째, 랑시에르에 따르면, 이러한 자연적 지능을 가지고 있는 한, 누구나 말을 하고 자신을 표현할 수 있는 **능력과 자격에서 동등**하다. 여기서 우리는 랑시에르가 말하는 지능의 평등이 '정치적(political)' 평등을 함의하고 있음을 눈치 챌 수 있다. 모국어를 말할 수 있는 능력을 가지는 한, 어린아이든 무식자든 정치적으로는 교사나 유식자와 동등하다고 말할 수 있는 것이다. 그리하여 비에스타가 말하는 것처럼, 랑시에르의 교육론에서 '어린이'는 심리학적 관점이 아니라 정치적 관점에서 이해되어야 한다고 말할 수 있을지 모른다(Biesta, 2010: 71). 말하고 표현할 수 있는 능력과 자격을 가졌다는 의미에서 어린아이는 어른으로서의 교사와 지적으로 평등하다는 것이다.

그러나 실제 교육의 장면에서 랑시에르가 말하는 지능의 평등 논제는 어떻게 이해되어야 하는가? 이것은 교사와 학생이 그 **지능의 발현**에서 위계가 없다고 말하는 것이 아니다. 그리고 교사의 앎이 학생의 앎과 결과적으로 동등하게 취급되어야 한다는 것을 의미하지도 않는다. 랑시에르가 말하는 지능의 평등은 교육을 통해 '성취되

2) 랑시에르가 여기서 말하는 'intelligence'는 심리학적 개념이 아니라 '정치적' 개념이다. 이에 비해 우리가 통상 이해하는 '지능'은 언어적 · 수리적 조작 능력으로서, IQ(지능지수)와 같이 숫자로 측정 가능하다고 가정되는 심리학적 개념이다. 필자는 랑시에르가 이러한 심리학적 지능의 개념을 전적으로 비판한다고 보기보다는, 이것을 둘러싼 일련의 정치적 · 사회적 맥락과 조건들, 즉 이것을 **유일한** 지능의 개념, 특히 **우월한** 지능의 개념으로 바라보고 믿는 후기자본주의 사회의 정치경제학적 논리 및 이 논리에 완전히 포섭된 교육적 사유와 관행을 비판한다고 본다. 이런 의미에서 그는 **교육적으로** 보다 포괄적이고 자연적인 지능의 개념을 우리에게 소개하고 또 상기시킨다고 말할 수 있다.

어야' 할 목적이나 결과가 아니다. 오히려 그것은 교육의 시작점에서 **전제되어야** 할 교육의 가능 조건이다. 다시 말하면, 교육이 성취해야 할 해방된 '주체'로서의 학생은 지능의 평등을 성취함으로써 결과적으로 실현되는 것이 아니다. 거꾸로 교육의 출발점에서 지능의 평등이 이미 가정되고 전제될 때 비로소 그것의 실현 **가능성**이 확보된다. 우리가 지능의 평등을 가정하며 교육을 시작할 때, 아이들이 무엇을 할 수 있는지 한번 보자는 것이다. 이때 비로소 아이들은 교육의 장면에서 주체로서 출현할 기회를 얻는다는 것이다.

교육의 출발점에서 지능의 평등을 가정하는 것은 '지식의 공정한 재분배'를 통해 아이들 간의 지능의 격차를 줄이고자 하는 근대교육의 기획과 반대 방향으로 가는 것이다. 후자에서는 사회적 불평등을 기정사실화하고 '설명식 교육 패러다임'을 통해 지식을 누구에게나 (효과적으로) 제공하고 분배함으로써, 이미 존재하는 사회적 불평등을 줄일 수 있다고 기대한다. 그러나 이것은 지식의 소유 여부에 따른 불평등한 평등, 즉 불평등을 평등하게 분배하는 교육이며, 결과적으로 불평등을 합법적으로 정당화하는 교육을 재생산할 수밖에 없다. 이와 달리 랑시에르가 제안하는 교육, 즉 교육의 출발점에서 지능의 평등을 가정하는 교육은 그 자체가 이미 사회적 불평등의 감소를 감행하고 수행하는 교육적 실천 행위가 되는데, 랑시에르는 이 실천 행위를 '감수성의 재분배' 행위로 묘사한다. 그리고 이것이야말로 학생을 교육의 대상이 아니라 '주체'로 만드는 과정이다. 왜냐하면 교육의 출발점에서 지능의 평등을 가정하는 것은 공동 세계로서의 책이나 인공물에서 지능의 흔적을 발견하는 학생들 개개인의 지적 능력을 믿는 것이다. 그리고 이 믿음은 학생들로 하여금 스스로 자신의 지적 힘을 발휘하도록 **강제**하고, 이 강제는 타자의 지능의 평등을 동시에 전제하는 행위로서 이들과 더불어 서로 다른 '감성적인 것(the sensible)'의 사회적 나눔에 참여하는 것을 가능하게 한다. 이것이 어떻게 학생을 교육적 '주체'로 만드는 행위인지는 이어지는 3절에서 좀 더 자세히 논의될 것이다.

이제 정리해 보자. 교육의 대상이 아니라 '주체'로서의 학생은 어떻게 정식화될 수 있는가? 그는 ① 보편적인 열등성을 비껴가는 자로서 무엇보다도, ② 모국어를 익힐 수 있는 자라면 누구나 해당될 수 있는 능력, 즉 보고 느끼고 말하고 생각할 수 있는 능력을 발휘하는 자다. 그런데 이때 주체로서의 학생이라는 것에 한 가지 중요한 자질을 추가로 더할 필요가 있는데, 그것은 바로 ③ 다른 사람도 누구나 그러한 능력을 가졌다는 것을 전제하고 그들의 정치적 권리를 인정하는 자라는 것이다. 랑시에르는 이를 '보편적 가르침'의 능력을 가진 자로 묘사하기도 한다. (이것은 바로 이어지는 절에서 보다 상세히 다루어질 것이다.) 그리고 여기서 우리는 랑시에르가 교육 주체로서의 학생을 왜 '보편적 **학습자**'가 아니라 '보편적 **가르침**의 자'로 묘사했을까 의문을 가질 수 있다. 이 의문에 답하는 과정은 앞서 소개된 프레이리 해방교육론의 문제, 즉 **객관적 앎과 진리에 의존**하는 해방의 문제를 랑시에르가 어떻게 극복하는가를 보여 줄 것이다. 근대교육에서 중요하게 간주되어 온 교육내용으로서 학교지식인 학식 혹은 과학적 지식에 대한 그의 비판도 여기에 연루되어 있다.

2) 지능/지식의 교육적 가치 재고: 해방교육의 목적으로서 '보편적 가르침'

랑시에르의 해방교육에서 교육의 목적은 '지적 해방'이다. 앞에서 암시된 것처럼 지적 해방이란 자신과 타자의 '지능의 평등을 **동시에** 목격하는 것'으로 언급될 수 있다. 이것이 의미하는 바를 좀 더 살펴보자. 랑시에르는 이를 간단히 학생이 스스로를 주체로 인식하는 것이라고 말한다. 그리고 주체로서 자신을 인식한다는 것은 ① "인간이 자기가 가진 지적 주체로서의 본성을 의식하는 것이다"(Rancière, 1987/2008: 77). 이것은 타자의 의견에 의존하는 '미성숙'으로부터의 자유를 '성숙'으로 묘사하고, 이러한 성숙을 계몽에 핵심적인 과제로 본 칸트의 근대적 논리의 해방 개념을 상기시킨다. 실제 랑시에르는 자신의 지적 해방 개념을 "나는 생각한다. 고로 존재한다"라는 데카르트의 유명한 정식을 변형시켜 ② "나는 **인간**이다. 고로 나는 생각한다"(Rancière, 1987/2008: 77)로 재정식화한다. 이러한 표현들에는 이성 중심의 근대 계몽주의 정신의 흔적이 어른거린다. 그러나 앞에 기술된 지적 해방의 정식들을 각각 살펴보면 랑시에르가 이 전통과 어떤 관계를 맺는지 추정할 수 있다. ①에서는 데카르트의 기획과 동일하게 '생각하는 속성(thinking being)'이 우리를 '인간적 존재'로 만드는 근거인 것처럼 묘사되지만, 보다 중요한 것은 우리가 그것을 '의식'하는 것이다. 이 '의식'이 해방의 결정적 요소로 언급된다. 한편 지적 해방의 정식 ②에서는 '생각할' 수 있기 이전에 이미 우리는 '인간'이고, 인간이라면 누구나 사유할 수 있다는 것이 가정됨으로써 '생각한다'라는 것이 모종의 독립된 사유의 실체가 지닌 속성이 아니라,

이미 사실적으로 존재하고 있는 '인간'의 속성임이 선언된다. 이것은 데카르트의 정식을 뒤집는 것이다(Rancière, 1987/2008: 77).

인간에 대한 이러한 재정식화는 근대적인 주지주의 교육의 전제가 되는 지능의 이분법적 구분에 대한 근원적인 비판으로 이어진다. 랑시에르에 따르면, (사실 전통적 교육을 포함하여) 근대교육에서는 두 가지 질적으로 다른 종류의 지능에 대한 위계적 구분이 필요했다(Rancière, 1987/2008: 20 & 32). 한 가지는 '경험적/실천적 지능'이다. 대표적으로 모국어를 배우는 능력과 같은 것으로서, **일상적으로** 말하고 해석하는 자의 지능이다. 다른 한 가지는 '이론적/체계적 지능'이다. 특수한 지적 명료화에 따라 사물을 이해하는 자의 지능으로서, **학식적** 지능으로 묘사될 수 있다. 랑시에르에 따르면, 근대 교육학은 교육방법에서 후자의 지능에 따른 체계적인 지식 축적에 기반하고 있으며, 특히 심리학과 사회학에 기대는 방식으로 발전해 왔다. 이것은 결과적으로 교육의 영역에서 '경험적 지식'과 '학식' 간의 이분법적 구분으로 정착되고, 교육은 학식으로 특징지어지는 교사 지능에 학생 지능을 종속시키는 일로 이해되어 왔다는 것이다.

여기서 랑시에르를, 이론적 지식을 무시하고 경험적 지식을 옹호하는 자로 단순히 이해하는 것은 또 다른 종류의 지능의 이분법에 빠지는 것이다. 학식 중심 교육에 대한 랑시에르 비판의 핵심은 그것이 교사 지능에 대한 학생 지능의 종속, 즉 설명식 교육을 불가피하게 만든다는 점에 있다. 학식은 설명식 교육의 정치적 효과를 정당화하는 바로 그것이기 때문이다. 그러므로 새로운 지적 해방교육에서 교사 지능에의 이러한 종속은 거부될 필요가 있다. 그러나 이것이 곧, 프레이리 해방교육이 그러했던 것처럼, 교육에서 교사의 소멸을 요청하는 것은 아니다. 랑시에르의 지적 해방교육에서 학생 **지능**의 교사 지능에의 종속은 거부되지만, 학생 **의지**의 교사 의지에의 종속은 여전히 성취될 필요가 있기 때문이다. 즉, 학생은 교사에게 '지적으로' 종속될 필요는 없지만, 교사 '의지에는' 종속될 필요가 있다(Rancière, 1987/2008: 30). 이 말은 랑시에르 해방교육에서 핵심 과업은 교육을 학생의 '지식 습득'과 아무런 상관이 없는 것으로 만드는 것이다. 실제로 랑시에르가 경험적 지식과 학식 간의 근대적인 이분법을 비판할 때 정확히 하고자 한 것은, 이론적 지식 혹은 학식 그 자체의 거부라기보다는 그것이 지식습득을 교육의 유일한 과제로 놓는 것을 문제 삼는 것이다.

그러면 교사 지능에의 종속을 벗어나게 하기 위해 학생에게 지식습득을 거부하는 지적 해방교육은 어떤 형태를 취할 수 있는가? 교육을 (이론적 지식이든 실천적 지식이든) 지식습득과 분리된 것으로 볼 때 교사의 역할은 도대체 무엇인가? 사실 (학생의) '지적 해방'과 (교사의) '가르침'은 상호 배타적인 개념으로 보인다. 학생의 지적 해방은 교사 존재의 불필요성을 요청하는 것같이 보이기 때문이다. 이것이 바로 프레이리의 해방교육론이 취한 길이다. 그는 해방교육에서 교사나 가르침의 자리를 제거했다. 그러나 랑시에르는 자코토의 사례에 기대어 '보편적 **가르침**'이라는 개념을 가지고 옴으로써 프레이리의 정식을 뒤집는다. 사실 지식습득과 상관없는 랑시에르의 지적 해방교육에 이론적 근거를 제시하는 것이 바로 이 '보편적 가르침'의 개념이다. 모국어를 스스로 배울 수 있는 아이라면 누구나 어른과 동일한 지능을 가지고 있다는 것, 그러므로 교사는 아이들에게 아무것도 가르칠 것이 없다는 것이 보편적 가르침의 핵심적 논제이다. 아이들은 누구나 이미 알고 있으며, 그리하여 스스로 가르칠 수 있다. 다만 그들은 스스로가 그러하다는 것을 모를 뿐이다. 그러므로 교사의 가르침의 역할은 아이들로 하여금 스스로가 그러하다는 것을, 즉 보편적으로 가르칠 수 있다는 것을 깨닫게 하는 것이다. 그리고 아이들에게 스스로가 이러한 능력을 가지고 있음을 깨닫게 하는 데 기여하는 한, 즉 아이들의 지적 해방에 기여하는 한, 학식이든 경험적 지식이든 그것은 교육의 내용이 될 수 있다고 말할 수 있을지 모른다. 문제는 아이들이 스스로 자신의 지능을 사용하려고 하지 않기 때문에, 아이들의 지능이 아니라 '의지'를 교사에게 종속시킬 필요가 있는 것이다. 즉, 교사는 아이들에게 자신의 지능을 사용하도록 **명령할** 필요가 있다.

그러면 여기서 말하는 지능의 사용은 무엇을 의미하고, 이것을 수행하는 사유하는 인간이란 정확히 어떤 존재를 말하는가? 랑시에르는 자신이 말하는 사유하는 인간을 "자신이 **본 것을** 검토하는 존재, 자신의 행위를 헤아리는 가운데 자신을 아는 존재"(1987/2008: 78)로 요약한다. 즉, 사유하는 인간은 자신이 본 것을 반성하고 자신의 행위를 돌아보며 자신의 존재를 의식하고 인식하는 존재다. 그리하여 랑시에르에게 지적 해방이란 첫째, "모든 보통 사람이 자신이 인간적으로 존엄함을 파악하고, (본 것을 검토하고 한 행위를 헤아리는) 자신의 지적 능력의 진가를 알아보며, 그 능력을 쓰기로 결정할 수 있게"(1987/2008: 39) 되는 것이다. 다시 말하면, 해방된 인간은 **자신이 본 것과 행위한 것을 검토하고 헤아리는** 자신의 지능 사용을 통해, 자신이 배울 수 있다는 것을 스스로 인식하는 인간이다. 이것은 앞서 언급되었듯이 주체적 인간의 첫 번째 특징을 보다 상세하게 구체화한다.

그러나 랑시에르에게 (지적으로) '**해방된** 인간'은 **동시에**, 그리고 반드시, '**해방하는** 인간'이기도 하다. 즉, 우리는 혼자서 해방될 수 없다. 나의 지적 해방의 과정은 동시에 타자의 해방의 과정과 맞물려 있다. 랑시에르의 따르면, '해방하는' 인간이란 "자신의 지능이 다른 모든 지능과 평등하다고 보고, 또 모든 다른 지능이 자신의 지능과 평등하다고 볼 때, 지능이 할 수 있는 것이 무엇인지에 대해 의식하는 자다"(Rancière, 1987/2008: 83). 그리하여 지적 해방의 과정에서 자신의 지적 능력을 믿는 것, **자신의** 보편적 가르침의 능력을 믿는 것도 중요하지만, 나의 지능과 타자의 지능의 평등을 가정하고 이것을 믿는 것도 매우 중요하다. 이것은 왜 그러한가? 랑시에르에 따르면, 그 이유는 자신의 지능의 평등을 입증할 수 있는 능력을 가진 자에게 **말을 거는 자**만이 자신의 지능을 입증할 수 있기 때문이다(Rancière, 1987/2008: 83). 즉, 자신의 지능을 스스로에게 입증하는 방법은 나와 동등한 지적 능력을 가진 이, 즉 스스로 보편적 가르침을 하는 자에게 말을 거는 방법을 통해서만 가능하기 때문이다. 이것은 타자로 하여금 스스로 자신의 지능을 사용하도록 하는 방식으로만, 나는 나 자신의 지능의 평등을 입증할 수 있다는 말로 해석할 수 있다. 그리고 이것이 바로 랑시에르가 말하는 '보편적 가르침'의 온전한 의미다. 즉, 보편적 가르침이란 **누구나** 스스로 가르칠 수 있다는 것을 의미할 뿐만 아니라, 지적 해방에 필수적인 것으로서 우리 자신이 이것을 **의식하게 되는** 것은, 스스로 가르칠 수 있는 **타자에게** 내가 나의 지능의 발휘를 입증해 보일 때에만 가능하다는 것을 또한 의미한다. 이런 의미에서 보편적 가르침의 개념은 랑시에르의 지적 해방교육의 개념적 전제이자 근거가 되는 것이다.

이것은 **해방적 의사소통**을 새롭게 이해하는 지평을 연다. 랑시에르의 지적 해방이 기본적으로 **혼자 내적으로 수행하는** 활동인 '학습'으로 구성되는 것이 아니라, 자신의 지능과 동등한 지능을 가진 타자의 현전 및 그에게의 말 걸음을 반드시 요청한다는 사실은, 그가 혹은 자코토가 왜 '보편적 **학습**'이 아니라 '보편적 **가르침**'이라는 말을 사용했는지 알게 한다. 랑시에르에게 지적 해방은 궁극적으로 다른 것이 아니라, '지능의 평등에 대한 **보편적 의식화**'라고 정식화할 수 있다. 물론 이 의식화에서 중요한 것은 지능의 평등을 절대적 진리로서가 아니라 하나의 '의견'으로 보는 것이며, 이렇게 믿고 행동하는 것이 무엇을 변화시키는지 보려는 실험적 의식이라는 점이다. 이것은 앞서 언급된 주체적 인간의 두 번째 특징을 구체화하고 있다. 스스로를 주체적 인간으로 인식하는 자란, 자신과 지능이 평등하다고 가정된 타자에게 말을 걸며 그에게 자신의 지능을 **경험적으로** 입증함으로써, 자신이 인간임을 목격하는 존재다.

랑시에르가 말하는 교육의 '대상'이 아닌 '주체'로서 학생은 이렇듯 보편적 가르침의 실행자로서의 학습자/학생이다. 이것은 학생으로서 본분과 역할의 관점에서 근대교육의 그것과 다르다. 교육의 **주체**로서 학생은 더 이상 단순히 지식의 **습득자** 혹은 **지식 학습자**가 아니다. 학생은 더 이상 (지식을) '학습하는 사람(learner)'이 아니라 오히려 '**공부하는** 사람(studier)'으로 해석될 수 있다(Biesta, 2010: 137). '지식을 학습하는' 사람과 '그냥 공부하는' 사람의 차이는 무엇일까? 아마도 그 차이는 지식 혹은 학식을 대하는 태도에서 나타나는 차이로 말할 수 있을지 모른다. 학습하는 자에게 지식이나 학식은 그것의 습득 유무와 사용 유무가 중요하다. 반면, 공부하는 자에게 그것은 (보수주의자들이 말하듯이 문화유산으로서 그것 자체로 가치를 갖는 것이라기보다는) 우리로 하여금 **지능의 흔적**을 찾을 수 있게 하는 원천으로서 중요하다. 즉, 우리의 지적 해방의 제재로서 중요하다고 말할 수 있다.

그러면 지능의 흔적을 추적하는 공부 작업은 구체적으로 어떻게 묘사될 수 있는가? 랑시에르에게 그것은 책이나 사물 하나하나에 주의력을 기울이는 것에서부터 출발한다. 공부란 멈추어 서서 그것을 붙들고 그것에 주의를 기울이며 관찰하는 것에서부터 출발한다. 학생들은 이제까지 자신이 사물을 이해했던 방식 혹은 다른 모든 것을 이해했던 방식을 지금 눈앞의 것을 익히는 데에 총동원하여, 이들을 서로 비교하며 거기서 보고 발견한 것을 모두 말하도록 요청받는다. 그런데 학생들은 여기서 그 사물들에 대해 정확히 '무엇을' 이해하도록 기대되는가? 랑시에르는 학생들이 **이해해야만 할 것**은 아무것도 없다고 말한다(Rancière, 1987/2008: 54). 모든 것이 '그 책 안'에 혹은 '그 사물 안'에 있기 때문이다. 그러므로 '이해해야 할 내용'이 있는 것이 아니라 '**이야기해야** 할 내용'만이 있다는 것이다. 책 속 인쇄물이 표현하는 각 기호의 모양, 각 문장의 모험, 각 장의 교훈 등, 그 책으로부터 혹은 그 사물로부터 뭐든 말할 수 있다는 것이다. 그것에 주목하여 열심히 관찰하기만 한다면 우리는 뭔가를 발견하여 볼 것이며, 그것을 또한 말로 표현할 수 있다. 랑시에르는 이 '공부의 작업'을 책이나 사물이라는 고리, 모든 것이 그 안에 있는 "고리 내에서 이동하는 여행"(Rancière, 1987/2008: 55)이라고도 말한다.

하나의 책이나 그림 혹은 음악, 어느 것에서 출발하든, 그것은 그것 안의 다른 모든 것과 연결되어 있다. 왜냐하면 그것은 인간이 만든 것이고, 인간이 만들어 낸 그 모든 것들은 동일한 지능의 결과물이기 때문이다. 그리하여 ① 학생은 그것에서 무언가를 발견해야 하고, ② 그것을 끊임없이 되풀이해야 하며, 그리고 ③ 그것을 나머지 모두와 연관시켜야 한다(Rancière, 1987/2008: 59). 누구나 여러 대상들 사이의 관계를 파악하고 그것을 자신이 이미 알고 있던 것과 연관시킬 수 있는 지능을 가지고 있기 때문이다. 예를 들어, 어떤 한국 학생이 세네카의 번역서를 수백 번 읽고 달달 외운다면 그 학생은 그 한국어 번역가가 세네카와 똑같은 지적 존재임을 알아볼 것이고, 우리 또한 그 학생에게서 세네카의 지능을 보게 될 것이라는 것이다. 이 모두가 동일한 지적 기술이라는 것이다. 여기서 '식자들의 지능'과 '무식자의 지능'은 구분되지 않고 상호 가로질러진다. 한편, 랑시에르는 한 권의 책 안에 들어 있는 지능은 언어적 지능, 즉 기호, 단어, 문장, 의미, 정신 등의 성격만을 의미하지 않는다. 이 책의 물질적 조건에 가정된 지능, 예를 들어 인쇄술, 종이기술, 잉크기술 등의 기술적 지능도 포함한다. 그리고 후자는 문자와 언어, 그 언어로 표현되는 우리 관념이나 정서와 동일한 기원을 가진 동일한 성격의 지능이다. 여기서 언어적 지능과 도구를 만드는 기술적 지능은 구분되지 않고 가로질러진다. 즉, 식자의 지능과 무식자의 지능, 언어적 지능과 도구적 지능 등은 두 종류의 지능이 아니라 동일한 성격의 지능인데, 왜냐하면 '인간의' 지능이라는 점에서 그러하다. 랑시에르에게는 지적 능력의 수준에서뿐만 아니라 지적 종류 간에도 위계는 존재하지 않는다(곽덕주, 2022: 273).

랑시에르는 왜 이러한 주장을 하는 것일까? 인류의 인식론적 성취를 무시할 뿐만 아니라, 경쟁과 선발이라는 오늘날 학교교육의 사회적 기능에 비추어 볼 때도 교육실천에 문제를 야기할 법한 주장을 하고 있기 때문이다. 그러나 랑시에르에게는 오히려 '교육실천의 관점에서 볼 때' 이러한 교육적 접근이 특별히 중요해 보인다. 왜냐하면 '지적 평등'을 위한 교육에서는 모험을 감행하는 것이 중요하지, 더 잘 배우거나 더 못 배우거나 더 빨리 배우거나 더 늦게 배우는 것은 중요하지 않기 때문이다. 그에게 교육적으로 진정 문제가 되는 사태는 교사가 학생에게 스스로 보는 것을 말하도록 요청했을 때, 많은 학생들이 "저는 못해요. 저는 할 수 없어요"라고 말하곤 하는 데 있다. 스승의 설명이 없으면 아무것도 할 수 없다고 생각하는 열등감 혹은 포장된 겸손함이 문제라는 것이다(Rancière, 1987/2008: 54). 그러나 랑시에르는 학생의 이러한 태도가 어떤 관점에서 보면 오만의 소치라고 말한다. 자신이 무슨 생각을 하는지 남에서 검증받지 않아도 된다고 생각하는 오만함의 발로라는 것이다.

이렇게 볼 때 랑시에르에게 교사의 질문과 검증을 위한 노력, 즉 아이들로 하여금 교사의 의지에 복종하도록 하는 교사의 역할은, 학생의 보편적 가르침을 질적으로 다른 단계로 이동시키는 모종의 교육적 장치로 볼 수 있을지 모른다. 그리고 바로 여기서 아이들의 '사물에 대한 주의력 훈련과 검증'에 교사 의지에의 복종이 얼마나 중요한지가 드러난다. 주의력 훈련과 검증을 위해 교사는 아이들의 지능을 교사 자신의 의지에 절대적으로 복종하게 만들 필요가 있다. 이때 아이들이 자신의 주의력의 대상으로 삼아야 할 것은 알아보아야 할 문자의 형태든, 기억해야 할 문장의 형태든, 두 수학적 존재 사이에서 찾아내야 할 관계든, 작문해야 할 이야기의 요소든, 그 어느 것이든 상관이 없다(Rancière, 1987/2008: 57).

여기서 유의해야 할 것은 랑시에르가 '지능'이라는 것을 **보는 것, 느끼는 것, 말하는 것, 행하는 것, 만드는 것을 반성하는** 사유의 힘으로 본다는 사실이다. 즉, 이것은 우리가 보통 지능으로 생각하는 언어적 '기호' 및 이것의 조작 능력과 직접적인 관련이 없다. 랑시에르에게 지능은 심지어 이러한 언어적 기호에 선행하는 관념들의 조합인 '생각'이기에 앞서 '주의'이자 '탐구'다(Rancière, 1987/2008: 109). 그리하여 랑시에르에게 '지능'이란 언어적 기호와 관념적 조합으로서의 생각의 협력적 작동을 시작하게 하는 어떤 원초적 행위로서의 주의력이라고 말할 수 있을지 모른다. 한편, 랑시에르에게 '의지'는 자의적인 것으로서 "무엇인가를 선택하는 심급이기에 앞서 스스로 움직이고자 하는 역량, 자신의 **고유한** 움직임에 따라 행동하고자 하는 역량"(1987/2008: 109)이다. 이것은 자발적으로 움직이고자 동기화된 모종의 에너지로서, 자기주도적 역량과 같은 것으로 보인다. 그리하여 랑시에르가 "지능의 시중을 받는 의지"로서의 인간 주체를 말할 때 여기서 주체란, 세계를 향한 '욕구'에 의해 추동되는 새로운 사유 주체로 보인다. 그러한 주체는 물체에 대해서나 자신에 대해서 자발적 의지에 따라 실행하는 **행위 속에서** 자신을 체험하는 존재인 것이다.

랑시에르를 이를 다음과 같이 표현한다.

> 나는 보고 싶고, 그리고 본다. 나는 듣고 싶고, 그리고 듣는다. 나는 만지고 싶고, 그리고 나의 팔은 뻗어지고 사물의 표면을 타고 움직이거나 사물 내부로 들어간다. …… 이 더듬는 행위에서 나는 만지고자 하는 나의 의미만 안다. 이 의지는 나의 팔도, 나의

> 손도, 나의 뇌도, 만짐도 아니다. 이 의지는 곧 나요, 나의 영혼이요, 나의 역량이요, 나의 능력이다. 나는 이 의지를 느낀다. 이 의지는 내 안에 현존한다. 의지는 나 자신이다 (Rancière, 1987/2008: 110).

이 인용문에서 암시되는 '의지'란 우리가 통상 이해하는 마음의 결단으로서의 의지가 아니다. 오히려 (더듬는 것과 같은) '행위하는 것'을 통해 스스로를 인식하는 이성적 존재로의 인간이, 그 행위 속에서 자기 자신으로 되돌아가 반성할 때 일어나는 바로 그 힘을 말하는 것으로 보인다. 그리하여 랑시에르에게 의지 없이 또는 반성 없이 행동하는 것은 지적인 행위를 산출하지 않는다. 반면, 이 의지의 작업이야말로 '의미'의 작용을 낳는다.

지능의 행위는 보는 것을 보고 또 비교하는 것이다. 지능은 일단 무작위로 보고 그 다음에 본 것을 또다시 보며 본 것의 원인일 수 있는 사실들을 찾는다. 그러나 사실들을 보려면 조건들을 되풀이하고 만들어 내려고 애쓰는 것, 즉 되풀이하여 보고 되풀이하여 이를 표현할 단어를 찾는 것 등, 반복적인 작업이 필요하다. 의미에 의한 의미 작용은 그러한 지능에 새로운 관념을 명령하기 위해 지칠 줄 모르게 노력하는 것일 뿐만 아니라, 이러한 지능에 영향을 미치는 신체에 꼭 필요한 습관을 들이기 위해 노력하는 것이다. 그리고 무엇보다도 자기 자리를 비운 채, 반만 보거나 보지도 않은 것을 보았다고 말하며 스스로 그것을 믿는 것, 이것은 우리가 아주 쉽게 저지르는 것으로서 모든 의미 작용의 오류의 원천이기도 하다. 그리하여 랑시에르는 이런 의미 작용의 오류를 낳는 '부주의'와 '게으름'을 각각 인간 정신의 원죄이자 지성의 악이라고까지 말한다(Rancière, 1987/2008: 112). 그렇다고 우리가 무조건 노력하기만 하면 이러한 오류를 피하고 성공할 수 있다고 말하는 것이 랑시에르의 보편적 가르침의 핵심 메시지는 아니다. 오히려 이러한 의지 작용을 향한 노력이 필요한 것은 지능 자체에 복종하는 자신의 지능을 목격함으로써 자신의 지능이 평등하다는 것을 알게 되고, 그리하여 인간으로서 자신의 존재의 존엄성을 몸소 체험하게 되기 때문이다. 이것이야말로 이러한 노력의 교육적 의의의 핵심을 구성한다.

이와 연결된 보편적 가르침의 특징으로서 '자신에게로 돌아가라'는 진실성의 원리를 언급하는 것으로 이 절을 마무리해 보자. 랑시에르에 따르면, "악은 헤매는 것, 자신의 길에서 벗어나는 것, 자기가 말하는 것에 더 이상 주의를 기울이지 않고 자기가 무엇인지 잊는 것"(1987/2008: 116)이다. 즉, 진실성의 원리는 자신 안에 있는, 자신을 속일 수 없는 어떤 것으로 돌아가라는 원리다. 이 원리는 각자가 저마다 진리와 맺는 특권적 관계가 있다는 것을 알리며, 각자가 진리의 주위를 맴돌며 자신만의 길의 궤도 위에서 진리와의 관계를 추구하라는 원리이기도 하다. 랑시에르에게는 이 진실성의 원리야말로 인간의 인식하는 힘의 도덕적 토대다. 그리하여 자신의 경험을 말하고 느끼고 행위하는 자신의 고유한 궤도 위에 있지 않는 한, 아무도 진리와 관계를 맺을 수 없다고 말한다. 다만, 진리와 나만의 고유한 궤도를 유지하며 관계를 맺을 때에도, 우리는 그 고유성을 남에게 자랑할 수는 없는데, 왜냐하면 그것은 모두가 동의할 수 있는 객관적인 '진리(truth)'에 그 원천이 있는 것이 아니라 단지 나 자신의 지적 모험의 이야기를 '진실되게' 만들고 표현하는 데에 그 원천이 있기 때문이다. 이 점에서 랑시에르의 해방교육이 지향하는 지적 해방은 자신이 처한 억압 상황의 객관적 조건에 대한 지식과 진리에 기대어 이것에 대한 자각을 자극하는 혁명적 지도가가 필요한 프레이리의 해방교육론과 핵심적으로 차별화된다.

결론적으로 말하자면, 랑시에르의 지적 해방을 위한 교육에서 아이들은 상대와의 비교를 통한 우월감이나 열등감이라는 정치적 심리에서 벗어나 자신과의 관계, 즉 자신에게 충실한가 아닌가, 정직한가 아닌가에 초점을 두는 공부의 궤도에 진입하게 되고, 이와 관련된 자신의 역량의 개발에 주목하게 된다. 이것은 자신에게 거짓말을 하지 않는 것, 자신에게도 세상과 사물에 대해 보고 느끼고 생각하고 말할 능력이 있다는 것, 그리고 그것을 남이 알아듣고 이해할 수 있는 방식으로 말하려는 태도가 또한 타자의 지능의 평등을 존중하는 일이라는 것, 그리하여 보편적 학습이 아니라 보편적 가르침의 실행이야말로 자신을 교육의 대상이 아닌 주체로 만든다는 것을 깨닫는 길임을 보여 주도록 되어 있다.

3) 교사의 역할: 교수-학습 활동의 실제적 원리로서 '번역' 개념

이제 '무지한 스승'으로 표현되는 교사, 랑시에르의 지적 해방교육에서 요청되는 교사의 역할과 그 정체를 검토해 보자. 비에스타는 랑시에르의 '무지한 스승'의 개념이, 구성주의 교육관이 자주 그러한 것처럼, 교사의 역할을 불필요한 것으로 보거나 학생의 능동적 학습을 단순히 자극하고 촉진하는 최소한의 역할로 축소되어야 한다고 제안하는 것으로 오해하지 않도록 경고한다(Biesta, 2017: 60). 사실 랑시에르의 '보편적 가르침'의 교육에서 스승의 역할은 결정적이고도 필수적이다. 특히 '나는 할 수 없어요'라며 버티는 빈자-학생들에게 스승은 더 없이 필요하다. 여기서 스승은 설명하기 위해서가 아니라 질문하기 위해서, 그리고 학식에서 제자와의 거리를 확증하기 위해서가 아니라 학생의 지능을 입증하기 위해서 필요하다. 그리하여 '무지한 스승'을 요청하는 랑시에르의 해방교육이 촉진자로서의 교사관을 가정하는 구성주의적 교육관과 어떻게 다른지를 이해하는 것은 그의 해방교육에서 교사가 차지하는 역할을 명료하게 밝히는 데 중요해 보인다.

랑시에르의 해방교육에서 스승은 보편적 가르침, 이미 스스로를 가르칠 줄 아는 학생들이 스스로를 발견하게 하는 데 필수적이다. 아이들이 이미 보편적 가르침의 능력을 가지고 있다고 하더라도 그 능력을 지적 해방을 위해 발휘할 수 있게 되기 위해서는 교사의 역할이 필수적이라는 것이다. 왜 그러한가? 진정한 해방, 즉 스스로가 지적으로 동등하다는 것을 알고, 또 타자의 지적 평등을 인정하게 되는 2차적 수준의 객관적 자기인식을 위해서는 단순히 스스로를 가르칠 줄 아는 것, 즉 혼자 배울 줄 안다는 의미에서의 '보편적 가르침'만으로는 충분하지 않다. 스스로 배운 것을 입증하는 것을 돕는 질문을 던지는 타자가 필요하고, 그 타자에 의한 검증의 과정이 필요하다. 이럴 때에만 비로소 학생은 자신의 세계에만 빠져 있는 자기 중심성에서 벗어나 자신의 지적 평등을 객관적으로 목격하고 또 체험할 수 있다.

그리하여 랑시에르의 해방교육에서 스승의 역할은 다음 두 가지다. 첫째, **질문을 통해** 학생들이 자신이 보고 느끼고 행한 것에 대해 **말을 하도록 명령**한다. 이들 안에 잠자고 있던 지능의 발현을 명령하는 것이다. 둘째, 학생들의 지능이 하는 일, 즉 이들이 말하고 표현하는 것을 **관찰하여** 그것이 **주의 깊게** 이루어지고 있는지 **검증한다** (Rancière, 1987/2008: 64). 이런 의미에서 학생의 보편적 가르침은 자신의 지능을 사용하여 특정 사물이나 사태에 대해 보고 느끼고 행한 것을 말로 표현하는 것뿐만 아니라, 그것에 대한 타자의 질문에 응하여 자신이 보고 느끼고 행한 것을 주의 깊게 검증하는 두 단계로 구성된다고 말할 수 있다. 스승에 의한 이러한 검증의 과정이 부재할 경우, 학생은 자신이 보고 느끼고 행한 것이 가치 있게 이루어졌는지, 지능을 사용하여 주의력 깊게 행해져서 의미의 형성에 기여했는지에 대해 스스로 알기 어렵다. 타자에 의한 질문을 통한 검증 과정과 공유 과정이 동반될 때 비로소 우리는 그것에 대한 의미를 형성하기 시작하는 것이다.

설명식의 지식전달 교육에서 교사는 말하고 학생은 듣는다. 그러나 보편적 가르침의 교육에서 교사는 묻고 학생은 답한다. 교사는 자신의 상태를 잘 아는 자일 뿐만 아니라, 자신보다 더 많이 안다고 믿는 자들에게 질문하기 위해 자신의 언어를 쓸 줄 아는 자다. 그러므로 그는 자신의 직업, 자신의 도구, 그리고 그 도구의 사용법을 잘 알아야 하며, 필요할 때 그것들을 개선할 수도 있어야 한다. 뿐만 아니라 교사는 자신의 이러한 능력들에 대해 반성하고 그 능력들을 획득한 방식에 대해서도 반성할 수 있어야 한다. 이때 랑시에르가 말하는 교사는 인간 기술과 지능의 흔적이 있는 모든 작품을 동일한 지능의 실현 결과로 바라보며, 도처에서 관찰하고 비교하고 조합하고 만들고, 또 어떻게 그렇게 했는지 주목하는 자다. 여기서 반성은 주목하는 것, 주의를 기울이는 것을 핵심으로 한다. 그리하여 해방된 자로서 교사는 자신의 교육에서 출발점으로 가정하는 모든 이의 지능의 평등조차도 '진리'로 믿는 자가 아니다. 오히려 그것을 '의견'으로서만 믿는 자다. 그는 단지 그 믿음의 가능성을 믿는 자로서, 그 믿음이 자신을 위해서나 사회 전체를 위해서 무엇을 해낼 수 있는지를 보고 싶어 한다. 요약하자면, 랑시에르의 해방교육에서 교사는 학생을 평등한 한 사람의 인간으로 **대하는 것**의 교육적 가치와 의미에 대해 믿고자 하며, 이것을 입증하기 위하여 학생들에게 그들이 보고 알고 행하는 것을 말로 표현해 보라고 명령하고, 표현된 그것에 대해 질문하며, 학생들이 수행한 것을 검증하는 자라고 말할 수 있다.

그러면 이제 랑시에르의 해방교육에서 교사와 학생 사이의 이러한 이야기 주고받기, 즉 발화적 상호작용은 어떻게 일어나며, 이 상호작용이 어떻게 학생을 지적 해방으로 이끌어, 지식의 공정한 분배가 아니라 감성의 재분배가 일어나도록 하는지 살펴보자. 랑시에르는 교수-학습에서의 이러한 상호작용의 과정을 '**시적** 조건'으로서 '번역의 과정'으로 묘사하고, 이것이야말로 이른바 '지식의 권위'라는 속성을 부여받을 수 있다고 말한다(Rancière, 1987/2008: 137). 번역의 과정으로 특징지어지는 이러한 교수-학습 활동은 랑시에르의 교육관이 어떻게 교사의 역할을 최소화하는 구성주의적 교육관과 다른지를 극명하게 보여 줄 것이다.

랑시에르의 지적 해방교육에서 교사와 학생 간의 언어적 대화는 핵심적인 교육활동이다. 즉, 해방의 과정에서 언어는 매우 중요한 역할을 한다(Rancière, 1987/2008:

123-124). 대화의 과정 중에 지적 해방의 순간이 출현하기 때문이다. 랑시에르에 따르면, 언어에는 느낌을 표현하는 언어활동과 분석의 언어활동이 있다. 느낌의 표현 언어를 시적 · 예술적 언어로 말할 수 있다면, 분석의 언어를 과학적 혹은 이론적 설명의 언어로 말할 수 있다. 누구나 어린 시절, **경험을 통해** 모국어를 스스로 배운다/가르친다는 의미에서 이미 '보편적 가르침'의 능력이 있다. 이것은 (삶에서의 경험에 동반되는) 느낌을 표현하는 언어활동이 분석의 언어활동보다 **발생학적으로** 앞선다는 것을 암시한다(Rancière, 1987/2008: 121). 그리고 느낌 표현적 언어활동의 일차성은 랑시에르의 해방교육이 왜 '지식의 재분배'가 아니라 '감성적인 것의 재분배'에 초점을 두는지 알게 한다.

한편 랑시에르는 느낌을 표현하는 언어활동을 번역의 언어활동으로 묘사한다. 이때 번역은 하나의 유일한 조건 속에서 이루어지는데, 그 조건이란 사람들 간의 "소통하려는 의지, 다른 이가 생각한 것, 그가 해 주는 이야기 말고는 어떤 보증도 없는 것, 어떤 보편적인 사전도 그 이야기에서 무엇을 이해해야 하는지 말해 주지 않는 그런 생각을 짐작하려는 의지"(Rancière, 1987/2008: 124)다. 그리고 이 조건 속에서 의지는 의지를 짐작하려고 한다고 말한다. **상호 짐작하고 짐작하고자** 하는 이 공동의 번역 작업 속에서, 학생의 의지는 교사의 명령에 따라 자신이 느끼고 보고 생각하는 것을 이야기하려고 하고, 교사의 의지는 그렇게 말하고 있는 학생의 생각을 짐작하려고 한다. 그리고 이 의지들의 협력 속에서 두 사람에게 **동시에 보이는** 생각이 문득 출현하게 된다.

랑시에르는 이와 같은 상호 번역의 과정을 다음과 같이 묘사한다.

> 먼저 [학생의 마음속에 있는] 그 생각은 한 사람[그 학생]에게 비물질적으로 존재한다. 그다음 그는 스스로에게 그 생각을 말한다. 그는 그 생각에 자신의 귀나 눈을 위한 형태[언어]를 부여한다. 마침내 그는 이 형태, 이 물질적 존재[언어적 표현]가 자신이 애초에 생각했던 바를 다른 인간[스승]에게 재생산하길[마음 속 관념-이미지로 짐작되길] 바란다. 이 창조 또는 괜찮다면 이 변신은 서로 돕는 두 의지의 효과다(Rancière, 1987/2008: 125, 괄호 안은 필자).

이렇게 한 사람의 마음속에 있던 **비물질적** 생각은 서로가 **감각할 수 있는** 언어의 형태인 말로 표현되고, 이어서 이 말이나 단어는 다시 다른 사람의 마음속에서 관념[이미지]으로 재생산된다. "하나의 관념은 물질이 되고, 이 물질은 관념이 된다. …… **생각**은 말의 날개를 달고 하나의 정신에서 다른 정신으로 날아간다"(Rancière, 1987/2008: 125). 그러나 사실 이 번역의 과정은 투명한 과정이 아니다. 언어의 이 불투명성 혹은 자의성 때문에 말하는 자도 모르게 하는 '이 말', '이 단어'는 청자의 짐작하고자 하는 의지로 인해 풍부해지는 것이다.[3] 랑시에르는 화자(학생)가 자신의 (내밀한) 생각을 (감각적이고 소통적인) 언어로 이야기하고자 하는 의지를 '번역'이라고 부르고, 청자(교사)가 그 언어를 자신의 생각 속에서 이해하고 짐작하고자 하는 의지를 '역번역'이라고 부른다.

결국 해방교육에서 교육적 관계는 스승의 질문, "여기서 너는 뭘 보니? 그것에 대해 어떻게 생각하니? 이것에서 너는 무엇을 이해하고 또 만들어 낼 수 있니?"로 시작되는 교사와 학생 간의 '의지 대 의지'의 관계다. 여기에서 번역 혹은 역번역은 어떤 이성적 동물이 나에게 이야기하려는 것이 무엇인지 알기 위해, 모든 물질적 지표(언어, 몸짓 등)에 매달려 짐작하려는 의지다. 이것을 번역이라고 부를 수 있는 이유는 무엇보다도 서로 다른 논리를 가진 '정신(생각)'의 질서와 '물질(언어, 감각)'의 질서를 **가로질러 오고감**을 통한 소통이기 때문이다. 그리하여 이 번역의 과정은 단순히 이야기를 나누는 두 지능 간의 매개 과정일 뿐만 아니라, 두 질서 간의 이중적 매개 과정이기도 하다. 이것은 다시 이 번역의 과정이, 나 자신 내에서 일어나는 내적 관계를 매개하는 과정이기도 함을 보여 준다.

랑시에르는 물질의 질서와 정신의 질서를 번역하는 이러한 작업을 '시적' 성격의 작업이라고 말한다. 왜냐하면 번역 과정에서는 그 핵심적 특질로서 "진리를 느끼면서도 그것을 말할 수 없는"(Rancière, 1987/2008: 128) 순간, 즉 시인의 순간을 자주 만나기 때문이다. 진리를 느끼지만 그것을 정확히 말할 수 없기 때문에, 정신의 모험을 이야기하는 시인으로서 이 번역 작업에 참여하게 된다는 것이다. 나 자신의 느낌을 소통하고자 하고, 느낌을 갖는 다른 존재들이 이것을 함께 공유하게 되는 것을 목격

3) 여기에는 언어와 사유 간의 관계에 대한 랑시에르의 가정이 전제되어 있다. 이 가정에 따르면, 과거 근대 인식론적 철학자들이 자주 그렇게 시도했던 것처럼, '언어적 기호'들과 '오성에 떠오른 관념들' 간의 상호 투명성 속에서 자기인식과 이성의 힘을 찾는 것은 잘못된 것이다(Ranciere, 1987/2008: 109).

하면서, 나의 모험이 다른 모험가들에 의해 이해되고 있음을 검증하는 것이다.

물론 이것은 책이나 그림 읽기에서도 마찬가지로 적용된다. 특히 교사가 책이나 그림을 보여 주면서 학생에게 무엇을 보는지 묻는 것은 그 책이나 그림이 학생에게 어떤 말을 건네고 있는지를 묻는 것이다. 이때 학생은 그 책이나 그림이 건네는 이야기를 짐작하려는 의지를 가진 '역번역자'다. 학생은 그 책의 의지로서 거기에 표현된 저자나 화가의 목소리를 짐작하고자 열심히 애쓰는 청자가 되는 것이다. 즉, "그가 인간으로서 말할 수 있는 것을, 그가 말하지 않을 때 말하는 것을, 그가 시인에 지나지 않는 한 말할 수 없는 것을 짐작하기 위해"(Rancière, 1987/2008: 138) 애쓰는 것이다. 이것은 내가 느끼는 것이 모두 말로 의미화될 수 없다는 것을 암시한다. 그리고 내가 느낀 것을 언어로 의미화할 수 없는 어떤 것으로 말하거나 표현하려고 할 때, 상대가 그 표현되지 못한 것을 짐작하려고 할 때, 결국 번역의 행위가 일어난다. 그러나 짐작의 내용에 관하여 발화자와 청자 간에 그 일치를 확인할 도리는 없다. 그렇지만 서로 짐작하려고 애를 쓸 때 갑자기 이 둘 앞에 동시에 출현하는 공동의 생각-이미지가 있다.

이것은 시를 쓰는 시인이나 그림을 그리는 화가의 경우도 마찬가지다. 그들은 자신들의 생각을 충분히 담지 못하기는 하지만, 그러한 단어나 이미지로 이야기하며 미래의 청자와 소통하려는 번역자인 것이다. 이들 역시 (짐작의 대상으로서) 정신의 질서를 (단어나 이미지로 표현된) 물질의 질서로 가로질러 번역하며, 감각하고 소통할 수 있는 **인공물을 만들어** 미래 청자들의 짐작하기를 통한 만남을 기다리는 것이다. 여기서 시인이나 화가에게 그러한 것처럼, (언어와 이미지처럼 감각하고 소통할 수 있는 것을) 만드는 행위와, (그것이 우리에게 건네는 것, 즉 표현될 수는 없지만 짐작될 수 있는 어떤 생각-이미지에 대해) 말하는 행위는 크게 다른 행위같이 보이지 않는다. 비록 번역과 역번역의 과정이 있지만, 서로 같은 지능이 흔적을 남기며 통과하고 있는 것이다.

랑시에르는 번역과 역번역에 작동하는 이러한 지능을 본질상 "아는 것이기보다는 **행하는 것**"(1987/2008: 128)라고 말한다. 그리하여 랑시에르의 지적 해방을 위한 교육에서 이루어지는 이러한 발화적 상호작용은 "수행적 지식(performative knowledge)"(Biesta, 2010: 61-63)의 양태를 띤다고 비에스타는 말한다. 이것은 랑시에르가 말하는 번역 작업을 통해 우리가 상대의 생각에 대해 **진짜로 이해하게 되는 것**은 서로 구분될 수 있는 두 가지 수준의 것을 포함한다는 것을 의미한다. 한 가지 수준은, 상대나 작품이 말하고자 하는 이야기의 '내용'에 대한 것이다. 그리고 다른 한 가지 수준은, 그 내용이 '어떻게' 이해되어야 하는지에 대한 '상황과 맥락'에 대한 것이다. 번역과 역번역의 작업을 통해 우리는 이 두 가지 수준의 이해에 모두 도달하도록 기대된다. 이 때에야 비로소 그 작업은 어떤 종류의 효과를 우리에게 **수행적으로 가하게 된다**. 여기서 우리에게 수행적으로 가해지는 것이 바로 '말하는 자'로서의 상대의 정치적 지위의 인정이라고 비에스타는 말한다. 왜냐하면 이러한 두 가지 수준의 이해라는 것은 발화자가 어떤 상황과 맥락 속에 있는지, 그 속에서 그가 어떻게 느끼고 생각하는지를 보다 분명하게 짐작하게 함으로써, 모든 이성적 존재가 지닌 힘에 대한 정당한 느낌을 우리 자신 내면으로부터 혹은 온몸으로 인정하게 되는 앎으로 안내하기 때문이다. 우리는 상대가 말할 자격이 있다는 사실, 즉 그의 지적 평등을 알게 될 뿐만 아니라, 동시에 그것을 인정하는 행위를 같이 할 수 있게 된다. 이것은 발화자와 청자 사이에 일어나는 번역과 역번역의 행위가 어떻게 랑시에르가 말하는 지적 해방의 과정이 되는지를 그대로 보여 준다.

랑시에르에 따르면, 인간이라는 존재는 자신에게 고통과 쾌락을 초래한 상황 속에 다른 사람들을 놓아둘 수 있기만 하다면, 그들에게 자기가 겪는 느낌들을 그대로 소통할 수 있다고 말한다. 그가 자신의 느낌을 만들어 낸 것이 무엇인지 알자마자, 그리고 그가 소통 수단을 선택하고 이용하는 법을 배우자마자, 그는 다른 이들도 자신처럼 그 느낌을 겪도록 만들 수 있다는 것이다. 그리고 그 느낌을 겪은 타자들, 즉 그 상황을 이해한 타자들은, 그를 한 사람의 인간으로서 존중하지 않을 수 없다는 것이다. 이것이 바로 우리가 모두 동일한 지능을 가진 자라는 것을 깨닫는 순간이고, 이때 일어나는 깨달음은 우리 모두를 평등화시키는 수행적 앎이 되는 것이다. 랑시에르가 지적 해방을 '지식의 재분배'가 아니라 '감성적인 것의 재분배'로 규정할 때 의미한 것은 바로 이것을 가리키며, 그것은 결국 사회적 해방이라고도 불릴 만하다.

그러므로 랑시에르에 따르면, 지적 해방뿐 아니라 사회적 해방을 위해 우리가 배우고 가르쳐야 할 것은 시적 언어다. 인간으로서 우리가 언제 어떻게 어떤 상황의 일치 때문에 고통과 쾌락을 느꼈는지를 알고, 또 이를 표현할 수 있는 시적 언어다. 여기서 유의해야 할 것은 시적 언어를 익히는 교육이 위대한 시인이나 위대한 화가를 만드는 것을 목적으로 하는 것이 아니라는 점이다. 중요한 것은 해방된 자를 만들어 내는 것, 누구나 "나도 시인이고 화가다!"라고 말할 수 있는 인간을 만드는 것이다(Rancière,

1987/2008: 132). 스스로 자신의 목소리를 소음에서 언어로, 그리하여 전혀 다른 상황 속의 사람들이 알아채고 짐작할 수 있는 언어적 담론에 스스로의 존재를 집어넣을 줄 아는 '개입(intervention)'의 정치적 주체를 만드는 일이다. 그리하여 비에스타는 서구 교육사상사에서 루소가 심리적 의미의 '어린이'를 발견했다면, 즉 심리적 발달에서 그 자체로 완결성을 갖는 단계의 어린이성을 발견했다면, 랑시에르는 정치적 의미의 '어린이', 즉 '말할 수 있는 지능과 자격'을 갖는 어린이(성)의 정치적 지위를 발견했다고 말한다(Biesta, 2010: 69). 우리는 이러한 정치적 의미의 어린이성이 지극히 인문적인 정신의 함양과 공부를 통해 확보되고 성취될 수 있는 것임을 다음 말을 통해 확인한다.

> 걷는 자들은 자기 자신에게 일관되게 주의를 기울이고, 진리 주위를 끝없이 공전하면서 다른 사람들에게 자신을 이해시키는 데 알맞은 문장을 찾는다(Rancière, 1987/2008: 142).

이 글은 랑시에르의 해방교육이 지향하는 방향 및 그 교육적 실행에서 인문적 · 시적 언어의 중요성을 다시 한번 상기시키고 있다.

4. 랑시에르 해방교육론의 교육적 적용의 의미

전통적으로 교육에서 지식전달 모델은 대개 교사의 지적 · 도덕적 권위를 통해 학생의 지능과 더불어 학생의 의지를 그 사회가 대변하는 가치(진리나 도덕적 이상으로서 사회)에 종속시키는 것에 목적을 두어 왔다. 그리고 이러한 '함양(cultivation)'과 '형성(formation)'의 교육 모델은 플라톤의 정치 모델, 즉 좋은 사회적 이상을 실현하기 위해 사회 구성원으로서 '개인'의 영혼을 그 이상적 질서에 동화시키는 '시민 교육'으로서의 '교육'이라는 구도에 기본적으로 기대는 것으로 보인다. 즉, '교육'이라는 제도와 '정치'라는 제도는 상호 유기적으로 연결되고 통합되는 '일치' 모델을 지향해 온 것이다. 랑시에르는 동서양의 모든 사회에서 전통적으로 오랫동안 지속되어 온 이 '일치 모델'의 교육에 근본적으로 문제를 제기한다. 전통적인 일치 모델은 자연인으로서

'인간'이, 문명사회 구성원으로서의 '시민'으로 되도록 하는 교육, 그리하여 교육이 정치에 봉사하거나 그것과 조화를 이루는 지식, 가치, 규범을 제공하는 모델을 취하지만, 랑시에르가 제안하는 지적 해방교육은 이와 정반대 방향으로 나아간다. 새로운 감수성의 '인간'의 탄생을 위해 기존 사회 질서의 구성원으로서의 '시민'과 불화하게 하는 것, 그리하여 교육이 기존 정치와 불화하거나 그것과의 긴장 관계 속에서 작동할 것을 요청하는 모델을 제안한다.

'사회화'를 근간으로 하는 일치 모델에 따르면, 그 일치를 매개할 문화유산으로서 교육내용이 필요하고, 그것을 미래세대로 하여금 온 마음으로 받아들일 수 있도록 **강제하는 과정으로서 교육**이 필요하다. 교육은 언제나 그 강제를 **자연스럽게 만드는 과정**으로서, 학생들의 지적 능력과 영적 지향을 잘 안내할 필요가 있다. 여기서 '강제'라는 말은 일치 모델의 교육이 가정하지 않을 수 없는 암묵적인 **정치적** 기능을 표현한다. 랑시에르에 따르면, 앞서 언급한 대로 이 강제를 자연스럽게 합법화하기 위하여 교육에서는 전통적으로 두 가지 질적으로 다른 종류의 지능에 대한 구분이 필요했다. 그것이 바로 '경험적/실천적 지능(말하고 해석하는 자의 지능)'과 '이론적/체계적 지능(특수한 지적 명료화에 따라 사물을 이해하는 자의 지능)'이다(Rancière, 2010: 4). 근대 학교 및 근대 교육학은 교육방법적 접근의 자원을 후자적 지능의 체계적인 발달 및 축적, 특히 심리학과 사회학의 발달에 기대었다(Biesta, 2010: 71; Rancière, 2010: 4). 일치 모델의 교육에 반기를 드는 랑시에르는 지능에 대한 이러한 이분법뿐만 아니라, 이들 간의 위계 질서에 기반한 전통적인 (근대) 교육학 및 그것의 실천에도 반기를 든다. 더 이상 심리학과 사회학의 적용으로서의 교육실천이 아니라, 그리고 '개인적 영혼'과 '사회적 영혼' 혹은 개인의 행복과 공동체의 선을 개념적으로 **조화롭게 연결시키는 이론적 틀**을 제공하는 교육론이 아니라, 이와는 완전히 다른 교육실천의 교육론을 제안한다. 이것이 바로 아이들의 지적 해방과 정신적 자유를 위한 교육실천, 그리고 이를 위한 해방교육론이다.

이를 위해 랑시에르에게 가장 시급했던 것은 일치 모델에서 통합되었던 두 가지 종류의 연결을 깨뜨리고 분리시키는 일이다. 이 연결은 우리가 교육적 권위의 이름으로 당연시 여기는 두 가지 종류의 종속, 학생의 교사에 대한 복종과 관련되어 있다. 하나는 학생의 지능을 교사의 지능에 종속시키는 일이고, 다른 하나는 학생의 의지를 교사의 의지에 종속시키는 일이다. 랑시에르의 새로운 지적 해방교육은 놀랍게도 학생의 교사 지능에의 종속은 거부하고, 교사 의지에의 종속은 유지하거나 새롭게 성취할 필요가 있다고 선언한다. 즉, 학생은 교사에게 '지적으로' 종속될 필요는 없지만, 그의 '의지'에는 스스로를 종속시킬 필요가 있다는 것이다. 이것은 교육에서 가르치는 일의 과업을 지식습득과는 독립되고 분리된 일로 만드는 데에 기여한다. 이것은 '무지한 스승'이라는 책의 제목이 말하듯 랑시에르 해방교육의 실천에 핵심적인 논제이지만, 언뜻 듣기에 그의 교육론에서 가장 납득하기 어려운 주장으로 들리기도 한다. 왜냐하면 전통적으로 교육이라는 과업에서 '지식' 혹은 '학식'은 그 과업의 성격을 규정하는 핵심적인 요소이기 때문이다.

한편, 랑시에르의 해방교육론을 프레이리의 그것과 본격적으로 비교한 비에스타에 따르면(Biesta, 2017: 73), 칸트 이래 근대적 논리의 해방교육에서 아이들의 자유에 가장 큰 걸림돌이 된 억압의 두 가지 요소가 있다. 교사, 그리고 진리/지식이 바로 그것이다. 프레이리가 자신의 해방교육론에서 교사와 학생 간의 위계적 관계를 거부하며 교사도 학생으로부터 배울 수 있고 학생도 교사를 가르칠 수 있고 주장할 때, 그는 자신의 해방교육의 공식에서 진리/지식의 요소는 보유하되 교사 요소를 제거한다. 반면, '무지한 스승'의 개념을 제안하는 랑시에르는 진리/지식 요소를 제거하고 교사 요소를 다시 복원하고자 한다. 랑시에르에게 교사는 여전히 아이들의 지적 해방을 위해 필요하다. 그의 '무지한 스승'은 아는 것이 없는 교사라기보다는 '가르칠 것'이 없는 교사다. 비록 교사는 아이들에게 가르칠 것은 없지만, "나는 할 수 없어요, 선생님께서 말씀해 주세요"라고 말하는 학생들의 의지를 **명령함**으로써 학생 스스로가 자신의 지적 능력을 인식하도록 하기 위해 그 자리에 있을 필요가 있다. 다만 여기서 현실적으로 문제로 보이는 것은 가르칠 것이 없다고 말하고 그렇게 간주되는 교사에게, 학생이 어떻게 자신의 의지를 기꺼이 종속시킬 수 있을까 하는 것이다. 교사의 '명령'에 따르고자 하는 학생의 동기는 교사의 지적 권위에 기대지 않고 어떻게 동원될 수 있을까? 랑시에르의 논의에서 이 점에 대한 논의가 부재한 것은 매우 아쉽다.

그러면, 랑시에르가 제안하고 있는 불화의 교육 모델은 오늘날 학교교육에 어떻게 적용될 수 있는가? 그리고 전통적인 지식전달 모델, 특히 함양과 형성의 일치 모델은 오늘날 교육에 더 이상 유효하지 않은 것일까? 근대 학교의 지배적인 교육실천 모델인 설명식 교육 패러다임은 오늘날 그 적실성을 완전히 상실했는가? 랑시에르는 비록 설명식 근대교육 패러다임을 그것이 강화시키는 사회 구조적 불평등의 효과 때문에 신랄하게 비판하지만, 그것의 불가피성도 인정하고 있는 것으로 보인다. 왜냐하면 이 패러다임하의 근대적 사회 질서는 무분별하지만, 그렇더라도 전근대 사회나 무정부 상태보다는 더 나은 것이라고 반복적으로 말하고 있기 때문이다. 그리고 비에스타에 따르면(Biesta, 2010: 23-24, 152-153), 랑시에르가 개인과 개인 간의 지적 해방, 즉 **개인적 논리**의 지적 해방을 추구할 때 '사회' 자체를 필요악으로 보긴 했지만, 여전히 더 나은 사회와 더 나쁜 사회가 있을 수 있음을 인정한 것처럼, 더 좋은 학교와 더 나쁜 학교가 있을 수 있음도 인정했을 것이다. 랑시에르의 해방교육론은 근대적 사회 질서에 대한 비판이지만, 많은 이들이 생각하는 것처럼(강성훈, 2013) 학교라는 제도 자체에 대한 비판은 아니다. 오히려 사회적 불평등의 축소를 표방하는 근대 학교제도의 **이념**을 거부했다고 보는 것이 더 정확할 것이다. 그리고 이를 대신할 수 있는 이념으로서 지능의 평등에 기반한 지적 해방교육을 제안하고, 이것을 실천할 수 있는 공적 공간으로서 학교를 새롭게 상상하도록 요청한다고 말할 수 있을지 모른다. '무지한 스승'은 누구나(부모나 직장 상사 등) 될 수 있지만, 그 스승은 동시에 학교에도 있을 수 있고, 사실 학교에 그러한 스승이 많을수록 사회는 더 평등해질 가능성이 있기 때문이다. 다만 랑시에르의 해방교육론에서 지적 해방은 사회적 해방과 다른 것이 아니라 동일한 것이다. 그리고 교육에서의 지적 해방이라는 도구를 **통해** 사회적 해방에 이른다기보다는, 지적 해방이 **동시에** 사회적 해방을 구성하는 **수행적** 교육론을 제시하고 있다고 말할 수 있다.

그렇다면 랑시에르가 제안하는 지적 해방교육을 실행하는 학교에서, 기존의 설명식 패러다임은 어떤 위치를 차지해야 하는가? 설명식 교육 접근은 학교에서 모두 사라져야 하는가? 랑시에르를 대신하여 비에스타는 그렇기도 하고 그렇지 않기도 하다고 대답한다(Biesta, 2010: 154). 왜냐하면 이것은 '설명식 교육'이 하는 기능의 성격에 따라 달라질 수 있기 때문이다. 비에스타는 (이론적 · 체계적) 설명 자체가 교육적으로 문제가 되는 것은 아니라고 본다. 랑시에르에게 설명식 교육이 문제가 되는 경우는 다음 세 가지로 요약될 수 있다. 첫째, 해방을 위한 도구라고 스스로를 '공표하며' 설명식 교육이 실행될 때다. 둘째, 체계적 설명의 교육을 통해 사회도 그렇게 위계적인 방식으로 작동되고 있다는 것을 은유적으로 학생들에게 부지불식간에 내면화할 때다. 그리고 마지막으로, 설명이 실제 사람들이 어떤 것을 학습하는 '유일한' 방법이라고 많은 사람들에 의해 가정될 때다(Biesta, 2010: 154). 이 세 가지 경우가 아니라면,

설명의 방식 자체가 교육에서 그 자체로 문제가 되는 것은 아니라는 것이다. 예를 들어, 어떤 것에 대한 이론적이고 체계적인 설명은 아이들로 하여금 그것에 대해 본격적으로 학습하도록 하는 길로 이끌 수 있다. 그러나 이때 설명은 분명 지적 해방으로 이끄는 길은 아니다. 그럼에도 불구하고 설명의 방식은 앞에서 묘사된 세 가지 해악적 경우가 아니라면 학교에서 허용될 수 있고 또 허용될 필요가 있다. 왜냐하면 학교는 해방을 위한 곳이기도 하지만, 하나의 '사회적' 제도로서 아이들의 학습을 위한 공간이기도 하기 때문이다. 미래 사회의 구성원으로서 아이들은 사회화나 자격화를 위해 학식과 기술을 익히고 학습할 필요도 있는 것이다. 학교가 보편적 열등성, 즉 '우월한 열등자'를 체계적으로 키우는 방식으로 운영되지만 않는다면, 학교에서 지식과 학식을 가르치지 않을 이유는 없다.

더구나 랑시에르가 말하는 지적 해방을 위한 교육은 학교가 '의도적으로' 그것을 지향하여 실제 성취하거나 보장할 수 있다고 말할 수 있는 그런 성격의 교육이 아니다. 왜냐하면 지적 해방은 설명되는 것도 학습 과정의 결과인 것도 그 여정인 것도 아니기 때문이다. 그것은 단지 특정 방식으로 교육활동이 수행될 때 일어날 수 있는 어떤 사건이다. 지적 해방은 그것에 대해 우리가 뭔가를 알아야 하는 것이거나 뭔가를 배워야 하는 것이 아니다. 지적 해방은 앞서 살펴본 것처럼 순전히 실천적인 문제다. 모든 인간의 지능은 평등하다는 전제로부터 출발해서 뭔가를 행하고, 이 전제하에서 교사로서 우리가 할 수 있는 것이 무엇인가를 보는 수행의 문제인 것이다. 그러므로 학교는 이러한 실천을 위한 장이 될 수 있다.

그렇다면 랑시에르 해방교육론의 의의는 무엇이라고 결론 내릴 수 있을까? 랑시에르에게 지식습득이라는 의미에서의 '학습'은 교육의 목적이 될 수 없다. 그에게는 학생의 '지적 해방'이 교육의 목적이다. 그렇다면 제도로서의 학교를 대변하는 자로서가 아닌, 개인으로서 교사는 자신의 가르침에서 이 목적을 지향해야 할 것이다. 이 목적을 지향하는 교사들 앞에 놓인 가장 큰 도전 중의 하나는, '사회적 제도'로서 학교라는 공간 안에서 미래 사회 구성원으로서 우리 아이들에게 필요한 지식과 기술을 **기능적으로** '학습'하게 하면서도, 동시에 어떻게 랑시에르가 말하는 지적 해방이라는 교육의 목적을 추구할 수 있는가 하는 것이다. 즉, 교육내용으로서 문화유산을 존중하고 이것을 위한 설명식 교육실천을 행하면서도, 아이들 간의 지능의 평등을 가정하며 이들을 존중하는 구체적 방법은 무엇일까?

랑시에르의 해방교육론은 루소나 듀이로 대표되는 근대 진보주의 노선의 학습자 중심 교육관과는 차별화되고, 오히려 이것의 문제점을 극복하는 새로운 학습자 중심 교육관으로 해석될 수 있을지 모른다. 랑시에르는 교육자로서 우리가 왜 어린아이들, 특히 그들의 말하는 행위를 존중해야 하는지, 또 그 존중의 구체적 모습은 어떠한 것인지에 대한 분명한 철학적 근거와 방법을 제시한다. 더구나 그의 교육론은 '학습'과 '교수'를 대비시키는 것, '학습자 중심 교육'과 '교사 중심 교육'을 대비시키는 것과 같은 근대적 교육관에 깔려 있는 이원론적인 구분의 구도를 넘어선다. 랑시에르의 해방교육론은 학생 지능의 자발적 발휘에 결정적으로 기댄다는 점에서 철저히 '학습자 중심' 교육이라고 말할 수 있다. 하지만 이러한 발휘의 순간이 학생 개인의 전적인 의도나 의지에 달려 있는 것이 아니라, 학생의 지적 발화나 발휘에 반응하고 응답하는 **타자의 번역 행위**가 동반될 때 비로소 **지적 해방의 사건**으로 출현할 수 있다고 본 점에서, 기존 학습자 중심 교육관의 전제들을 넘어선다. 다만 이러한 지적 해방을 위한 교육에서 가장 큰 도전으로 등장하는 것은, 학생의 지능의 평등을 전제하고 이것을 하나의 의견으로 순전히 믿으면서도, 학생의 의지에 교육적 영향력을 발휘할 교사 권위의 원천을 어디에서 찾을 것인가 하는 것이다.

당연히 이때 권위는 학생들로 하여금 각자 스스로 자신의 지능을 발휘하도록 이들에게 '명령'할 수 있는 교사 권위로서, 설명식 교육 패러다임이 가정하는 '지적 우월성'에 기반한 교사 권위, 학생의 무지에 그 원천이 있는 권위주의적, 혹은 합리주의적 성격의 교사 권위와는 그 성격이 달라야 한다. 절대적으로 따라야 할 위계적 체계의 지식이 우리 바깥에 이미 있기 때문에 스스로 말을 할 수도, 행위를 할 수도 없다고 믿고 있는 학생들에게, 스스로의 지능의 힘에 기대어 어떤 것에 주목하도록 하고, 타자에 의한 그것의 검증에 개방적인 의지를 명령하기 위하여, 최소한 일시적으로나마 특별한 양태의 교사 권위가 필요한 것이다. '무지한 스승'의 개념에 반영되어 있는 랑시에르의 교사관은 근대교육이 체계적으로 초래하는 경향이 있는 교사와 학생 간의 관계에 내재한 정치적 위계의 문제, 자율과 타율의 모순 문제를 극복하도록 도와준다. 푸코가 폭로해 보인 근대 교육체제에 내재한 교사와 학생 간의 위계적인 미시권력의 문제를 비껴가면서도, 교육에서 교사의 권위가 왜 필요한지를 지적 해방의 이름으로 다시 정당화하는 새로운 교육론을 제공한다. 그리고 이 교육론에서 교사 권위는 스스로가 해방된 교사일 경우에 성립 가능하다는 점에서, 이러한 권위의 원천에 대한 우리의 사유의 지평을 넓히고 우리가 당연시 여겨 온 스승관에 대한 새로운 성찰과 반성을 요구한다.

5. 결론: 교실 안 치안의 질서에 균열을 내는 교사 역할의 평범함

랑시에르의 해방교육론에 대한 이러한 검토는 일치 모델로 묘사된 교육에 대한 우리의 오랜 구도를 되돌아보게 하는 좋은 계기가 된다. 일치 모델을 포기하거나 내다 버리기 위해서가 아니다. 불화 모델로 묘사되는 랑시에르 교육론은 그간 우리가 당연하게 받아들여 온 철학과 정치, 교육과 사회, 인간성 교육과 시민성 교육 간의 내적 협업 관계나, 근대적 사유가 강제해 온 이들 간의 구조적 관계에 문제를 제기한다. 그리고 짝을 이루는 이 양자를 개념적으로, 그리고 구조적으로 관련시키는 일치 모델의 추구를 '치안의 질서(the police order)'로 비판하고, 그러한 질서에 균열을 도모하는 실천을 '정치적인 것'으로 옹호한다. 한편, 비에스타(2010: 140)는 랑시에르의 '말하는 행위'를 교육적 관점과 정치적 관점에서 흥미롭게 설명한다. 이것은 앞에서 말한 '치안의 질서'와 대비되는 '정치적인 것'이, 교육적인 것과 어떻게 실천적으로 관련될 수 있는지를 잘 보여 주기에, 이를 결론으로 대신하고자 한다.

비에스타(2010)에 따르면, 말하는 행위는 감수성이 이미 특정한 방식으로 구조화되고 배분되어 있는 사회적 힘의 관계 맥락에서 각자의 위치를 '확인하는 작업'으로 일어난다. 말하는 행위를 통해 우리는 그가 **사회적으로 어떤 위치**에 있는 존재인지 알게 된다는 것이다. 이때 '말하는 행위'는 누가 누구인지 확인하는 문제이며, 현존하는 정체성을 그대로 이어받아 기존 질서 내에 현존하는 자리를 차지하는 문제이기도 하다. 치안의 질서를 강화하는 방식인 것이다. 그러나 말하는 행위는 이런 식으로 감성적인 것의 기존 분배구조를 **확인하는** 작업에 머무를 수도 있지만, '주체화'의 행위로 나타날 수도 있다. 그동안 인정받지 못한 사람들이 자신의 '(소음적) 소리'가 하나의 '(사람의) 목소리'로 들리게 함으로써 특수하게 분배된 기존의 감수성의 질서를 해체하고 새롭게 구성하는 힘이 될 수도 있다는 것이다. 다시 말해, 이때 '말하는 행위'는 해방의 정치적 효과를 발휘할 수 있다. 분류하고 확정짓는 기존의 지배와 피지배의 '**치안적 질서**(police order)' **내에** 평등을 새롭게 각인하는 그런 종류의 말하는 행위로서 정치적 행위가 되는 것이다. 그리하여 교실에서 아이들의 말하는 행위는 이러한 치안의 질서에 모종의 균열을 내는 행위 질서를 만들어 낼 수 있다. 이를 랑시에르는 '불화의 질서'라고 말한다. '무지한 스승'은 이러한 불화의 질서에 응답할 수 있는 교사다.

앞에서 설명되는 랑시에르의 입장은 학교교육 내에서 새롭게 각인될 수 있는 평등의 문화와 언어에 대한 요청, 언뜻 보기에 오늘날 우리의 학교 현실에서 교사들이 수용하기에는 거의 불가능에 가까운 교육적 요청을 하는 것으로 보인다. 지능의 평등을 전제하고 출발하는 교사와 학생의 관계, 교사가 묻고 학생이 답하는 교수-학습 패러다임, "나는 못해요, 선생님이 답해 주세요"라는 반응에 스스로 해 보도록 명령할 수 있는 교사의 역할. 그런데 이것은 정말 우리 현실에서 불가능한 것일까?

'확인화'하는 말하기를 갖다 버리라는 것이 아니다. 오히려 그것과 나란히 시도될 수 있는 '주체화'의 말하기는, 쉽지는 않겠지만 교실 속 교사들에게 불가능한 것은 아닐 것이다. 어떻게 보면, 오늘날과 같이 자본주의적 시장 질서가 디지털 매체에 의해 개별 학생의 내면과 심리 영역을 포함하여 사회적 삶 전 영역을 소비주의적으로 물들이고 있는 현실 속에서, 이것에 균열을 내기 위해 교육이 할 수 있는, 혹은 개별 교사가 실천할 수 있는 몇 안 되는 선택지 중의 하나를 랑시에르 교육론이 제시하고 있는지도 모른다. "네가 여기서 진짜로 보는 것은 뭐니, 한번 말해 볼래?"라는 교실 속 교사가 시도하는 학생을 향한 작은 제스처는, 지극히 평범하지만 도발적으로 들릴 수 있는 질문과 더불어 주의력 있는 기다림이 동반될 때, 당장 시작할 수 있는 어떤 것인지도 모른다. 그리고 이것이야말로 우리 사회에 널리 퍼져 있는 불평등을 강화하는 치안의 질서에 균열을 내는 평등의 새로운 각인을 위한 첫 걸음이라고 랑시에르는 조용히, 그러나 무겁지 않게 우리에게 말을 건넨다. 여기에서 우리는 교육활동 내에서 정의(justice)가 실제로 수행되는 '형성적인' 의미의 정의(formative justice)를 목격할 수 있다. 사회 정의의 문제를 우리 경험의 감각적 차원에서의 변형 문제로 풀어 가며 정치적 주체의 형성에 초점을 두는, 평범하지만 깊은 통찰을 담은 교육론을 그가 제안하고 있기 때문이다.

생각해 보기

1. 랑시에르에게 듀이나 프레이리와 같은 진보적 노선의 '학습자 중심 교육'의 문제는 무엇인가? 그리고 그의 지적 해방교육론을 따른다면 '학습자 중심 교육'은 어떻게 새롭게 이해될 수 있는가?
2. 랑시에르의 '무지한 스승'은 자신이 모르는 것을 가르칠 수 있는 교사다. 이것은 말이 되는가? 자신이 알지 못하는 것을 가르쳐 본 경험을 떠올려 보고, 그 경험의 교육적 가치에 대해 논의해 보자.
3. 랑시에르의 해방교육론이 제안하는 교사–학생의 관계를 '지적 해방'이라는 교육의 목적을 중심으로 구체적으로 묘사해 보라. 그리고 이러한 교육에서 설명식 교육의 장점과 단점을 구체적으로 제시해 보자.
4. 랑시에르의 해방교육론을 우리나라 교육 맥락에서 진지하게 받아들인다면, 우리의 교사교육은 어떻게 변화되어야 할 것 같은가? 이를 통해 드러나는 우리나라 교사교육의 특징은 무엇인가?

읽을거리

Freire, P. (1968). *Pedagogy of the oppressed.* 남경태, 허진 역(2018). **페다고지**. 서울: 그린비.

▶ 랑시에르의 해방교육론을 우리나라 맥락에서 제대로 이해하기 위해 프레이리의 『페다고지』는 반드시 읽어야 할 필독서다. 2장과 3장의 내용을 통해 전통적인 해방교육론이 근대 교육을 어떻게 비판하는지, 그리고 새롭게 제안되는 교사와 학생의 관계적 성격은 무엇인지 충분히 이해할 필요가 있다.

Rancière, J. (1987). *Le Maître ignorant.* 양창렬 역(2008). **무지한 스승**. 서울: 궁리.

▶ 1장과 2장에서 랑시에르가 주장하는 지적 해방교육의 취지 및 그 구체적 방법에 대한 핵심적 아이디어를 보다 생생한 그의 어투로 접할 수 있다.

Rancière, J. (2008). *Le spectateur émancipé.* 양창렬 역(2016). **해방된 관객**(1장). 서울: 현실문화.

▶ 『무지한 스승』에 반영된 교육론을 예술론에 적용시킨 논의다. 교사와 학생의 관계를 예술

가와 관객의 관계로 병치시켜 관객의 작품에의 적극적인 참여의 정치적 의미를 새롭게 해석한 글이다. 예술교육에 관심이 있는 독자에게 필독서로 추천한다.

참고문헌

강성훈(2013). 랑시에르의 교육학 비판. **교육철학연구**, 35(1), 1-25.

곽덕주(2022). **교육적 관계와 가르침의 존재론**. 서울: 교육과학사.

Biesta, J. J. G. (2010). The figure of the child. In C. Bingham & G. Biesta (Eds.), *Jacques Rancière: Education, truth, emancipation*. London: Continuum.

Biesta, J. J. G. (2013). *The beautiful risk of education*. London & New York: Routledge.

Biesta, J. J. G. (2017). *The recovery of teaching*. New York & London: Routledge.

Bourdieu, P. (1977). *Outline of a theory of practice* (R. Nice trans.). Cambridge: Cambridge University Press.

Freire, P. (1993). *Pedagogy of the oppressed* (revised 20th anniversary ed.). New York: Continuum.

Fricker, M. (2007). *Epistemic injustice: Power and the ethics of knowing*. Oxford: Oxford University Press.

Pelletier, C. (2009). Emancipation, equality, and education: Rancière's critique of Bourdieu and the question of peformativity. *Studies in the Cultural Politics of Education, 30*(2), 147-150.

Rancière, J. (1987). *Le Maître ignorant*. 양창렬 역(2008). **무지한 스승**. 서울: 궁리.

Rancière, J. (2007). *On the Shores of Politics*. London: Verso.

Rancière, J. (2010). On ignorant schoolmasters. In C. Bingham & G. Biesta (Eds.), *Jacques Rancière: Education, Truth, Emancipation*. London: Continuum.

찾아보기

인명

내용

저자 소개

김상섭(Kim, Sang-Sup)
독일 뮌스터대학교 교육학/철학/사회학 전공 철학박사
현 영남대학교 교육학과 교수

〈주요 저서〉
『현대인의 교사 루소』(학지사, 2009)

곽덕주(Kwak, Duck-Joo)
미국 컬럼비아대학교 교육철학 전공 철학박사
현 서울대학교 교육학과 교수

〈주요 저서〉
『교육적 관계와 가르침의 존재론』(교육과학사, 2022), 『미적체험과 예술교육』(공저, 커뮤니케이션북스, 2017)

김회용(Kim, Hoy-Yong)
미국 피츠버그대학교 교육철학 전공 박사과정
경상국립대학교 교육학과 교육학 박사
현 부산대학교 교육학과 교수

〈주요 저서〉
『시민의 인성』(공저, 당신의 서재, 2018), 『교육과 교육학』(공저, 학지사, 2015)

박주병(Park, Ju-Byung)
서울대학교 교육학과 교육철학 전공 교육학 박사
현 강원대학교 교육학과 교수

〈주요 역서〉
『열정의 심리학』(공역, 박영스토리, 2023), 『윌리암 보이드-루소의 교육이론』(공역, 교육과학사, 2013)

정경화(Jung, Kyung-Hwa)
미국 컬럼비아대학교 교육철학 전공 철학박사
현 서울대학교 교육학과 강사

〈주요 저서〉
『일제강점기, 저항과 계몽의 교육사상가들』(공저, 박영스토리, 2020)

교육철학개론 II

교육사상, 전통과 현재의 대화
−플라톤, 루소, 듀이, 푸코, 랑시에르−

Educational Thoughts as Dialogues between Tradition and the Present
-Plato, Rousseau, Dewey, Foucault, and Rancière-

2024년 9월 30일 1판 1쇄 발행
2025년 12월 15일 1판 2쇄 발행

지은이 • 김상섭 · 곽덕주 · 김회용 · 박주병 · 정경화
펴낸이 • 김진환
펴낸곳 • (주)학지사
04031 서울특별시 마포구 양화로 15길 20 마인드월드빌딩
대표전화 • 02-330-5114 팩스 • 02-324-2345
등록번호 • 제313-2006-000265호

홈페이지 • http://www.hakjisa.co.kr
인스타그램 • https://www.instagram.com/hakjisabook

ISBN 978-89-997-3226-3 93370

정가 20,000원

저자와의 협약으로 인지는 생략합니다.
파본은 구입처에서 교환해 드립니다.